악셀호네트의
인정이론

악셀 호네트의 인정이론

SOCIAL THEORY
003

크리스토퍼 주언 Christopher Zurn 지음
박형신 옮김

Axel Honneth
A Critical Theory of the Social

한울
아카데미

AXEL HONNETH (1st Edition)
by Christopher Zurn

미셸(Michelle)을 추모하며

차례

약어

CoP	『권력 비판: 비판사회이론의 성찰적 단계들(The Critique of Power: Reflective Stages in a Critical Social Theory)』
FR	『자유의 권리: 민주적 삶의 사회적 토대(Freedom's Right: The Social Foundations of Democratic Life)』
PoIF	『개인적 자유의 병리: 헤겔의 사회이론(The Pathologies of Individual Freedom: Hegel's Social Theory)』
R	『물화: 오래된 관념 새롭게 보기(Reification: A New Look at an Old Idea)』
RoR	『재분배인가 인정인가? 정치-철학적 논전(Redistribution or Recognition? A Political-Philosophical Exchange)』
SAaHN	『사회적 행위와 인간 본성(Social Action and Human Nature)』
SfR	『인정투쟁: 사회적 갈등의 도덕 문법(The Struggle for Recognition: The Moral Grammar of Social Conflicts)』

제1장

서론

1992년에 이론가 악셀 호네트(Axel Honneth)가 독일에서 철학, 심리학, 역사학, 사회학, 정치이론 등 다양한 분야의 연구를 결합한 영향력 있는 새 책을 출간했다. 1995년에 그 책이 『인정투쟁: 사회적 갈등의 도덕 문법(The Struggle for Recognition: The Moral Grammar of Social Conflicts)』(이하 SfR로 약칭)이라는 제목으로 영어로 번역되어 출판될 즈음에, 비판이론의 전통에서 중요한 새로운 목소리가 나왔다는 것이 분명해졌다. 그 책은 많은 중요한 독창적인 주장을 제시했을 뿐만 아니라, 보다 중요하게는 해방적 의도를 지닌 학제적 사회이론을 활성화하기 위한 새로운 연구 패러다임 — 상호주관적 인정(intersubjective recognition)이라는 핵심 개념을 중심으로 하는 — 을 제공했다. 더 나아가 『인정투쟁』과 함께 프랑크푸르트학파의 전통에 제1세대[특히 테오도르 아도르노(Theodor Adorno)와 막스 호르크하이머(Max Horkheimer)]와 제2세대[특히 위르겐 하버마스(Jürgen Habermas)]의 광범위한 유산을 정당하게 계승하는 동시에 20세기 말과 21세기 초의 서구 선진 민주주의의 변화된 사회정치적 상황을 반영하는 새롭고 통찰력 있는 비판사회이론을 진척시켰다고 주장할 수 있는 한 명의 제3세대 비판이론가가 등장했다는 것 또한 분명해졌다(Anderson, 2011).

이 책의 목적은 호네트의 새로운 비판사회이론의 중요한 주장과 논거를 전반적으로 개관할 뿐만 아니라 그것들을 둘러싼 실제 논쟁을 평가하는 것이다. 이 책은 호네트가 쓴 모든 글을 전부 다루지 않으며, 그의 연구에 대한 중요한 논쟁 모두를 철저하게 평가하지도 않는다. 실제로 유용하고 간결하게 요약하기 위해 중요한 쟁점을 간략하게 다루거나 중요한 세부 사항을 대수롭지 않게 보고 넘어가거나 심지어 무시하는 경우도 종종 있을 것이다. 따라서 이 책의 의도는 보다 수수하다. 다시 말해 이 책의 목적은 호네트의 독창적인 이론의 핵심 테제를 입문서에 걸맞게 명확하게 설명하고, 그 장점과 약점을 주요한 대안들에 견주어 균형 있게 평가하는 것이다. 서론에 해당하는 이 장에서는 먼저 호네트의 전기를 약술하고, 다음으로 호네트의 중요한 이론적 공헌과 테마를 살펴보는 장들의 내용을 미리 개관하고, 그다음에는 그러한 기여를 주요 철학이론과 사회·정치이론이라는 보다 광범한 지적 맥락에서 파악할 수 있는 하나의 틀을 제시한다.

간략한 전기

악셀 호네트는 1949년 독일 에센(Essen)에서 태어나 1969년에 역시 에센에서 아비투르(abitur, 대학 입학시험)를 통과하여 중등학교를 졸업했다.[1] 의사인 호르스트 호네트(Horst Honneth)와 안네마리 호네트(Annemarie Honneth)의 아들로 태어난 그는 부르주아 환경에서 자랐지만 자신이 살던 탄광 지역 노동계급 사이에서 새로운 상승이동을 목격하고 1960년대 말과 1970년대 초의 문화적·정치적 소요에 참여하면서 부르주아 환경에 점점 불만을 가지게 되었다. 밥 딜런(Bob Dylan)은 오랫동안 그에게 시금석이었다. 1969년부터 1974년까지 그는 학생운동과 진보정당에 참여하는 것 외에도 다양한 장소에서 다양한 주제를 공부했다. 본(Bonn) 대학교와 보훔(Bochum) 대학교에서 철학, 사회학, 독일 문학에 몰두했으며, 1974년에 보훔에서 철학 석사학위를 받았다. 그 후 1974년부터 1982년까지 베를린 자유대학교 사회학 연구소(Institute of Sociology)에서 대학원 및 박사 과정을 밟았다. 호네트와 한스 요아스(Hans Joas)는 호네트가 1980년에 박사 과정에 있을 때 한스 요아스가 가르치던 과목에서 아이디어를 얻어 진척시킨 매우 유용하고 통찰력 있는 책 『사회적 행위와 인간 본성(Social Action and Human Nature)』(SAaHN)을 공동으로 출간했다. 그 책은 사회과학에서 발견되는 다양한 사회적 행위 이론과 19세기부터 20세기에 이르는 철학적 인간학(즉, 인간 본성에 대한 철학적 이론)의 다양한 전통 간의 관계를 개관했다. 1983년에 제출한 호네트의 박사학위 논문은 우르스 예기(Urs Jaeggi)의 지도 아래 제1세대 비판이론(특히 아도르노와 호르크하이머의 저작)과 프랑스의 후기구조주의자 미셸 푸코(Michel Foucault)의 저작에서 발견되는 서로 경쟁하는 권력이론에 관한 내용으로 작성되었다. 그 논문을 구성하고 있던 6개 장은 이후 위르겐 하버마스의 저작에서 나타나는 권력 문제를 다룬 3개 장과 결합되어 1985년 저명한 주어캄프 출판사(Suhrkamp Verlag)에서 단행본으로 출간되었고, 그 후 『권력 비판: 비판사회이론의 성찰적 단계들(Critique of Power: Reflective Stages in a Critical Social Theory)』(CoP)이라는 제목으로 영어로 번역되어 출간되었다.

호네트는 1982년부터 1983년까지 슈타른베르크(Starnberg)에 있는 막스 플랑크 과학기술 세계 연구소(Max Planck Institute for the Study of the Scientific-Technical World)에서 연구비를 받아 위르겐 하버마스 밑에서 연구했다. [이 연구소는 하버마스가 1971년부터 1983년까지 소장으로 재직했던 대단한 연구 기관으로, 철학, 사회학, 언어학, 사회심리학, 경제학 및 기타 사회과학 분야의 가장 뛰어난 연구자들이 모였으며, 하버마스가 두 권에 달하는 방대한 대작인 『의사소통 행위이론(The Theory of Communicative Action)』(Habermas, 1984, 1987)을 발전시킬 수 있는 환경을 제공했다.] 독일 학계의 위계적인 세계에서는 정교수 한 명이 박사 과정 학생과 연구 조교에서부터 조교수, 선임 연구원에 이르기까지 하위 직급의 학자들에 대해 상당한 권한을 가지고 있다. 따라서 1983년 하버마스가 프랑크푸르트 괴테 대학교(Goethe University) 철학 교수로 다시 부임하자 호네트도 프랑크푸르트로 옮겨 하버마스 밑에서 철학 조교수(Hochschulassistent)가 되었다. 1990년에 호네트는 교수자격 취득논문(Habilitationsschrift) — 학계에서 승진할 수 있는 자격을 부여하는 주요 논문으로, 두 번째 박사학위 논문이라고도 불린다 — 을 완성했다. 그 논문의 제목이 바로 「인정투쟁(Kampf um Anerkennung)」이었다. 앞서 언급한 바와 같이, 1992년에 이 저작을 대폭 확장한 판이 독일에서 출판되고 1995년에 영어로 번역(SfR)되면서, 비판사회이론의 새로운 연구 패러다임이 도래했음을 전 세계에 알렸다.

호네트는 프랑크푸르트에서 교수자격을 취득하고 베를린 고등연구소(Wissenschaftskolleg)에서 1년간 연구원으로 일한 후, 1991년부터 1992년까지 콘스탄츠 대학교(University of Konstanz)에서 철학과 C3 교수(대략 미국의 '부교수'에 해당한다)로 재직했다. 베를린 자유대학교(Free University of Berlin)에서 자리를 잡았을 때 곧바로 C4 교수(대략 미국의 '정교수'에 해당한다)로 승진하여 1992년부터 1996년까지 베를린에 머물렀다. 1996년에는 사회철학 C4 교수로 프랑크푸르트로 돌아와서 현재까지 그 직위를 유지하고 있다. 또한 2001년에는 현재의 직책인 사회조사연구소(Institute for Social Research) 소장을 맡았다[호네트는 2018년까지 사회조사연구소 소장직을 맡았다_옮긴이]. 호네트는 2011년부터는 프랑크푸르트와 뉴욕을 오가며 컬럼비아 대학교 인문학 교수로 재직하고 있다. 호네트는 자신의 경력 내내 칭송받은 많은 강연을 했고, 여러 상과 영예를 안았으며, 캐나다 몬트리올의 맥길 대학교, 일본의 교토 대학교, 뉴욕의 뉴스쿨(New School), 네덜란드의 암스테르담 대학교, 미국의 보스턴 칼리지, 파리의 고등사회과학원(Ecole des Hautes Etudes et Sciences Sociales), 미국의 다트머스 대학, 파리 대학교(소르본) 등 세계 각지에서 많은 학술 객원 직책을 맡았다.

호네트는 특히 생산적인 학자이자 대중적인 지식인으로, 자신만의 독특한 형태의 비판사회이론을 상술해 왔을 뿐만 아니라 다른 주요 사상가들의 저작을 통찰력 있게 해석하고 선별해서 전유하고 비평하는 수많은 책과 논문도 발표했다. 7권에 이르는 독창적인 모노그래프, 7권이 넘는 에세이집, 21권의 편집서, 220여 편의 저널 기고 논문과 북 챕터, 50편이 넘는 신문 기고문 등 숫자만 보아도 그의 엄청난 노력의 양을 짐작할 수 있다. 이 책에서 이 방대한 자료를 다 체계적으로 다룰 수 없기 때문에, 나는 그의 성숙한 비판사회이론의 핵심 요소라고 생각되는 것에 초점을 맞추기로 했다. 나는 이 책에서 호네트의 저작 전체에서 나타나는 심층적인 이론적 관심사 중 많은 것을 가볍게 다루거나 무시하고 있는데, 이러한 간과가 이 책을 상대적으로 간결하고 명료하게 기술하기 위한 것이라는 점에 의해 정당화되기를 바란다. 특히 이 책은 내가 호네트의 성숙한 저작 전체 중에서 핵심 저작으로 꼽은 것, 즉 1992년에 출간된 『인정투쟁』과 2011년에 출간된 『자유의 권리(Das Recht der Freiheit)』 — 이 책은 2014년에 『자유의 권리: 민주적 삶의 사회적 토대(Freedom's Right: The Social Foundations of Democratic Life)』(FR)라는 제목으로 영어로 번역되어 출간되었다 — 에 가장 집중적으로 초점을 맞추지만, 나는 동시에 낸시 프레이저(Nancy Fraser)와의 논쟁을 책으로 펴낸 2003년의 공동 저작 『재분배인가 인정인가? 정치-철학적 논전(Redistribution or Recognition? A Political-Philosophical Exchange)』(RoR), 자신이 2005년에 행한 태너 강연(Tanner Lectures)을 스스로 묶은 책 『물화: 오래된 관념 새롭게 보기(Reification: A New Look at an Old

Idea)』(R), 그리고 그의 성숙한 비판이론에서 아주 중요한 위치를 차지하는 다양한 에세이와 기타 저작들도 검토한다.[2]

호네트의 테마

비판사회이론

앞에서 언급했듯이, 호네트의 핵심 목표는 정밀하고 설득력 있고 통찰력 있는 **비판사회이론**을 만드는 것이다.[3] 비판사회이론을 이루고 있는 것을 이해하는 방법 중 하나는 주요 지적 선구자들[이를테면 칸트(Kant), 피히테(Fichte), 헤겔(Hegel), 포이어바흐(Feuerbach), 마르크스(Marx), 니체(Nietzsche), 뒤르켐(Durkheim), 프로이트(Freud), 미드(Mead), 듀이(Dewey), 베버(Weber), 루카치(Lukács), 파슨스(Parsons)]과 그들이 미친 영향을 통해, 그리고 자기 스스로를 비판사회이론의 생산자로 명시적으로 이해한 주요 당사자들[이를테면 막스 호르크하이머, 테오도르 아도르노, 헤르베르트 마르쿠제(Herbert Marcuse), 위르겐 하버마스, 카를-오토 아펠(Karl-Otto Apel), 세일라 벤하비브(Seyla Benhabib), 토머스 매카시(Thomas McCarthy), 낸시 프레이저(Nancy Fraser), 라이너 포르스트(Rainer Forst), 악셀 호네트]의 실제 저작을 통해 그 계보를 추적하는 것일 것이다. 하지만 비판사회이론을 이해하는 또 다른 방법은 비판사회이론을 "해방적 의도를 가진 학제적 사회이론"이라고 다소 광범위하게 정의하는 것이다.[4] 그럴 경우 비판사회이론에는 프랑크푸르트학파 이론가들뿐만 아니라 페미니즘, 비판적 인종 이론, 비판 법학 연구, 탈식민 이론, 퀴어 이론, 후기구조주의를 포함하는 광범위한 비판이론이 포함될 수 있다.

비판이론의 기본 관념은 1843년에 마르크스가 새로운 저널을 위해 설정한 과업, 즉 "시대의 투쟁과 요청에 대한 자기 해명(비판철학)"을 수행하는 것이다.[5] 이러한 이론적 해설은 현재 사회에 대한 하나의 **묘사** — 정확해야 할 뿐만 아니라 특히 현대 사회관계 내에서 발생하는 모든 명시적 및 암묵적 투쟁에 초점이 맞추어져야만 하는 묘사 — 로부터 시작된다. 그러나 묘사만으로는 충분하지 않다. 왜냐하면 자기 해명을 위해서는 현재 상황이 왜 그렇게 되었는지(여기에는 현재 상황이 어째서 그렇게 되어왔는지에 대한 역사적 설명이 포함될 것이 거의 분명하다), 그리고 현재 사회적 행위자들이 왜 그러한 특정한 투쟁을 하고 꿈을 꾸는지에 대한 만족스러운 **설명**이 반드시 필요하기 때문이다. 이러한 기술적 및 설명적 과제는 사회학, 역사학, 심리학, 경제학, 정치학, 법학 등 다양한 사회과학 분야의 연구를 통합해야만 달성할 수 있다. 나의 정식에서 '학제적 사회과학'이라는 부분은 여기에서 비롯되었다.

전통적인 사회이론이 설정한 과제를 달성하기 위해서는 현재의 모습을 경험에 근거하여 정확하고 통합된 방식으로 사회과학적으로 그려내는 것만으로도 충분하다. 그러나 **비판적**이 되기 위해서는 그러한 이론은 하나의 실천적인 목적, 즉 부당하거나 불합리한 형태의 제약이나 억압을 극복하고 이성에 의해 지배되는 인간의 자유와 복리를 증진시키고자 하는 관심 — 요컨대 '해방적 관심' — 을 가져야 한다. 막스 호르크하이머는 1937년에 고전으로 여겨지는 논문에서 현재의 사회현실에 어떤 문제가 있더라도 그 현실을 주어진 그대로 받아들여야 한다는 관념을 거부하며, 다음과 같이 주장했다. "비판이론에 따르면, 반드시 그럴 필요는 없다. 인간은 현실을 바꿀 수 있다. 그리고 그러한 변화에 필요한 조건은 이미 존재한다"(Horkheimer, 1992: 227). 물론 그저 변화를 위한 변화는 받아들일 수는 없다. 비판이론은 진보적 변화와 퇴행적 변화를 구분하는, 현상을 받아들일 수 있는지의 여부를 평가하는, 그리고 진보적 사회변화를 촉진하기 위해 취한 조치의 도덕적 적합성을 평가하는 **평가 기준**을 명확히 제시해야 한다. 다시 호르크하이머를 인용하면,

"현대인의 자기 인식은 …… 있는 그대로의 사회에 대한 하나의 비판적인 이론이며, 언제나 합리적인 삶의 조건에 관한 관심에 의해 지배되는 이론이다"(Horkheimer, 1992: 198~199). 요약하면, 비판사회이론은 해방적 의도를 가진 학제적 사회이론이다. 즉, 비판사회이론은 인간 해방을 목표로 하는 현대 사회적 행위자들의 실제 갈등과 열망에 특히 주의를 기울이며 현재의 사회현실을 (이론이 현대의 갈등을 도덕적으로 평가하고 진보적 사회변화에 기여할 수 있는 방식으로) 기술하고 설명하는 것을 목표로 한다.

호네트 특유의 비판사회이론 브랜드는 인정과 사회적 자유를 위한 현대의 사회투쟁에 뿌리를 두고 있다. 우리가 앞으로 살펴보듯이, 호네트는 반가부장적인 가족 관계의 수립을 위한 페미니스트들의 투쟁에서부터 동등한 법적 권리를 요구하는 게이와 레즈비언의 투쟁, 그리고 적절한 노동 조건과 평등주의적 사회정의를 위한 노동자들의 투쟁에 이르기까지 서로 다른 종류의 매우 다양한 범위의 사회정치적 갈등에 초점을 맞추고 있다. 그의 기술적이고 설명적인 사회이론은 적절한 인정과 자유의 증진을 위한 투쟁의 역사, 구조, 그리고 동학을 축으로 구축된다. 성공적인 투쟁은 결국 사회적 행위자들에게 그들이 마땅히 받아야 할 인정과 누려야 할 자유의 조건을 제공하는 새로운 형태의 상호주관적 관행을 제도화함으로써 사회의 현재 인정 질서(recognition order)를 변화시킨다. 게다가 호네트 이론의 규범적 기준은 인정 요구의 도덕 '문법' 또는 심층 구조로부터 구성된다. 마지막으로, 호네트 이론은 왜곡되지 않은 사회적 인정과 사회적 자유에 대한 보다 포괄적이고 도덕적으로 정당한 관계를 증진시키는 데 실질적으로 도움을 주는 것을 목표로 한다. 따라서 상호주관적인 인정은 호네트 이론에 '내재하는 초월적인 것(immanent transcendent)'을 제공한다. 다시 말해 호네트의 이론은 학제적 사회이론을 해방 충동 — 현재의 사회적 관계에 내재하는 그리고 동시에 인간의 완전한 자유를 가로막는 부당한 방해물을 넘어섬으로써 그러한 관계를 초월하는 —

으로 인도한다. 호네트가 제시하는 새로운 비판사회이론 패러다임의 빌딩 블록(building block)들은 이 책의 다음 장에 제시되어 있다. 나는 여기서는 그 빌딩 블록들을 간략하게 개관한다.

개인의 인정투쟁

호네트 이론의 첫째 주요 빌딩 블록은 개인 정체성에 대한 설명으로, 이는 사회심리학, 도덕 이론, 철학적 인간학에 뿌리를 두고 있다. 이는 다음의 질문에 답하는 것을 목표로 한다. 사람들은 어떻게 자신의 정체성 — 즉, 사회 세계에서 독특한 특성과 고유한 지위를 갖는 실천적이고 도덕적인 존재로서의 자신에 대한 자기 인식 — 을 발전시키고 유지할 수 있는가? 호네트가 제시하는 기본적인 답변은 개인은 다른 사람들과의 상호 인정 관계 속에서 그리고 그 관계를 통해서만 자신이 누구인지를 알게 된다는 것이다. 요컨대 사람들은 상호주관적으로만 주체성을 획득한다. 개인들은 자신의 개인적 특성, 지위, 능력에 대해 타인으로부터 긍정적인 인정을 받을 때만 다른 사람들이 자신을 바라보는 것처럼 자기 자신을 바라볼 수 있으며, 그리하여 효과적인 자아의식(sense-of-self)을 얻을 수 있다. 호네트에 따르면, 상호 인정이 부모와 자식 간의 관계, 연인과 친구 간의 관계, 법적 주체 간의 관계, 노동시장 참여자 간의 관계, 상품 소비자와 생산자 간의 관계, 동료 시민 간의 관계, 남성과 여성 간의 관계, 다양한 민족과 인종 성원 간의 관계, 다양한 시민사회 단체 성원 간의 관계, 민주적 행위자 간의 관계 등 모든 범위의 상호주관적 관계를 특징짓는다.

게다가 개인들은 자신의 정체성 — 독특하고 가치 있는 사람으로서의 자기 자신에 대한 의식 — 을 구성하고 유지하는 데서 근본적으로 상호 인정에 의존하기 때문에, 상호주관성의 구조 자체에는 타인으로부터 적절하게 인정받아야 한다는 기본적인 도덕적 요구와 타인을 적절하게 인정해야 한다는 기본적인 도덕적 의무가 내장되어 있다. 호네트는 서로 다른 형태의 상호 인정과 그러한 상호 인정들이 서로 다른 형태의 실천적 정체성(practical identity)을 발전시키는 데서 수행하는 역할에 관한 유형학을 제시한다. 우리가 앞으로 살펴보듯이, 그는 특히 기본적인 자신감(self-confidence)의 발전에서 돌봄과 사랑의 관계가 갖는 중요성, 자존감(self-respect)의 발전에서 법적 관계와 권리가 갖는 중요성, 그리고 자부심(self-esteem)의 발전에서 연대 관계가 갖는 중요성에 초점을 맞춘다. 서로 다른 종류의 인정에 대한 이 세 부분으로 구성된 설명이 서로 다른 유형의 관계가 서로 다른 종류의 개인 간 권리와 의무를 포함하는 것으로 제시되는 호네트 도덕철학의 토대를 이룬다.

대인관계에 내장된 이러한 근원적인 이상적 '도덕 문법'에도 불구하고, 적절한 도덕적 인정에 대한 개인의 기대는 신체적 학대, 권리 부정, 배제, 비하, 경멸 등과 같은 부적절하거나 파괴적인 형태의 오인정(misrecognition)과 비인정(nonrecognition)을 통해 자주 무너진다. 실제로 호네트가 자주 지적하듯이, 적절한 인정에 대한 기대가 무너졌을 때, 그러한 무시에 대한 부정적인 감정적 경험은 오인정을 극복하기 위한 투쟁 — 이러한 투쟁이 국지적이고 대인적인 투쟁이든(제2장) 아니면 사회 전반적이고 집단에 기초한 투쟁이든(제3장) 간에 — 에 동기를 제공한다.

사회적 인정투쟁

호네트의 비판사회이론의 둘째 주요 빌딩 블록은 사회적 재생산과 사회변동에 대한 설명이다. 이 설명은 사회학, 역사학, 사회·정치철학에 뿌리를 두고 있다. 이 설명의 핵심 관념은 사회적 관행과 제도가 특정한 인정 레짐(regimes of recognition)을 통해 통합되고 재생산된다는 것이다. 하지만 이 인정 레짐은 시대를 초월하는 질서가 아니라 역사에 따라 변화한다. 비록 호네트가 상호주관적 인정의 기본 문법을 인간 조건의 기본 구조의 일부로 간주하지만, 인정의 구체적인 역할, 기대, 형태는 시간이 지남에 따라 변화하며 사회마다 다르다. 이를테면 지난 200년 동안 가족 내에서 남성·여성·자녀의 역할과 의무 — 그리고 가족에 대한 정의 — 가 크게 변화한 것을 생각해 보라. 호네트의 설명에 따르면, 이들 변화는 우리 사회의 특정한 인정 질서가 변화한 것으로 이해되어야 한다. 더 나아가 그의 역사적 재구성에서 중심을 이루는 주장은 그러한 거대한 변화가 특히 사회적 행위자와 사회집단의 인정투쟁 — 즉, 오인정에 대한 부정적인 경험에 의해 동기 지어진 투쟁 — 에 의해 추동된다는 것이다. 왜냐하면 한 집단의 성원들이 오인정을 유행병적으로 경험할 때, 다시 말해 비슷한 처지에 있는 모든 사람이 동일한 형태의 부당한 무시나 학대를 받는다는 사실을 알게 될 때, 불충분한 현 상태를 보다 공정한 인정 질서로 바꾸려는 사회운동이 일어날 가능성이 존재하기 때문이다.

이 기술적이고 설명적인 사회이론은 비판이론이기도 하다. 왜냐하면 호네트가 진보와 퇴보라는 평가 기준에 의거하여 변화를 측정할 것을 제안하기 때문이다. 그는 인정 도덕에 대한 세 갈래의 분석으로부터 정치철학을 구축하여, 보다 광범위한 사회에서 서로 다른 유형의 정의가 더 많은 또는 더 적절한 인정을 받기 위해 벌이는 서로 다른 유형의 사회적 투쟁에 의해 어떻게 주장되는지를 보여준다. 우리가 앞으로 살펴보듯이, 호네트는 진보의 핵심 척도로 포함(inclusion)과 개인화(individualization) 두 가지를 제시한다. 아주 간단하게 말하면, 인정 레짐이 한편에서는 차별과 배제를 줄이고 다른 한편에서는 더 많은 퍼스낼리티 차원에서 개인의 독특성을 인정할 때 사회는 더 나은 사회가 된다. "윤리적 삶(ethical life)에 대한 형식적 개념"으로 정식화된 이 기준은 다양한 사회·정치 운동의 주장을 평가하는 데에도 이용될 수 있다. 따라서 인정이론은 다양한 비판사회이론의 과제 — 사회가 어떻게 통합되고 재생산되는지를 기술하는 일, 사회변화의 중요한 원인을 설명하는 일, 왜곡되지 않은 인정 관계의 규범적 기준에 의거하여 그러한 변화의 가치를 평가하는 일, 그리고 실제로 인간 해방과 개인의 자기실현 프로젝트를 촉진하는 사회적 행위자와 사회운동을 지향하는 일 — 를 수행한다.

사회병리의 진단

지금까지 기술한 것처럼, 호네트의 프로젝트는 그 프로젝트가 대상으로 하는 기본적인 사회현상이 개인과 집단에서 일어나는 호전적인 투쟁일 때조차 지나치게 이상주의적이고 낙관적인 것처럼 보일 것이다. 그러나 이것은 잘못된 인상이다. 왜냐하면 호네트는 현재를 비판하는 것에 깊은 관심을 두고 있기 때문이다. 그러한 비판을 위해서는 무엇이 가치 있고 무엇이 문제인지를 평가할 수 있는 규범적 기준이 요구되며, 따라서 자신의 도덕적 관점에 근거할 수 있는 사회이론을 발전시켜야 한다. 그러나 그러한 비판은 그렇기 때문에 그 비판사회이론을 이용하여 현재를 진단하게 된다.

나는 제4장에서는 호네트 이론의 셋째 주요 빌딩 블록을 이루는, 현재에 대한 호네트의 사회진단을 재구성한다. 나는 이것이 호네트의 가장 독특하고 고유한 공헌 중 하나라고 생각한다. 현대 사회의 병리를 진단하는 것을 지향하는 사회철학을 체계적으로 발전시키려는 호네트의 시도는 그가 발전시킨 인정이론의 견지에서 수행되었다. 호네트는 그러한 사회철학을 다음과 같이 특징지었다. "그것의 주요 임무는 사회 성원들이 '좋은 삶'을 살아가는 것을 방해하는 것으로 인식될 수밖에 없는 사회발전 과정을 진단하는 것이다"(Honneth, 2007f: 4). 나는 이 장의 대부분을 사회진단의 방법론적 요구를 명료화하는 것과 함께 호네트가 발전시킨 네 가지 구체적인 실제적 진단, 보다 구체적으로는 비가시화(invisibilization), 도구적 합리화(instrumental rationalization), 물화(reification), 조직화된 자기실현(organized self-realization) 라는 현대의 병리 현상을 해명하는 데 할애하고 있다. 두 가지 다른 중요한 진단, 즉 부당한 경제적 분배와 자유에 대한 지나치게 개인화된 인식이라는 병리 현상은 각각 제5장과 제6장에서 다룬다. 여기서 우리는 그 내용 모두를 미리 살펴보지 않을 것이다. 다만 우리는 호네트가 자신의 프로젝트의 이러한 측면을 수행하는 과정에서 자신이 현재에 대한 통찰력 있는 진단자일 뿐만 아니라 프랑크푸르트학파의 유산에 가치 있는 기여자임을 보여주었다고 말하는 것만으로 충분하다.

인정과 시장

현대 비판이론가들 사이에서는 보다 특별한 교류들이 있었다. 그러한 교류 중 하나에서 호네트와 낸시 프레이저는 경제적 관계, 현대 자본주의, 사회정의를 위한 다양한 투쟁을 개념화하는 데서 인정 패러다임이 갖는 적실성을 놓고 의견을 교환했고, 그 결과를 2003년에 『재분배인가 인정인가?』라는 책으로 출간했다. 나는 제5장에서는 『재분배인가 인정인가?』에 제시된 호네트의 현대 자본주의 이론과 그 이론에 대한 프레이저의 다양한 비판, 그리고 그러한 비판에 대한 호네트의 실제적·잠재적 반응과 관련된 하나의 평가를 소개한다. 우리가 앞으로 살펴보듯이, 이 논쟁은 방법론적 논쟁이자 실제적인 논쟁이기도 하다.

호네트와 프레이저의 논쟁은 부분적으로는 현대 정치경제를 비판하고 비판사회이론의 전통을 계승하는 데 어떤 종류의 지적 도구가 가장 적합한지에 관한 논쟁이다. 프레이저는 기본적으로 오인정과 부당한 분배는 서로 다른 인과적 요인과 동학을 가진 두 가지 서로 다른 종류의 사회적 부정의이며, 따라서 서로 다른 (그리고 잠재적으로 경쟁하는) 교정책이 필요하다고 확신한다. 이와 대조적으로 호네트는 불공정한 경제적 분배를 포함한 많은 종류의 경제적 부정의는 사회의 근본적인 인정 질서와 구성적으로 연결되어 있는 것으로 이해해야 한다고 제시한다. 특히 호네트는 비판이론이 경제적 부정의와 인정 부정의를 분석하는 데서 근본적으로 다른 도구를 채택해서는 안 되며, 한 사회의 인정 질서의 변화라는 관점에서 정치경제의 변화를 설명해야 한다고 주장한다.

그러나 이 논쟁은 방법론적인 논쟁에 불과한 것이 아니다. 왜냐하면 프레이저는 인정에만 초점을 맞추는 것은 실질적으로 현명하지 못하며, 우리로 하여금 자주 보다 상징적이고 평판적인 피해에만 초점을 맞추는 정치에 기대어 경제적 부정의를 간과하게 하거나 무시하게 하거나 또는 논외로 하게 한다고 확신하기 때문이다. 내가 제5장에서 보여주려고 노력하는 바와 같이, 인정이론을 정체성에 기반한 형태의 부정의 — 즉, 여성, 비백인, 이민자, 동성애자 등 "자신이 누구인지"에 따라 영향을 받는 부정의 — 에 초점을 맞춘 사회운동과만 연관시키는 것은 자연스럽지만 오해의 소지가 있다. 사실 호네트의 실제 관심사는 항상 그것보다 더 광범위했으며, 그는 자신의 인정이론을 정치경제학의 문제들 — 분업, 노동의 본질과 노동 조건, 노동조합과 기업의 역할, 소득과 부의 불평등 수준, 복지국가의 경제 개입이 갖는 위험 완화 기능, 신자유주의적 민영화의 급속한 진전 등 — 과 일관되게 연결시켜 왔다.

사회적 자유와 인정

호네트의 비판이론의 마지막 빌딩 블록은 근대 서구사회의 중심 제도들 — 우정, 낭만적 사랑, 가족, 도덕, 법, 노동시장, 소비 경제, 민주적 공론장, 입헌 국가 — 에 대한 설명을 기반으로 하는 완연한 사회이론이다. 2011년 독일어로 처음 출간된 『자유의 권리』는 헤겔이 1820년에 『법철학(Philosophy of Right)』

(Hegel, 1991)에서 제시한 야심 찬 프로젝트를 현대적으로 재실현하려는 것이나 다름없는 독창적이고 기념비적인 책이다. 하지만 그 시도는 순수 개념에 대한 고도로 추상적인 철학적 담론 속에서 달성되는 것이 아니라 개인의 자유 증진이라는 야심 찬 요구를 중심축으로 하여 근대사회의 제도들을 점점 더 틀 지어 온 실제 사회운동의 역사와 사회운동에 대한 경험적 분석을 통해 달성된다. **자유**가 그 책의 핵심 키워드인 것은 사실이지만, 호네트는 **인정**이라는 개념을 버리지 않았다. 대신 그는 진정한 자유 — 그가 '사회적 자유'라고 부르는 것 — 는 적절한 상호 인정 관계를 유지하고 촉진하는 사회제도 안에서 그리고 그러한 사회제도를 통해서만 달성될 수 있다고 주장한다. 우리는 '인정'이 도덕 투쟁의 초역사적 문법에서 핵심을 이룬다면 '사회적 자유'는 근대사회의 인정투쟁에서 핵심적인 야망이라고 말할 수 있다.

『자유의 권리』가 포괄하는 방대한 범위, 그리고 그 책의 세부 사항 및 철학적 깊이 때문에, 나는 제6장에서는 세 가지 테마 군(群)에 초점을 맞춘다. 첫째 테마는 호네트가 펼치는 독특한 인간 자유 이론이다. 우선 그는 자유가 근대 삶에서 진정한 최고의 가치이며, 다른 모든 가치는 그 주위에 배치된다고 주장한다. 더 나아가 그는 자유에 대한 소극적 개념과 성찰적 개념 — 즉, 비개입(non-interference)으로서의 자유와 자기 자신의 목적을 설정하는 것으로서의 자유 — 은 각기 제한적이고 부적절하다고 주장한다. 사회적 자유에 대한 그의 대안적 개념은 개인의 행위가 사회적 활동의 협력 도식과 부합할 때 그 행위는 가치와 목적을 획득한다고 주장한다. 헤겔과 호네트에 따르면, 사람은 자신의 사회 세계에 "배어들어 있을" 때만, 즉 사회적 역할과 의무에 부응하는 맥락에서 자기 자신의 특유의 동기와 의도가 의미 있게 실현될 수 있을 때만 자유롭다.

『자유의 권리』의 둘째 테마는 근대 삶의 주요 제도들 — 개인적 관계, 시장, 공적인 정치적 공간 — 을 사회적 자유의 영역으로 이해해야 한다는 것이다. 이 테마는 부분적으로는 경험적인 주장이다. 왜냐하면 근대 서구사회의 주요 사적·경제적·정치적 제도 영역의 역사가 확장된 사회적 자유를 확보하기 위한 다양한 사회적 투쟁에서 비롯된 것으로 해석되기 때문이다. 그러나 그 테마는 도덕적 주장이기도 하다. 왜냐하면 사회적 자유가 각 제도적 영역을 도덕적으로 정당화하는 데서 토대를 형성하기 때문이다. 특정한 관행, 사회적 역할, 우정의 책무, 낭만적 사랑, 가족, 도덕, 법, 분업, 소비자 경제, 정치적 공론장, 입헌 국가 모두는 모든 개인의 사회적 자유 실현을 촉진하고 증진하는 한에서만 정당화된다. 마지막으로, 그 테마는 비판적 주장이다. 왜냐하면 현대 제도의 중대한 결함과 성과 ─ 즉, 현대 제도의 진보적 측면과 병리적 측면 ─ 가 사회적 자유를 촉진하거나 방해하거나 또는 좌절시키는 정도에 따라 진단되기 때문이다. 따라서 사회적 자유는 제도에 기반한 호네트의 새로운 비판사회이론에서 중추를 이룬다.

제6장에서 나는 셋째로 호네트의 야심 찬 새 프로젝트에서 제기된 다양한 방법론적 혁신과 문제 영역에 초점을 맞춘다. 나는 특히 『자유의 권리』에서 펼치고 있는 사회통합, 가치 합의, 역사의 진보, 현재 진단에 대한 호네트의 설명뿐만 아니라 정의에 관한 철학 이론은 구체적이고 경험적인 사회분석을 통해 발전되어야 한다는 호네트의 과감한 주장에도 주목한다. 호네트는 『자유의 권리』에서 자신이 비판사회이론을 주요하게 심화할 것을 예고하지만, 그 책은 그가 오랫동안 강조해 온 것, 즉 (1) 사회현실에서 이루어지는 상호주관적 인정의 구성적 성격과 (2) 현 사회의 한계를 해방적으로 초월하는 데서 사회운동이 지닌 잠재적인 역동적 에너지를 강조하는 것에서 벗어나지는 않는다.

지적 맥락

호네트 저작의 중요한 측면 중 하나는 다른 많은 독일 이론가와 마찬가지로 그가 다른 이론가들의 저작에 대한 평가와 비판을 통해 자신의 이론을 발전시킨다는 것이다. 이처럼 호네트의 저술은 호네트 자신이 해석하고 있는 텍스트와 저자들에 대해 독자들이 상당히 정통하다는 것을 전제로 하고 있기 때문에, 즉 독자들이 18세기부터 21세기까지의 위대한 사상가 대부분에 대해 상당한 지식을 가지고 있다고 가정하기 때문에 새로운 독자에게는 그의 저작을 읽는 것이 때로는 엄청난 도전이 될 수 있다. 게다가 호네트가 그저 다른 사람의 관념들을 보고하는 것인지, 또한 그러한 관념들을 지지하기까지 하는 것인지, 아니면 다른 사람의 텍스트에서 단서나 잠재된 제안을 가져와 자신의 이론의 독창적인 구성 요소로 다듬는 것인지를 구분하기가 어려울 때도 있다. 물론 호네트의 이론을 더 많이 알수록 그것들을 구분하기가 더 쉬워지지만, 초심자에게 그러한 구분을 하기란 심히 어려운 과제이다. 따라서 이 책의 목적 중 하나는 그러한 전문 지식과 해석 능력 없이도 독자들이 쉽게 이해할 수 있도록 호네트의 이론을 요약하여 제시하는 것이다. 따라서 이 책에서 나는 이 세 세기에 걸친 서양 철학, 사회학, 정치학, 법학, 문화 이론, 문학, 심리학, 경제학, 역사학 등 호네트 자신이 의존하고 있는 광범위한 영역들에 대해서는 거의 해설하지 않는다.

따라서 이 절의 목적은 단지 호네트의 저작을 그러한 지적 맥락에 위치 짓는 하나의 방법으로 그러한 전통 중 가장 두드러진 몇 가지를 그것의 길잡이로 제시하는 것이다.[6] 결국 호네트의 사상과 그 지적 맥락 간의 연관성을 탐구하는 가장 좋은 방법은 관련 사상가들에 대해 논의한 호네트의 저술을 읽는 것이다. 호네트의 그러한 글들은 그의 선대와 동시대인들에 대한 놀랍도록 예리하고 통찰력 있는 해석일 뿐만 아니라, 현대 철학과 사회이론 속에서 무엇이 살아남아 그것들에 활기를 불어넣어 주고 있는지를 보여주는 데서도 독보적이다.

칸트에서 헤겔로

호네트의 인정이론은 고대 그리스의 우정 이론, 르네상스 시대의 인문주의적 고전 사상의 부흥, 18세기 스코틀랜드와 잉글랜드의 도덕 감정 이론, 그리고 특히 인간 퍼스낼리티의 본질적으로 **사회적인** 성격에 대한 루소의 획기적인 주장에서 그 선례를 찾아볼 수 있다(Neuhouser, 2010). 그럼에도 불구하고 호네트에게 가장 커다란 영향을 미친 단일 사상가는 의심할 바 없이 헤겔이며, 헤겔의 사상은 호네트의 두 가지 핵심 저작인 『인정투쟁』과 『자유의 권리』의 초석을 형성한다. 물론 헤겔 자신도, 비록 명시적으로 그리 인정하지 않았지만, 호네트와 마찬가지로 칸트에게 큰 빚을 지고 있었다.[7]

칸트와 헤겔이 공유하는 한 가지 근본적인 목표는 이성, 진보, 자유, 평등, 민주주의, 연대, 정의라는 계몽주의의 위대한 이상이 갖는 보편성과 당위성을 입증하는 것이다. 호네트는 또한 그러한 계몽주의의 이상에 철저하게 헌신했지만, 그러한 이상을 개념화하고 정당화하는 방법에 있어서는 칸트보다 헤겔의 선례를 따랐다. 내가 이를 통해 말하고자 하는 것은 헤겔이 그러한 이상을 논의하는 데서 나타나는 세 가지 변화 — 이러한 변화들은 호네트의 프로젝트에서 중심적인 위치를 차지한다 — 속에서 확인할 수 있다. 첫째 변화는 헤겔이 그러한 이상을 주관적·개인적 측면에서보다 **상호주관적·사회적** 측면에서 개념화한다는 것이다. 헤겔은 고립된 사상가들의 정신 속에서 이성의 능력과 도덕의 요구를 찾는 칸트의 전략을 채택하는 대신에 사람들 간의 사회적 상호작용의 공간에서 이성과 도덕을 찾는다. 상호주관성으로의 전환이 호네트에서 얼마나 중요한지는 아무리 강조해도 지나치지 않다. 우리가 앞으로 이 책의 모든 장에서 살펴보듯이, 상호주관성 개념은 상호 인정과 사회적 자유라는 핵심 관념을 포함하여 호네트 비판사회이론의 모든 개념에서 중핵을 차지하고 있다.[8)]

계몽주의의 이상에 대한 헤겔의 논의에서 나타나는 둘째 변화는 시대를 초월하는 것에서 역사적인 것으로 이동한 것이다. 헤겔은 고립된 개인의 정신에서 이성과 도덕을 떼어낼 것을 제안한 것만이 아니다. 헤겔은 칸트가 주장하듯이 이성과 도덕의 특정 형태, 구조, 내용이 모든 시대를 초월하는 영원한 것이 아니라고 주장한다. 헤겔에 따르면, 오히려 이성과 도덕의 특정 형태, 구조, 내용이 시간이 지남에 따라 인류 역사 속에서 그리고 역사를 통해 발전한다. 그렇다면 그러한 이상을 옹호하는 전략도 변해야 한다. 헤겔(그리고 호네트)은 순수 이성으로부터 선험적 주장을 진전시키기보다 목적론적인 발전론적 주장을 진전시킨다. 이성과 도덕이라는 우리의 현재의 이상이 정당화될 수 있는 것은 이성과 도덕이 그저 우리에게 우연히 달라붙은 것이 아니라 학습, 오류 수정, 개선이라는 진보 과정에서 나타난 것으로 볼 수 있기 때문이다(그리고 이성과 도덕은 그러한 정도만큼만 정당화될 수 있다). 요컨대 우리의 이상들은 인류의 진보의 결과로서만 가치가 있다.

계몽주의의 이상에 대한 헤겔의 논의에서 나타나는 셋째 변화는 개인의 자율성 존중, 도덕적으로 평등한 타인에 대한 절대적 의무, 개인의 권리와 사회계약을 통한 정의라는 칸트의 핵심적인 도덕적·정치적 이상을 받아들여 그것들을 특정한 역사적 맥락 — 근대의 윤리적 삶 — 에 위치시킨다는 것이다. 도덕을 윤리적 삶 속에 집어넣는다는 것은 얼마간은 우리의 특정한 도덕적·정치적 이상이 역사적 관념 — 현대 서구사회에서 전형적으로 발견되는, 그리고 종래의 관념이 점진적으로 변화하면서 발전한 — 이라는 것을 인정한다는 것을 뜻한다. 이를테면 우리가 공동체에 대한 의무와 공동체에의 순응보다 자유와 개인성을 우선시하는 것은 순수하고 시대를 초월한 추상적 이성 자체의 형식적 요구의 결과가 아니라, 우리 자신의 근대적 가치 및 구체적인 관습과 관련한 하나의 사실이다. 이는 부분적으로는 우리의 의무에 대한 추상적인 형식적 추론이 실제 평가와 윤리적으로 중요한 관행 및 제도라는 더 넓은 맥락에서 이해되어야 한다는 것을 의미하기도 한다. 마지막으로, 도덕을 윤리적 삶 속에 집어넣는 것은 칸트에서는 도덕적 규칙과 공정한 법의 힘을 인정한다는 것을 뜻하지만, 헤겔에서는 그러한 규칙과 법의 힘 그 자체를 인간으로서의 우리가 그것들에 부여하는 가치로부터 파생된 것으로 바라본다는 것을 뜻한다. 칸트가 강조한 것처럼 도덕은 분명히 우리에게 의무적인 요구를 하지만, 헤겔의 관점에서는 그러한 요구가 정당한 것으로 인식되는데 그 까닭은 오직 그러한 요구에 순종하는 것이 궁극적으로 우리가 가치 있는 것으로 평가하는 것 및 애초에 선하다고 여기는 것을 촉진하기 때문이다. 요컨대 호네트가 받아들이는 헤겔식 전환에서 권리는 선(善)에 뿌리내리고 있다.

마르크스, 니체, 프로이트

마르크스, 니체, 프로이트는 모두 인간 이성이 지닌 힘에 대한 과도한 철학적 주장에 대해 일반적으로 비판적이고 의심스러워하는 입장을 대표하며, 이들 각자는 자기 나름의 방식으로 합리성, 이성에 근거한 도덕, 주체성, 자기 투명성, 의식적 자기 지향, 이성에 근거한 사회 조직이라는 부풀려진 주장을 걷어내기 위해 노력했다.[9] 그러한 거품 빼기는 그렇게 상정된 계몽된 인지자의 속성이 어째서 실제로는 환상이었는지, 그리고 이성 이외의 몇몇 다른 요인이 어떻게 실제로 합리성·도덕·의식·지향성·사회조직의 형태와 내용을 결정하는지를 보여줌으로써 이루어졌다. 물론 인간 현상의 **실제** 동인 ― 실제적인 설명적 인과 요인 ― 은 각 사상가의 이론에서마다 다르다. 마르크스에서는 인간 현상의 진정한 설명자가 한 사회의 특정한 경제적인 물질적 생산 양식이고, 니체에서는 권력 및 활력 의식을 극대화하는 의미 체계이며, 프로이트에서는 정신의 무의식적인 리비도적 요구의 조직과 동학이다. 그러나 각 사상가에서 실재(the real)가 무엇이든 간에, 그들이 제기하는 핵심적인 주장은 이성, 도덕, 주체성의 표면적인 외양이 사물의 실제 존재 방식을 드러내는 것으로 믿어서는 안 된다는 것이다. 실재에 대한 (세 가지 서로 다른) 개념은 이성의 '타자(Other)'로 간주된다.

호네트의 작업이 이성, 도덕, 자의식을 철저하게 폭로하는 것을 목표로 하거나 그것으로 귀결되지도 않지만(그의 프로젝트는 결국 헤겔주의적이다), 그럼에도 불구하고 호네트는 합리성, 자기 투명성, 자기 결정의 거품에 대해 회의적이고 비판적인 태도를 견지하는 것이 갖는 중요성을 실제로 예민하게 인지하고 있음을 자신의 글 곳곳에서 보여준다(이에 해당하는 좋은 예가 Honneth, 1995a이다). 그리고 호네트의 저술에 마르크스, 니체, 프로이트가 미친 영향은, 비록 자주 배후에 자리하고 있기는 하지만, 분명하게 감지할 수 있다.

프랑크푸르트학파 전통이 이른바 '서구 마르크스주의(western Marxism)'의 주요한 일부이기 때문에 마르크스가 배경에서 그리 크지 않은 비중을 차지한다는 것은 놀랄 만한 일이 아니다. 호네트는 1980년과 1981년에 쓴 초기 에세이들에서 후기 자본주의 사회에서 계급 분열과 일상적인 노동 경험이 도덕 범주에 영향을 미치고 사회적 투쟁을 유발하는 심층적 방식에 주의를 충분히 기울이지 않았다는 이유를 들어 자신의 스승 하버마스의 이론을 비판한다(Honneth, 1995g; 1995j). 더 나아가 1989년에 이르러서는 호네트는 분명히 사회이론과 비판적 해방이론의 연결이라는 마르크스의 보다 일반적인 목적을 더 잘 충족시키기 위해 자신의 인정이론으로 마르크스의 노동이론을 대체하려고 한다(Honneth, 1995b). 마지막으로, 마르크스주의의 중심적인 관심사들 — 한 사회의 정치적-경제적 관계의 중요성, 노동의 본질과 가치, 계급에 기반한 지배의 존재, 거대한 경제적 불평등이라는 부정의, 그리고 이데올로기·소외·물화·상품화라는 자본주의 병리 현상들 — 역시 호네트의 저작에 등장한다.

니체가 호네트에게 미친 영향은 좀 더 간접적이다. 호네트가 니체식의 회의적인 비합리주의 프로그램을 수행하거나 모든 기존 가치를 재평가하지 않는다는 것은 분명하지만, 나는 호네트가 니체식의 해석의 정치(politics of interpretation) 테마로부터 깊은 영향을 받았다고 제시할 것이다. 우리가 앞으로 살펴보듯이, 호네트에서 인정투쟁은 특정 사회의 인정 질서를 집합적으로 구성하는 의미, 상징, 개념, 가치를 중심축으로 하여 전개된다. 따라서 오인정이나 왜곡된 인정에 대항하는 투쟁은 실제로 제도와 관행을 바꾸기 위해 현대의 의미, 해석, 가치를 재평가하는 투쟁인 경우가 많다.

마지막으로, 프로이트가 호네트에게 미친 영향은, 대체로 후대의 정신분석학적 연구, 특히 대상관계 이론(object relations theory)을 통해 매개되지만, 상당하다.[10] 특히 우리가 다음 장에서 살펴보듯이, 최근의 정신분석학적 연구는 호네트의 저작에서 아주 중심적인 위치를 차지한다. 자아 및 개인의 정체성 발달에 대한 호네트의 상호주관주의 이론의 중심에는 감정이 자리하고 있으며, 그 이론은 정신분석학의 중심 주제 — 즉, 건강한 심리 발달의 조건 및 왜곡되지 않은 에고 정체성의 조건 — 를 목표로 한다. 그러나 정신분석학적 테마는 대인관계와 가족 관계, 정치 문화와 민주적 상호작용에 관한 호네트의 사회·정치이론에서도 중심을 차지하고 있다. 제6장에서 살펴보듯이, 어쨌든 간에 사랑과 연대는 그의 정치적 정의 이론에서 중심 범주이다. 그리고 물론 호네트는 분노, 수치심, 죄책감, 동정심과 같은 도덕적으로 반응하는 감정이 사회적 투쟁의 동기로서 갖는 중요성을 강조한다.

프랑크푸르트학파

호네트에서 무엇보다 우선하는 목표는 비판사회이론 — 현재의 해방 위험과 잠재력을 진단하는 것을 목표로 하는 학제적 사회이론 — 을 만들어내는 것이다. 헤겔이 호네트에게 가장 큰 영향을 미친 단일 이론가이기는 하지만, 프랑크푸르트학파 — 독일 프랑크푸르트암마인(Frankfurt am Main)에 소재한 사회연구소(Institut für Sozialforschung)를 중심으로 모인 다양한 지식인 집단 — 가 호네트 사상의 발전과 성격에 (비록 더 크지는 않을지라도) 동등한 역할을 했다는 것은 분명하다.[11] 어쨌든 호네트가 명시적으로 이어가고자 하는 지적 노력에 '비판이론'이라는 이름을 부여한 것은 제1세대 — 가장 대표적인 인물로는 테오도르 아도르노, 막스 호르크하이머, 헤르베르트 마르쿠제 — 였다. 그리고 호네트의 저작은 그의 스승이자 프랑크푸르트학파의 대표적인 제2세대 비판이론가인 위르겐 하버마스 — 독일의 저명한 대중 지식인으로 지난 50년간 가장 영향력 있는 철학자이자 사회정치이론가 — 로부터 큰 영향을 받았다.

호네트의 인정이론은 많은 연구 패러다임에 광범위하게 영향을 미쳐왔다. 그러나 그는 처음 두 세대와는 상당히 다른 도구를 사용하고 있다. 그럼에도 불구하고 그는 자신의 연구가 프랑크푸르트학파의 전통을 계승하고 있다고 본다. 1979년에 발표한 그의 두 번째 논문은 하버마스의 아도르노 비판에 관한 것이다(Honneth, 1979). 1985년 독일에서 출간된 호네트의 첫 번째 저서 『권력 비판』은 "비판사회이론의 성찰적 단계들"이라는 부제를 달고 있으며, 프랑크푸르트학파(그리고 푸코)의 지성사를 서술하면서 선대의 이론에서 간파해 낸 장점과 약점을 바탕으로 새로운 비판이론을 구축하는 데 중점을 두고 있다. 이 같은 의도는 현재까지도 호네트의 저술에서 계속되고 있다. 이를테면 『이성의 병리: 비판이론의 유산에 대하여(Pathologies of Reason: On the Legacy of Critical Theory)』에 실린 최근의 에세이들에서는 "비판이론의 적시성"을 긍정적으로 검토한다(Honneth, 2009 [2007]: vii).

게다가 호네트는 자신의 출판 작업을 넘어서 프랑크푸르트 사회연구소가 부활하는 데서는 물론 해방적 의도를 지닌 경험적 사회과학을 생산하기 위한 그 연구소의 활동에서도 원동력이 되어왔다.[12] 그는 2001년에 연구소 소장이 된 후 새로운 연구자와 연구비를 유치하여 경험적 연구 프로그램을 발전시켜 왔으며,[13] "사회학과 사회철학에 대한 프랑크푸르트의 기여(Frankfurt Contributions to Sociology and Social Philosophy)"라는 제목의 연구소 총서를 편집했다[캄푸스 출판사(Campus Verlag)에서 발간하는 이 총서는 현재 열여덟 권에 이르며, 이 시리즈의 첫 번째 책이 Honneth, 2002b이다]. 그리고 새로운 우수한 학술 저널 ≪베스텐트: 사회연구를 위한 새로운 저널(WestEnd: Neue Zeitschrift für Sozialforschung)≫을 발간하기 시작했다[이 저널의 부제는 1930년대에 출간된 프랑크푸르트학파의 원래 저널 ≪사회연구를 위한 저널(Die Zeitschrift für Sozialforschung)≫을 의도적으로 반영한 것이었다].

호네트는 또한 프랑크푸르트학파 사회철학 브랜드를 특징짓는 구체적인 개념을 설파해 왔다. 호네트에 따르면, '사회철학'은 하나의 광범위한 전통 — 프랑크푸르트학파 이론가뿐만 아니라 루소, 헤겔, 마르크스, 니체, 뒤르켐, 베버, 루카치, 프로이트, 플레스너(Plessner), 아렌트(Arendt), 푸코를 포함하는 — 으로, 그 속에서 이론은 사회의 잘못된 발전, 즉 사회병리를 진단하는 것을 목표로 한다(Honneth, 2007f). 프랑크푸르트학파는 **이성** 또는 **합리성**이 초래하는 사회병리에 일관되게 초점을 맞추어온 특정 형태의 사회철학이다(Honneth, 2009d).

> 프랑크푸르트학파의 다양한 저자들은 모두 방법과 대상은 다르지만, 현대 자본주의 사회의 삶의 조건이 사회적 관행, 태도, 또는 퍼스낼리티 구조를 생산하고 인간의 이성 능력을 병리적으로 왜곡시킨다는 관념 속에서 하나로 통합된다. 프

랑크푸르트학파의 학자들은 항상 인간의 합리성이 초래하는 병리현상의 사회적 원인을 탐구하는 것을 목표로 한다.(*Pathologies of Reason*: vii)

호네트에 따르면, 프랑크푸르트학파 이론의 또 다른 독특한 테마는 그 이론이 '내재적 초월(immanent transcendence)' — 실제 사회 **내부**에 있으면서 동시에 그곳 **너머**를 가리키는 어떤 것 — 이라는 논점을 중심으로 이론을 구축하는 데 주로 전념한다는 것이었다. 프랑크푸르트학파 이론의 기본 관념은 비판 이론의 다양한 요소들 — 사회분석, 병리 진단, 평가 기준의 정당화 등 — 모두는 실제의 일상적인 사회적 삶에서 발견되는 어떤 것 — 또한 더 낫고 더 해방되고 더 합리적인 삶의 형태를 가리키는 어떤 것 — 과 체계적으로 연관되어야 한다는 것이다.[14] 호네트는 이 관념을 다음과 같이 표현한다. "주어진 관계 내에서 관행 또는 경험의 한 요소는 자기 자신의 실현을 압박하는 합리적 규범이나 조직 원리의 잔여물을 소유하는 한 사회적으로 구현된 이성의 하나의 계기로 간주될 수 있는 것으로 항상 식별될 수 있어야 한다"(RoR: 240). 서로 다른 다양한 프랑크푸르트학파 이론은 서로 다른 내재적 초월의 요소 — 호르크하이머와 그의 동료들에서는 제2차 세계대전 이전의 노동자 운동이고, 아도르노에서는 전후의 심미적·모방적 경험이고, 하버마스에서는 언어와 공중의 커뮤니케이션이고, 호네트에서는 인정과 사회적 자유를 위한 투쟁인 — 를 포함하는 것으로 볼 수 있다.[15]

하버마스와 호네트의 저작을 하나로 통합하는 셋째이자 결정적인 테마는 **상호주관성**으로의 전환이다. 프랑크푸르트학파의 제1세대가 항상 하나의 비판적 준거점으로 특정 형태의 손상되지 않은 주체성을 찾는 것으로 보였다면, 하버마스와 호네트는 단호하게 내재적 초월이라는 비판적 준거점을 손상되지 않은 상호주관성 — 온전한 사회적 상호작용의 형태 — 으로 전환한다. 이를테면 인간은 실제로 다른 사람들과의 사회적 상호작용 속에서만 그리고 그러한 상호작용을 통해서만 자신을 이해하게 된다는 미국 실용주의자 조지 허버트 미드(George Herbert Mead)의 놀랍도록 독창적인 경험적 주장은 하버마스와 호네트 모두에게서 하나의 시금석이다. 확실히 하버마스는, 이를테면 모든 발화 행위(speech act)는 진리, 도덕적 올바름, 진실성에 대한 세 가지 타당성 주장을 동시에 제기한다는 자신의 주장에서 볼 수 있듯이, 언어 자체의 합리적 구조에 초점을 맞추고 있다. 호네트는 "의사소통의 도덕적 잠재력은 사회 진보의 엔진인 동시에 그 방향을 제시한다"라는 하버마스의 포괄적인 주장을 의심 없이 받아들인다(RoR: 242). 그러나 우리가 앞으로 살펴보듯이, 호네트는 하버마스처럼 언어의 구조에서가 아니라 사회적 상호작용의 구조 자체 — 특히 상호 인정의 다양한 관행 — 에서 해방을 지향하는 내재적이고 진보적인 규범적 내용을 찾고자 한다. 간단하게 말하면, 하버마스가 왜곡되지 않은 상호주관적 언어에 우선순위를 두고 있다면, 호네트는 왜곡되지 않은 상호주관적 인정에 주목한다.[16)]

프랑스 사회이론

프랑스 사회이론은 제2차 세계대전이 끝난 이후 르네상스를 맞이했으며, 호네트는 많은 프랑스 사회이론의 통찰력 있는 독해자이자 해석자였다. 프랑스의 저명한 후기구조주의자 미셸 푸코의 저작은 특히 호네트의 초기 저술들에서 가장 체계적인 주목을 받았으나, 그 후에는 언급 빈도가 줄어들었다. 철학적 인간학에 대한 호네트의 초기 공동 저서(SAaHN: 129~150)에는 푸코에 관한 하나의 장이 포함되어 있으며, 푸코의 권력 이론은 호네트의 첫 번째 모노그래프(CoP: 99~202)에서 세 개의 장에 걸쳐 계속해서 비판적인 주목을 받고 있다. 현상학자 장-폴 사르트르(Jean-Paul Sartre)가 식민주의 지배를 분석하기 위해 말년에 개발한 사회이론도 특히 그 이론이 인정투쟁을 중심으로 구축된다는 점에서 높은 평가를 받는다(SfR: 145~159). 또한 다른 저명한 프랑스 사회이론가들도 개별 에세이와 산재하는 참고문헌에서 대상이 되어왔다. 구조인류학자 클로드 레비 스트라우스(Claude Lévi-Strauss)(Honneth, 1995i), 육체화(embodiment)의 현상학자 모리스 메를로퐁티(Maurice Merleau-Ponty)(Honneth, 1995c), 사회적 상상력의 정신분석학자 코넬리우스 카스토리아디스(Cornelius Castoriadis)(Honneth, 1995h), 문화 권력의 사회학자 피에르 부르디외(Pierre Bourdieu)(Honneth, 1995d), 도덕적 신념의 사회학자 뤽 볼탄스키(Luc Boltanski)와 로랑 테브노(Laurent Thévenot)(Honneth, 2012c) 등이 그들이다. 마지막으로, 우리는 자율적 주체의 이상(Honneth, 2007b)과 보편적 도덕의 이상(Honneth, 2007e)에 대한 후기구조주의적 비판과 명시적으로 타협한 1990년대 중반의 보다 강령적인 두 편의 에세이를 언급할 수 있다. 후자의 에세이에는 자크 라캉(Jacques Lacan), 장-프랑수아 리오타르(Jean-François Lyotard), 자크 데리다(Jacques Derrida)의 윤리적 사상에 대한 명시적인 논의도 포함되어 있다.

하지만 이 모든 것이 호네트 이론의 핵심 개념과 주장에 얼마나 **영향을 미쳤는지**를 정확하게 평가하기는 어렵다. 호네트는 많은 점에서 이들 사상가가 생산한 경험적이고 구체적인 사회분석의 많은 것에 명시적으로 동조하고 있다. 이들 사상가는 근대 사회적 삶이 유발한 숨어 있는 고통, 주체성과 자율성의 취약함, 자기 투명성·자기 인식·자기 통제의 여전한 결여, 유일하고 독특한 타자에 대한 특별한 배려·관심·자비가 갖는 윤리적 중요성, 사회적 상호작용의 관행과 제도에 대한 상징적·평가적 의미와 이해의 독특한 그물망이 수행하는 중심적인 역할, 그리고 특히 사회적인 것이 불가피한 대립·갈등·불일치의 장이 되는 다양한 방식 등과 같은 주제를 탐구하는 데서 중요한 시금석이 되고 있다. 그러나 동시에 호네트는 후기구조주의 이론에서 흔히 취하는 회의적이고 상대주의적인 결론을 결코 지지하지 않는다. 실제로 호네트는 이성, 진리, 도덕적 진보를 부정하는 대신에(다시 말해 이를테면 사회사를 단순히 권력/지식 레짐의 우연적인 역사적 조직으로 보는 푸코의 관점이나 규범을 단지 문화 자본을 둘러싼 끊임없는 전략적 경쟁에서 이용되는 상징적 통화로 보는 부르디외의 환원주의적 설명을 수용하는 대신에) 그러한 이상을 입증하는 프로젝트에, 즉 칸트에서 헤겔로 뻗어나가 하버마스로 이어지는 프로젝트에 동참하고 있다. 결국 호네트는 많은 프랑스 사회이론이 일반적으로 취하는 회의적인 방법론과 규범적 결과에는 전혀 동의하지 않지만 프랑스 사회이론의 경험적인 사회적 통찰은 확실히 찬미한다고 말하는 것이 가장 안전할 것이다.

정치철학

규범적 정치철학 논쟁, 특히 1971년에 존 롤스(John Rawls)의 획기적인 저서 『정의 이론(Theory of Justice)』(Rawls, 1971)이 출간된 이후 시작된 논쟁은 호네트의 저작에 하나의 중요한 맥락을 형성한다. 호네트의 프로젝트가 갖는 독특함을 이해하는 한 가지 좋은 방법은 그 프로젝트가 이상적이든 비판적이든 간에 다른 현대 정치철학과 어떻게 공명하고 대비되는지를 살펴보는 것이다.

호네트의 프로젝트 — 그리고 모든 비판사회이론 — 와 가장 뚜렷한 대조를 이루는 것은 이상주의적 정치철학에 의해 제시된다. 이상주의적 정치철학의 기본 목표는 정의, 옳음, 정당성 등의 이상적인 원리를 명확히 하고 정당화하는 것이다. 정당화된 원리들은 보통 **전적으로** 참되고 완전한 것으로, 즉 더 좋거나 더 이상적인 것은 존재하지 않는다는 의미에서 항상 참되고 완전한 것으로 이해된다. 다시 말해 이상주의적 정치철학은 어떤 완전한 사회를 위한 이상적인 규범적 기준을 설명하고 옹호하는 것에 우선적으로 (그리고 종종 그것에만) 초점을 맞춘다. 이것이 바로 이를테면 존 롤스의 유명한 '공정성으로서의 정의' 이론의 주요 목표이다. 롤스의 저작은 거의 전적으로 "철저한 준수 이론(strict compliance theory)"을 발전시키는 것을 겨냥한다. "나는 …… 완벽하게 공정한 사회의 본질과 목표가 정의 이론의 근본적인 부분이라고 가정할 것이다"(Rawls, 1971: 9). 여기서 롤스가 제시하는 관념은 우리가 먼저 (순수한 도덕적/철학적 논증에 의해 참으로 정당화된) 정의 등에 관한 완전한 원리를 소유해야만 두 번째 파생 단계, 즉 '비이상적인(non-ideal)' 또는 '부분적인 준수 이론'을 발전시키는 것으로 나아갈 수 있다는 것이다. 그래야만 우리는 혼란스럽고 불투명한 사회현실의 세계로 들어가서 "우리가 일상생활에서 직면하는 긴급하고 절박한 문제"(Rawls, 1971: 9)를 다루기 위해 우리의 이상적인 원리 중 일부를 적절하게 수정된 그리고 한정된 방식으로, 직접적으로는 아니지만 세심하게 적용할 수 있다. 유감스럽게도 지식인의 삶의 문제이기는 하지만, 이론가들이 거의 전적으로 이상적인 이론의 문제에만 초점을 맞추기 때문에, 정치철학을 지배하는 실제 논쟁에서 그러한 긴급하고 절박한 문제는 그리 자주 관심의 대상이 되지 못한다.

롤스의 자유주의적 평등주의 외에도 다른 형태의 자유주의적 평등주의[이를테면 로널드 드워킨(Ronald Dworkin)], 사회계약론[데이비드 고티에(David Gauthier)], 자유지상주의[로버트 노직(Robert Nozick)], 사회주의[G. A. 코헨(G. A. Cohen)], 공리주의[피터 싱어(Peter Singer)] 등에 이르기까지 그러한 이상주의적인 정치철학의 현대적 사례들은 많다. 호네트의 이론은 분명 이들 이론의 전부는 아니더라도 많은 것의 실제적 관심사와 공명한다. 결과주의(consequentialism)와 마찬가지로, 호네트의 이론은 인간의 웰빙에 관심을 가지고 있고, 사회계약론이나 자유주의적 평등주의와 마찬가지로 개인의 자유를 최고의 가치로 여기며, 사회주의와 마찬가지로 경제제도가 모든 사람의 자기실현을 촉진한다는 것에 관심을 가진다. 그러나 호네트의 이론이 그러한 실제적인 관심사를 이해하는 방법은 아주 다르다.

『자유의 권리』의 첫 문장은 이상주의적인 정치철학의 방법을 직접적으로 비판한다. "현대 정치철학의 주요 약점 중 하나는 그것이 사회분석과 분리되어 왔으며, 따라서 순수하게 규범적인 원리에 집착하게 되었다는 것이다"(FR: 1). 호네트는 이와 대조적으로, 그리고 헤겔을 따라 "정의 이론은 사회분석에 기초해야 한다"라고 제시한다(FR: 1). 이 개념에 따르면, 정치사상은 실제로 존재하는 사회의 제도적 현실에서 출발해야 하고, 그러한 제도들을 통합하는 접착제 역할을 하는 기본적인 근본적 가치들을 해명해야 하고, 그러한 제도들이 그러한 가치들을 충분히 실현하는 만큼 그 자체로 정당하다는 것을 입증해야 하고, 그리하여 기존 제도들이 그러한 가치를 불충분하거나 불완전하게 구현하고 촉진할 때 그러한 제도들에 대한 비판에 기여해야 한다. 요컨대 정치이론은 기존 현실과 무관하게 철학적으로 정당화되는 가치를 가지고 기존 사회에 접근하는 것이 아니라, 주어진 사회를 통합하는 실제의 가치들로부터 내재적으로 구성되어야 한다.[17)]

물론 이상주의적인 이론가라면 기존의 가치가 단순히 존재한다는 이유만으로 우리가 그러한 가치를 정당한 것으로 받아들일 수 없다고 반대할 수도 있다. 왜냐하면 그러한 가치를 정당한 것으로 받아들일 경우 모든 현상 유지적인 사회적 합의가 아무리 매력적이지 않거나 끔찍하더라도 그것을 지지하는 위험을 자초할 수 있기 때문이다. 호네트의 이론은 그러한 위험에 동의하면서, 근대사회의 가치와 중심 제도가 실제로 정당한 까닭은 그 가치와 제도가 역사적으로 이전의 가치와 제도보다 우월하기 때문이라는 것을 지극히 헤겔적인 방식으로 보여주려고 시도한다. 특히 우리가 제6장에서 살펴보듯이, 사회의 중심 제도들 — 개인적 관계, 경제, 민주적인 공적 삶 — 은 이전의 제도적 질서보다 더 적절하게 각 개인의 사회적 자유를 실현하고 적절한 인정을 촉진하기 때문에 그 자체로 정당화된다. 비록 호네트가 최근에야 『자유의 권리』에서 이 점을 강조했지만, 그의 철학이 적어도 『인정투쟁』 이후 그러한 방식으로 진행되어 왔다는 것은 분명하다. 『인정투쟁』에서의 그의 주장에 따르면, "사회변화의 과정은 상호 인정 관계에 구조적으로 내재하는 규범적 주장에 준거하여 설명되어야 한다"(SfR: 2). 따라서 방법론적으로 호네트의 프로젝트는 이상주의적 정치철학과 일관되게 구별되어 왔다. 다시 말해 호네트에서 실제로 존재하는 관행과 제도들은 그것들이 상호 인정과 사회적 자유의 가치를 촉진하는지 아니면 좌절시키는지에 따라 규범적으로 재구성된다.

우리는 또한 그러한 방법이 사회과학과 철학 간의 전통적인 엄격한 분업을 낳는 것이 아니라 경험적 사회분석과 규범적 분석 간의 매우 깊은 상호 의존성을 수반한다는 점에 주목해야 한다. 왜냐하면 호네트의 규범적 분석이 기존의 사회현실로부터 그 내용 — 내재적으로 정당화된 가치들 — 을 얻으면서도, 호네트의 사회이론은 바로 동일한 그 내재적 가치에 따라 많은 사회현상을 분류하고 조직화하기 때문이다. 이와 대조적으로 이상주의적 정치철학은 완전한 이상에 대한 정교화와 정당화라는 그 자신의 문제를 사회과학 — 가치 자유적인 것으로 상정되는 — 의 적절한 영역인 다양한 경험적 질문과 엄격하게 분리한다. 호네트는 비판사회이론가로서 학제적 사회이론과 그 이론의 해방적 의도 간에 불가피할 수밖에 없는 긴밀한 연관성을 상정한다.

자유주의적 평등주의, 자유지상주의, 공리주의가 지난 50년 동안 정치철학 — 보통 이상주의적 정치철학으로 분류되는 — 의 지배적인 전통이었지만, 그러한 주류와는 다른 대안적인 유형의 정치사상이 많이 출현해 왔다. 그러한 '비판정치이론(critical political theory)' — 이는 편의상 만들어낸 표현이다 — 들은 주류 이론들이 자주 외면하는 실제적인 문제들에 초점을 맞추거나 대안적인 이론적 방법론을 추구해 왔다. 우리는 그러한 이론들이 초점을 맞추는 관심사들이 호네트의 관심사들과 얼마나 많이 겹치고 교차하는지 살펴봄으로써 호네트의 저작을 더욱 맥락화할 수 있다.

호네트의 저작은 공동체주의의 핵심 테마 – 현대 사회의 사회적 원자주의에 대한 비판, 즉 사회적 아노미와 소외감을 초래하는 이기주의적 개인주의에 대한 비판 – 를 반향하고 있다. 앨러스데어 매킨타이어(Alasdair MacIntyre), 마이클 샌델(Michael Sandel), 찰스 테일러(Charles Taylor), 마이클 왈저(Michael Walzer)와 같은 공동체주의자들은 롤스를 비롯한 자유주의 정치철학자들과 지속적으로 논쟁을 벌였는데, 그 논쟁 자체는 헤겔과 칸트 간의 정치철학 논쟁의 최신판이었다. 사실 호네트는 그러한 논쟁을 통해 자신의 프로젝트의 틀을 독창적으로 프레임 지었다. 이를테면 "윤리적 삶에 대한 형식적 개념"이라는 『인정투쟁』의 기본 개념은 그 자체로 호네트가 자유주의자와 공동체주의자 모두가 자신들의 논쟁에서 도달했다고 주장하는 막다른 골목에 대한 해결책으로 개발되었다(Honneth, 1995f). 놀랄 것도 없이 호네트와 많은 공동체주의자가 사회분석을 통해 정의 이론을 추구하고 헤겔에게 방법론적으로 빚지고 있지만, 호네트의 정의 이론 – 자유에 특히 관심을 두고 있는 – 의 내용은 집합적 재화를 우선시한다는 점에서 대체로 보수적인 우파 헤겔주의적 공동체주의자보다는 좌파 헤겔주의적 공동체주의자에 더 가깝다.

호네트는 사회주의 및 마르크스주의와 몇 가지 중심적인 관심사 – 고삐 풀린 탈규제화된 노동시장에서의 피고용자의 착취와 소외, 그리고 시장 구조가 개인적 관계와 민주적 공론장의 규범적 내용을 훼손하는 방식 – 를 공유한다. 물론 호네트는 마르크스주의와는 아주 다르게 자본주의를 전면적으로 거부하지 않으며, 오히려 시장 관계를 그것에 내재된 도덕적 내용에 의해 구조화된 것으로 그리고 적절히 제도화될 경우 개인의 사회적 자유를 실현할 수 있는 잠재적 영역으로 바라본다.

인정이론은 종종 다문화주의와 밀접하게 연관되어 왔는데, 이는 아마도 인정의 정치에 관한 테일러의 에세이(Taylor, 1994, 초판은 1992년에 출간되었다)가 미친 강력한 영향 때문일 것이다. 실제로 호네트는 문화적 비하와 소외의 문제라는 핵심 관심사를 다문화주의와 공유하고 있으며, 개인의 자존감과 자부심이 인정의 사회구조와 불가분의 관계에 있다는 다문화주의의 핵심적인 철학적 주장을 공유한다. 그러나 호네트가 인정투쟁으로 이해하는 광범위한 다양성을 단순히 다문화 차이를 수용하는 국가 정책과 '정체성 정치'를 둘러싼 문화적 싸움으로 축소하는 것은 상당한 오해의 소지가 있다. 우리가 앞으로 살펴보듯이, 인정과 자유를 이론화하고자 할 때 호네트가 의도하는 목표는 이보다 훨씬 더 광범위한 것으로, 그는 그러한 작업을 통해 근대 가족생활, 법과 권리, 입헌 민주주의, 작업장, 경제 등의 도덕 문법의 윤곽을 그려내고자 시도한다.

더 나아가 호네트는 페미니즘 사회운동을 인정의 확대와 사회적 자유를 위한 유익하고 성공적인 투쟁의 사례로 인용한다. 그리고 그의 인정이론은 많은 페미니즘 정치의 다양성을 분석하는 데 유용한 규범적 범주를 제공한다(Zurn, 1997). 호네트가 분명 성-젠더 체계의 전복을 요구하는 급진주의자는 아니지만, 그는 분명하게 페미니즘의 주요 목표와 (부분적인) 성과의 많은 것 — 삶의 다양한 영역에서 발생하는 젠더에 의거한 차별의 극복, 섹슈얼리티에 대한 도덕적 비난의 비활성화, 가족 내 열린 의사소통과 협상의 증대, 젠더화된 불평등한 돌봄 노동 배분의 극복, 강간·학대·가정폭력에 관한 법률의 확보, 남녀의 완전한 법적·정치적 평등의 추구, 빈곤의 여성화 반대 운동 — 을 진보적이라고 바라본다.

마지막으로, 호네트의 이론은 최근에 민주주의 이론, 특히 숙의민주주의 이론과 시민적 공화주의 이론이 부활한 것과 광범하게 공명한다. 존 듀이에서부터 위르겐 하버마스에 이르는 숙의민주주의자들과 마찬가지로, 호네트는 민주적 상호작용이 지닌 인식론적·성찰적 특징을 강조한다. 정치적 상호작용이 의사소통과 논거의 교환을 기반으로 할 때, 그러한 상호작용의 성찰적 특성은 사회적 학습을 가능하게 하며, 그러한 학습이 이루어지는 곳에서 아주 광범위하게 선택된 관련자들 간의 자유롭고 개방적인 토론으로부터 새로운 지식이 창출된다. 이것이 바로 호네트의 민주주의 이론이 한나 아렌트(Hannah Arendt)나 하버마스의 이론과 마찬가지로 폭넓은 토론과 논쟁을 촉진할 수 있는 활기차고 건강한 다양한 공론장의 필요성을 강조하는 이유이다. 건강한 민주적 공론장은 지식의 증대를 약속할 뿐만 아니라 일상에서 경험하는 문제와 부정의를 감지하는 매개체의 기능도 수행한다. 게다가 시민적 공화주의 이론이 일관되게 지적하는 것처럼, 정치적 무관심은 정치가 평등한 시민권과 자치라는 이상을 실현하기 위한 협력적 시도로 현실화되는 것을 저해한다. 시민적 공화주의자들과 마찬가지로 호네트 역시 민주적 조합원들이 법적으로 동등한 사람들로서의 추상적인 정체성보다 더욱 실제적인 몇몇 문화적·상징적 유대를 공유해야 한다고 확신한다. 이를테면 시민적 공화주의자들과 호네트 모두는 사회적 협력의 부담과 혜택을 공평하게 나누기 위해 필요한 연대는 특정 정체(政體)에 대한 단순한 소속감 이상의 그리고 그것을 넘어서는, 문화적으로 깃든 몇몇 실제적인 집단적 사명감과 소속감을 요구한다고 주장한다.

그러나 듀이의 정치철학과 마찬가지로, 호네트는 **민주적인 윤리적 삶**에 대한 폭넓은 개념 ― 즉, 공식적인 선거 정치와 정부 영역에서뿐만 아니라 여러 사회적 영역에서도 포함적이고 협력적인 양식으로 문제를 해결하고 상호작용을 조정하는 삶의 형태 ― 을 우선시한다(Honneth, 2007c). 따라서 입헌 정부와 법의 생산에 보다 협소하게 초점을 맞추는 하버마스의 민주주의 이론과 달리, 호네트의 비전은 더 넓은 형태의 민주주의 ― 즉, 민주적 정치 영역이 해방된 민주적인 가정 및 사회화된 시장과 체계적으로 결합되어 있는 민주적인 윤리적 삶 ― 를 지향한다.[18] 호네트는 자신의 가장 최근 저서의 말미에 다음과 같이 지적한다.

> 따라서 민주적인 윤리적 삶의 사회체계란 한 행위 영역에서의 자유의 실현이 다른 영역의 기저를 이루는 자유 원리의 실현에 의존하는 복잡한 상호 의존성의 망

을 말한다. 자유 시장 참여자, 자각적인 민주 시민, 해방된 가족 성원은…… 서로 영향을 주고받는데, 이는 한쪽의 속성이 다른 두 쪽의 속성 없이는 실현될 수 없기 때문이다.(FR: 330~331)

호네트 프로젝트가 지닌 독특성을 요약하는 가장 좋은 방법은 아마도 그것을 좁은 의미의 도덕철학이나 정치철학이 아닌 광범위한 사회철학으로 규정하는 것일 것이다. 도덕적 의무와 공식적인 법적 구조도 호네트 이론의 범위 가운데 일부이기는 하지만, 그의 이론은 근대 사회적 삶의 다른 중심적인 영역들 ― 가족, 우정, 결혼, 노동시장, 소비 경제, 시민사회, 공론장 ― 에 대해서도 연구한다. 그리고 규범적 원리에 대한 믿음과 공유된 직관에서 출발하는 도덕철학이나 정치철학과 달리, 호네트의 사회철학은 현존하는 사회적 관행과 제도에 이미 실제로 뿌리내리고 있는 규범적 원리에서 출발한다. 아리스토텔레스(Aristotle)와 헤겔처럼, 호네트도 "인지적 신념이 아니라 상호주관적으로 실행된 관습이 도덕의 터전을 규정하는 것"(FR: 7)이라고 확신한다. 재구성적 사회분석 방법에 대한 호네트의 주장은 여기서 나왔다. 게다가 그 이론은 대인관계 도덕의 의무나 정치 공동체를 통한 재화의 공정한 분배의 요구에 관한 것일 뿐만 아니라 상호주관적 관계의 구조에 관한 것이기도 하다. 왜냐하면 그것들 모두가 자유와 자기실현을 가능하게 하기도 하고 방해하기도 하기 때문이다. 소유할 가치가 있는 개인의 자유는 근대사회의 특징인 상호주관적 사회화와 상호 인정이라는 사회제도에 뿌리를 두고 있다. 헤겔의 용어로 말하면, 도덕과 정의가 보호하도록 설계된 특정 형태의 개별 인간의 주체적 행위 ― 즉, 개인의 자율성 ― 는 그 자체로 근대 윤리적 삶에 뿌리내리고 있으며, 그러한 윤리적 삶의 역사적 결과물이다. 마지막으로, 그러한 광범위한 사회철학은 규범적 원리의 명료화와 정당화, 그리고 심지어는 그러한 원리의 단순한 적용을 넘어서는 것이다. 프랑크푸르트학파의 비판이론

유산을 이어받은 호네트 역시 사회철학은 다양한 잘못된 사회적 발전(social misdevelopment), 혼란, 병리 현상을 진단하기에 충분한 이론적 도구를 개발해야 한다 — 심지어는 그러한 사회문제가 아직 인식되지 않거나 경험되지 않은 경우에도 — 고 주장한다. 따라서 우리 사회의 윤리적 삶의 역사와 현재 양태를 사회적으로 재구성하는 데서 중요한 것은 우리 자신을 우리 사회의 윤리적 삶과 일치시키는 것이 아니라 해방적인 미래를 위해 성취되지 않은 규범적 약속을 비판적으로 전유하는 것이다. "비판이론가들은 …… 합리적 통찰을 통해 병리적인 현재에 변화 가능성을 열어줄 공동의 논거의 공간을 청중과 공유한다"(Honneth, 2009d: 40).

제2장

개인의 인정투쟁

상호주관주의적 전환

나는 이 장에서는 호네트 비판이론의 첫 번째 빌딩 블록 — 개인이 실천적 정체성(즉, 사회 세계에서 고유한 특성과 독특한 입장을 갖는 상호작용하는 도덕적 존재로서의 자기 자신에 대한 인식)을 발전시키는 방법에 대한 상호주관적 이론 — 을 소개한다.[1] 이 상호주관적 이론의 목표는 개인이 어떻게 사회적 상호작용의 환경 속에서 자신을 개인 — 일반적인 규범, 가치, 원리 및 목표에 의해 그리고 자신의 특정한 신념, 야망 및 욕구에 의해 지향되는 사람 — 으로 이해하는지를 설명하는 것이다. 호네트를 인도하는 직관은 우리가 **상호주관적 인정** 개념 속에서 개인의 실제의 성장과 발달을 설명하는 근본적인 규범 구조를 발견할 수 있을 뿐만 아니라 상호주관적 인정이라는 동일한 하부구조가 사회의 실제의 성장과 발전과도 연결되어 있다는 것이다. 따라서 이 장과 다음 장을 나눈 것은 그 내용을 명료히 하는 데는 도움을 줄 수 있지만 얼마간 인위적이다. 호네트가 개인의 실천적 정체성이 상호주관적으로 어떻게 구성되는지를 연구하는 목적은 그것을 비판사회이론에서 체계적으로 이용하기 위해서이다.

호네트의 도덕 이론과 사회이론은 사람임(personhood)이 본질적으로 상호주관적으로 구성된다는 테제에 기초한다. 이 테제의 핵심 주장은 우리는 다른 사람들과의 상호작용을 통해서만 우리 자신이 된다는 것이다. 이 테제는 지난 두 세기 동안 철학, 심리학, 사회학에서 서로 다르게 해석되어 왔으며, 호네트는 인정이론을 통해 자신만의 독특한 해석을 한다. 『인정투쟁』은 독일 철학자 헤겔, 미국의 실용주의 사회심리학자 조지 허버트 미드, 영국의 대상관계 심리학자 도널드 위니콧(Donald Winnicott)의 저작을 세세하게 파고듦으로써 인정이론을 발전시킨다. 호네트가 볼 때, 이 모든 이론가를 하나로 묶는 것은, 개인들이 상호작용 파트너로부터 자신들의 서로 다른 특징, 능력, 성과에 대해 다양한 형태의 긍정적 인정을 받기 위해 분투할 때, 그들은 동시에 도덕적·윤리적·사회적으로 상호작용하는 행위자로서의 자신이 된다는 관념이다. 개인들은 상호주관적 인정을 통해 자신과 실천적 자기 관계(practical self-relation)를 맺으며 자기실현 과정에 참여한다.

개인 발달에 대한 하버마스의 의사소통 이론도 배후에서 호네트에게 상당한 영향을 미쳤다. 하버마스의 이론은 인간은 의사소통 능력 — 즉, 언어적 의사소통을 통해 사회 세계에서 책임 있는 행위자가 될 수 있는 능력 — 을 상호주관적으로 획득함으로써 자신이 된다는 것이다. 하버마스는 **개별화**(individuation) — 하나의 독특한 정체성을 가진 개별 인간이 되는 과정 — 는 **사회화** — 사회 세계의 다양한 측면을 항해하는 방법을 배우고 다른 사람들과 유능하게 상호작용할 수 있는 하나의 행위자가 되는 과정 — **속에서 그리고** 사회화를 **통해서**만 발생한다고 주장하는 상호주관적 테제를 정식화한다. 그는 이를 다음과 같이 표현한다. "개별화는 고립되어 자유롭게 독립적으로 행동하는 주체의 자기실현으로 묘사되는 것이 아니라 언어적으로 매개되는 사회화 과정이자 동시에 자의식적으로 자신의 생애사를 구성하는 과정으로 묘사된다. …… 개성은 상호주관적 인정 관계와 상호주관적으로 매개되는 자기인식 속에서 형성된다"(Habermas, 1992: 152~153). 하버마스의 이 인용문에서 "언어적으로 매개되는"이라는 단어를 "인정적으로 매개되는"으로 바꾸면, 나는 그것이 호네트의 이론에 연료를 공급하는 중심적인 상호주관적 직관을 정확하게 표현할 것이라고 믿는다. 다시 말해, 호네트는 상호주관적 삶의 중심 매개체를 언어에서 실천적 인정 태도로 바꾼다.

호네트는 상호주관주의적 테제를 구체적으로 인정이론적으로 해석하기 위해 젊은 헤겔의 초기 '예나 시대'(1801~1806) 저술로까지 거슬러 올라가지만, 그와 유사한 관념을 피히테의 초기 저작에서도 찾을 수 있다.[2] 헤겔의 기본 패러다임은 인정투쟁으로, 개인은 그러한 인정투쟁 속에서 자신의 상호작용 파트너가 자신의 자율적 주체성을 인정한다는 것을 이해하고 내면화함으로써만 자신이 누구이고 무엇인지를 알게 된다. 헤겔이 볼 때, 상호주관주의적 출발점과 독자적인 사고와 행동을 할 수 있는 완전히 형성된 주체에 초점을 맞추는 출발점 — 데카르트(Descartes)에서 시작하여 합리주의자와 경험론자를 거쳐 칸트의 초월적 프로젝트에까지 이르는 근대 철학의 특징을 이루는 출발점 — 간에는 결정적인 차이가 있다. 전자를 출발점으로 하는 철학적 관점은 본질적으로 대화적이지만(이 관점에서 초점의 대상이 되는 현상은 서로 의미 있는 의사소통을 하고 그 의사소통에 의미 있게 반응하는 사람들이다), 후자의 관점은 본질적으로 독백적이다(이 관점에서는 하나의 단일한 정신이 자신의 내면세계와 거기서 관찰되는 현상에 집중한다). 데카르트의 『제1 철학에 대한 성찰(Meditations on First Philosophy)』을 살펴보라. 거기서는 독립적이고 사고하는 존재로서의 주체의 자기중심적 자기 확신이 첫 번째로 그리고 근본적으로 확실한 것이며, 다른 모든 확실성 — 다른 사람의 독립적 존재를 포함하여 — 도 사유하는 자아(cogitating ego)의 존재에 근거해야 한다. 데카르트의 묘사에 따르면, 사람은 먼저 하나의 독립적인 주체이고 그다음에야 다른 주체들로 이루어진 공동체의 잠재적 구성원이 된다. 이와는 대조적으로 헤겔의 상호주관주의적인 사람임 개념에 따르면, 사람은 다른 사람들 사이에서 하나의 사람이 됨으로써만, 자기 자신에 대한 **타자**(alter)의 관점을 취할 수 있음으로써만, 그리고 다른 사람들의 인정을 내면화하여 지속적인 자기 확신 과정에 다른 사람들과 함께 참여함으로써만 사고하고 자각하는 주체가 된다. 따라서 헤겔에서 인간 개개인의 본질적인 특징과 능력은 고독한 주체의 성찰을 통해서는 이해될 수 없으며, 사회화와 개별화가 이루어지는 상호주관적인 상호 인정의 과정에 주목함으로써만 이해되고 명료화될 수 있다.

호네트가 특히 관심을 가지고 있는 도덕철학, 정치철학, 사회철학의 실천적 영역에서 상호주관적으로 구성된 주체성 관점으로 전환이 일어났다는 것은 근대 서구 도덕 및 정치이론에서 지배적인 모델 — 즉, 자기 보존을 위한 최선의 수단을 계산하는 완전하게 형성된 합리적이고 자기중심적인 개인 행위자의 주체성 모델 — 에 중요한 변화가 일어났음을 의미한다. 호네트는 마키아벨리(Machiavelli)가 사회사상에서 근대 주관주의적 전통을 시작했고 홉스(Hobbes)는 근대 사회계약 이론을 전개함으로써 그 전통을 가장 순수한 형태로 발전시켰다고 지적한다. 홉스의 설명에서 개인은 자연 세계와 사회 세계에 관한 일단의 주어진 믿음, 다소 특이한 일단의 욕망, 그리고 (세계의 상태 및 다른 사람들의 성향과 행위를 감안할 때) 어떤 행위 방침이 개인의 욕망을 실현하는 데 가장 효과적인지를 합리적으로 계산하는 능력을 가지고 있는 것으로 묘사된다. 그런 다음 홉스는 각 개인이 규칙에 의해 지배되는 일단의 책무와 사회질서 — 이것은 정당한 권력 사용을 독점하는 중앙집권적 국가의 강압적 위협에 의해 뒷받침된다 — 의 혜택을 받는 대가로 자신의 재량권과 권력을 일부 축소하기로 계약하는 것이 자신의 합리적 자기 이익에 부합한다는 사실을 깨닫는 데서 도덕적 책무와 사회질서가 비롯된다고 가정한다. 요컨대 도덕적 질서의 옳음과 국가의 정당성 모두는 서로 적대적인 개인들 — 그들 각자는 만인에 대한 만인의 끊임없는 전쟁 속에서 타인의 폭력에 취약하다 — 의 도구적이고 자기 중심적인 추론에서 비롯되는 것으로 가정된다. 따라서 도덕과 정의는 익명의 고립되고 적대적인 성인 개인이 동일한 방식으로 도달한 전략적 추론의 명령에서 파생한다.

이와 대조적으로 헤겔의 상호주관주의적 모델에서는 사람은 사회화를 통해 다양한 형태의 대인관계적 존중·승인·인정을 받아야만 개별화되고 유능한 개인이 될 수 있기 때문에, 도덕은 사회적 관계의 하부구조 자체로부터 유기적으로 성장한다. 사람은 자신에 대한 타인의 관점을 받아들임으로써만 자신이 누구인지, 자신의 신념, 욕망, 욕구, 성향, 가치, 이상이 무엇인지에 대한 인식을 발전시키기 시작할 수 있다. 더 나아가 타인의 관점은 한 사회의 제도, 관행 및 관습을 통해 문화적으로 특정한 방식으로 틀 지어진다. 따라서 개인은 사회적으로 구체화되고 도덕으로 포화된 일단의 인식, 기대, 태도를 내면화하고 이해함으로써 발전한다. 따라서 사람은 자율적인 사고와 행위가 가능한 성숙하고 완전히 사회화된 개인의 입장에서만 자신이 속한 사회의 특정 제도, 관행 및 관습에 대해 성찰적인 자세를 취할 수 있고, 그리하여 그것들이 정당한지 그리고 얼마나 정당한지를 평가하고 만약 정당하지 않는다면 어떻게 변화시킬 수 있는지를 검토할 수 있다. 홉스가 도덕의 기원으로 전제하는 완전하게 형성된 실천적 자아는 헤겔 모델에서는 항상 이미 도덕적·윤리적으로 의미 있는 일단의 사회적 관계로 실제로 사회화된 결과이다. 그러므로 우리가 우리의 도덕적·사회적·정치적 삶의 구조와 내용을 이해하고 평가할 때, 우리는 고립된 주체의 관점이 아니라 상호주관성의 관점에서 그렇게 한다.[3)]

호네트는, 하버마스와 다른 학자들을 따라, 처음에는 실천철학에서 관념사의 한 문제로 제기된 이 급진적인 상호주관주의적 전환이 헤겔의 초기 저술을 통해 가장 명확하게 표현되고 이루어진다고 주장했고, 그리고 실제로 자신의 보다 유명한 후기 저작들에서는 헤겔이 자주 더 이상 철학적으로 지지받을 수 없는 형이상학적 야망을 가진 일종의 주체성의 철학으로 돌아간다고 주장했다. 게다가 호네트가 다양한 인정 형태를 중심으로 하여 구조화된 하나의 방어 가능한 사회이론의 윤곽을 원래 발견했던 것도 초기 헤겔에서뿐이다. 헤겔의 경력에 대한 호네트의 이러한 해석은 헤겔에게 약 3분의 1을 할애한 호네트의 초기 저술 『인정투쟁』에서 (다른 학술 문헌 중에서도 상호주관적 인정투쟁에 초점을 맞춘 것으로 가장 명성 있는 책인) 헤겔의 『정신현상학(Phenomenology of Spirit)』의 주인-노예 변증법에 관한 매우 유명한 구절들(Hegel, 1977: 111~119)에 대한 지속적인 논의나 언급을 좀처럼 찾을 수 없다는 놀라운 사실을 대체로 설명한다. [호네트는 2008년 에세이에서야 마침내 그 유명한 구절들을 다룬다(Honneth, 2012e).] 보다 최근에 호네트는 [『개인적 자유의 병리: 헤겔의 사회이론(The Pathologies of Individual Freedom: Hegel's Social Theory)』과 『자유의 권리』에서 헤겔의 후기 저작 『법철학』을 재정립하고자 한 것을 포함하여] 헤겔의 후기 저술에 더 호의적이 되면서 자신의 원래 해석을 수정했다. 호네트는 이제 완전한 상호주관적 인정이 헤겔의 전체 저작의 처음부터 끝까지에서 핵심에 자리하고 있다고 주장한다(*The I in We*: viii). 어쨌든 간에 헤겔의 상호주관주의적 전환은 19세기 후반과 20세기에 철학과 사회이론이 발전하는 데 결정적인 영향을 미쳤다.

호네트의 목적에서 볼 때 중요한 것은 헤겔이 초기 예나 시대에 세 가지 형태의 상호주관적 인정(사랑, 법적 관계, 연대) ― 호네트의 인정에 대한 비판사회이론의 토대를 형성하는 세 가지 형태의 실천적 자기 인식(자신감, 자존감, 자부심)에 해당하는 ― 을 주요하게 구분했다는 것이다. 비슷한 분석과 구분은 헤겔로부터 100년 후에 미드가 발전시킨 사회심리학과 그로부터 50년 후에 위니콧이 발전시킨 상당히 다른 정신역학적 심리학에서도 찾아볼 수 있다. 실제로 호네트는 헤겔, 미드, 위니콧의 인정이론에서 서로 상당히 겹치는 중요한 부분을, 헤겔이 원래 잠정적이고 사변적인 방식으로 발전시킨 주장을 경험적으로 확증한 것으로 받아들인다. 이렇듯 호네트의 이론은 그가 의지하는 세 명의 주요 이론가에서 발견되는 매우 다른 접근방식, 방법, 어휘, 중심 문제 사이에서 일종의 상호 번역을 수행한다.

자신감과 사랑

호네트가 『인정투쟁』에서 구분하는 세 가지 인정 형태 중 첫째는 **사랑**으로, 이는 개인의 기본적인 **자신감** 발달에 필수적이다. 호네트가 사용하는 사랑 개념은 매우 광범위하다는 점에 유의하는 것이 중요하다. "여기서 사랑 관계는 (연인 간의 에로틱한 관계뿐만 아니라 우정, 부모-자식 관계 모델에도 의거하여) 소수의 사람 사이에서 강한 감정적 애착에 의해 구성되는 일차적인 관계를 의미하는 것으로 이해된다"(SfR: 95). 어떤 의미에서 호네트는 (많은 부모-자식 쌍을 세심하게 관찰함으로써 발전시킨) 어머니-유아 관계에 관한 위니콧의 정신분석학적 이론을 (사변적인 철학적 전제에서 발전한) 헤겔의 성인의 에로틱한 사랑에 대한 설명의 경험적 확증으로 사용할 것을 제안한다. (미드의 실천적 정체성 발달 이론은 이 첫째 형태의 인정에 대해서는 상대적으로 거의 언급하지 않는다.) 호네트가 위니콧과 헤겔을 연결하기 위해 이용한 핵심 관념은, 사랑은 친밀한 사람 간의 상호 인정의 한 형태이며, 한 사람은 다른 사람의 특정한 형태의 감정적 지원 속에서만 그리고 그 지원을 통해서만 자신을 알게 되고 자신이 된다는 것이다. 따라서 "다른 사람 속에 자기 자신이 존재하는 것"이라는 헤겔의 사랑에 대한 사변적인 관념은 대상관계 정신분석학의 어휘로 번역될 때 심리학적 연구에서 확인될 수 있다. 나는 아래에서 이를 세 가지 주장 영역, 즉 사랑 관계의 실체적 분석, 사랑과 자신감 발달 간의 관계,

그리고 친밀한 관계에 대응하는 무시(disrespect)의 구체적인 형태와 해(害)에 대한 설명이라는 항목으로 나누어 설명하고자 한다.

사랑

사랑을 통해 발달하는 독특한 실천적 자기 관계에 대한 호네트의 실제 분석은 어머니와 유아의 관계를 사랑의 한 패러다임으로 삼는 정신분석학에 빚지고 있다. 프로이트의 원래의 심리성적 성숙 이론(theory of psychosexual maturation)은 본질적으로 상호주관적인 것이 아니라, 아이가 가지고 있는 일단의 내적 욕구의 동학에, 그리고 아이가 성장하고 세상의 새로운 상황에 직면함에 따라 그러한 욕구가 표현되고 다시 틀 지어지고 억제되거나 방향을 전환하는 방식에 초점을 맞추고 있다. 하지만 20세기 중반에 시작된 '대상관계 이론'이라고 불리는 정신분석학 이론의 영향력 있는 한 분파는 프로이트가 정신내적 욕구에 초점을 맞추는 것을 넘어 발달 중인 아동과 부모 간의 상호주관적인 상호관계 체계에 초점을 맞추는 것으로 그 초점을 확장했다.[4] (위니콧과 다른 학자들이 진전시킨 용어에서 '객체'는 부모를, '주체'는 자식을 지칭한다. 또한 자식을 양육하는 중요한 타자는 항상 '어머니'로 지칭된다. 아버지나 다른 비생물학적 부모도 그 역할을 수행할 수 있음에도 불구하고, 나는 마지못해 이 관행을 따른다).

대상관계 이론에 따르면, 아기와 엄마 간에는 원래 **공생 관계**가 존재하며, 둘 다 자신을 상대방과 완전히 구별되는 존재로, 즉 상대방과 대비되는 완전히 개별화된 존재로 이해하지 않는다. 오히려 엄마와 유아 모두는 중요한 의미에서 상대방의 욕구, 욕망, 실망, 기쁨을 마치 자신의 것인 것처럼 느낀다. (헤겔의 사랑에 대한 설명에서 이러한 공생적 단일체라는 느낌은 성적 엑스터시의 탈개별화된 합일을 통해 두 성인에 의해 경험된다.) 개별화된 관계는 상호

협상을 통해 각자가 원래의 공생관계 느낌에서 벗어나 자신을 독자적인 신체적·감정적 존재양식을 가진 별개의 독특한 존재로 이해할 수 있는 상태를 향해 나아갈 때 발전한다. 그리하여 각자는 한 가지 차원에서는 미분화된 공생관계에서 개별화를 향해 나아간다. 하지만 이러한 개별화는 각자가 상대방의 육체화·욕구·감정의 표현을 인정하고 지지하기 위해 기꺼이 자기 존중심(self-regard)을 내려놓는 상호 감정적 지원이 동반될 때만 건강하고 생산적인 방식으로 이루어질 수 있다. 물론 엄마와 유아 간에는 성숙도에서 그리고 이전의 개별화 정도에서 큰 차이가 있고, 그러한 차이는 그 둘의 지원과 희생의 형태 및 양이 다르다는 것을 의미한다. 한편으로 엄마는 아기가 자신의 육체적 충동과 감정을 자기 자신의 충동과 감정으로 이해하기 시작할 수 있도록 꾸준한 돌봄과 사랑을 바탕으로 무조건적으로 든든하게 아기를 지원해야 한다. 다른 한편으로 아기는 엄마에게 일종의 감정적 애착을 제공하여 엄마로 하여금 자기 자신, 자신의 요구, 자신의 감정을 자신의 아기의 그것들과 구별할 수 있는 믿을 만한 공간을 가질 수 있게 해야 한다. 따라서 부모와 유아의 사랑은 하나의 **상호 인정** 체계 — 즉, 각자가 느낀 원래의 공생관계 상태에서 벗어나 각자가 건강하게 개별화될 수 있게 해주는 꾸준한 감정적 지원을 바탕으로 하여 상대방을 고유한 욕구와 감정을 가진 활력 있고 살아 있는 육체화된 신체적 존재로 인정하는 체계 — 로 묘사될 수 있다.[5)]

위니콧의 분석에서 이러한 감정적 상호주관성 체계의 발달과정은 상대방을 위한 공생적 자기희생의 태도와 개인의 자기주장 사이에서 하나의 균형을 협상하는 과정으로 기술된다. 아이가 성숙하고 관계가 발전함에 따라 아기는 엄마에게 절대적으로 의존하는 단계에서 의존도가 낮아지는 단계로 성장하는데, 이는 둘 사이의 상호주관성 구조를 재협상함으로써 이루어지며, 이 재협상은 각자에게 어려움과 도전으로 가득 차 있다. 특히 위니콧은 유아가 자신이 어머니를 포함하여 그 세상의 모든 것을 통제할 수 있다는 원래의 인식을 극복하고 어머니가 자신과 독립된 신체적·감정적 존재양식을 가진다는 것을 깨닫기 시작해야 한다고 지적한다. 그리고 어머니 역시 아이의 명백한 욕구와 욕망 앞에서조차 자신의 독립성을 주장하기 위해 분투해야 한다. 이러한 상호 개별화 과정의 특히 격렬한 감정 동학 때문에, 또 다른 대상관계 정신분석학자인 제시카 벤자민(Jessica Benjamin, 1988)은 사랑을 상호인정을 위한 **투쟁**이라고 적절하게 묘사했다. 각자가 자신을 독자적인 사람으로 파악하기 위해서는 상대방으로부터의 독립성을 인식해야 하지만, 그것은 감정적 애착이라는 강력한 유대가 그러한 상호 독립성을 뒷받침하는 한에서만 가능하다. 어머니가 욕구 및 감정 표현에 대해 무조건적으로 지원하는 것만이 유아로 하여금 자신의 욕구와 감정을 자신의 것으로 인식할 수 있게 한다. 유아는 원래 경험했던 공생적 합체상태로 돌아가 경계를 해체하고 싶어 하지만, 엄마와 자신 사이에 실제로 경계가 있다는 것, 즉 엄마와 자신 둘 다 실제로 특정한 형태의 육체화, 욕구, 욕망을 가진 별개의 존재라는 것을 깨달음으로써 사랑을 굴절시켜야 한다. 호네트가 지적하듯이, "아이가 자신이 자신의 주장을 갖는 독립적으로 존재하는 사람의 애정 어린 돌봄에 의존하고 있다는 것을 깨닫는 것은 오직 …… 투쟁의 형태 속에서만 …… 가능하다"(SfR: 101).

헤겔은 에로틱한 사랑에서 이와 유사한 일단의 동학을 분석한다. 에로틱한 사랑에는 서로의 정서적 특수성 — 즉, 각자를 다른 사람들과 구별해 주는 우연적으로 주어진 신체, 감정, 욕구, 욕망, 환상 등의 집합체 — 에 대한 상호 인정투쟁이 존재한다. 성인 간의 성숙한 성적 관계에서 사람들은 사랑하는 상대방의 신체 속에서 그리고 그것을 통해 자신을 개인적인 그리고 특별한 욕구와 욕망의 독특한 원천으로 감정적으로 인식할 수 있으며, 이는 각자가 상대방이 상대방 안에 그 또는 그녀 자신이 있음을 알고 있다는 점에서 상호적이다. 헤겔이 볼 때, 가족 속에서 부모와 자식 또한 "서로를 감정적으로 욕구하는 살아 있는 존재로 상호적으로 인식"(SfR: 18)하며, 상대방을 감정적으로 이해하는 방식 속에서 그렇게 한다. 따라서 이러한 모든 형태의 관계에서 사랑은 상호주관적으로 공유된 지식 — 상대방 속에 자기 자신이 있음을 아는 것 — 을 포함하며, 이는 각 개인으로 하여금 상대방이 자신을 위해 거기에 존재한다는 것을 근본적으로 신뢰할 수 있게 해준다. 특히 서로가 상대방을 특정한 감정적 자아로 인식하는 사랑 관계에서는 각자에게 주어진 정서적 특수성이 먼저 확인된다. 자신을 주어진 욕구와 욕망을 가진 개별화된 자아로 파악할 수 있기 위해 상대방의 인정이 요구되는 것은 그다음이다.

자신감

호네트의 보다 광범한 이론의 관점에서 볼 때, 사랑에 대한 이러한 본질적 분석에서 결정적인 성과는 사랑이 실천적 정체성의 한 기둥인 자신감에 매우 중요하다는 것이다. 헤겔과 위니콧 모두의 설명은 사랑 양식에서 상호주관적 인정이 건강한 자신감의 발달에 필수적이고 대체할 수 없는 조건이라는 중요한 주장을 뒷받침한다. 게다가 기본적인 자신감은 다른 두 가지 주요한 실천적 자기 관계 양식인 자존감과 자부심의 발달에 필수적이고 대체할 수 없는 토대이다. 다면적인 실천적 정체성의 발달은 자기실현뿐만 아니라 더 넓은 사회적 상호작용에도 필요하기 때문에, 사랑은 사회 참여 및 정치 참여에도 중요하다는 것 또한 밝혀질 것이다.

'자신감'은 (곧 설명할 '자존감'과 '자부심'처럼) 전문 용어로 이해되어야 한다. 따라서 호네트가 사용한 '자신감'이라는 용어를 자신의 능력, 특성, 성과 등에 대한 긍정적인 태도와 같은 일반적인 개념과 혼동해서는 안 된다. (사실 이러한 자신감의 일반적인 의미는 호네트에서는 자부심 개념과 더 밀접하게 관련되어 있다.) 오히려 여기서 사용하는 자신감이라는 용어는 특정한 욕구와 감정을 가진 차별화된 개인으로서의 한 사람의 자아의 안정성과 연속성에 대한 매우 기본적인 의식을 가리킨다. 이러한 기본적인 자신감은 또한 외부 세계 — 특히 중요한 익명의 타자들로 구성된 사회 세계 — 의 안정성과 연속성으로까지 확장되어야 한다. 이러한 안정성과 함께 자신의 몸을 자율적으로 통제할 수 있다는, 즉 자신의 의도에 따라 자신의 신체적·생명적 본성을 통제할 수 있다는 의식 역시 존재한다. 이러한 종류의 기본적인 자아의식은 또한 자신을 신뢰할 수 있는, 내면에서 경험하는 다양한 감정의 분출에 직면해서도 느긋할 수 있는, 그리고 기본적인 불안감이나 자신의 욕구와 욕망의 이질성을 의식하지 않은 채로 혼자 있을 수 있는 능력을 수반한다. 대상관계 정신분석학과 헤겔 모두가 제시한 사랑에 대한 독특한 설명에 따르면, 그러한 종류의 기본적인 자신감의 발달은 신뢰하는 타자로부터의 무조건적인 감정적 지지가 꾸준히 뒷받침될 때만 가능하다. 위니콧에 따르면, 유아로 하여금 세상의 다른 사람들과 감정적으로 단절되어 있지 않다는 것을 알면서도 어머니와 자신을 구별하게 하고 자신의 자아의 안정성을 신뢰하기 시작할 수 있게 해주는 것은 유아에 대한 어머니의 사랑뿐이다. "'어머니의' 사랑을 확신하게 되면서 어린아이들은 자신을 신뢰하게 되어 불안감 없이 혼자 있는 것이 가능해진다"(SfR: 104). 사랑이라는 형태의 성공적인 상호 인정 — 위니콧이 "충분히 좋은 어머니 역할 수행(good-enough mothering)"이라고 칭하는 것 — 은 아이와 엄마 모두가 (자신과 상호주관적 세계의 안정성에 대한 기본적인 자신감을 확립할 수 있게 해주는) 감정적 지원을 통해 경계 만들기와 경계 허물기 간에 특정한 균형을 만들어내는 것을 포함한다.

자신감은 개인 정체성에 매우 근본적인 요소이기 때문에(이런 점에서 자신감이 없는 개인은 시간이 지나더라도 자기 자신의 육체화된 그리고 정서적인 특수성에 대한 안정된 의식 — 즉, 타인의 특수성과 분명하게 구별되는 의식 — 을 가진 안정적인 에고 정체성을 가지지 못한다), 건강한 실천적 자기 관계의 기본 요건으로 작용한다. 건강한 자신감 없이는 자존감과 자부심과 같은 더 높은 형태의 규범적 자기 존중은 어떤 완전한 의미에서도 가능하지 않다. 따라서 사랑이라는 인정 관계는 권리와 사회적 연대를 통해 부여되는 형태의 인정에 우선한다. 우리가 아래에서 살펴보듯이, 자존감과 자부심은 개인이 더 높은 형태의 사회생활에 참여하는 데 필수적이다. 따라서 헤겔이 가정했듯이, 자신감은 정치적 시민권과 사회참여 모두에 필수적인 전제 조건이다. 놀랍게도 그 후 친밀한 타자의 정서적 지지를 통해 자신의 감정적이고 육체화된 특수성을 재확인하는 형태의 상호 인정 관계가 사회적 관계 일반의 토대라는 것이 밝혀진다. 이는 원자적이고 몰사회적이며 도구적으로 계산하는 합리적 행위자들 — 이들 합리적 개인 각각은 타인에 대한 어떠한 본래적인 관심이나 감정적 관계없이 자신의 이익만을 추구하고, 일반적으로 특정 타자와의 감정적 유대와 애정에 영향을 받지 않는다 — 을 단순하게 전제하는 전통적인 형태의 자유주의 이론 및 사회계약 이론의 개인주의적 가정과 뚜렷하게 대조된다.[6]

신체적 완결성의 침해

자신감이 필수불가결하다는 점은 특정 형태의 오인정 — 적절한 사랑에 대응하는 것으로서의 — 을 검토함으로써 파악할 수도 있다. 여기서 호네트는 정신분석학자들이 자주 그러하는 것처럼 사랑 관계의 병리에 관심을 기울이지 않는다. 오히려 호네트는 강간과 고문을 한 사람의 신체적 완결성(physical integrity)에 대한 근본적이고 고의적인 침해로, 즉 사랑을 통한 인정에 부정적으로 대응하는 무시의 전형적인 형태로 간주한다. 여기서 기본적인 통찰은 신체적 완결성에 대한 극단적 침해 — 이 경우 타인이 자신의 신체를 강제로 통제한다 — 는 사실 (어린 시절에 얻은) 자신감의 기본적인 토대를 무너뜨릴 수 있는 종류의 상호주관적 경험이라는 것이다. 자신의 몸을 통제하고 있다는 당연한 것으로 간주되는 일상적 경험을 고문과 강간에 의해 타인에게 빼앗기면, 자신에 대한 기본적인 확신이 외부로부터 공격을 받게 되고, 초기 사랑의 경험을 통해 조심스럽게 쌓아온 자신에 대한 신뢰가 쉽게 무너진다. 그러한 신체적 학대 — 이는 자기 자신이 자신의 신체를 자율적으로 통제하고 있다는 느낌을 박탈하고 자기 자신에 대한 자신의 신뢰를 위협한다 — 는 자신이 안정된 현실을 박탈당하고 있다는 느낌을 줄 수 있다. 그리고 사회이론의 관점에서 볼 때, 이러한 종류의 자신감 상실은 "신체적 수준에서조차 다른 주체와의 모든 실제적인 거래에 영향을 미친다"(SfR: 133). 따라서 고문과 강간은 개인 정체성에서 자신감을 구성하는 요소를 위협하는 상호주관적 무시의 전형적인 형태이다.

도덕적 관점에서 볼 때, 신체적 학대와 자신감 붕괴 간의 관계는 특정한 형태의 개인적 취약성에 대해 말해준다. 각 개인의 완결성은 실제로 다른 사람이 부여하는 특정한 형태의 인정에 의존하기 때문에, 각 개인은 **상호주관적으로** 취약하다. 호네트는 적절한 인정을 거부당하는 모든 부정적인 경험을 지칭하기 위해 '무시(disrespect)'라는 포괄적인 개념을 제안한다. 그런 다음에 그는 이 광범위한 범주 내에서 세 가지 주요 인정 형태에 대응하는 부정적인 것으로 세 가지 구체적인 형태의 무시를 구분한다. 이 경우 취약성은 대상이 된 폭력이 초래한 혼란이 기본적인 자신감에 영향을 미친다는 점에서 중요하다. 아래에서 우리가 살펴보듯이, 자의적인 권리 부정이 자존감에 부정적으로 대응하는 전형적인 형태의 무시라면, 체계적인 모욕과 비하는 자부심에 부정적으로 대응하는 전형적인 형태의 무시이다. 그러나 모든 경우에서 도덕철학이 제기하는 결정적인 주장은 무시가 한 사람의 심리적 완결성을 손상시킬 경우 무시는 그 사람에게 피해를 주는 것의 한 형태일 뿐만 아니라 우리가 다른 사람들에게 빚지고 있는 적절한 사회적 관계를 방해하는 부당한 행위의 한 형태이기도 하다는 것이다. 그리고 사람들에 대한 인정에 피해를 주는 것을 동시에 그들에게 빚진 것을 침해하는 것 – 즉, 부정의 – 으로 이해할 수 있게 해주는 것도 바로 개인의 실천적 자기 관계와 특정한 형태의 상호주관성 간의 연관성이다. 호네트는 우리가 '모욕'과 '비하' 같은 개념을 일상에서 도덕적으로 사용하는 것을 다룬 몇 가지 중요한 문장에서 이 점을 다음과 같이 적절하게 포착하고 있다.

> 이러한 종류의 부정적 개념들은 부정의를 나타내는 행동을 지칭하기 위해 사용되는데, 이는 그러한 개념들이 단순히 주체에게 해를 끼치거나 그의 행동의 자유를 제한하기 때문이 아니라 주체가 상호주관적으로 획득한 자신에 대한 긍정적인 인식에 해를 끼치기 때문이다. 한 사람이 자신의 동료 인간 존재에게 인정을 요구하는 것을 암묵적으로 언급하지 않고는 그러한 '무시'와 '모욕'이라는 개념을 의미 있게 사용할 수 있는 방법은 전혀 없다. …… '무시'[Mißachtung]라는 용어가 가리키는 것은 개인화와 인정의 내적 상호 의존성에서 비롯되는 인간의 특정한 취약성이다.(SfR: 131)

신체적 완결성의 침해가 초래하는 결과는 개인의 웰빙과 관련된 문제일 뿐만 아니라 상호주관적 인정 관계에 구축된 기본적인 도덕적 하부구조의 문제를 지적하기도 한다. 우리의 실천적 정체성 – 즉, 도덕적 존재로서의 우리 자신에 대한 우리의 인식 – 은 상호주관적 관계의 질 및 구조와 체계적으로 결합되어 있기 때문에, 인정에 대한 설명은 우리의 사회적 삶의 규범적 성격을 함께 드러낼 수 있다. 인정은 단지 매력적인 삶 속에서 우연히 얻을 수 있는 좋은 혜택이 아니라 모든 사람 각자에게 필수적인 욕구이다. 우리 자신의 개인적 완결성과 정체성은 다른 사람의 적절한 존중에 의거하여 구성되기 때문에, 인정은 사회적 삶을 도덕적으로 분석하는 데 실마리를 제공한다.

자존감과 권리

상호주관적 인정의 둘째 주요한 형태는 법적 관계에서 전형적으로 발견된다. 거기서 호네트가 제기하는 중심 주장은 개인은 법적 공동체의 성원에게 부여되는 개인의 권리 속에서만 그리고 그것을 통해서만 자존감을 얻을 수 있다는 것이다. 개인은 특정한 법률체계하에서 하나의 지위를 부여받음으로써 특정한 법적 보호를 부여받거나 제공받는다. 그러한 법적 보호가 다시 개인으로 하여금 자신을 해당 공동체의 완전하고 동등한 성원으로 이해하게 한다. 다시 말해 개인으로 하여금 자기 스스로 결정하게 하고 또 자신의 결정에 대해 스스로 책임지게 한다. 개인은 자신의 법적 지위를 통해 공동체의 다른 성원들로부터 법적 권리의 소유자로 인정받을 때, 자존감 — 즉, 자신이 다른 사람들 사이에서 자유롭고 평등한 고유한 존엄성을 가진 존재라는 의식 — 을 얻을 수 있다. 나는 호네트의 자존감 개념을 설명하기 위해 먼저 법적 권리와 도덕적 자율성 존중 간의 관계를 살펴보고, 그다음에 권리와 자존감 발달의 관계를 다루고, 이어서 권리의 부정으로서의 무시에 대해 살펴볼 것이다.

권리와 도덕적 자율성

자신감이 사랑과 우정이라는 친밀한 관계를 매개체로 하여 얻어진다면, 호네트가 '자존감'이라고 부르는 실천적 자기 관계는 법적 공동체 성원 간의 소원하고 익명적인 관계를 매개체로 하여 획득된다. 개인은 특정 공동체에서 일반적인 법적 지위를 가짐으로써 특정한 법적 권리를 부여받는다. 법적 권리는 두 가지 기본 가정에 기초한다. 그 첫째 가정은 개인은 타인에 대한 자신의 행위에 대해 충분히 책임을 질 수 있을 정도로 자신의 행위를 충분히 통제할 수 있다는 것이고, 둘째 가정은 개인은 타인에 대한 기본적인 규범적 의무 — 법적 기관에 의해 합법적으로 강제될 수 있는 — 를 가지고 있다는 것이다. 이 두 가지 가정은 법이 개인을 도덕적으로 자율적인 행위자 — 즉, 자기 자신의 합리적 고려에 비추어 자유롭게 자신의 의지를 갖고 행위할 수 있으며 자신의 행위가 타인에게 영향을 미칠 경우 그에 대한 책임을 정당하게 질 수 있는 존재 — 로 취급한다는 관념으로 요약될 수 있다.

호네트는 법적 권리가 각 개인의 도덕적 자율성에 대한 존중의 한 형태를 어떻게 표현하는지에 대해 헤겔과 미드가 분석한 것을 이용하지만, 이 세 사람 모두 본질적으로 이마누엘 칸트(Immanuel Kant)가 수행한 도덕과 법에 대한 기초적인 작업으로부터 그 테마들을 발전시키고 있다는 것을 분명히 할 필요가 있다. 특히 칸트는 법이 개인에게 책임을 지우는 방식, 법이 개인에게 부여하는 개인의 권리, 도덕적 자율성의 이상, 이 세 가지 간의 개념적인 내적 관계를 강조했다. 이러한 일반 개념에 기초한 근대의 법적 권리는 개인들이 자유롭고 평등한 도덕적 행위자로서의 서로에게 빚지고 있는 적절한 존중을 제도화하는, 즉 각자의 도덕적 자율성을 존중하는 방식의 하나이다. 특히 중요한 것은 거기에 포함된 존중(respect)이 차별적이거나 등급이 매겨져 있지 **않다**는 것이다. 즉, 존중은 개인의 특성, 능력, 또는 업적의 비교 평가에 근거하지 않는다. 오히려 존중은 한 사람이 도덕적 행위자인 한에서 그리고 도덕적 행위자이기 때문에, 그 자체로 하나의 목적으로서의, 즉 대체할 수 없는 내재적 가치의 원천으로서의 그 사람에 대한 존중이다. 따라서 존중의 대상이 되는 것은 그 사람을 다른 사람과 구별해 주는 어떤 것이 아니라, 보다 정확하게 말하면 그 사람이 가진 도덕적 자율성 때문에 그 사람이 다른 모든 사람과 동등하게 공유하는 사람임 — 즉, 사회적 삶의 도덕적 요구(법의 요구를 포함하여)에 대해 이성적으로 통찰할 수 있고 그러한 통찰에 비추어 선택과 행위에 책임을 지는 자유로운 의지를 가진 하나의 존재 — 이다. 요컨대 권리는 "사회적 존중의 탈인격화된 상징"으로 이해될 수 있다(SfR: 118). 이는 이를테면 우리가 어째서 유죄 판결을 받은 범죄자에 대해 존중할 가치가 없다고 생각해서 무시하면서도 그가 존중과 존엄한 대우를 받을 자격이 있다고 주장할 수 있는지를 설명해 준다. 우리는 그의 고의적인 행동을 비난하고 그의 성격을 경멸할 만한 것으로 판단할 수 있지만, 법은 적법한 절차와 존엄한 대우를 받을 권리를 그에게 부여함으로써 범죄자의 도덕적 인격을 정당하게 인정한다. 법은 우리가 도덕적으로 자율적인 행위자로서의 인간에 대해 갖는 일반적인 책무를 실행하게 하는 매개체이며, 동시에 그러한 실행을 통해 모든 법적 주체에 대한 특정한 종류의 존중을 표현한다.

우리는 사랑과 법적 존중 간의 일부 차이를 대비시킴으로써 이 두 가지가 서로 다른 형태의 상호주관적 인정이라는 것을 보여주는 데 도움을 줄 수 있다. 첫째, 사랑은 감정적 지지를 통해 표현되는 반면, 존중은 인지적으로 표현된다. 사랑이 타인에 대한 적절한 정서적 성향을 갖는 것을 포함한다면, 존중은 주로 자신과 다른 사람들의 합리적 주장을 올바르게 이해하는 문제이다. 비록 사랑과 존중 모두가 타인에 대한 존중의 형태이지만, 하나는 정서 속에서 그리고 정서를 통해 나타난다면, 다른 하나는 합리적 이해 속에서 그리고 합리적 이해를 통해 나타난다. 둘째, 사랑의 잠재적 범위는 구체적이고 계속 진행되는 관계에 있는 소수의 특정한 타인들의 집단으로 제한된다. 이와 대조적으로 권리는 원칙적으로 그 범위에 제한이 없다. 즉, 법적 권리는 일반적으로 현대의 대규모 국민국가의 모든 법적 시민 또는 국민에게로 확대될 수 있지만, 인권은 전 세계의 모든 사람이 가지는 것으로 간주될 수 있다. 따라서 내가 일차적인 정서적 관계를 맺을 수 있는 사람의 수에는 상당한 제한이 있지만, 내가 동등한 법적 권리를 가지는 것으로 인정할 수 있는 사람의 수에는 제한이 거의 없다. 사랑의 핵심에 자리하는 감정적 지지는 타인의 구체적인 욕구와 욕망에 대한 특화된 조율을 요구하지만, 법적 권리를 통해 표현되는 인지적 존중은 익명의 타인의 일반적인 주장에 대한 적절한 이해와 합리적 행동 조정만을 요구한다. 마지막으로 다시 말하면, 사랑이 특정한 사람의 구체적이고 고유한 감정을 지향하는 특수주의적인 것이라면, 존중은 권리를 가진 모든 사람이 공유하는 일반적인 특성을 지향하는 보편주의적인 것이다.

여기서 중요한 하나의 단서 조항은 이 분석은 법이 모든 사람 각각을 동등하게 존중하고 각각의 사람에게 동일한 방식으로 적용될 것으로 기대되는 근대 법체계에만 가장 완전하게 적용될 수 있다는 것이다. 전근대적 법체계에서는 다양한 유형의 사람들이 서로 다른 자신의 사회적 지위에 따라 서로 다른 정도와 종류의 법적 권리를 부여받았다. 근대 체계에서는 법 앞에서 모든 사람을 평등하게 대우하는 것이 기본 규범이다. 이는 칸트의 보편화 검증(universalization test)에 가장 분명하게 담겨 있는데, 그것은 사람들은 도덕적 행위자의 입장에서 보편적으로 의지할 수 있는 규범에만 속박된다는 것이다. 따라서 이러한 정언 명령은 법적 권리의 보편성에서 부분적으로 실현된다. 헤겔과 미드 모두는 이 테마를 채택하여 상호주관적으로 해석하며, 법이 어떻게 모든 사람에게 일반적으로 적용될 수 있는 기대와 책임의 관점에서 개인을 인식하는지를 지적한다. 이러한 방식으로 개인은 법률 공동체의 다른 모든 성원과 동일한 방식으로 존중받는 동시에, 각자는 모든 성원이 동일한 법적 권리를 가질 자격이 있다고 인식한다.

권리와 자존감

그렇다면 법적 권리는 개인의 자존감 발달과 정확히 어떻게 관련되어 있는가? 호네트의 중심적인 주장은, 사람은 (자신이 속한 공동체의 다른 성원들이 부여받은 완전한 법적 권리를 통해 표현되는) 적절한 사회적 인정을 받을 때에만 건강한 자존감을 완전히 발전시킬 수 있다는 것이다. 내가 나 자신을 나의 이성적 능력에 근거하여 자유롭게 선택하는 도덕적으로 자율적인 주체로 이해할 수 있을 때, 나는 비로소 대체할 수 없는 고유한 도덕적 가치의 원천으로서의 나의 존엄성을 실현할 수 있다. 그러나 나 자신을 도덕적으로 자율적인 존재로 이해하기 위해서는, 나는 나 자신을 타인에 대해 규범적 책무와 특정한 종류의 책무를 가진 존재로 간주할 수 있어야 한다. 특히 나는 모든 법적 주체에 보편적으로 적용되는 일반화된 규범적 기대를 일반화된 상호 규범적 기대의 체계 내에서 파악할 수 있어야 한다. 그리고 나는 그러한 도덕적 기대를 나 자신을 다른 사람들과 동일한 책무에 의해 상호적으로 묶여 있는 사람으로 볼 수 있게 해주는 일반화된 타자의 관점에서만 파악할 수 있다. 물론 이 일반화된 타자의 관점에서 나는 또한 나 자신을 (내가 다른 사람을 바라보는 것과 마찬가지로) 법적 보호 — 도덕적 기대를 구체적으로 그리고 공개적으로 실현해 주는 법적 보호 — 를 받을 자격이 있는 존재로 바라볼 수 있다. 다시 말해, 나는 책무의 체계를 파악함으로써 각자가 마땅히 누려야 하는 법적 권리의 체계 역시 파악한다. 그러나 이러한 일반화된 관점에서 나는 이제 나 자신을 법적 권리를 가질 **자격이 있는** 존재, 도덕적으로 책임 있는 법적 주체로, 따라서 자존감을 가질 자격이 있는 존재로 이해할 수 있다. 따라서 자존감의 발달은 법적 권리로 제도화된 사회적 존중의 형태와 결합되어 있다. 어떤 사람이 자신을 하나의 도덕적 행위자로 존중할 수 있는 것은 바로 그 사람이 하나의 도덕적 행위자로서 다른 사람들로부터 법적 존중을 받을 자격이 있기 (그리고 받을 자격이 있다고 공적으로 인정받기) 때문이다.

아마도 법적 권리가 없는 세상에서 어떤 일이 일어날지를 생각해 보면, 요점을 더 명확하게 파악할 수 있을 것이다. 조엘 파인버그(Joel Feinberg)의 '노웨어스빌(Nowheresville)' 사고 실험은 적절한 사례이다. 모든 개인이 동포에게 보여주는 이타적 선의에 힘입어 편안한 삶을 살지만 개인에게 부여된 법적 권리가 없는 번영된 사회를 생각해 보라(Feinberg, 1970). 노웨어스빌에서 사람들은 일어서서 자신의 권리를 요구할 수 없었고, 자신의 근본적인 존엄성을 주장할 수 없었다. 각자는 잘못을 바로잡기 위해 타인의 선의에 기댈 수밖에 없다. 사람들은 위반 사항을 시정하거나 과실로 인한 손실을 회복하기 위해 타인의 선의에 호소하는 일이 성공하기만 바랄 수밖에 없다. 다시 말해 노웨어스빌에서 사람들은 자신들의 일반적인 도덕적 자율성 때문에 다른 사람을 무조건적으로 배려하는 것이 아니라 이타주의나 즐거운 감정을 유발하는 어떤 우연한 일을 통해 다른 사람들을 긍정적으로 배려할 마음이 생길 때만 서로를 잘 대한다. 이 경우에 사람들은 자신의 권리를 주장하거나 좋은 대우를 요구할 수 없다. 따라서 사람들은 공동체의 다른 모든 사람과 동등하게 대우받을 자격이 있는 공동체의 존엄한 성원으로서의 완전하고 건강한 자존감을 발전시킬 수 없다. 그리고 이처럼 완전한 자존감을 발달시킬 수 없다는 것은 도덕적 행위자에게 어울리는 일반화된 사회적 존중 – 즉, 법적 권리 – 을 받고 있지 못하다는 사실과 직접적으로 결합되어 있을 것이다.

이와 대조적으로 사람들이 자신의 권리를 공개적으로 주장할 수 있을 때, 사람들은 적절한 대우를 주장할 수 있는 능력을 사회적으로 인정받고 있으며, 다른 사람들 또한 그러한 주장을 모든 도덕적 행위자에게 일반적으로 적절한 것으로 인정하고 있기 때문에 그러한 주장을 인정해야 한다. 사람들은 자신을 동등한 성원으로, 즉 적절한 사회적 대우를 정당하게 요구할 자격을 가진 도덕적 인간으로 인정할 것을 공개적으로 요구할 수 있다. 마지막으로, 따라서 이러한 공적인 인정이 바로 한 사람이 다른 모든 자유로운 도덕적 행위자와 법적으로 동등한 지위를 갖는 하나의 자유로운 도덕적 행위자라는 자존감을 가질 수 있는 토대이다. 권리는 공적이고 사회적 효력을 가지기 때문에, 나는 항상 다른 사람들이 그 자체로 인정해야만 하는 권리를 요구할 수 있는 선택권을 가진다. 그리고 그러한 권리 요구 가능성이 나를 다른 사람과 동등한 법적 권리를 가진 사람으로 존중받게 해주기 때문에, 나 자신을 자존감을 가질 만한 가치가 있는 하나의 자율적인 행위자로 볼 수 있게 하는 요소의 하나이다. 내가 나 자신을 도덕적 권리를 가진 존재로 인식하는 것만으로는 완전한 자존감을 가지기에 충분하지 않다. 나는 또한 "자신의 사회적 구원을 정당하게 요구할 수 있어야 하며"(SfR: 119), 그러한 능력을 제공하는 것이 바로 법적 권리이다.

권리의 부정

호네트는 법적 무시의 두 가지 전형적인 형태, 즉 다른 사람에게 부여된 법적 권리의 일부 또는 전부를 한 개인에게 부정하는 것과 모든 법적 지위를 완전히 배제하는 것, 즉 법적 배척을 식별한다. 이러한 방식으로 무시당할 때, 사람은 자신을 도덕적으로 자율적인 행위자로, 즉 상이한 자유롭고 평등한 사람들 사이에 존재하는 하나의 자유롭고 평등한 사람으로 간주할 수 없다. 여기서 초래되는 피해는 그것 자체로도 심각한 부당 대우이지만, 권리 보호의 상실과 관련된 실제적인 제약을 넘어선다. 그것은 또한 스스로 행위하는, 그리고 그 행위의 예측 가능한 결과에 대해 책임질 수 있는 능력을 폄하하는 것이기 때문에 근본적으로 하나의 부정의이다. 그리고 그것은 한 사람의 사회적 완결성 — 즉, 단순히 동등한 지위를 가진다는 이유에서 모든 성원이 가지는 사회적 완결성 — 에 대한 침해이다. 권리 부정 또는 법적 배척은 자신을 자유롭고 평등한 사람이 가지는 존엄성을 누릴 자격이 있는 동등한 법적 주체로서 이해하는 능력을 크게 저해한다.

이를테면 여성은 결혼과 동시에 독립적인 법적 인격을 모두 상실하고 남편에게 법적으로 종속된다는 유부녀 신분(coverture)의 법적 교리를 생각해 보라.[7] 유부녀 신분의 법적 결과 중 하나는 여성은 남성과 약혼하는 즉시 자신의 명의로 개인 재산을 보유하거나 다른 사람과 독립적으로 계약을 체결하는 것이 금지되는 것이었다. 재산과 계약에 대한 권리와 관련하여 여성은 남편의 의사에 전적으로 의존하거나 휘둘리게 되었다. 따라서 유부녀 신분하에서 아내는 그 사회 — 근본적으로 재산, 시장, 계약을 중심으로 구조화된 자본주의 사회 — 에서 하나의 자율적인 행위자로 행위할 수 없는 존재로 (확실하게) 인식된다. 이러한 형태의 무시는 그녀가 자신을 자신이 속한 공동체에서 자유롭고 평등한 도덕적 주체로 인식하는 것을 불가능하게 만들고, 따라서 동료 법적 주체들과 동등한 존엄성을 지닌 완전하고 적절한 자존감을 발전시킬 수 있는 능력을 그녀에게서 박탈한다. 유부녀 신분하에서 아내가 된 여성은 일종의 사회적 죽임을 당했다.

무시는 단순한 피해가 아니라 도덕적 상처이기 때문에, 권리 부정에 수반될 수 있는 격분과 분노의 감정은 (특히 그러한 감정이 해당 사회에서 이례적인 경우라면) 단순히 피해자 측이 느끼는 막연한 부정적인 느낌인 것만은 아니다. 그러한 감정들은 인지적 내용을 포함하는 도덕 감정으로, 한 사람이 마땅히 받을 것으로 기대할 수 있는 정당한 이유가 있는 규범적 존중이나 대우에 대한 구체적인 위반을 나타낸다. 이 경우에 그 사람이 가지는 기대는 자신이 자유롭고 평등한 법적 주체로 대우받을 것이라는 것이다. 따라서 격분 — 즉, 불공평과 부정의에 의해 초래된 감정 — 은 상호주관적 권리 관계의 도덕적 하부구조를 말해주는 일종의 단서 역할을 한다. 한 사회가 자유롭고 평등한 도덕적 주체의 고유한 존엄성을 인지적으로 존중한다는 것을 표현하기 위해 법적 권리라는 매체를 사용하는 경우, 그 사회는 일반화할 수 있는 상호주관적 인정 패턴에 충실히 임한다. 법적 권리가 부정될 때 경험하는 도덕 감정은 그러한 규범적 기대 패턴에 민감하게 반응하며, 어떤 사람이 마땅히 받았어야 할 인정을 받지 못했을 때 그 외형을 분명하게 드러낸다.

우리는 이 분석이 귀족, 남성, 재산 소유자, 인종적·민족적 다수집단 등 높은 지위를 가진 제한된 집단의 성원의식보다는 일반화할 수 있는 (심지어는 보편주의적인) 특성에 기초하여 개별 개인에게 법적 권리를 부여하는 근대 법체계를 주요 대상으로 한다는 점을 염두에 두어야 한다. 유부녀 신분에 대한 논의에서 분명하게 알 수 있듯이, 누가 권리를 부여받고 사람들이 실제로 어떤 권리를 가지는지는 사회와 시대에 따라 매우 다르다. 따라서 중요한 것은 건강한 자존감의 발달에 필요한 사회적 조건은 자신감 발달에 필요한 사회적 조건 — 다시 말하면 사랑과 우정이라는 일차적인 친밀한 관계의 존재 — 과는 다른 방식으로 사회적·역사적으로 지표화된다는 것이다. 우리가 곧 살펴보듯이, 자부심 발달의 사회적 조건도 상황에 따라 달라진다(즉, 사회와 시대에 따라 변한다). 우리는 제3장에서 사회적 학습과 진보에 대해 논의할 때, 인정의 역사적 성격으로 다시 돌아올 것이다.

자부심과 연대

사람들은 사랑이라는 감정적 지지를 통해, 그리고 법적 권리로 표현되는 인지적 존중을 통해 긍정적으로 인정받는다. 그러나 타인과의 연대적 관계에서 표현되는 사회적 존경을 통해서도 긍정적으로 인정받는다. 호네트에서 이 셋째의 주요한 상호주관적 인정 형태는 개인들로 하여금 셋째 형태의 실천적 자기 관계, 즉 자부심을 실현할 수 있게 해준다. 좀 더 상세하게 논의하기에 앞서, 세 가지 인정 형태 간의 주요한 대조점 중 일부를 간단히 요약하는 것이 이해에 도움을 줄 수 있다. 첫째, 사랑이 사람들의 특정한 욕구 및 감정과 관련되어 있고 법적 권리가 사람들의 도덕적 자율성에 초점을 맞춘다면, 사회적 존경의 대상은 개인의 독특한 특성, 능력, 업적이다. 헤겔의 용어로 표현하면, 감정적 지지는 사람들의 특수성 — 특히 욕망하는 그리고 정서적으로 취약한 존재로서 그들이 선천적으로 타고난 구체적인 성질 — 을 대상으로 하고, 인지적 존중은 사람들의 보편성, 특히 그들이 다른 사람들과 공유하는 자율적이고 책임 있는 행위의 능력을 대상으로 하며, 사회적 존경은 사람들의 개성, 특히 그들의 독특한 형태의 자기실현을 대상으로 한다. 이러한 세 가지 유형의 인정이 개인들로 하여금 (규범적으로 적절한 존중에 대한 사회적으로 공유된 인식에 의거하여 특정한 종류의 대우를 정당하게 기대하는) 도덕적 존재로서의 자기 자신에 대한 실천적인 개념을 세 가지 서로 다른 방식 — 즉, 자신감, 자존감, 자부심 — 으로 발전시킬 수 있게 한다. 개인들이 인정의 형태를 기대할 수 있는 관련 공동체 역시 다르다. 사랑과 우정은 친밀한 사람들로 구성된 소규모 집단에서 발전하고, 법적 권리는 잠재적으로 전체 인류로 확장될 수 있으며, 존경 관계는 사회적으로 가치 있는 것이 무엇이고 어떤 점에서 가치 있는지에 대해 동일한 실제의 윤리적 가치를 공유하는 사람들 — 호네트가 '가치 공동체'라고 부르는 것 — 에까지 확장된다. 마지막으로, 무시의 세 가지 전형적인 형태 — 강간과 여타 형태의 신체적·감정적 학대, 권리 부정과 사회적 배제, 그리고 문화적 비하와 삶의 방식에 대한 모욕 — 는 적절한 형태의 긍정적인 인정이 보류되거나 왜곡되거나 또는 침해될 때 마주친다. 이러한 골격에 좀 더 살을 붙이기 위해, 나는 아래에서 먼저 존경 인정 및 그것과 자부심 발달의 관계에 대한 호네트의 실제 분석을 살펴보고, 다음으로 문화적 비하가 사회적 존경에 대응하는 무시의 전형적인 형태라는 그의 주장을 살펴본다.

존경

사회적 존경의 논리는 법적 권리의 논리 및 사랑의 논리와 본질적으로 다르다. 권리가 사람들이 다른 모든 사람과 동등하게 공유하는 것으로 추정되는 도덕적 자율성이라는 보편적 속성을 존중하고, 사랑이 사람들로 하여금 자신의 욕구와 감정에 충실할 수 있도록 무조건적인 지원을 하는 반면, 존경은 특정한 개인의 특정한 특성, 능력, 업적이 갖는 가치에 대해 척도에 의거하여 내린 판단을 포함하기 때문에 사람마다 다르게 소유하는 사회적 가치에 대한 평가의 한 형태이다. 이를테면 내가 당신이 관대한 성향을 가지고 있다는 것이나 직장에서 어려운 프로젝트를 성실하게 수행한 것을 존경할 때, 나는 (아마도 암묵적인) 가치 척도에 따라 당신의 성격과 업적을 등급을 나누어 명확하게 평가하고 있는 중이다. 이와 대조적으로 이를테면 내가 당신의 계약 체결권을 고려할 때, 이는 이진법적인 문제이다. 즉, 나는 당신이 계약권 보유자가 되기 위한 관련 기준을 충족했는지에 대한 인지적 평가에 따라 당신의 계약권을 존중하거나 존중하지 않는다. 마지막으로, 사랑은 존경과 마찬가지로 개인에게 특화되어 있지만, 사랑은 본래 무조건적인 지지를 약속한다. 하지만 만약 존경이 개인의 성격이나 업적과 무관하게 무조건적으로 긍정적으로 인정하는 것이라면, 그것은 개인에게 큰 가치가 있을 수 없다. 따라서 존경은 개인에게 특화된 비례적 평가이며, 그 사람의 특성, 능력, 업적을 대상으로 삼는다.[8)]

다시 한번 더 강조하지만, 호네트의 결정적인 주장은 사회적 인정을 받는다는 것은 건강한 자아의식의 발달과 구성적으로 결합되어 있다는 것이다. 이 경우에 개인들은 자신의 특성과 성과에 대해 다른 사람들로부터 존경을 받는 정도만큼만 건강한 자부심을 얻을 수 있다(개인들은 건강한 자부심을 가져야 자신의 재능과 성과에 대해 확실하고 적절하게 평가할 수 있다). 건강하고 적절한 자기 존중과 타인으로부터 받는 규범적으로 적절한 존중 간의 연관성은 거의 자명하다. 각 개인의 독특함을 보여주는 방식은 머리카락의 개수에서부터 모자의 선택, 최고 가치의 성취에 이르기까지 무수히 많지만, 그러한 독특한 특성과 성과 중 일부만이 다른 사람들과 자신의 눈 모두로부터 긍정적인 평가를 받을 자격이 있다. 가치 있는 것을 이해하고 제대로 평가하기 위해서는(그리고 규범에 무관심한 자신의 독특한 측면을 무시하기 위해서는), 그리하여 실용적인 관점에서 자신의 가치를 파악하기 위해서는, 사람들은 현재의 일단의 사회적 기대와 열망을 이해할 수 있어야 한다. 사람들은 그러한 사회적 평가 도식을 이해해야만 이를테면 자신의 상호작용 파트너 및 대화 상대방의 관점에서 자신을 돌아볼 수 있다. 그리고 그러한 타자의 관점은 자신의 특정한 특성, 능력, 업적으로 인해 자신이 다른 사람들로부터 받는 존경에 기반한 인정(그리고 무시)에 관한 태도와 행위로 표현된다. 따라서 다시 한번 더 강조하면, 그 테제는 특정한 형태의 실천적 자기 관계는 특정한 형태의 사회적 인정에 달려 있다는 것이다. 다시 말해 그 테제는 사람들은 사회적 맥락 속에서만, 특히 자신에게 적절하고 충분한 형태의 상호주관적 인정을 제공하는 사회적 맥락 속에서만 자신을 온전히 실현할 수 있다는 것이다.

이미 넌지시 비추었듯이, 사회적 존경의 구체적인 대상과 범위는 맥락에 따라 다르다. 왜냐하면 어떤 특정한 개인의 특성과 업적이 적절한 존경의 대상이 되는지, 어느 정도까지 그것들이 가치 있는 것으로 평가되어야 하는지, 그리고 누가 그러한 평가를 내릴 수 있는 정당한 권한을 가지고 있는지 모두가 한 사회의 특정한 사회적 가치 도식에 의해 결정되기 때문이다. 두 사람이 무엇이 존경받고 존경받지 않는지, 어느 정도까지 그러한지, 그리고 누가 그러한 상호적인 평가를 내릴 수 있는지를 정의하는 데 기여하는 동일한 가치와 목표를 일정 부분 공유할 때만, 그 두 사람은 이치에 맞게 서로를 존경할 수 있다. 따라서 존경은 사회의 복잡한 일단의 의미, 가치, 목표 및 그것들의 상호관계, 즉 '존경 질서(esteem order)'와 내적인 관계를 가진다. 특히 호네트는 존경 관계의 기준을 설정하는 데 중요한 요소로 특정한 문화가 사회의 목표에 대해 그리고 그 목표와 협력적 사회활동 간의 관계에 대해 어떻게 인식하는지에 주목한다.[9] 그러한 '가치 공동체'에서 개인의 구체적인 특성과 성과에 대한 평가는 그러한 특성과 성과가 광범위하게 공유된 사회의 목표를 실현하는 데 기여하는 정도에 따라 차등적으로 이루어진다. 그리하여 자부심은 가치 공동체에 참여하고 공동의 목표를 증진하기 위해 노력하는 사람들 간의 구체적인 **연대** 관계 속에서 획득 가능하다고 말하는 것이 타당해진다. 따라서 사회적 존경은 개인들을 상호 지원하는 사회적 관계 – 즉, 연대 – 에 통합시키는 데 결정적일 뿐만 아니라 개인들이 자신을 그 연대 공동체의 가치 있는 성원으로 실제적으로 이해하는 데서도 중요하다. 분명 호네트가 말하는 '가치 공동체'의 범위는 주류 사회와는 상당히 다른 존경 질서를 가진 상대적으로 고립된 하위문화에서부터 현대 서구 자본주의적 민주주의 국가에서 공유할 수 있는 광범위한 가치 공동체에 이르기까지 매우 다를 수 있다. 어쨌든 사회적 목표에 대한, 그리고 존경받는 퍼스낼리티 특성 및 성과에 대한 다양한 개념은 사회 간 및 사회 내 모두에서 다를 것임이 분명하다. 그리고 우리가 제3장에서 살펴보듯이, 존경 질서와 가치 공동체는 그 자체로 사회적 인정투쟁의 해석정치를 통해 주기적으로 도전받고 변화한다.

삶의 방식 비하하기

존경 인정에 대응하는 무시의 근본적인 형태가 바로 문화적 비하 – 즉, 개인의 자기실현 수단인 특정한 삶의 방식을 모욕하거나 비하하는 것 – 이다. 특히 특정 사회의 문화적 규범이 특정한 삶의 방식을 체계적으로 비하하고 격하할 때, 무시당하는 가치 공동체의 성원들은 건강한 자부심을 발전시킬 수 있는 사회적 조건을 차단당한다. 왜냐하면 그러한 개인들의 자기실현 패턴은 그들 사회 내에서 더 이상 가치 있는 것이 되지 못하고, 따라서 그러한 개인들은 그 삶의 방식을 지향하는 자신의 특성과 성과를 긍정적으로 인정받을 수 없기 때문이다. 소수자의 삶의 방식이 사회에서 전반적으로 비하되는 상황하에서는 자신이 속한 집단 내의 다른 사람들로부터 긍정적 존경을 받는 것이 개인이 기대할 수 있는 최선일 수 있다. 이러한 내집단 연대적인 존경이 어느 정도 보상이 될 수는 있지만, 비하된 집단의 성원들은 여전히 더 넓은 사회에서 다른 사람들이 하는 것처럼 건강한 자부심을 발달시킬 수 있는 완전하고 동등한 기회를 갖지 못할 것이다. 따라서 이를테면 특정한 민족 집단을 그들의 관행에 의거하여 비방하는 것은 단순히 모욕적인 피해를 끼치는 것에 그치지 않고, 그 집단 성원이 (자신의 특성과 성과를 사회 전반에 공유된 사회의 목표 및 가치 개념에 비추어 가치 있는 것으로 이해하는 것을 불가능하게 만들 경우) 건강한 실천적 자기 관계를 발전시키는 능력을 차단하거나 파괴할 수 있다. 이러한 상황에서는 사회의 모든 성원이 상호 인정하는 완전한 상호적 관행을 통해 표현되는 종류의 광범위한 사회적 연대를 맺을 가능성은 여전히 존재하지 않는다. 그리고 신체적 완결성 침해의 경우 및 권리 부정의 경우에서와 마찬가지로, 문화적 비하와 관련된 부정적인 감정들 ― 도덕적 격분, 분개, 분노, 수치심 ― 은 단지 타인의 돌팔매질이나 화살에 의해 촉발된 부정적인 느낌이 아니다. 그러한 감정은 사람 간의 적절한 상호주관적 관계가 손상되는 것에 민감하게 반응하기 때문에, 규범적 기대의 위반을 부각시키며, 따라서 우리가 다른 사람들을 대하는 그리고 그들에 대해 행위하는 방식의 도덕적 하부구조를 보여주는 데 일조한다. 따라서 문화적 비하로 인해 유발되는 분노와 수치심은 우리 사회 전반의 상호 존중 관행에 심각한 문제가 발생했다는 것을 보여주는 신호이다.

선행 인정

발달적으로나 개념적으로 상이한 세 가지 인정 형태에 선행하는 하나의 인정 형태 ― 이는 대안적으로 선행 인정(antecedent recognition), 선행 동일시(antecedent identification), 원초적 인정(primordial acknowledgment), 정서적 공감(affective sympathy) 또는 공감적 교류(sympathetic engagement)라고도 불린다 — 에 대한 논제가 사회적 비가시성(social invisibility)을 다룬 2001년 논문(Honneth, 2001a)에서 처음으로 명확하게 제기된 후에, 2005년에 태너 강의에서 처음 발표된 『물화』에서 확장되어 논의되었다. 호네트는 미국 흑인들이 겪는 독특한 형태의 비가시성에 대한 작가 랠프 엘리슨(Ralph Ellison)의 통찰에서부터 마틴 하이데거(Martin Heidegger), 존 듀이, 스탠리 카벨(Stanley Cavell), 테오도르 아도르노만큼이나 다양한 철학자들의 개념적·현상학적 분석, 그리고 피터 홉슨(Peter Hobson), 다니엘 스턴(Daniel Stern), 마이클 토마셀로(Michael Tomasello) 같은 발달심리학자들의 연구에 이르기까지 다양한 연구를 한데 수렴시키는 복잡한 작업으로부터 이 관념을 발전시켰다. 단순화시키기 위해 나는 주로 발달 중에 있는 아동이라는 렌즈를 통해 이 관념을 제시한다. 여기서 제시하는 호네트의 근본적인 관념은 다른 사람들과 규범적으로 실제적인 형태의 상호작용을 하기에 앞서 상호작용 파트너는 자신이 (곤충이나 사물, 또는 기계가 아닌) 사람을 상대하고 있다는 것을 인식해야 한다는 것이다. 호네트는 이러한 선행 인정을 "다른 사람들을 동료 인간 존재로 자발적이고 무합리적으로 인정하는 것"이라고 바라본다(R: 152).

선행 인정 개념이 성취한 것은 언어 이전 단계의 아이들에게서 발달론적으로 인식할 수 있다. 생후 9개월 즈음 되면 유아는 부모와 의미 있는 제스처를 교환하는 방식 — 특히 얼굴 표정 — 에서 새로운 특성을 띠기 시작하고, 이것은 중요한 새로운 학습 단계를 가능하게 한다. 이러한 표정 교환에서 감정적 교류(emotional engagement)를 통해(즉, 공감, 사랑, 고통, 놀람 등을 통해) 상호작용하려는 부모의 의지가 전달되기 때문에, 유아는 부모가 어떻게 세상에 대해 의미 있게 반응하는지를 볼 수 있기 시작하고, 그래서 세상에 대한 2인칭 관점을 취할 수 있게 되기 시작한다.[10] 여기서 핵심 주장은 타자의 관점을 채택하는 능력과 관련된 수많은 발달은 유아가 "이미 심리적 부모에 대한 감정적 애착감을 발달시킨 경우에만 가능하다"는 것이다. "왜냐하면 아이는 그러한 선행 동일시를 통해서만 구체적인 제2의 인물이 존재한다는 사실을 인식하고 그 사람의 태도 변화를 관심을 가지고 이해할 수 있는 방식으로 그 사람에 의해 감동받고 동기를 부여받고 그 사람에게 빠질 수 있기 때문이다"(R: 43~44). 호네트는 발달심리학 연구를 따라 이를 자폐아와 대비시킨다. 자폐아는 다른 사람들과의 감정적 애착을 발전시키는 길이 막혀 있기 때문에, 세상을 바라보는 타자의 관점을 채택할 수 없고, 따라서 중요한 의미에서 사회적으로 장님이다.

2인칭 관점을 취하는 능력, 즉 사물과 인간 세계에 대해 상호작용 파트너가 드러내는 반응을 예측하는 능력은 나중에 상징적 의사소통, 언어 능력, 그리고 여타 다양한 인지 스킬이 발달하는 데서 기초적인 스킬이다. 하지만 호네트에게 중요한 것은 그러한 교류가 인지적인 방식으로 이루어지지 않는다는 것이다. 다시 말해 그것은 유아가 2인칭 관점을 **이해**하고 합리적으로 처리하는 문제가 아니다. 오히려 그것은 상호작용 파트너가 상대방을 욕망, 목적, 계획을 가진 감정적이고 의식적인 피조물로 대하는 일종의 **공감적 교류**와 관련되어 있다. 그러한 교류는 사물 세계 — 자신의 욕망과 목적, 자신의 감정적 반응성, 그리고 다른 사람이 받아들일 수 있는 자신의 관점을 가질 수 없는 — 와의 상호작용과는 근본적으로 다르다. 요컨대 상호작용하는 **타자**와의 그러한 원초적인 공감적 교류는 상대방을 하나의 인간 존재로 인정하는 것을 포함한다. 따라서 선행 인정의 대상은 바로 상대방을 하나의 살아 있는 인간 — 즉, 자신만의 감정적·의식적 삶을 가진 사람 — 으로 식별해 주는 그 상대방의 특성이다.

유아는 어려서 타인의 관점을 인계받는 능력을 획득하는 것과 함께, 또한 그 2인칭 관점에서 세상의 사물을 구별할 수 있어야 한다. 이를테면 유아 자신이 사람임을 알아차리는 것을 포함하여 사물과 사람을 구별할 수 있어야 한다. 다른 형태의 인정과 마찬가지로, 하나의 인간으로서의 다른 사람과 나누는 자발적인 무합리적 교류는 유아로 하여금 **자신을** 사람임의 특성을 가진 실체로 마주할 수 있게 해준다. 따라서 선행 인정은 기본적인 형태의 선행적 자기 확인(self-affirmation)을 할 수 있게 해준다. 이것은 우리가 앞에서 살펴본 종류의 기본적인 자신감과 분명하게 연관되어 있지만, 여기서 자기 관계는 실제로 완전히 실천적인 자기 관계는 아니다. 즉, 그러한 자기 관계는 한 개인이 타인이 자신을 대우하는 방식에 대해 가질 수 있는 일단의 정당한 규범적 기대 — 적어도 살아 있는 인간으로 대우하는 것 그 이상의 대우 — 와는 관련이 없다. 다시 말해 선행적 자기 확인의 문제는 타인에 대한 선행 인정과 마찬가지로 단지 자신이 자신의 욕구, 욕망, 독자적 존재 양식을 가진 사람을 상대하고 있다는 실존적 인식일 뿐이다. 그것은 이를테면 자기 자신이 지닌 욕구와 욕망의 정당성을 주장하는 유형의 주장이나 다른 사람들이 그러한 욕구와 욕망을 적절히 수용해야 한다는 규범적 기대와는 관련이 없다.

이러한 인정 양식 — 즉, 다른 인간의 존재에 대한 원초적 인정 — 은 모든 인간 의사소통의 필수적인 전제 조건이며, 실제로 일반적으로는 인간이 객관적인 단어를 인지하는 데 필수적인 전제 조건이다. 요컨대 (선행) 인정은 인지에 선행한다. 또한 그것은 자신감, 자존감, 자부심의 발달을 가능하게 하는 상호주관적 인정 형태들의 분명한 전제 조건이기도 하다. 하지만 이러한 형태의 인정 자체가 인간 삶의 도덕적 하부구조에 그 이상의 규범적 함의를 가지는 것으로 받아들여지지는 않는다. 그것이 우리에게 주는 한 가지 단서는 우리가 다른 사람에 대해 어떤 긍정적 느낌을 가지지 않거나 다른 사람의 행동에 대해 어떠한 또 다른 규범적 기대를 가지지 않고도 그러한 방식으로 타인의 존재를 인정할 수 있다는 사실이다. 실제로 우리는 이를테면 교통 체증의 경우에서와 같이 다른 사람에 대한 순전히 부정적인 감정을 통해 선행 인정을 할 수도 있다. 문제는 단지 우리가 다른 사람을 하나의 인간으로 마주하는지의 여부이다. 호네트가 볼 때, 우리가 하나의 고유의 규범적 패턴을 드러내고 (우리와 타자의 관계에 따라, 그리고 우리 사회의 배후에 자리하는 평가 도식에 따라) 타인에 대해 특정 형태의 긍정적인 태도를 취하도록 우리에게 요구하는 것은 그와는 다른 세 가지 형태의 인정이다. 따라서 선행 인정은 사랑, 권리, 연대 — 이것들 각각은 우리가 사물이 아닌 다른 인간과 교류한다는 것을 전제로 한다 — 의 필수 전제 조건이지만, 선행 인정 자체에 규범이 스며들어 있는 것은 아니다.[11]

선행 인정에 대한 호네트의 주된 관심은 주로 체계적 또는 이론적 관심에서 비롯된 것이 아니다. 그것은 도덕적 인정과 비도덕화된 형태의 실존적 인정을 구분해야만 이해할 수 있는 특정한 사회적 병리를 이해하려는 그의 관심에서 비롯된 것이다. 우리가 제4장 제2절 제3항 '비가시화'에서 자세히 탐구할 그러한 병리 중 하나는 많은 사회에서 인종적 소수집단이 경험하는 유형의 사회적 비가시성과 관련되어 있다. 그러한 경우에는 소수집단 성원들이 선행 인정을 받는다고 하더라도, 그들은 적극적으로 무시당하고 '외면당하여' 멸시적으로 오인정을 받게 된다.

훨씬 더 극단적인 병리 현상으로 물화 — 자신의 타산적인 계산에 의거하여 다른 사람들을 사물로 취급하는, 즉 조작하거나 파괴할 수 있는 자연계의 사물로 취급하는 타인에 대한 완전하고 철저한 비인간화 — 를 생각해 보자. 우리가 제4장 제2절 제5항 '물화'에서 살펴보듯이, 호네트의 분석에 의하면, 물화는 개인들에게 선행 인정을 체계적으로 망각할 것을, 다시 말해 타인을 인간으로 바라보는 원초적 이해를 망각할 것을 요구한다. 선행 인정의 심원함을 고려할 때, 지속적인 물화는 사람들로 하여금 모든 사람에게 일상적으로 그리고 자동적으로 부여되는 실존적 인정의 습관으로부터 거듭해서 벗어나게 만드는 광범위한 사회적 관행을 통해서만 달성될 수 있다. 따라서 비가시화와 물화라는 사회적 병리 현상은 우리에게 다른 세 가지 형태의 규범적 인정에 필수적 전제 조건인 넷째 형태의 인정, 즉 타인에 대한 무도덕화된 선행 인정을 고찰할 것을 요구한다.

우리는 이제 네 가지 형태의 인정 결과를 다음의 표로 요약할 수 있다.[12)]

	선행 인정	사랑 인정	존중 인정	존경 인정
실천적 자기 관계	선행적 자기 확인	자신감	자존감	자부심
관계 유형	사회통합	사랑과 우정	법적 관계와 권리	연대
존중 양식	원초적 교류	감정적	인지적	존경
인정 대상	인간의 사람임	욕구와 감정	도덕적 자율성	특성, 능력, 업적
인정된 사람임의 측면	인간 존재	특수성	보편성	개성
인정 공동체	상호작용 파트너	친밀한 사람들	동료 법적 주체	가치 공동체의 성원
무시의 전형적 사례	[물화]	학대와 강간	권리의 부정: 법적 배제	문화적 비하

비판적 관점들

이제 나는 개인의 실천적 자기 관계의 발달에 대한 호네트의 인정에 기반한 설명에 대해 제기될 수 있는 그리고 그간 제기되어 온 몇 가지 비판적 질문과 반론에 대해 살펴보고자 한다. 호네트가 다양한 도전에 어떻게 대응해 왔는지(그리고 어떻게 대응할 것 같은지)를 이해하는 것은 그의 이론의 중심 테제를 더욱 명확히 하는 데 도움이 될 것이다. 나는 이미 제기된 많은 흥미로운 반론 중에서 다음의 세 가지 핵심 쟁점에 초점을 맞추고자 한다. 첫째, 호네트의 인간임에 대한 설명은 친사회적 태도가 전체 사회를 지배하는 것에 대해 과도하게 낙관적이지 않은가?(그리하여 인간 본성의 어두운 반사회적 측면을 너무 많이 무시하지는 않는가?) 둘째, 철저한 독존적 개인주의를 옹호하는 사람은 인정이론이 다른 사람들이 사람들에 대해 생각하는 것에 초점을 맞추는 것을 꺼려하지 않는가? 셋째, 인정에 대한 철학적 분석은 객관주의와 구성주의 사이에 숨어 있는 함정을 어떻게 극복할 것인가?

인간학적 낙관주의

먼저 호네트의 철학적 인간학이 지나치게 낙관적이고, 개인으로 하여금 타인들을 긍정적인 방식으로 인정하게 하는 긍정적이고 적극적인 친사회적 태도에 지나치게 초점을 맞추고 있고, 개인으로 하여금 타인을 비하하게 하고 상처를 주게 하는 부정적이고 공격적이며 파괴적인 반사회적 태도에는 너무나도 부주의하다는 주장을 검토해 보자. 물화에 관한 호네트의 태너 강의를 분석한 세 명의 논평자 모두는 선행 인정에 대한 호네트의 설명과 관련하여 그러한 종류의 우려를 제기한다(Butler, 2008; Geuss, 2008; Lear, 2008). 이 맥락에서 호네트의 반응은 선행 인정에 대한 자신의 설명을 명확히 하는 것으로, 그는 자신의 설명이 (현존하는 살아 있는 인간 존재로 인정받는) 타인에 대한 긍정적 감정을 반드시 포함하지는 않는다고 주장한다(R: 147~159).[13] 이러한 대응이 선행 인정에 대해서는 적절하다고 하더라도, 그것이 사랑, 존중, 존경이라는 세 가지 형태의 도덕적 인정과 관련해서는 호네트에게 유효하지 않다는 것은 분명하다. 왜냐하면 세 가지 인정 형태 각각은 인정받는 타인들의 특성 — 그들의 욕구와 감정, 그들의 도덕적 자율성, 그리고 집단적 노력에 대한 그들의 독특한 기여 — 을 최소한 긍정적으로 평가하고자 하는 그리고 적어도 보호하고 증진하고자 하는 특정한 종류의 타인 존중 태도를 본질적으로 수반하기 때문이다.

이러한 비난을 강력하게 제기하는 방법 중 하나는 호네트의 도덕 심리학을 지그문트 프로이트의 후기 저작(Freud, 1961)과 대비시키는 것이다. 만약 프로이트였다면, 그는 모든 사람에게는 동기를 부여하는 근본적으로 다른 두 가지 욕구, 즉 타인과의 사랑과 통합을 향한 욕구와 타인에 대한 공격·살해·파괴를 향한 욕구가 있다고 주장하면서, 호네트의 이론이 공격적인 반사회적 형태의 상호주관성과 관련된 주요 현상을 경시하거나 단순히 무시한다고 비판했을 것이다. 따라서 이러한 호네트의 잘못은 그의 순진한 낙관주의 심리학으로까지 거슬러 올라갈 수 있다. 조엘 화이트북(Joel Whitebook, 2001)은 호네트의 이론이 부정적이고 공격적인 정서의 정신내적 원천 – 특히 원초적인 나르시시즘 – 을 무시하고 있다는 정신분석학적 비판을 강력하게 갱신하고, 이 문제가 자아가 온통 사회적이라는 호네트의 잘못된 주장과 관련이 있다고 주장한다.

이러한 비난에 대한 호네트의 첫째 반응은 부정적이고 공격적인 정서가 존재하며 그러한 정서가 인간의 감정적 삶의 중심에 자리하고 있다는 것을 인정하는 것이다. 호네트가 다른 사람을 물거나 때리거나 발로 차는 것과 같은 유아의 행동에서 나타나는 파괴적인 에너지에 대한 위니콧의 설명을 지지하고 있음을 생각해 보라. 그러한 공격적인 행동은 실제로 융합과 개별화 간의 역동적인 협상에서 중요한 요소이다. 비슷한 맥락에서 부모를 파괴하려는 유아의 시도가 하나의 독립된 실체로 인정받고자 하는 유아의 투쟁을 구성하는 핵심적인 부분이라는 벤자민의 설명을 호네트가 지지하고 있다는 것도 생각해 보라. 이처럼 호네트는 부정적인 정서를 부정하지 않는다.

보다 전문적으로 말하면, 프로이트의 욕구 이론에 대한 호네트의 반응은 그 이론이 사실이라는 것을 부정하는 것이다. 호네트는 감정과 욕구가 한 사람의 생물학적 유기체 내부에서 독자적으로 생겨나서 단순히 세상에 투사된다는 관념과 대조적으로, 대상관계 정신분석학은 물론 심리학의 여타 많은 접근방식도 감정의 성격과 동학에서 사람 간의 상호작용이 결정적으로 중요하다는 것을 보여주어 왔다고 주장한다. 부모와 자식 간의 **상호작용**이 감정 발달에 결정적이고 따라서 개인의 도덕적 정체성 발달에 결정적이라는 수많은 연구를 고려할 때, 프로이트가 제기한 욕구의 정신내적 전개에 관한 이론은 더 이상 믿을 수 없다(SfR: 95~107; Honneth, 2009a, 2012d, 2012l). 호네트는 더 나아가서 화이트북에 반대하여 공격성은 주어진 타고난 본능이나 생물학적으로 결정된 불변의 자연적 사실과 관련하여 가장 잘 설명되지 않는다고 주장한다. 공격성은 세상 — 특히 중요한 타자와 감정적으로 결합되어 있다는 느낌이 일시적으로 종식되어 고통과 괴로움을 느끼고 유아(또는 성인)가 타인이 독립되어 있고 통제 불가능하다는 사실로 인해 화가 나는 사회 세계 — 에 대처하는 데서 실패를 경험한 것에 대한 반응과 관련하여 더 잘 해석된다. 따라서 반사회적 정서는 역설적이게도 개인의 발달과정에서 사랑과 돌봄을 통해 표현되는 기본적인 **상호주관성**에서 발생한다(Honneth, 2012d).

따라서 호네트는 자신의 심리학이론이 서로 각축을 벌이는 심리학보다 이론적으로도 그리고 경험적으로도 부정적인 정신 현상을 설명하는 장비를 더 잘 갖추고 있다고 주장한다. 하지만 호네트가 유용하게 채택할 수 있는 또 다른 접근방식을 살펴보는 것도 가치가 있다. 호네트는 자신의 이론의 심리학적 테제가 엄밀해질 필요가 있다는 것을 인정하기는 하지만, 그럼에도 불구하고 그는 자아에 대한 포괄적인 심리학을 구축하려는 시도에 말려들고 싶어 하지 않을 수도 있다. 그는 결국 경험적 심리학을 인간 본성에 대한 완전한 그림을 그리기 위해서가 아니라 도덕적 정체성에 대한 철학적 이론 — 즉, 상호주관적 인정이라는 사회적 관계의 도덕 논리를 표현하는 데 생산적으로 이용할 수 있는 이론 — 을 위해 이용한다. 다시 말해 그는 자신이 철저한 철학적 인간학이 아닌 **제한된** 도덕적 인간학만을 제시하고 있다고 주장할 수도 있을 것이다. 물론 그러한 도덕적 인간학은 현실적으로는 부정적인 정신 현상을 인정할 필요가 있지만, 그러한 현상의 기원, 성격, 병리적 경향에 대해 그것 나름의 설명을 제시할 필요는 없다. 유사한 사례로 칸트의 도덕 이론을 생각해보라. 칸트의 도덕 이론에서는 인간이 자신의 의무를 다할 수 있는 가능성을 지적하기 위해 인간의 비뚤어진 심성을 부정할 필요는 없다. 칸트의 도덕 심리학은 인간이 반사회적 충동을 극복할 수 있다는 점을 입증할 필요는 있지만, 그것을 입증하기 위해 그러한 충동 모두에 대한 포괄적인 설명 이론을 개발할 필요는 없다. 이와 유사하게 호네트는 심리학자들이 연구하는 정서적 부정성을 인정하면서도, 타인에 대한 긍정적 인정에서 중심을 차지하는 친사회적 감정 또한 우리 심리적 구성의 실제적이고 유력한 요소이며 타인에 대한 도덕적으로 타당한 대우를 심리적으로 정착시키는 데 매우 중요하다고 주장할 수 있다. 내가 보기에, 경험적 심리학의 이러한 보다 제한된 전유는 (특히 연구자들 간의 상당한 정도의 의견 불일치가 그러한 문제에 대한 경험적 연구가 아직 미진한 상태에 있음을 보여준다고 생각할 만한 이유가 있는 경우에) 서로 다른 심리학 학파 간의 더 복잡하고 전문적인 논쟁의 일부로부터 철학적 이론을 격리시키는 실질적인 이점이 있을 것으로 보인다. 하지만 호네트가 최근 정신분석학과 지속적으로 교류한 것은 그가 이보다 온건한 접근방식을 채택하지 않아왔음을 보여준다는 점을 지적할 필요가 있다(Honneth, 2009a, 2012b, 2012d, 2012f, 2012l).

철저한 개인주의

우리는 호네트의 이론에 대한 또 다른 도전이 철저한 독존적 개인주의를 옹호하는 사람에게서 나올 것으로 상상할 수 있다. 그러한 반론자는 "내가 왜 다른 사람의 생각에 신경을 써야 하는가?"라고 물을 수도 있다. 아마도 시노페의 디오게네스(Diogenes of Sinope), 사드(Sade)와 와일드(Wilde), 소로(Thoreau)와 에머슨(Emerson), 니체(Nietzsche)와 사르트르(Sartre)만큼이나 다양한 사상가들에 의해 자극받은 우리의 반론자는 타인으로부터 인정을 받기 위한 투쟁이라는 관념 자체가 자신의 퍼스낼리티를 열등한 타인의 판단에 맡기는 것일 뿐만 아니라 그 판단을 자신의 독특한 개성의 원천으로 잘못 가정하라는 자기비하적 요구라고 생각할 수 있다. 넓은 의미에서의 그러한 반론은 개인의 선택과 진정성을 우위에 두는 우리의 일상 문화에서 아주 익숙하다. 독존적 개인주의로부터 제기되는 반론은 적어도 두 가지로 해석될 수 있다. 그 하나가 상호주관적 인정에 대해 도덕적으로 반대하는 입장이고, 다른 하나는 자아에 대한 상호주관주의적 설명에 대해 반대하는 입장이다.

먼저 후자의 설명적 입장을 살펴보면, 그 반론은 급진적인 상호주관주의적 테제가 경험적으로 거짓이라고 주장한다. 즉, 개인의 정체성 발달이 근본적으로 그리고 구성적으로 타인의 인정에 의존한다고 말하는 것은 잘못이라는 것이다. 오히려 거기에는 일종의 전(前)사회적 자아 — 즉, 상호주관적 상호작용을 통해 구성되는 것이 아니라 어쩌면 (프로이트식으로) 전사회적 욕구에서 비롯된 것이거나 또는 얼마간 다른 방식으로 인간 유기체의 생물학적 구성의 결과일 수 있는 자아 — 가 존재한다는 것이다.[14] 나는 "내가 왜 다른 사람의 생각에 신경을 써야 하는가?"라는 설명적 질문에 대해 인정이론이 제시하는 일반적인 답변은 경험적일 것이라고 생각한다. 호네트에 따르면, 사실 상호주관적 인정이 자신의 실천적 자기 관계를 구성하기 때문에, 우리는 다른 사람의 생각에 주의를 기울일 수밖에 없다. 호네트는 이 장의 앞 절에서 이미 언급한 것 외에도 이 주장을 뒷받침하기 위해 매우 광범위한 경험적 자료와 이론적 전거에 의지한다. 결국 그의 답변이 얼마나 설득력 있는지를 판단하려면, 반론자가 제기하는 경험적 대항 근거와 비교하여 심리학적 및 사회과학적 관련 증거의 타당성을 전반적으로 평가해야 할 것이다.

철저한 개인주의자가 제기하는 반론에 대한 그다음의 해석에 따르면, "내가 왜 다른 사람의 생각에 신경을 써야 하는가?"라는 질문은 도덕적 또는 윤리적 문제로서 우리가 다른 사람의 의견에 왜 주의를 기울여야 하는지를 묻는다. 우리가 사회적으로 구성되었다고 하더라도, 다시 말해 우리가 사회 규범을 내면화하고 상호주관적 인정 관계 속으로 사회화됨으로써만 실천적인 정체성을 가질 수 있다고 하더라도, 우리는 왜 다른 사람의 인정을 구해야 하고 또 인정을 구하기 위해 계속 노력해야 하는가? 랠프 왈도 에머슨(Ralph

Waldo Emerson, 1979)의 유명한 주장처럼, "모든 사회는 그 사회의 모든 성원의 인간임에 대하여 음모를 꾸미고 있다. 하나의 사람이 되고자 하는 사람은 누구나 비순응주의자여야 한다"라고 생각하는 것이 더 낫지 않은가? 도덕적 인정이론이 우리에게 요구하는 것이 바로 다른 사람의 의견에 따르라는 것 아닌가? 대체 무슨 근거에서 그렇게 하라는 것이고, 그로 인한 손실은 무엇이 보상해 주는가?

넓게 보면, 호네트가 어떻게 답할지는 분명해 보인다. 우리가 다른 사람들이 우리를 어떻게 생각하는지에 대해 신경 써야 하는 이유는 우리가 상호주관적으로 취약하다는 인간학적 사실 때문이다. 오인정이나 비인정은 사람들이 왜곡되지 않은 실천적 자기 관계를 맺는 데 해를 끼칠 수 있기 때문에 그들의 개인의 완결성에 하나의 위협이 된다. 더 나아가 그러한 왜곡되지 않은 개인의 완결성은 인간의 웰빙에 지극히 중요한 부분, 즉 인간을 위한 좋은 삶의 중심 요소이다. 그리고 여타 목적론적 도덕 이론에 따르더라도, 우리는 타인의 행복에 대해 도덕적 책임이 있다. 이렇듯 개인의 완결성은 좋은 삶의 지극히 중요한 측면이기 때문에, 그리고 적절한 사회적 인정은 개인의 완결성을 획득하기 위한 필수 조건이기 때문에, 우리는 개인의 완결성에 필요한 인정 조건을 증진시키거나 적어도 위반하지 않을 의무가 있다. 우리 모두는 다른 사람이 표출하는 왜곡되고 해로운 무시에 취약하기 때문에, 다른 사람과 맺는 관련 상호작용에서 적절한 종류의 도덕적 태도를 가지고 사람들을 존중할 책무가 있다(Anderson and Honneth, 2005; Honneth, 1995e, 2007a). 호네트가 자신의 도덕 이론의 기본 통찰을 요약하듯이, "'도덕적 관점'은 (자신의 자기 관계의 의사소통적 전제에서 비롯되는) 부정의로부터 인간 존재를 보호하기 위해 우리가 채택해야 하는 태도의 네트워크를 가리킨다. 모든 부정적인 결정이 배제되고 이제 적절한 정식화가 가능해진다. 도덕은 우리의 개인의 완결성의 조건을 공동으로 확보하기 위해 우리가 서로 채택할 책무가 있는 태도의 정수이다." 도덕은 "우리의 개인의 완결성을 확보하기 위한 집합적 제도"이다(Honneth, 2007a: 138). 사회적 인정의 적실성에 반대하는 철저한 독존적 개인주의자는 자신의 실천적 자아의 구성적 상호주관성을 거짓으로 부정할 뿐만 아니라 다른 사람을 적절하게 인정해야 할 책무도 그릇되게 무시한다.

개념적 쟁점들

앞 항에서 논의한 상호주관적 인정의 구성적 특성은 개념적 토대에 대한 다음과 같은 세 번째의 일단의 골치 아픈 문제를 제기하게 한다. 인정 행위란 정확히 무엇인가? 더 나아가 내가 당신에 관한 어떤 것을 성공적으로 인정할 때, 나는 단순히 그 속성을 당신에게 투영하는 것인가, 아니면 내가 당신에 관한 진정한 어떤 것을 지각하는 것인가? 이와 관련된 문제로, 당신은 나의 인정 행위에 기여하는가, 아니면 인정 행위에 대한 당신의 참여 없이 내가 당신을 성공적으로 인정할 수 있는가? 호네트는 자신의 저작에 대한 비판적 교류에 응답하면서 객관주의와 구성주의 사이에 숨어 있는 함정을 어떻게 극복할 것인지를 명확히 밝혔다. 아래에서 나는 여기서 제기되는 흥미로운 쟁점들을 맛보여줄 것이다.

인정이 무엇인지에 대한 첫 번째 질문에 답하기 위해, 먼저 호네트의 기본 도식을 상기하는 것으로 시작해 보자. 개인들은 해당 관계의 종류에 따라 서로에게 서로 다른 네 가지 형태의 인정 — 선행 인정, 사랑, 존중, 존경 — 을 표현하는데, 각각의 인정은 사람들의 서로 다른 네 가지 특성 — 인간의 사람임, 욕구와 감정, 도덕적 자율성, 가치 있는 기여 — 을 지향하며, 그러한 서로 다른 형태의 인정은 서로 다른 네 가지 형태의 실천적 자기 관계 — 선행적 자기 확인, 자신감, 자존감, 자부심 — 가 발달할 수 있게 해준다. 이를테면 샐리(Sally)의 아버지 밥

(Bob)이 샐리가 자신의 직업을 선택할 권리가 있음을 인정함으로써 샐리의 도덕적 자율성에 대한 존중을 표현하고 샐리가 자유롭고 평등한 권리 보유자라는 일반화된 관점에서 그 인정을 내면화할 수 있을 때, 샐리도 고유한 존엄성을 지닌 도덕적 행위자로서의 자기 자신에 대한 존중감을 키울 수 있게 된다. 또는 미아(Mia)가 부서 보고서에 대한 동료 톰(Tom)의 기여를 존경함으로써 톰의 노고와 성과가 가진 가치를 인정하고 그리하여 톰이 자신의 업무에 대한 미아의 관점을 내면화할 때, 톰은 자부심을 실감할 수 있게 된다.

이러한 인정 행위에 대한 기본적인 분석에 대해서는 광범위한 동의가 이루어져 있는 것으로 보인다.[15] 그 분석에 따르면, 두 사람 간의 인정 행위의 사례는 그 핵심에 한 개인이 서로에 대해 취하는 **태도**, 상대방을 특정한 방식으로 존중하는 일단의 성향, 그리고 그러한 성향이 인정받는 사람의 특정한 특성이나 행위에 **반응**하고 그것들을 **평가**하는 장소를 포함한다. 우리가 세 가지 도덕적 형태의 인정을 고려할 때, 그러한 태도가 인정받는 사람에 대한 긍정적인 것이거나 그 사람을 긍정하는 것이지만, 앞서 살펴본 바와 같이 선행 인정에서 그러한 태도가 긍정적이어야 할 필요는 없다. 인정의 한 사례가 되기 위해서는 그러한 태도가 인정하는 사람에 의해 이를테면 말, 비언어적 제스처, 행위, 관행, 제도적 대우 등으로 **표현**되어야 하고, 동시에 인정받는 사람이 그 표현을 자신의 특성에 대한 반응적 존중의 한 사례로 **확인**할 수 있어야 하고, 그리하여 인정받는 사람의 실천적 자기 관계의 발전에 기여해야 한다. 따라서 밥은 샐리가 자신의 직업을 선택할 권리를 행사할 수 있도록 허용하는 행동을 통해 샐리에게 그녀에 대한 긍정적 태도 — 즉, 도덕적 존중 — 를 표현한다. 그러한 존중은 샐리의 자율성 — 즉, 자신의 신념에 비추어 스스로 선택할 수 있는 능력 — 에 대한 반응이다. 그리고 샐리는 그 행위를 아버지의 긍정적 태도가 자신의 자존감 발달에 기여하는 방식으로 작동한 것으로 이해할 수 있다.

이제 우리는 첫 번째의 모호성 문제, 즉 우리가 인정 행위를 그와 관련된 특성을 **귀속**시키는 것으로 이해해야 하는지 아니면 그 특성에 **반응**하는 것으로 이해해야 하는지에 대해 다룰 수 있다. 한편에서 우리가 인정이 인정받는 사람의 자아 발달에서 구성적인 역할을 한다고 가정한다면, 인정하는 사람은 긍정적으로 존중받은 긍정적 특성을 조직하거나 구성하거나 결정하는 데서 어떤 식으로든 주도적인 역할을 하는 것처럼 보일 수 있다. 만약 이 **귀속** 모델이 옳다면, 미아가 톰을 존경할 때 미아는 어떤 의미에서 톰에게 노고와 성과라는 긍정적인 특성을 귀속시키는 것이고, 따라서 애초에 그러한 특성을 긍정적인 가치가 있는 것으로, 즉 적절한 인정을 받을 가치가 있는 것으로 구성하는 것이다. 반면에 인정 행위가 적절하게 이루어지기 위해서는 톰이 실제로 열심히 일하고 그 성과를 내야 할 것으로 보인다. 이를테면 만약 톰이 게으르고 부서 보고서에 기여하지 않았다면, 미아의 존경의 표현은 톰의 실제 특성을 잘못 인정한 것이므로 솔직히 적절하지 않을 것이다. 따라서 만약 이 **반응** 모델이 옳다면, 성공적인 인정 행위는 평가를 받는 인정 대상자의 객관적인 특성에 대한 지각과 같은 것이어야 한다. 호네트는 이 두 번째 지각 모델을 분명하게 지지하는데, 그 이유는 대체로 어떤 사람이 가진 실제 특성에 적절히 반응하는지의 측면에서 우리가 자주 성공적인 인정(진실한 인정, 옳은 인정, 적절한 인정, 적합한 인정)과 실패한 인정(거짓 인정, 틀린 인정, 부적절한 인정, 부적합한 인정)을 어떻게 구분할 수 있는지를 설명하기 위해서는 지각 모델이 요구되기 때문이다. 우리는 이를 한 사람이 다른 사람에게 부당하게 무시당하는 일상적인 상호작용에서 쉽게 찾아볼 수 있다. 부정의는 바로 전자의 실제 특성이 후자에 의해 적절하게 존중되지 않았다는 사실에 있다. 같은 맥락에서 사회적 인정투쟁은 특정 사례의 오인정에는 실제로 문제가 있다는 것을 전제로 한다. 다시 말하면, 일부 사람들이 집단적으로 무시당하는 까닭은 무시당하는 사람들이 객관적으로 소유하거나 성취한 도덕적으로 중요한 특성이나 성과에 대해 더 넓은 사회가 정당하게 또는 적절하게 존중하지 않기 때문이다(Ikäheimo and Laitinen, 2007: 53ff).

하지만 이 입장을 전제할 경우, 우리는 새로운 난제에 직면한다. 지각 모델을 지지할 경우, 호네트는, 이를테면 붉은색으로 지각되기만을 기다리는 울새의 깃털에 객관적인 속성이 있는 것과 동일한 방식으로, 세계의 구조에도 지각되기만을 기다리는 객관적인 가치가 있다는 관념 또한 지지해야 하지 않는가? 샐리의 도덕적 자율성은 그녀의 발 크기와 동일한 방식으로 옳게 또는 틀리게 인식될 수 있는 그녀에 관한 객관적인 사실인가? 문제는 이러한 가치 실재론(value realism)의 관념은 자신을 '탈형이상학적'인 것으로 바라보는 철학에서는 더 이상 신뢰할 수 없는 독특한 존재론을 요구하는 것으로 보인다는 것이다. 여기서 호네트의 대답은 그가 '온건한 가치 실재론(moderate value realism)'이라고 부르는 것을 지지하는 것이다(Honneth, 2002a: 508ff). 가치 실재론은 다른 사람의 자질에 대한 도덕적으로 관련된 인식이 객관적으로 정확할 수 있다고 본다. 이를테면 샐리는 실제로 스스로 합리적인 선택을 할 수 있지만, 샐리의 네 살짜리 아들은 실제로 그렇게 할 수 없다. 그러나 이러한 실재론은 도덕적 자율성이 세상의 자연적 특징이 아니라 우리 사회의 특정한 도덕적 개념, 관행, 제도의 산물이라는 인식에 의해 완화되어야 한다. 우리는 다만 샐리의 도덕적 자율성이 중세 수녀원에서는 사람임의 도덕적 특징으로 긍정적으로 존중되는 것이 아니라, 특히 자유롭고 동등한 권리 보유자로 범주적으로 인식되지 않았던 여성에게서 죄가 되는 형태의 의지나 자기주장으로 여겨졌을 가능성이 크다는 점을 고려할 필요가 있다. 이처럼 인정의 대상이 되는 사람의 평가적 속성은 사회적으로 구성된다. 하지만 일상생활에서 우리는 그러한 속성이 객관성을 지니는 것으로 판단하기 쉽다. 왜냐하면 우리가 그 사회의 특정한 생활세계로, 즉 그 사회의 일군의 특정한 도덕적 가치, 규범, 관행, 제도로 철저하게 사회화되어 왔기 때문이다. 호네트가 지적하듯이, 그러한 생활세계의 도덕적 지평이 우리에게 일종의 제2의 본성을 형성한다. 따라서 온건한 가치 실재론의 실재론은 존재론적이지 않고 사회학적이다.[16]

인정에 대한 지각 모델에 의해 초래되는 또 다른 난제를 고려해 보자. 지각이라는 측면에서 볼 때, 인정을 받는 사람은 관련 특성을 충분히 소유하고 있어야만 그 특성을 인정받을 수 있다. 그렇다면 인정받는 사람이 이미 그 특성을 가지고 있다면, 인정에 대한 일반 이론이 주장하는 것처럼, 그 사람이 그 특성과 관련한 건강한 자기 관계를 발전시키기 위해 다른 사람의 재보증이 필요한 이유는 무엇인가? 만약 톰이 열심히 일하고 성과를 내었다면, 자부심을 키우기 위해 미아의 존경이 필요한 이유는 무엇인가? 그리고 만약 우리가 톰이 자부심을 키우기 위해서는 미아의 존경이 필요하다고 본다면, 우리가 인정에 대한 귀속 모델 — 이 경우에 미아가 톰에게 자질을 부여하는 것이 최초로 톰의 존경할 만한 특성과 업적을 구성하는 것이다 — 로 돌아간 것으로 보인다.[17] 어떻게 보면 여기서 호네트는 지각 모델과 귀속 모델을 구분하고, 지각 모델에 따라 톰이 미아로부터 어떤 특성과 관련하여 존경받기 위해서는 톰이 그 특성을 소유해야 한다고 보고, 그런 다음에는 귀속 모델에 따라 톰이 그러한 특성을 충분히 그리고 긍정적으로 확인할 수 있는 것은 미아(또는 다른 누군가)가 그 특성 때문에 톰을 실제로 존경할 때뿐이라고 보는 것으로 보인다.

> 나의 문화가 지닌 규범적 전제 덕분에 내가 하나의 주체로서 자격을 가지게 되는 능력과 관련하여 살펴보면, 나는 나와 상호작용하는 사람들의 인정 행동을 통해 가치 있는 것으로 강화된 능력만 실제로 확인할 수 있다. 그런 만큼 이러한 종류의 설명 모델은 실제로 순수한 구성주의[귀속 모델]와 단순한 표상주의[지각 모델] 사이의 중간에 위치한다. 비록 우리가 우리의 인정 행위 속에서 관련 개인 속에 이미 존재하는 평가적 특성만을 드러내지만, 그는 우리의 반응의 결과로서만 진

정으로 자율적인 지위를 지니게 된다. 왜냐하면 그래야만 그가 자신의 능력을 확인할 수 있기 때문이다.(Honneth, 2002a: 510)

아르토 라이티넨(Arto Laitinen)이 개발한 용어로 요점을 정리하면, 인정이론은 두 가지 올바른 통찰, 즉 **적절성** 통찰(adequacy insight) — 이를테면 톰에 대한 미아의 존경은 그 존경이 톰의 노고에 대한 진실한 반응일 때만 성공한다는 것 — 과 **상호성** 통찰(mutuality insight) — 이를테면 그러한 인정이 성공을 거두기 위해서는 또한 미아가 톰에 대해 가지고 있는 긍정적인 태도를 톰이 인정하고 내면화하는 것이 요구된다는 것 — 을 동시에 취하고 있음이 틀림없다(Laitinen, 2010).

이 복잡한 쟁점을 요약하면, 우리는 호네트가 지각주의(perceptualism)와 귀속주의(attributivism) 사이에서 어느 한 입장을 절대화하는 함정을 피하면서도 두 입장의 측면을 모두 지지함으로써 신중하게 조종하고자 한다고 말할 수 있다. 이 미묘한 조종에서 핵심적인 것은 인정하는 사람과 인정받는 사람 모두가 성공적인 인정 행위에서 중요한 역할을 한다는 점을 인정하는 것이다. 인정하는 사람 쪽에서 보면, 상대방을 성공적으로 존중한다는 것은 평가적 태도 — 즉, 인정받는 사람이 객관적으로 가지고 있는 (그리고 그 사람이 속한 사회에 의해 도덕적으로 적절한 것으로 간주되는) 규범적 특성에 대한 진실한 반응 — 를 표현하는 것을 포함한다. 인정받는 사람 쪽에서는 인정이 성공을 거두기 위해서는 그 인정 행위가 규범적으로 긍정적인 태도를 표현하는 것으로 파악되어야 하고, 그러한 태도가 자신에게서 확인될 수 있어야 하고, 그리하여 건강한 실천적 자기 관계의 발전에 기여할 수 있어야 한다. 인정하는 사람과 인정받는 사람 모두는 말하자면 성공적인 인정을 향해 나아가는 차의 운전석에 앉아 있으며, 둘 다 상대방을 존중하는 태도와 실천적 자기 관계 간의 변증법 속에서 구성적인 역할을 한다.

제3장

사회적 인정투쟁

이익 갈등 대 도덕 갈등

우리가 "사회적 갈등의 근본 원인은 무엇인가?"라는 질문을 던졌을 때, 지배적인 유형의 대답 가운데 하나는 개인이 자신의 개인적 이익에 기여할 희소 자원 중에서 자신의 몫을 확보하기 위해 서로 싸운다는 것이다. 이러한 관념은 이익 갈등의 측면에서 사회적 갈등을 분석하는 전통 전체에서 핵심에 위치한다. 호네트는 이 전통을 마키아벨리로까지 거슬러 올라가 추적하며, 토머스 홉스(Thomas Hobbes)의 사회계약론에서 그 결실을 맺는다고 파악한다.

자연 상태에 대한 홉스의 기본적인 묘사, 즉 개인이 법적 규칙에 따라 행동하게끔 강요할 수 있는 중요한 정치적 권력이 부재하는 상황을 떠올려 보라. 자연 상태에는 다양한 개인이 존재하며, 거기서 각 개인은 저마다 특유한 일단의 욕망을 가지고 있다. 이를테면 어떤 사람은 좋은 음식을 좋아하고, 어떤 사람은 모험을 좋아하고, 어떤 사람은 사회적이고, 어떤 사람은 오히려 고독을 좋아한다. 자신의 욕망을 충족시키기 위해 노력한 경험이 있는 성인 인간이라면, 누구나 기본적으로 동등한 이성 능력을 갖추고 있다. 이때 합리성은 홉스에서 주어진 목표를 달성하기 위해 가장 가능성 있고 효율적인 방법을 계산하는 능력이라는 특별한 의미를 갖는다. 따라서 누군가가 좋은 음식(또는 모험, 또는 ……)을 원하는 경우, 거기에는 그것을 얻는 여러 가지 방법(채집, 수확, 도둑질)이 있으며, 이성의 임무는 그중 어떤 방법이 최선인지를 알아내는 것이다. 하지만 모든 사람의 욕구를 충족시킬 수 있을 만큼 물자는 충분하지 않다. 따라서 합리성은 곧 각자가 그러한 희소자원을 놓고 서로 경쟁할 수밖에 없으며 다른 사람의 공격에 취약하다는 것을 각자에게 알려줄 것이다. 홉스는 이러한 기본적인 전제 — 욕망의 다양성, 도구 합리성, 자원의 희소성, 경쟁의 취약성 — 를 감안할 때 자연 상태는 필연적으로 전쟁 상태, 특히 각 개인이 다른 모든 단일 개인과 끊임없이 대립하는 전쟁 상태에 빠지게 될 것이라고 추론한다. 어떤 사람은 다른 사람의 물자를 손에 넣기 위해 침략할 것이고, 어떤 사람은 다른 사람의 약탈을 미연에 방지하기 위해, 그리고 소수의 사람은 다른 사람보다 더 많은 명예를 얻기 위해 침략할 것이다.[1] 이 갈등은 한마디로 이익 갈등, 즉 사람들이 개인의 자기 보존에 필요한 희소자원을 둘러싸고 벌이는 갈등이다.

우리가 홉스의 이 기본 모델을 현존 사회, 즉 강압적인 권력을 가진 정치 국가와 사회적 협력의 부담과 이익을 분배하는 경제 제도가 확립되어 있는 사회에 적용할 경우, 우리는 사회 내의 서로 다른 집단 간의 갈등을 설명하는 지배적인 유형에 곧 도달한다. 일상생활이 끊임없는 물리적 폭력의 위험을 포함하지는 않더라도, 즉 "고독하고 곤궁하고 고역스럽고 야수적이고 단명한" 삶은 아닐지라도 개인들은 여전히 자기 보존에 필요한 희소자원을 놓고 벌이는 제로섬 게임에서 다른 사람들과 전략적 경쟁을 벌이고 있다. 게다가 국가와 경제라는 두 제도화된 메커니즘이 권력과 돈 — 다시 말해 사람들이 가지는 특정한 욕망 모두를 충족시킬 수 있는 다목적 수단 — 을 분배한다. 권력과 돈을 얻고자 하는 개인들은 비슷한 이해관계를 가진 집단으로 조직화될 때 더 많은 것을 얻는 경향이 있다. 따라서 사회에서 벌어지는 갈등은 희소자원을 놓고 벌이는 제로섬 게임에서 전략적으로 경쟁하는 주요 이익 집단 간의 갈등이다. 호네트에 따르면, 사회적 투쟁에 대한 이러한 이익 갈등 모델이 (사람들이 '과학적' 마르크스주의의 유물론, 끊임없이 갱신되는 사회적 다원주의의 변종, 공리주의 모델의 도덕화, 목적 합리적 행동을 중심으로 한 베버의 근대성 모델, 아니면 신고전 경제학과 그것의 합리적 선택 자손들 가운데 그 어떤 것을 염두에 두든 간에) 20세기 사회과학의 모델을 지배하고 있다.

하지만 호네트는 또한 자신이 대안적인 사회적 갈등 이론 — 집단 간의 도덕 갈등에 더 중점을 두는 이론 — 의 '흔적'이라고 부르는 것을 발견했다. 이 대안적 모델의 핵심은, 이 모델은 사회의 도덕적 문법에 내재되어 있는 이상과 실제 사회관계의 현실이 부합하지 않는 곳에서 사회적 갈등이 발생한다고 본다는 것이다. 따라서 갈등은 기대가 위반되었다는 도덕적 느낌에 대한 반발로 발생하며, 거기서 그러한 위반은 특정한 사회적 관행, 인식, 제도에 기반한 왜곡된 인정 관계에서 비롯된 것으로 간주되고, 개인과 집단은 현재 사회의 인정 질서를 바꿈으로써 오인정 또는 비인정을 극복하기 위해 투쟁한다. 이를테면 평등한 시민권을 위한 미국 흑인들의 역사적 투쟁이나 남아프리카 공화국의 인종차별정책을 둘러싼 갈등을 생각해 보라. 두 경우 모두에서 (이익 갈등 모델이 강조하듯이) 유색인종이 인종차별적인 사회구조로 인해 돈과 권력이라는 물질적 자원을 박탈당하는 것은 분명하지만, 그럼에도 불구하고 희소자원을 둘러싼 제로섬 게임적인 싸움에만 초점을 맞추는 그림에는 문제가 있다. 보다 중요한 것은 두 체계에 대한 정당한 격분의 핵심에는 미국과 남아프리카의 관행, 인식, 제도가 비백인을 향해 표출한 명백한 무시, 비하, 경멸이 자리하고 있었다는 것이다. 문제의 핵심은 바로 도덕적 문제 — 즉, 평등주의적 이상과 두 사회의 실제 인정 질서가 단절되어 있었고, 투쟁의 동기가 더 많은 자원을 획득하고자 하는 욕구보다 정당한 기대에 대한 위반에 더 집중되어 있었다는 것 – 였다.

호네트는 이러한 사회적 투쟁의 도덕 이론을 구성하는 요소를 다양한 곳에서 발견한다. 마르크스의 초기 저술, 특히 소외된 노동에 관한 저술은 한 사회의 특정한 분업이 어떻게 상호주관적 인정 또는 오인정 관계를 매개하는 요소일 수 있는지를 보여준다. 조르주 소렐(Georges Sorel)의 저술들은 규범적 기대를 위반하는 것에 대한 반응으로 발생하는 부정적인 도덕적 감정이 현재를 변화시키기 위해 사회적 투쟁에 헌신하는 집단을 형성하는 원동력 또는 촉매제 역할을 할 수 있다는 점을 강조한다. 사르트르의 정치적 저술 – 그의 공식적인 철학적 저작과 대비되는 것으로서의 – 은 반유대주의적 및 식민지적 지배와 억압의 관계를 왜곡된 비대칭적인 상호 인정 관계의 측면에서 분석하고, 그러한 관계에서 인정과 인정 거부의 동시적 필요성으로부터 특정한 사회병리 현상이 발생한다고 흥미롭게 제시한다. 영국의 노동계급 사회사학자들인 E. P. 톰슨(E. P. Thompson)과 배링턴 무어(Barrington Moore)는 계급 적대관계에 관한 표준적인 이익 갈등 모델을 피하고, 특히 계급 성원이 받을 자격이 있지만 받지 못하는 것에 대한 인식에 기초하는 경제적 투쟁조차도 저항에 대한 도덕적 동기로 가득 차 있음을 보여준다. 하지만 이러한 대안적 사회투쟁 이론의 흔적에도 불구하고, 호네트는 주류 사회과학이 일반적으로 자신들의 핵심적인 통찰, 즉 정당한 기대에 대한 도덕적 위반 의식과 사회운동의 출현 간에 내적 연관성이 있다는 점을 무시해 왔다고 주장한다. 사회과학은 그 대신에 사회갈등의 원동력으로서의 '객관적인' 물질적 이익에 초점을 맞춤으로써 많은 갈등이 침해받은 상호주관적 관계에 대한 도덕적 반발에서 비롯된다는 점을 놓쳐왔다.

우리는 사회적 투쟁에 대한 이익 갈등 모델과 인정 모델 간의 차이점을 일단의 대비를 통해 요약할 수 있다. 이익 갈등이 근본적으로 자기 보존에 관한 것이라면, 인정투쟁은 규범적 자기 정체성에 관한 것이다. 전자에서 중요한 것이 물질적 박탈로 인해 위협받는 객관적 이익이라면, 후자에서 중요한 것은 도덕적 기대이며 그러한 기대에 대한 위반이 격분을 불러일으킨다. 따라서 이익에 기반한 갈등은 개인이 생존하는 데 필요한 객관적인 조건과 관련되어 있는 반면, 인정투쟁은 개인이 자신의 개인의 완결성을 확보하는 데 필요한 사회적 조건과 관련된 갈등이다. 이익 갈등의 대상은 일반적으로 물질적 자원이다. 그리고 그러한 자원은 모든 욕구를 충족시키기에 충분하지 않을 정도로 희소하며, 한 사람(또는 집단)이 특정 자원을 얻으면 다른 사람은 그 자원을 사용할 수 없기 때문에 사람들은 그 자원을 놓고 경쟁한다. 인정투쟁의 대상은 도덕적 존중의 한 형태이다. 도덕적 존중에서는 일부 사람에게 부여된 정당한 존중에 부족 또는 왜곡이 존재하지만(이를테면 모두가 동등한 시민권을 얻지 못한다), 정당한 존중이 경쟁적일 필요는 없다(이를테면 한 집단에 시민권을 부여하는 것이 다른 집단이 동등한 권리를 얻는 것을 배제하지 않는다). 따라서 이익 갈등은 물질적 재화의 분배 패턴과 관련되어 있는 반면, 도덕적 갈등은 사회의 인정 질서와 관련되어 있다. 요컨대 이익 갈등 모델은 사회관계를 본질적으로 원자론적인 것으로 모델링한다. 이기적인 개인은 그가 다른 자연 현상과 조우하는 것과 동일한 방식으로 다른 사람들과 조우한다. 개인의 사적 욕망과 도구적 합리성에 도움이 되는지 아니면 방해가 되는지가 자신의 이기적인 이득을 확보하기 위해 환경 — 그것이 자연환경이든 사회환경이든 간에 — 을 조작하는 가장 효율적인 방법을 계산하는 데 이용되기 때문이다. 이와 대조적으로 갈등에 대한 도덕적 설명은 본질적으로 상호주관적인 사회관계 모델에서 출발한다. 행위자 간의 상호작용은 토네이도나 고양이와의 상호작용과는 본질적으로 다르다. 왜냐하면 상대방을 인정하는 행위자들만이 규범적 행동 기대 — 즉, 서로에 대한 정당한 주장의 근거가 되는 기대 — 를 포함하는 상호 간의 상호작용에 참여할 수 있으며, 다른 도덕적 행위자만이 누군가가 자신의 실질적인 정체성을 확보하는 데 필요한 종류의 인정을 해줄 수 있기 때문이다. 두 가지 종류의 갈등과 관련하여 이루어지는 추론의 종류도 다르다. 그 하나가 도구적인 수단-목적 합리성이고, 다른 하나는 적절한 관계에 대한 도덕적 판단이다. 마지막으로, 국가를 바라보는 정치적 시각도 다르다. 이익 갈등 모델은 국가를 도구적으로 합리적인 권력을 확립하기 위한 매개체로 보는 반면, 인정 모델은 국가를 개인의 자유와 자기실현이라는 사회적 조건을 확립하는 수단으로 이해한다.

여기서 몇 가지 단서 조건을 지적하는 것이 중요하다. 첫째, 호네트는 **모든** 사회적 갈등을 도덕적 갈등으로 이해해야 한다고 주장하지 않는다. 실제로 많은 사회적 갈등은 물질적 박탈과 희소자원의 배분을 둘러싼 경쟁을 중심으로 발생한다. 이를테면 17세기 중반 모스크바에서 소금에 부과되는 높은 세금을 둘러싸고 일어난 폭동에서부터 2011년에 알제리에서 주요 식품 가격 급등으로 인해 발생한 폭동에 이르기까지 식량 부족과 식품 가격에 대한 폭동은 근대사회에서 지속되어 온 특징이다. 이러한 갈등은 분명히 자기 보존을 위한 물질적 조건을 둘러싼 갈등의 논리를 따른다. 둘째, 호네트는 모든 사회적 갈등이 전적으로 어느 한 범주에만 속한다고 주장하지 않는다. 많은 특정한 사회갈등에는 이익에 기반한 요소와 인정에 기반한 요소가 다양하게 혼합되어 있다. 이를테면 1968년에 테네시주 멤피스(Memphis)에서 발생한 유명한 환경미화 노동자 파업은 최근 업무 관련 사망 사고 — 그리하여 자기 보존에 필요한 객관적 조건을 환기시키는 — 로 인해 촉발된 안전한 근무 조건에 대한 요구와 상사의 인종 차별 — 그리하여 평등한 자존감에 필요한 사회적 조건을 환기시키는 — 을 종식하라는 요구 모두를 포함하고 있었다. 셋째, 호네트는 연구 대상이 되는 특정한 사회적 갈등이나 투쟁에서 물질적 이익이나 도덕적 기대 또는 이 둘의 특정한 조합이 실제로 어떻게 작동하고 있는지는 열려 있는 문제라고 주장한다. 결국 사회분석은 이러한 의문을 이론적으로 해결할 수 없으며, 경험적 증거를 살펴보아야 한다. 그럼에도 불구하고 그는 중요한 사회적 투쟁 모두를 전략적 개인 간의 원자론적 갈등의 논리로 환원할 수 없으며, 따라서 사회분석은 상이한 종류의 사회적 갈등, 즉 사회의 인정질서와 사회화된 개인의 실천적 정체성이 달려 있는 갈등에 대해 여전히 열려 있어야 한다고 주장하고 싶어 한다.

사회적 인정투쟁

인정투쟁의 폭과 다양성을 이해하기 위해서는 그것들을 설명하는 호네트의 도식으로 돌아가기 전에 몇 가지 사례를 더 살펴보는 것이 도움이 될 것이다. 사회적 인정투쟁에는 실천적 정체성의 세 가지 서로 다른 형태에 대응하는 세 가지 서로 다른 유형 — 자신감, 자존감, 자부심 각각에 필요한 사회적 조건을 위한 투쟁 — 이 있다.[2] 어떤 특정한 사회운동은 동시에 하나 이상의 인정축을 따라 주장을 펼치는 경우가 자주 있고, 또한 종종 적나라한 이익을 충족시키기 위한 주장을 포함하기도 하지만, 보다 복잡한 실제 사회갈등의 현실을 추상화하는 것이 도움이 될 수 있다. 그런 다음 우리는 (과도한 단순화와 잠재적 왜곡을 염두에 두고서) 많은 특정한 사회적 인정 갈등을 이미 준비된 대략적인 방식을 따라 세 가지 인정투쟁 형태 중 하나로 범주화할 수 있다.[3] 호네트의 인정이론에 의해 생산적으로 분석할 수 있는 사회적 투쟁의 폭과 다양성을 이 같이 개관하는 것은 인정 정치와 다문화주의의 배타적 연관성을 불식시키는 데 도움을 줄 것이다. 호네트는 다문화주의와 정체성 정치가 실제로 중요한 인정투쟁의 한 형태라는 것에 대해 찰스 테일러나 아이리스 매리언 영(Iris Marion Young)과 같은 이론가들과 의견을 같이하지만, 호네트의 보다 광범위한 모델은 반폭력, 시민권, 경제적 재분배 투쟁을 포함하는 훨씬 더 넓은 범위를 포괄한다.

세 가지 사례

먼저 기본적인 자신감을 가지는 데 필요한 사회적 조건을 둘러싼 투쟁을 고찰해 보자. 이 경우에는 통상적인 일상적 관행과 제도의 일부로 받아들여져 온 폭력과 학대의 형태들을 재정의하고 탈정당화하기 위해 사회적 투쟁을 벌여왔다. 각 사례가 제기하는 도덕적 주장은 그 대상이 되는 특정 형태의 폭력이나 학대가 사회 세계의 안정성에 대한 개인의 신뢰와 자기 자신에 대한 확신을 매우 불안정하게 만들어 개인의 개인적 완결성에 대해 특히 잔인한 공격을 낳는다는 것이다. 그 피해는 단순히 신체적 고통 — 비록 그 신체적 고통도 극심하고 도덕적으로 심각할 수 있지만 — 에 그치는 것이 아니다. 학대는 또한 시간이 지나도 개인이 온전한 자아 정체성을 유지하는 능력을 약화시키는 역할을 한다. 이러한 무시의 전형적인 형태가 강간이다. 우리가 특정 사례의 강간을 잔인하고 인격을 손상시키는 행위로 인식할 수 있지만, 개인 범죄를 사회적 투쟁으로 전환시키기 위해서는 일정 정도의 집단적 해석과 집단적 사회투쟁이 필요할 것이다. 이를테면 수백 년 동안 관습법의 관할 영역에서는 강간죄에 하나의 예외가 존재했다. 그에 따라 남편은 아내를 강간해도 유죄 판결을 받지 않을 수 있었다. 지난 40년 동안 페미니스트들의 단호한 투쟁과 집중적인 법적 행동주의를 통해 강간법의 부부 예외가 마침내 극복되었다.[4] 또한 지난 20년 동안 민간인에 대한 조직적인 강간을 전쟁 무기로 이용한 것에 대해 정의하고 부각시키고 비난하고 기소하는 데 초점이 맞춰져 왔다는 점도 생각해 보라. 물론 이러한 투쟁은 법을 통해서만 이루어지는 것도 아니며, 법적 보호를 확보하는 데만 목적이 있는 것도 아니다. 여성, 성소수자, 하급자에 대한 강간을 용인하거나 최소화하는 데 기여하는 문화적 조건도 매우 중요하다. 지난 30년 이상 동안 전 세계 페미니스트들은 "밤을 다시 찾아오자(Take Back the Night)" 또는 "밤을 되찾자(Reclaim the Night)" 행진과 같은 행사[5]를 통해, 강간 피해자를 위한 열정적이고 지속적인 옹호를 통해, 그리고 강간에 단지 낯선 사람뿐만 아니라 아는 사람이 저지른 강간까지 포함시키기 위해 강간을 재정의한 '데이트 강간(date rape)'이라는 새로운 개념을 통해 강간 문화에 대한 인식을 높이고자 노력해 왔다. '아내 구타'를 '가정 폭력'으로 재정의하고 재개념화한 것은 (노골적인 사회적 행동주의와 함께) 친밀한 파트너 간의 정당한 행동과 관련된 일단의 규범적 기대에도 커다란 영향을 미쳤다.

고문, 폭력, 표적 학대와 관련된 사회적 투쟁에서도 유사한 진전이 분명하게 이루어지고 있다. 미국에서 흑인에 대해 백인이 자행한 군중 폭력은 19세기 남북전쟁 발발 이전부터 재건 시대와 19세기 말과 20세기 초의 짐 크로(Jim Crow) 시대의 표적 폭력과 린치를 거쳐 1950년대와 1960년대의 민권 운동에 대한 반동 세력의 조직적인 폭력에 이르기까지 길게 이어져 왔다. 이들 사례 각각에서 폭력은 일상적인 개인 간 공격과 구별되는 중요한 사회적·표출적 요소를 지니고 있었다. 즉, 그러한 폭력은 한 사회집단이 다른 한 사회집단에 대해 조직적으로 행한 것이었으며, 오인정을 가장 원초적인 형태로 표현하는 것이었다. 흑인(그리고 여타 비백인)을 공포에 떨게 하고 예속시키는 것을 목적으로 하는 그러한 폭력은 특정한 도덕적 의미를 지니고 있었다. 다시 말해 그러한 폭력은 비백인은 인간으로서 인간에게 주어지는 가장 기본적인 존중을 받을 만한 가치가 없다는 것, 즉 기본적인 자신감의 유지에 필요한 기본적인 신체적·감정적 완결성을 누릴 자격이 없다는 생각을 표현하는 것이었다. 수년에 걸쳐 문화적·법적·제도적 수단을 통해 동시에 자행된 인종차별적 폭력에 대항하는 다양한 사회적 투쟁은 심각하게 왜곡된 인정 질서를 재구성하여 사회적 관행과 제도가 상호 인정이라는 암묵적 이상에 더 부합하게 만들고자 하는 것이었다. 보다 최근에는 성 소수자를 표적으로 한 폭력['게이 배싱(gay bashing)']에 대항하는 사회적 투쟁이 동일한 도덕 논리를 따르고 있다. 국제적 수준에서 성공을 거둔 사회적 투쟁은 국가 행동에 대한 국제 규범을 변화시켜 왔고, 그리하여 개인에 대한 국가의 고문은 국가의 일상적으로 예기되던 행동에서 1980년대에 채택되어 비준된 국제 조약에 의해 금지된 행동으로 바뀌었다.[6] 그러한 투쟁을 구성하는 결정적인 요소 중 하나는, 그러한 투쟁들이 국가가 승인하고 국가가 가하는 고문에 대한 법적 정의와 문화적 인식을 감정적·심리적 학대의 형태까지 포함하도록 확대하여, 고문의 핵심에 자리하는 도덕적 문제는 신체적 피해라기보다 오히려 개인의 완결성을 위협하는 것이라는 것을 인식시키고자 하는 움직임이라는 것이다. 마지막으로, 불법 폭력에 대한 인식을 확장하고자 하는 유사한 노력들은 다양한 형태의 아동 학대에 대항하는 서로 다른 사회운동 — 19세기 아동 노동 반대 운동에서부터 최근의 가정과 학교에서의 체벌 반대 운동에 이르기까지 — 에서뿐만 아니라 괴롭힘과 같은 또래 집단의 학대에서도 분명하게 드러난다. 이 모든 사례와 여타 사례들은 개인의 개인적 완결성과 상호주관적 존중(그리고 무시)의 사회적 관행 간의 내적 연관성을 인정하는 것을 전제로 하며, 이러한 내적 연관성은 개인적 인정투쟁과 사회적 인정투쟁에 대한 호네트의 이론에서 핵심을 이룬다.

보편적인 법적 권리의 확장에 관한 이야기가 사회 진보에 대한 우리의 일상적인 서사에서 중심적인 부분을 이루기 때문에, 자존감에 필요한 조건을 위한 사회적 투쟁은 평등한 인간 자유에 대한 아마도 우리에게 더욱 친숙한 도덕적 요구일 것이다. 나는 여기서는 그 긴 역사에서 단지 몇 가지 에피소드만 언급한다. 그중 하나가 바로 18세기에 시민적 권리가 확장되고 19세기에 정치적 권리가 확장되고 20세기에 사회적 권리가 확장되었음을 강조하는, T. H. 마셜(T. H. Marshall, 1950)이 설득력 있게 포착하고 호네트가 의존한,

권리의 확장에 대해 학계에서 인정하는 전통적인 역사이다. 사회적 투쟁을 통해 법적 권리가 개인에게 점점 더 부여되었고, 그 내용은 당국에 의해 공정한 재판과 대우를 받을 권리와 관련한 기본적인 법치적 권리 너머로까지 확장되기 시작했다. 여기서 결정적인 것이 사유 재산에 대한 개인의 권리 확립이었는데, 이는 16세기 초기 중상주의적 형태의 원시 자본주의가 출현하는 데 절대적으로 필요한 발전이었다(Heins, 2009). 18세기 말경에 계몽주의 사상은 보편적 인권에 대한 약속이 단지 이상주의적 열망에 그치지 않고 프랑스 혁명과 미국 혁명으로 탄생한 새로운 국가에서 얼마간 제도적인 힘을 지니는 정도로까지 발전했다. 18세기에 (적어도 정식 종교, 민족의식, 국민성, 부를 가진 남성의) 보편적 시민권을 확립하기 위한 투쟁이 있었다면, 19세기에는 개인의 평등한 정치적 권리를 확립하기 위한 다양한 투쟁이 있었다. 사람들은 자신들의 기본적 자유에 대해 법적 보호를 받을 자격이 있었을 뿐만 아니라, 자신들의 동등한 자율성의 필요조건으로 자신들이 속한 형태의 정부에서 동등한 발언권을 요구했다. 그리고 시간이 지남에 따라 동등한 참정권 및 기타 정치 참여 권리를 누릴 자격이 있는 사람의 범위도 재산을 소유한 남성에서 모든 성인 남성으로, 여성으로, 그리고 인종적·민족적·종교적 소수집단으로까지 확대되었다. 시민적 권리와 정치적 권리를 지닌 사람들의 범위가 확대되는 것과 함께 20세기에는 새로운 형태의 권리인 사회적 권리를 위한 투쟁이 벌어졌다. 그러한 투쟁이 바탕으로 하는 기본적인 생각은 일부 사람들이 자본주의 경제의 지속적인 호황-불황 주기로 인해 발생하는 위험에 임의적으로 노출된다면 그 사회는 각자의 동등한 자율성을 완전히 인정하고 있지 않다는 것이다. 미국의 프랭클린 루스벨트(Franklin Roosevelt) 대통령이 주장했듯이, 사람들이 결핍과 공포로부터 자유롭지 않다면 자유는 실현될 수 없다. 마지막으로, 지난 세기의 말과 현시대의 초기에 우리는 시민권이나 거주지에 관계없이 모든 사람에게 보편적 인권이 부여되어야 하고 국가와 국제사회가 그러한 권리를 보호해야 할 상호 책임이 있다는 교의가 부상하고 있음을 목도했다. 따라서 국가는 자국 시민에 대해서뿐만 아니라 인권 침해로부터 보호받아야 하는 사람들에 대해서도 (비록 아직 실제적으로는 아니더라도 적어도 이론적으로는) 의무를 지고 있다.

시민적 권리에서 정치적 권리와 사회적 권리를 거쳐 인권으로 권리 범주가 확장해 온 것에 대한 이러한 일반적인 역사적 견해는 언뜻 보기에는 단순히 이상이 현실에서 실행되고 있는 사례의 하나로 보일 수도 있다. 그러나 이 일반적인 견해는 사회의 실제 법적 질서에서 그러한 확장된 인정의 이상들을 실현하는 데에는 실제로 사회적 투쟁과 심각한 갈등이 수반되었다는 사실을 숨기고 있다. 그러한 사회적 투쟁이 지닌 특징의 더 많은 것은 이를테면 지난 150년 동안 페미니스트들이 부녀자 신분에 대한 서로 다른 법적 교의를 폐기한 것, 즉 여성이 사유 재산을 소유할 권리를 획득하고 학대하는 남편과 이혼하고 투표하고 공직을 맡고 자신의 생식 능력을 통제하기 위해 싸워온 것을 살펴봄으로써 더 잘 포착할 수 있다.[7] 비슷한 맥락에서 20세기 내내 여러 나라에서 백인과 비백인이 동등한 법적 권리를 확립하기 위한 갈등과 저항이 얼마나 발생해 왔는지를 생각해 보라. 그러한 국가들에서 다양한 형태의 법적 인종 차별을 극복하기 위해서는 인종이나 민족에 관계없이 모든 사람이 갖는 동등한 존엄성에 대한 도덕적 호소가 필요할 뿐만 아니라 차별적 법률을 극복하기 위해 집단적으로 행동하는 지속적이고 조직적인 사회운동도 필요했다. 마지막으로, 게이, 레즈비언, 양성애자들이 법적으로 동등한 인정을 받기 위해 벌인 비교적 최근의 투쟁을 생각해 보자. 비차별에서부터 부부의 평등을 거쳐 가족의 자유에 이르기까지 성 소수자들의 투쟁은 동등한 법적 대우의 범위를 확대하는 데서 중심 무대에 서 왔지만, 그러한 투쟁은 여전히 대등한 인정을 요구하는 그들의 주장에 반대하는 격렬한 사회적 반발을 극복해야만 한다. 호네트에 따르면, 이러한 다양한 권리를 위한 투쟁들은 모두 적절한 인정을 받기 위한 투쟁, 보다 구체적으로는 자유롭고 평등한 인간의 고유한 자율성을 법적으로 존중하여 자존감을 발전시키는 데 필요한 사회적 조건을 위한 투쟁으로 이해할 수 있다.

이제 셋째 형태의 사회적 투쟁, 즉 건강한 자부심을 위한 사회적 조건을 마련하기 위한 운동으로 넘어가면, 서로 다른 사회에서 일반적인 패턴을 식별하기가 더 어려워진다. 왜냐하면 호네트가 강조하듯이, 개인은 사회적으로 인정받는 특성, 능력, 업적에 대해 자부심을 가지며, 그러한 존경에 기반한 사회적 인정 자체가 사회 또는 사회집단 내의 특정한 가치 지평 — 즉, 어떤 특성, 능력, 업적이 존경받아야 하고 어느 정도까지 존경받아야 하는지를 규정하는 지평 — 과 연결되어 있기 때문이다. 서로 경쟁하고 단지 부분적으로만 겹치는 많은 가치 지평이 존재하는 현대 사회의 가치 다원주의(value pluralism)를 고려할 때, 존경 투쟁은 그러한 차이에 따라 더욱 다양해지고 종종 비교할 수 없을 정도로 복잡해질 것이다. 이러한 다원주의는 또한 자부심의 기반과 관련한 사회적 투쟁이 자신감과 자존감의 기반과 관련한 사회적 투쟁보다 시간이 지남에 따라 더 해결되기 어렵고 더 많은 논쟁을 불러일으킬 가능성이 크다는 것을 의미한다. 그럼에도 불구하고 존경 무시의 형태들 — 전형적으로는 모욕과 문화적 비하 — 을 살펴보면, 최근 존경의 지형에서 벌어지고 있는 사회적 투쟁의 몇 가지 분명한 사례를 확인할 수 있다.

각국 내에서 다문화적·다국적 정책 — 다양하고 다원적인 각국 정체(政體) 내에 인종적·민족적 차이를 한데 담아내고자 하는 정책 — 을 펼치기 위해 전개되는 투쟁들에 대해 고찰해 보자. 테일러는 캐나다에서 이중 언어와 이중 문화 교육 정책을 둘러싸고 벌어진 정치적 갈등을 예로 이용하여, 최근의 그러한 정체성에 기초한 갈등 형태를 인정투쟁으로 탁월하게 분석해 왔다. 호네트의 이론과 일관되는 테일러의 핵심 통찰은 문화나 삶의 방식에 대한 비하가 단순히 자의적인 언어적 공격이 아니라 개인의 완결성에 대한 하나의 위협이 될 수 있다는 것이다. 왜냐하면 한 사람의 실천적인 자기의식이 상호주관적 인정과 구성적으로 결부되어 있고, 그러한 사회적 인정은 그 자체로 문화의 평가 틀과 연결되어 있기 때문이다. 따라서 자신의 삶의 방식에 대한 문화적 비하는 정체성을 위협한다. "비인정이나 오인정은 해를 끼칠 수 있고, 억압의 한 형태가 될 수 있으며, 누군가를 거짓되고 왜곡되고 축소된 존재 양식에 가두어놓을 수 있다"(Taylor, 1994: 25). 따라서 한 정체 내에 문화적·인종적·종교적·민족적 다양성을 정치적으로 수용하게 하기 위한 투쟁은 해로운 형태의 모욕과 비하에 맞서 싸우는 방법이자 개인이 자부심을 실현하는 동등한 기회를 가질 수 있는 대안적 가치나 소수집단 가치가 존재하는 공간을 마련하는 방법으로 해석될 수 있다.

문화 제국주의(cultural imperialism)에 대한 아이리스 매리언 영의 강력한 고발은 존경에 기반한 인정의 언어와 논리를 잘 보여준다. 지배 집단의 문화와 경험이 모든 사회 성원을 대표하는 것으로 투영되는 문화 제국주의는 개인을 일탈적인 존재로 낙인찍거나 심지어 그들 사회집단 자체의 윤리적 자기 인식을 지워버림으로써 개인이 자부심을 확립하는 능력을 손상시킨다. "멸시받는 집단이 문화적 표현 수단을 확보하여 자신에 대한 긍정적 이미지를 재정의할 수 있게 하는"(Young, 1990b: 11) 사회정책을 채택하는 차이의 정치(politics of difference)에 대한 영의 요구는 바로 연대적으로 공유되는 형태의 윤리적 삶에서 사회적으로 필요한 자부심의 기반을 확립하라는 요구이다. 그녀는 자부심의 필요성을 개인의 특이성과 '동족관계' 집단의 특이성 모두에 대한 상호주관적 인정과 연결시키는데, 왜냐하면 거기서 존경은 다른 집단과의 관계와 차이를 통해 자신을 정의하는 집단과의 연대에 의해서만 생성될 수 있기 때문이다.[8]

자부심 정치의 또 다른 사례가 바로 게이, 레즈비언, 양성애자, 성전환자들이 혐오스러운 모욕과 비하로부터 자유로운 대안적인 형태의 친밀성, 섹슈얼리티, 상호주관성을 실현할 수 있는 공간을 확보하기 위해 전개하는 성 소수자들의 투쟁이다. 이러한 자의식적인 '퀴어' 정치는 성 소수자에게 동등한 법적 권리를 부여하는 것을 목표로 하는 것이 아니며(이것도 그것 나름의 중요한 성과로 인정되지만), 주류 '이성애자'의 이성애의 윤리, 기대 및 관행에 그들이 동화되도록 권장함으로써 성 소수자를 정상화하는 것을 목표로 하는 것도 아니다(이를테면 Sullivan, 1996). 이 관념은 존 스튜어트 밀(John Stuart Mill, 1978)이 삶의 형태에서 다양성을 열정적으로 옹호한 것 ― 사회가 주류에서 벗어난 친밀성과 상호주관성을 습관적으로 비하하고 비방하지 않을 때 개인의 완전한 자기실현 가능성이 커진다는 것 ― 과 비슷하다. 마이클 워너(Michael Warner, 2000)도 비표준적인 성적 관행과 정체성에 대한 낙인을 정상화하는 것에 맞서는 퀴어의 사회적 투쟁을 명시적으로 지지하면서 유사한 논지를 펼쳤다. 이처럼 퀴어 정치는 개인이 자신의 성적 관행과 정체성에 대해 왜곡되지 않은 자부심을 가질 동등한 기회를 확보하는 데 필요한 사회적 조건을 요구하는 것에 기초한다.

존경에 기반한 인정투쟁의 마지막 일단의 사례는 노동에 대한 정의와 평가를 중심축으로 하고 있다. 호네트는 생산적 노동에 대한 정의, 분업 내의 서로 다른 업무에 대한 문화적 가치평가, 그리고 심지어는 노동에 대한 차등적 보상을 둘러싼 사회적 갈등 모두를 자부심의 사회적 기반에 대한 투쟁으로 분석한다. 따라서 이를테면 전형적인 젠더화된 분업 ― 공식 경제에서 가정 밖에서 수행되는 노동은 보수를 받는 반면 가정 내에서 필요한 재생산 노동은 보수를 받지 않는 형태의 분업 ― 을 바로잡으려는 시도는 호네트에서는 존경에 기초한 투쟁으로 간주된다. 일반적으로 여성적인 것으로 코드화되어 '두 번째 교대근무(second shift)'(Hochschild and Machung, 2003)에서 여성이 압도적으로 많이 수행하는 돌봄과 가사를 둘러싸고 페미니스트들이 벌이는 투쟁 역시 분명한 인정투쟁의 전형적인 사례들이다. 마찬가지로 여성과 남성 모두에게 동일 노동 동일 임금을 확립하려는 운동도 존경에 기초한 투쟁이다. 사실 노동운동이 요구하는 것 중 많은 것은 자부심의 사회적 기반을 둘러싼 투쟁으로 해석할 수 있다.

한 가지 측면에서는 경제적 갈등을 이처럼 인정에 기반하여 분석하는 것은 놀랍지 않다. 왜냐하면 호네트에 따르면, 존경은 개인의 특정한 특성, 능력, 업적에 대응하는 사회적 인정의 한 형태이며, 거기서 그러한 개인의 특성은 집단 프로젝트와 삶의 형태에 대한 그들의 전반적인 기여도에 비추어 평가되기 때문이다. 따라서 공식적인 유급 경제에서의 노동이든 무급 재생산 노동이든 간에 노동은 자부심 — 한 사람이 집단적으로 가치 있는 사회적 프로젝트에 가치 있는 기여를 했다는 인식 — 을 발달시키는 기본적인 현장의 하나이다. 그러나 다른 측면에서는 노동을 둘러싼 광범위한 갈등을 인정투쟁의 측면에서 분석하는 것은 아주 이례적인 것이다. 왜냐하면 사회과학에서 이용되는 유력 갈등 모델은 (유급) 노동을 제로섬 게임에서 원자적인 개인 간에 자기 보존에 필요한 희소자원을 놓고 벌이는 경쟁의 측면에서 이해하기 때문이다. 노동 갈등이 적절한 개인 간 대우와 대등한 사회적 존중을 위한 투쟁이라는 관념은 지배적인 이익 갈등 모델에서 그리는 그림과는 아주 다르다. 우리는 제5장과 제6장에서 경제 투쟁에 대한 호네트의 분석을 보다 상세하게 다룬다. 그 사이에 우리는 폭넓게 이해된 노동 갈등이 호네트가 말하는 존경 투쟁의 중요한 전형적인 사례 중 하나로 작용한다는 사실을 잊어서는 안 된다.

설명 모델

우리는 이러한 사례들을 가지고 인정투쟁이 이익 갈등에 대한 일반적인 설명과 대조된다는 점을 염두에 두면서 인정투쟁에 대한 호네트의 일반적인 설명을 살펴보는 데로 나아갈 수 있다. 하나의 일반적인 패턴으로서의 인정투쟁은 무시당한다는 느낌에서 시작된다. 그러한 무시 속에서 상호주관적 대우에 대한 개인의 기대가 사회적 관행과 제도 속에서 표출되는 부정적 태도에 의해 침해된다. 우리가 살펴보아 왔듯이, 그러한 침해는 세 가지 큰 그룹 — (1) 학대, 고문, 강간의 형태, (2) 법적 배제 및 권리 거부, (3) 삶의 방식에 대한 모욕 또는 비하 — 으로 분류될 수 있다. 따라서 인정투쟁은, 자기 보존에 필요한 객관적인 자원이 부족하다는 사실에 의해 동기 지어지는 이익에 기초한 갈등과 대조적으로, 특정한 사회적 관계에 의해 발생하는 부정적인 도덕적 느낌에 의해 동기 지어진다.

호네트에 따르면, 그러한 도덕적 느낌은 현재 관계에서 '이용되지 않는 잉여 규범(untapped normative surplus)'을 가리키는 것임이 틀림없다. 이 관념을 이해하기 위해 현재 사회관계가 특정한 인정 질서 — 이를테면 소수자들을 동등한 권리를 가질 자격이 없는 것으로 체계적으로 부호화하는 질서 — 에 의해 구조화되어 있어서, 침해당했다고 느끼는 사람들이 실제로는 지배적인 기준에 따라 적절한 인정을 받고 있다고 생각해 보자. 그러나 다른 한편으로 그 사회의 인정 질서는 인정 관계의 논리 — 우리의 사례에서는 존중의 논리 — 에 내장된 암묵적인 도덕적 기준을 충족시키지 못한다. 따라서 소수집단의 성원들은 한 가지 의미 — 지배적인 인정 질서를 따른다는 의미 — 에서는 동등한 권리를 거부당함으로써 적절한 절차를 따라 존중받고 있으며, 또 다른 의미 — 아직 법으로 실현되지 않은 법적 인정 관계에 잠재된 규범을 따른다는 의미 — 에서는 동등한 권리를 거부당함으로써 무시당하고 있다. 따라서 사회적 투쟁은 불평등한 인정 질서를 표현하는 현존 관행과 대등한 존중에 기초한 인정에 이용되지 않은 잉여 규범 간의 차이를 분명하게 드러낼 수 있다. 덧붙여 말하면, 이용되지 않은 잠재된 규범(untapped normative potential)이라는 관념은 다른 방법으로는 이해할 수 없는 현상, 즉 개인이 완전한 사회적 인정을 받지 못하더라도 얼마간 실천적 자기 관계를 발전시킬 수 있다는 것을 설명한다. 예시를 계속 이어가자면, 더 넓은 사회가 소수자들에게 자존감의 완전한 발전에 필요한 완전한 법적 존중을 거부하고 있지만, 공동체로부터 완전한 법적 존중을 받으리라는 기대 ― 대등하고 평등주의적인 법적 관계의 이용되지 않은 잠재된 규범과 연관된 기대 ― 가 더 넓은 사회로부터 권리를 거부당하고 있을 때조차 개인이 얼마간의 자존감을 발전시킬 수 있게 해준다. 실제로 집단적인 정치적 또는 사회적 행동주의는 그 자체로 도덕적 격분이라는 일차적 동기를 넘어 사회적 투쟁을 위한 이차적 동기를 제공할 수 있다. 왜냐하면 다른 사람들과 함께 참여하는 것 자체가 자기 자신의 자존심 ― 보다 광대한 사회의 오인정으로 인해 부정적인 영향을 받는 자신의 자존심 ― 에 긍정적인 영향을 미치기 때문이다. 이를테면 의식화(consciousness raising) 집단들은 현재의 도덕적 무시와 이용되지 않은 잠재된 규범 간의 차이를 강조하는 기능뿐만 아니라 그러한 형태의 사회적 무시가 참가자의 개인적 완결성을 약화시키는 효과를 극복하기 시작하게 하는 기능도 한다.

물론 몇몇 개인의 일시적인 격분 감정만으로는 집합적인 인정투쟁을 촉발하는 데 충분하지 않다. 그것에 더하여 여러 가지 **사회적** 차원이 개입되어야 한다. 서로 다른 개인이 자신의 도덕적 기대가 위반되었다는 자신의 인식이 다른 사람들의 경험과 상당히 유사하며 그들과 동일한 요인에 의해 발생한다는 것을 깨달을 수 있어야 한다. 개인이 경험한 무시가 특정 집단의 모든 성원에 대한 규범으로 이해될 때, 그리고 동일한 이유에서 그러한 무시 경험이 급속하게 확산될 때, 그 집단 성원에게 완전한 자기실현에 필요한 인정을 체계적으로 거부하는 사회구조에 대해 집단적으로 정치적 저항을 하게 하는 잠재적 동기가 발생한다. 따라서 그러한 경우에는 그러한 상황이 지닌 서로 다른 세 가지 차원 ― 즉, 무시의 집단적 또는 집단 지향적 성격, 왜곡된 인정 관계에서 기대를 위반하게 만드는 사회적 원인, 그리고 그러한 위반을 적절한 사회적 관계의 왜곡으로 비난하게 하는 도덕적 해석 도식 ― 을 밝혀내야 한다.

따라서 사회운동에서 혁신적 의미론(innovative semantics)은 아주 중요한 역할을 한다. 혁신적 의미론은 사적이고 일시적인 개인적 격분으로 경험되는 것을 공적이고 체계적이며 집단적인 도덕적 위반으로 변화시키는 해석의 언어를 제공할 수 있다. 이를테면 상징적 해석의 변화가 불러일으키는 순전한 사회적 힘을 생각해 보라. '인종 프로파일링(racial profiling)'[경찰 등 법 집행 공무원이 개인의 인종, 민족적 배경, 종교, 또는 출신 국가를 근거로 특정한 개인을 범죄 혐의자로 상정하는 차별적 관행_옮긴이]이라는 개념이 생긴 것은 미국에서 기껏해야 10년이 좀 넘었지만, 그 개념은 집단에 기초한 무시를 부각시키는 도덕 문법을 도입함으로써 경찰이 어떤 사람의 인종을 이용하여 법 집행을 결정하는 통상적이고 일시적이며 개별적인 관행을 규제를 통해 뿌리 뽑아야 하는 도덕적으로 잘못된 제도화된 관행으로 바꾸어놓았다. 특정 대상을 표적으로 하는 사회적 행동주의에 의해 발전된 해석적 의미론(interpretive semantics)은 개인의 도덕적 격분을 사회적 인정투쟁으로 전환시키는 데 일조했다. 페미니즘의 의미론은 성공적인 해석적 재프레이밍의 많은 사례를 제공한다. 성차별주의, 가정폭력, 데이트 강간, 두 번째 교대근무, 돌봄 노동, 성희롱, 재생산 자유 등 새로 도입된 개념적 언어가 운동 행동주의와 결합될 때 그것이 미치는 영향을 생각해 보라. 호네트에 따르면, 이익 갈등에서는 해석적 의미론은 거의 중요한 역할을 하지 않는다. 물질적 파이에서 자신의 성원의 몫을 늘리는 것을 목표로 하는 운동이 그것에 필요한 연대를 산출하고 유지하기 위해서는 그 성원들의 상황이 자신의 개인적 상황과 유사하다는 것을 인식할 수 있어야 하지만, 문제의 원인을 사회의 도덕적 질서에 위치시키기 위해서는 또는 박탈감을 도덕적 상처로 이해하기 위해서는 그와 유사한 것이 요구되지 않는다. 이익 갈등의 경우에는 그저 제로섬 게임에서 경쟁하는 다양한 집단을 지적하고 자신의 집단이 더 큰 몫을 얻도록 부추기는 것만으로 충분하다.

호네트의 사회갈등 이론을 싸고 있는 주요 포장지가 홉스식의 이익 갈등 모델이기는 하지만, 우리는 호네트의 이론이 또한 서로 경쟁하는 순수하게 철학적인 도덕 갈등 이론 — 이를테면 칸트주의나 공리주의가 시사하는 것과 같은 — 에 비해 중요한 장점이 있다는 점을 잊지 말아야 한다. 첫째, 인정이론은 사회를 개선하기 위한 집단적인 사회적 행위에 실제로 참여하는 데 필요한 동기의 원천을 분명하게 설명한다. 칸트주의와 공리주의는 모두 우리가 목적의 왕국을 지향하거나 일반적 복리를 증진시킴으로써 사회적 잘못을 바로잡아야 한다고 우리에게 말하지만, 그 둘 중 어느 것도 그러한 추상적인 '당위(oughts)'가 어째서 무력한 요구 이상의 것인지를 명확하게 설명할 수 없다. 개인들은 왜 추상적인 도덕적 요구를 넘어 목적의 왕국이나 일반적인 복리를 증진시키기 위해 자신의 개인적인 이익을 희생하는가? 인정이론은 개인이 왜 그렇게 행동하는지를 명확하게 설명한다. 바로 도덕적 존중의 사회구조와 개인의 실천적 자기의식 간의 내적 연결 때문이다. 따라서 위반에 대한 도덕적 느낌, 개인의 완결성의 조건, 사회적 오인정 간을 연결시키는 것은 이론의 규범적 열망을 실제 사회과정에 뿌리내리게 하는 역할을 한다. 이를 통해 인정이론은 헤겔이 예리하게 비판한 칸트식 도덕의 문제, 즉 무력한 단순한 '당위'라는 이론적 이상주의의 문제를 극복한다. 둘째, 추상적인 철학적 도덕과 달리 인정이론은 무시 — 이는 사회적 저항과 사회운동이 실제로 발생하는 데 매우 중요하다 — 라는 일상적인 도덕 어휘에서 시작하며, 따라서 그것을 크게 반영한다. 인정이론은 사회적 갈등을 낯선 철학적 언어에 따라 분석하려 하지 않는다. 셋째, 인정이론은 사회운동의 조력자로서 이론이 수행하는 독특한 역할을 조망한다. 해석적 의미론은 (상처받은 느낌을 사회적 기대가 위반된 데서 비롯되는 것으로 파악하고, 어떤 위반의 사회적 원인을 찾고, 특정한 종류의 인정 위반에 대한 도덕적 논리를 찾아내고자 한다는 점에서) 사회운동의 형성과 유지에 매우 중요하기 때문에, 이론은 운동이 더 넓은 사회에 변화를 요구하는 데 이용하는 도덕적으로 강력한 언어에 기여할 수 있다.

이러한 다양한 장점 모두는 이론을 사회현실에 내재적으로 뿌리내리게 하는 데서 비롯된다. 제1장 제3절 제3항 '프랑크푸르트학파'에서 살펴본 바와 같이, 이론과 실천의 결합은 비판이론 1세대에게 매우 중요했으며, 호네트는 자신의 상호주관적 인정이론이 다른 대안적 사회·정치이론 — 언어적 화용론에 기반한 하버마스의 대안적 비판이론을 포함하여 — 보다 이 중심 전통을 더 성공적으로 이어가고 있다고 믿는다. 우리가 앞으로 제6장에서 살펴보듯이, 이는 또한 비판이론이 칸트에 뿌리를 두기보다는 헤겔에 뿌리를 두는 방향으로 나아가게 하는 데서 하나의 중심 동기를 이룬다.[9)]

세 가지 도덕 논리

우리는 지금까지 호네트가 여러 주요한 사회갈등을 설명하는 사회이론을 어떻게 제시하는지를 살펴보았지만, 사회운동이 더 큰 사회에 대해 제기하는 주장의 근간을 이루는 도덕 논리에 대해서는 더 많은 논의가 필요하다. 가장 일반적인 수준에서 사회적 투쟁은 체계적인 형태의 무시가 개인의 완결성을 유지하고 재생산하는 데 필요한 상호 인정을 방해한다는 점에서 잠재적으로 규범적으로 정당화될 수 있다. 따라서 인정투쟁은 서로 다른 형태의 실천적 자기 관계를 가로지르며 건강한 자기실현을 가능하게 하는 사회적 조건을 요구한다. 그러나 자기실현과 관련된 사회적 조건에는 매우 다양한 종류가 있으며, 그러한 조건의 제공은 서로 다른 측면에서 정당화되어야 한다. 여기서도 다시 인정에 대해 세 부분으로 이루어진 분석은 호네트의 가장 유용한 통찰 중 하나를 보여준다. 우리는 그러한 서로 다른 갈등 모두를 인정의 도덕적 관계와 관련하여 이해할 수 있지만, 세 가지 유형의 투쟁은 서로 다른 범위, 상황 민감성, 정당화의 부담에 따라 서로 다른 종류의 도덕적 주장을 한다. 우리가 일단 이러한 차이를 인식한다면, 정의(正義)를 확장하기 위해 벌이는 사회운동에서 나타나는 명백한 긴장과 딜레마 중 많은 것이 해결되거나 적어도 개선될 수 있을 것이다.

먼저 기본적인 자신감을 키우는 데 필요한 사회적 조건과 관련된 주장에 대해 살펴보자. 고문, 학대, 또는 강간에 관한 문화 및 관행에 대한 투쟁에서 제기되는 핵심적인 주장은, 개인의 기본적인 자신감은 타인에 의해 극심한 신체적·감정적 비하를 통해 침해당하기 쉽다는 것이다. 상호주관적으로 공유되는 세계의 항상성에 대해 기본적인 신뢰가 무너질 경우, 자신을 온전히 실현하기는커녕 근본적으로 자신에 대한 신뢰를 유지하거나 안정적인 정체성을 확립하거나 사회적 관계에 적절하게 참여할 수 없다. 외부로부터 자신의 신체를 비하당하는 것은 한 사람의 기본적인 자기 관계의 파괴를 수반하기 때문에, 그리고 개인은 그러한 기본적인 자신감 없이는 안정적인 정체성을 유지할 수 없기 때문에, 모든 사람은 단지 사람이라는 이유만으로 학대와 폭력으로부터 자유로운 환경을 누릴 자격이 있다. 따라서 자신감의 사회적 조건을 위한 투쟁이 주장하는 바는 매우 강력하다. 한 사람이 어떤 사회나 법 체계에 속해 있는지, 그 사회의 특정한 가치가 무엇인지, 그 사람이 나이가 많은 사람인지 아니면 젊은 사람인지, 그 사람이 특정한 특성을 발달시켜 왔거나 독특한 사회적 기여를 해왔는지, 심지어 자율적인 행위를 할 능력을 가지고 있는지와는 상관없이 고문, 강간, 학대는 잘못이라는 것이다. 이 주장을 도식적인 형태로 설명하면 다음과 같다. X는 사람이다. X의 자신감은 자아를 실현하는 기회를 가지는 데 필수적인 전제 조건이다. 그리고 X의 기본적인 자신감은 학대에 취약하다. 그러므로 X는 기본적인 자신감의 발달을 저해하는 사회적 조건으로부터 보호받을 자격이 있다.

반면에 자존감의 사회적 기반을 위한 투쟁들은 상이한 종류의 도덕적 요구를 한다. 어떤 개인이 다른 사람들에게 부여된 법적 권리를 거부당하면, 그 개인은 사회에서 다른 사람들과 동등한 자율적 인간으로서 완전한 자존감을 발전시키는 능력을 손상당한다. 이는 물론 그러한 요구가 특정한 법적 맥락과 관련이 있다는 것을 의미한다. 이를테면 퇴직 보험과 같은 동등한 사회적 권리에 대한 요구는 정부가 이미 어떤 성원에게 퇴직 보험 권리를 부여한 경우에만 영향력을 가지며, 여성의 평등한 투표권에 대한 요구는 일부 남성에게만 투표권이 있는 경우에 영향력을 갖는다. 반면에 동등한 법적 권리에 대한 요구는 보편주의적 핵심을 가지고 있다. 그것은 바로 일부 성원에게 권리가 부여된 경우, 동일한 사회적 상황에 있는 모든 성원에게 동등한 권리를 부여해야 한다는 것이다. 도덕적으로 자의적인 법적 차별은 그 성원들이 자신을 다른 사람들과 동등한 존엄성을 지닌 존재로 여기는 능력, 즉 다른 사람들과 동등한 수준의 완전한 자존감을 가질 자격이 있는 존재로 여기는 능력을 약화시킨다. 따라서 법적으로 공정한 관계의 확대를 요구하는 주장은 인종, 성, 국적 등과 같은 임의적인 개인적 특수성을 배제한다는 점에서 보편주의적이지만, 특정 사회에서 제정된 일단의 명확한 권리가 그 사회의 법적 투쟁의 역사와 연결되어 있다는 점에서 맥락에 따라 달라질 수 있다. 또한 시간이 지남에 따라 권리가 확대되는 방식에는 서로 다른 두 가지 방식, 즉 기존 권리에 더 많은 사람을 포함시키는 방식과 권리 목록을 확장시키는 방식이 있다는 것도 상기하라. 기존 권리는 이전에 배제되었던 집단이 다른 사람들이 이미 가지고 있는 권리를 부여받기 위해 투쟁함에 따라 더 포함적이 된다. 새로운 권리는 그 권리가 완전하고 평등한 자율성에 실제로 필요한 사회적 조건이라는 주장이 한 사회에서 받아들여지고 제도화됨에 따라 부여된다. 우리는 이러한 도덕적 주장의 도식을 다음과 같이 요약할 수 있다. X는 주어진 법적 공동체의 성원이다. X는 관련된 권리를 가지는 특성을 가지고 있다. X는 완전한 자존감을 발전시키는 데 필요한 권리를 (자의적인 차별이나 불충분한 권리에 의해) 거부당하고 있다. X에 대한 권리 거부는 완전한 자존감을 획득하는 능력을 훼손한다. 따라서 X는 현재 거부된 권리를 부여받아야 한다. 특정 사례에서 이러한 주장을 정당화하기 위해서는 훨씬 더 많은 논의가 필요하다는 것에 주목하라. 이를테면 거부가 왜 자의적인지를 구체적으로 설명해야 하거나 제안된 권리가 왜 완전하고 동등한 자율성을 가지는 데 필요한지를 얼마간 상세하게 분석해야 할 것이다.

자부심의 발달에 필요한 사회적 조건을 위한 투쟁은 훨씬 더 복잡한 도덕적 주장을 한다. 자부심은 한 사람의 독특한 특성, 능력, 공헌을 그 사람의 가치 지평을 공유하는 사람들이 상호주관적으로 인정함으로써 실현되기 때문에 특정한 사람이 존경받아야 한다는 주장은 특정 윤리적 공동체에 대한 해석적 이해와 불가분의 관계에 있다. 극단적인 대비를 위해 금욕적인 종교 공동체와 연기자 공동체에서 자기 절제와 과시에 부여되는 존경이 어떻게 다른지를 생각해 보자. 이는 개인에 대한 존경이 특정한 윤리 공동체와 구성적으로 연결되어 있다는 것을 분명하게 보여준다. 그러나 다양하고 다원적인 현대 사회에는 서로 다른 포괄적인 교의와 (존경 또는 멸시에 대한 평가의 기준이 되는) 매우 독특한 일군의 가치들과 함께 수용 가능한 서로 다른 많은 윤리적 삶의 방식이 존재한다. 이는 한 개인이 모든 사회 성원으로부터 동등한 존경을 받기를 기대하는 것은 구조적으로 불가능하다는 것을 의미한다. 이를테면 승려들은 멋 부리는 것에 가치를 부여하지 않을 것이고, 배우는 자신을 내세우지 않는 겸손을 존경하지 않을 것이다. 더 나아가 존경은 본질적으로 차별적이며 개인의 특수성에 따르는 것으로, 모든 사람이 동일한 방식으로 또는 동일한 정도로 존경받을 자격이 있는 것은 아니다. 훌륭한 덕성과 주목할 만한 업적을 가진 사람은 덕성이나 업적이 없는 사람보다 더 큰 긍정적 평가를 받을 자격이 있다. 따라서 사람들은 존경을 무조건 요구할 수 없다. 하지만 사람들은 실제로 자신의 특성, 능력, 업적이 존경받을 만하다면 존경받을 수 있는 동등한 기회를, 따라서 자부심을 발전시킬 수 있는 동등한 기회를 요구할 수 있다. 마찬가지로 단지 자신이 멸시당한다고 느끼는 것 자체가 사람들을 기분 좋게 만들 수 있는 인정 관계에 대한 요구를 정당화해 주지는 않는다.

이러한 이유에서 존경의 조건에 대한 사회적 투쟁은 각 개인이 단순히 사람이라는 이유만으로 또는 법적 공동체의 성원이라는 이유만으로 무조건적으로 존경을 받을 자격이 있다는, 사회 전체에 대한 보편적인 요구가 될 수 없다. 여기서 우리는 존경에 기초한 부정적 인정 형태로부터 단서를 얻을 수 있다. 여기서 무시의 전형적인 형태가 특정한 삶의 방식에 대한 비하, 특정한 포괄적 교의에 대한 모욕 또는 하나의 삶의 방식이 다른 모든 방식보다 우월하다고 주장하는 문화적 제국주의이다. 집단이 이러한 무시에 맞서 싸울 때, 그들은 다른 사람들이 자신들의 특정한 가치나 삶의 방식을 공유하도록 요구하는 것이 아니다. 즉, 그들은 모든 사람이 자신들의 특성과 업적에 대한 자신들만의 평가 척도를 채택하도록 요구하는 것이 아니다. 오히려 그들은 자신들의 공동체의 윤리적 삶의 방식을 다른 집단이 수용 가능하고 잠재적으로 가치 있는 많은 삶의 방식 중 하나로 받아들일 것을 요구하는 것이다.

따라서 존경의 확대를 요구하는 주장을 정당화하는 것에는 좋은 삶에 대한 비전을 공유하지 않는 다른 사람들에게 자신의 삶의 방식에 가치 있고 의미 있는 무언가가 있다는 것, 그리고 그러한 삶의 방식이 더 넓은 문화에서 체계적으로 폄하받는 동안에는 그 사람이 자신을 완전히 실현할 수 없다는 것을 설득하는 것이 포함된다. 이 주장은 상이한 가치 공동체들이 자신의 가치 지평을 **자신들**에게 가치 있는 것으로 인정해야 한다고 주장하는 것이 **아니라**, 단지 자신의 가치 지평이 어떤 의미에서는 그 내부에 상호 존경 관계를 형성할 수 있는 조건을 만들어내는 하나의 실행 가능한 삶의 형태라고 주장하는 것이라는 점에 유의하라. 소수집단의 삶의 방식을 비하해서는 안 된다고 다수를 설득하기 위해서는, 첫째, 그 삶의 방식을 비방하는 것은 그 삶의 방식 내에서 살고 있는 개인들이 건강한 자부심을 발전시키는 능력에 부정적인 영향을 미친다는 것, 그리고 둘째, 소수집단의 삶의 방식은 그 성원들에게 완전한 자기실현을 가능하게 하는 조건을 제공한다는 것을 보여주어야 한다. 물론 호네트가 반복해서 주장하듯이, 이 중 후자의 주장은 고려 중인 삶의 방식이 그 삶의 방식과 일체감을 느끼는 사람들이 자신감과 자존감 모두를 발전시키는 능력에 부정적인 영향을 미치지 않는다는 중요한 단서 조항에 의존할 것이다. 이를테면 하나의 가치 공동체는, 비록 그 가치 공동체가 존경의 평가 지평을 제공한다고 하더라도, 그 공동체의 일부 성원에 대해 신체적 보호나 법적 권리를 선택적으로 거부할 수 없다. 왜냐하면 그럴 경우 그것이 자신감과 자존감을 실현하는 능력을 손상시킬 수 있기 때문이다.[10] 다시 말하지만, 폄하된 집단이 다른 사람들에게 설득해야 하는 것은, 자신들의 특정한 삶의 방식이 모든 사람에게 어울리거나 가치 있거나 '진정하다'는 것이 **아니라** 그 삶의 방식이 개인이 자기 자신의 자부심을 발전시키고 실현할 수 있는 평가 지평을 분명하게 드러내는 하나의 실행 가능한 삶의 형태라는 것일 뿐이다. 모든 사람은 자부심을 발전시킬 기회를 동등하게 누릴 자격이 있기 때문에, 모든 사람은 또한 자신의 정당한 삶의 방식을 폄하받지 않는 환경을 누릴 자격도 있다.

여기에는 더 많은 주의를 기울일 필요가 있는 몇 가지 복잡한 문제가 있다. 첫째, 일부 집단은 실제로 자신들의 삶의 방식이 모든 사람을 위한 최고의 가치와 진리라고 전도한다.[11] 그러나 이것은 윤리적 가치의 보편성에 관한 주장이자 하나의 좋은 삶에 대한 완전한 합의에 관한 주장으로, 집단 비하의 중단과 다원적 관용의 제도화를 요구하는 보다 제한적인 주장과 상당히 다르다. 그것은 더 이상 자부심 발달에 필요한 사회적 조건을 요구하는 주장이 아니라 오히려 어떤 실제적 가치가 궁극적으로 최고이거나 가장 가치 있는지에 관한 주장이다. 따라서 존중에 기초한 사회적 인정투쟁과 하나의 형태의 윤리적 삶에 대한 보편적 존경을 위한 사회적 투쟁 간에는 중요한 차이가 있다. 하지만 일상적인 사회적 갈등의 열기와 수사 속에서 이러한 구분이 항상 지켜지는 것은 아니다.

둘째, 사회적 인정투쟁에서 존경을 요구하는 대상은 자신이 속한 집단이나 자신의 삶의 방식이나 포괄적인 교의가 아니라 개별 인간이라는 점을 인식하는 것이 중요하다. 윤리적 가치 공동체는 개인의 자부심 발달에 필요한 사회적 조건을 제공한다. 윤리 공동체는 그 자체로 적절한 존경의 대상이 아니다. 오히려 윤리 공동체는 그 공동체의 성원들이 개인의 특정한 업적과 능력을 가치 있는 것으로 공히 판단하게 하는 해석과 평가의 근거를 제공한다. 따라서 존경에 기초한 사회적 투쟁에서 주장하는 것은, 자신의 공동체 및 그 공동체의 가치가 더 넓은 사회의 모든 성원에게 동등하게 가치가 있다고 여겨져야 한다는 것이 아니라, 자신의 공동체 및 그 공동체의 가치는 그 공동체 및 그 공동체의 가치와 자신을 동일시하는 개인에게 독자적으로 존속 가능한 존경을 산출하는 구조를 제공하기 때문에 체계적으로 비하되어서는 안 된다는 것이다.

이러한 다양한 복잡한 구분과 그것에 불가피하게 수반되는 맥락적·해석적 측면은 현대 '문화 정치'에서 매우 논쟁적인 성격을 띠는 많은 문제를 야기한다.[12] 그럼에도 불구하고 우리는 존경에 기초한 사회적 인정의 요구를 다음과 같이 도식적인 형태로 요약할 수 있다. X는 공유된 가치를 가지는 공동체 Y의 성원이다. Y는 정당하고 독자적으로 존속 가능한 존경을 산출하는 공동체이다. Y의 가치는 X에 대한 존경을 판단하는 기준이다. Y에 대한 모욕과 비하는 X가 건강한 자부심을 발전시킬 수 있는 동등한 기회를 차단한다. 모든 사람은 사회적 존경을 통해 자부심을 발전시킬 동등한 기회를 누릴 자격이 있다. 따라서 X는 비하 또는 문화적 제국주의에 의해 Y가 무시받지 않는 환경을 가질 자격이 있다.

나는 앞서 이러한 서로 다른 논리를 파악할 경우 현재의 사회적 논란에 내재한 긴장과 딜레마를 정리하는 데 도움이 될 수 있다고 주장했다. 아마도 한 가지 예를 들어보면, 상황을 고도의 추상 수준에서 현실로 끌어내리는 데 도움이 될 것이다. 먼저 지난 40년 동안 게이, 레즈비언, 트랜스젠더들이 벌여온 다양한 일단의 사회적 투쟁을 고려해 보자.

가장 기본적인 수준에서 성 소수자들은 그 집단만이 당하는 폭력과 끔찍한 학대 — 종종 경찰과 기타 당국에 의해 묵인될 뿐만 아니라 실제로 그들에 의해 자행되기도 하는 — 의 대상이 되어왔다. 레즈비언, 게이, 양성애자, 트랜스젠더(LGBT) 사회운동의 중심 목표 중 하나는 단순히 그러한 표적 폭력과 학대를 종식시켜 성 소수자들이 건강한 기본적 자신감을 완전히 발전시키는 데 방해받지 않게 하는 것이다. 그 운동이 이성애자 세계에 던지는 도덕적 주장은 단순하고 분명하다. 즉, 그 주장은 바로 모든 사람의 기본적인 심리적 완결성은 폭력, 학대, 고문을 통해 쉽게 안정성을 잃는다는 것이다. 그리고 그러한 기본적인 도덕적 주장을 수용하는 데 큰 어려움은 없었다. 오히려 그러한 운동은 그러한 학대에 반대하는 도덕적 주장을 얼마간 쉽게 이해할 수 있다고 보고, 사회에 만연해 있는 다양한 서로 다른 종류의 '게이 배싱'을 더 광범위한 공동체에 알리는 데 활동의 중심을 맞추어왔다. 이를테면 이는 미국에서 1971년 스톤월(Stonewall) 폭동에서부터 1978년 하비 밀크(Harvey Milk) 살해 사건, 1998년 매슈 셰퍼드(Matthew Shepherd) 살해 사건에 이르는 폭력적인 사건을 공개적으로 추모하는 것이 왜 중요한지를 설명해 준다.

권리 투쟁의 논리는 다르다. 성 소수자는 성 다수자에게 통상적으로 부여되는 동일한 권리를 얻기 위해 투쟁하지만, 어떤 특정한 권리가 포함되는지는 법체계별로 다르다. 미국에서는 지난 40년 동안 LGBT 사회운동이 동등한 법적 권리를 확대하는 영역에서 괄목할 만한 성공을 거두었다. 고용, 주택, 병역, 자녀 양육, 결혼, 이민 등과 관련한 평등권 운동은 각 분야 모두에서 짧은 기간 동안 괄목할 만한 진전을 이루어왔다. 각각의 영역에서 기본적인 도덕적 주장은 더 넓은 사회에 이미 매우 친숙한 주장이다. 자유롭고 평등한 사람으로서 각자가 갖는 존엄성은 동등한 법적 권리를 통해 인정되고 있으며, 각자는 완전한 자존감을 발전시키는 데 필요한 사회적 조건을 요구할 권리가 있다. 아직 싸움이 끝나지 않았고 자의적인 법적 차별이 여전히 많은 영역에서 존재한다는 것은 분명하지만, 방향과 동학은 분명해 보인다. 결국 특정 분파 주민의 저항과 반발에도 불구하고, 권리 확대의 도덕적 논리는 거부할 수 없는 것으로 보이며, 그것을 실현하는 것은 시간, 정치, 노력의 문제이다.

존경 투쟁의 논리 역시 다르다. 여기서 사회운동이 주장해 온 것은 성 소수자에 대한 지속적인 모욕, 비방, 비하는 이성애 규범성(heteronormativity)으로 가득 찬 문화 — 이성애자 커뮤니티의 문화 제국주의 — 와 결합하여 비이성애자들이 자부심을 발전시킬 동등한 기회를 가지는 것을 불가능하게 만든다는 것이다. 반대 세력의 근거 없는 망상에도 불구하고, 그러한 비하 반대 투쟁의 주장은 모든 사람이 동성애자가 되어야 한다거나 모든 사람이 받아들여야 하는 일단의 동성애 가치가 존재한다는 것이 아니다. 오히려 그 투쟁이 주장하는 것은 성 소수자와 관련된 윤리적 삶의 방식을 체계적으로 비난하는 문화는 독자적으로 존립 가능하고 정당한 존경을 산출하는 공동체를 공격함으로써 자부심을 발전시킬 동등한 기회를 파괴하는 문화라는 것이다. 이는 법적 차별에 관한 주장과는 다른 (그리고 더 복잡한) 종류의 주장이다. 따라서 그러한 운동은 실현되기 어려운 길을 가고 있다는 것, 그리고 일반적으로 오히려 다양성을 억압하려는 끈질긴 반동적 사회 세력을 고려할 때 성공 가능성이 훨씬 더 낮아 보인다는 것도 놀랄 만한 일은 아니다. 성 소수자에 대한 모욕과 비하가 문제가 있다는 관념은 일반적으로 받아들여지고 있는 것으로 보이지만, 특정한 모욕과 고정관념의 다양성, 깊이, 유해성을 더 넓은 사회에 이해시키기란 매우 어려웠으며, 이성애자 사회가 그 이성애적 규범성을 인식하도록 하는 것도 여전히 매우 어려운 과제인 것으로 보인다.

이처럼 이러한 투쟁들 모두는 성 소수자의 주장과 사회적 행동주의를 포함하지만, 그것들은 사회에 대해 서로 다른 도덕적 주장을 하고, 서로 다른 정당화 부담을 지고, 서로 다른 사회적 관행과 구조를 표적으로 하고, 서로 다른 유형의 사회변화를 목표로 하는, 서로 다른 종류의 인정투쟁이다. 게다가 그러한 인정투쟁들은 이익 갈등 모델이 묘사하는 것과는 근본적으로 다른 논리를 가지고 있다. 이는 이를테면 게이와 레즈비언 커플로까지 결혼을 확대하기 위한 투쟁을 막연하게 경제적인 측면에서 비판하는 것이 왜 너무나도 빗나간 것인지를 설명해 준다. "결혼의 가치를 떨어뜨린다"는 수사에도 불구하고, 권리는 자기 보존에 필요한 희소하고 서로 경쟁하는 재화 – 이기적인 개인들이 제로섬 게임에서 획득하기 위해 서로 싸우는 재화 – 가 아니기 때문에 일부 사람들이 동등한 권리를 얻는 것이 다른 사람들의 희생으로 얻어지는 것은 분명 아니다. 결혼은 홉스식의 만인에 대한 만인의 투쟁에서 서로 경쟁하는 자원이 아니다. 결혼은 결혼에 참여할 수 있는 (또는 참여할 수 없는) 사람들에 대한 특정한 형태의 도덕적 존중(또는 무시)을 표현하는 상호주관적 관계의 구조이며, 건강하고 왜곡되지 않은 형태의 개인적 완결성을 실현하는 개인의 잠재력과 구성적으로 연관되어 있다. 호네트의 인정이론은 우리에게 이익 갈등과 인정투쟁을, 그리고 세 가지 서로 다른 형태의 사회적 인정을 정치적으로 구분하는 데 필요한 강력한 자원을 제공한다.[13)]

윤리적 삶에 대한 형식적 개념

인정의 도덕 논리에 대한 호네트의 설명은 이론적 이득도 있다. 즉, 그 설명은 호네트에게 현대 실천철학의 풍경에서 독특한 위치를 차지하는 "윤리적 삶에 대한 형식적 개념"을 제시할 수 있게 해준다. 호네트가 기본적으로 도덕철학이나 정치철학이 공유하는 더 협소한 프로젝트와 구별되는 하나의 사회철학을 분명하게 제시하는 데 주로 관심이 있다는 것을 상기하라. 다시 말해 그는 도덕철학처럼 개인의 의무와 올바른 행동에 관한 문제를 다루거나 정치철학처럼 국가의 정당성과 기능에 관한 문제를 다루는 것이 아니라 개인의 복리에 필요한 사회적 조건에 관한 문제를 다룰 수 있는 이론을 개발하는 것을 목표로 한다. 이러한 사회이론에 필수적인 부분이 바로 왜곡되지 않은 또는 건강한 사회관계에 대한 일단의 규범적 기준으로, 그 기준은 사회진보를 측정하고 잠재적인 사회병리를 평가하는 데 이용된다. 사회이론이 단지 현실을 기술하는 것을 넘어서기 위해서는, 즉 인간 해방을 지향하는 규범적인 사회이론이 되기 위해서는 우리가 추구해야 할 사회적 관계에 대한 일정한 묘사나 설명 — 적어도 기대하는 유토피아의 윤곽에 관한 스케치 — 이 요구된다(Benhabib, 1986).

호네트는 사회적 인정 관계의 근본적인 목표 또는 목적을 넓은 의미에서 개인의 자율성 — 즉, 개인의 퍼스낼리티의 자기실현 — 을 촉진하는 것으로 간주하기 때문에, 비판사회이론의 규범적 기준은 인간의 복리에 관한 이 근대의 핵심 관념을 중심으로 형성되어야 한다. 따라서 호네트의 "윤리적 삶에 대한 형식적 개념"은 "개인의 자기실현에 필요한 전제조건으로 작용하는 것으로 보일 수 있는 상호주관적 조건 전체"로 이루어진다(SfR: 173). 그리고 우리가 이 장과 앞 장에서 살펴본 것처럼, 상호주관적 인정의 다양한 형태와 매체가 바로 자기실현에 필요한 상호주관적 조건이다. 윤리적 삶에 대한 호네트의 형식적 개념은 사회의 모든 개인이 강압적이지 않고 왜곡되지 않은 상호인정 관계 속에서 자신을 실현하는 동등한 기회를 갖는지에 초점을 맞추고 있다.

이 형식적 개념을 이론적 맥락에서 파악하기 위해서는 그 개념을 서로 경쟁하는 현대 이론들과 대비시켜 보는 것이 도움이 될 수 있다. 칸트에서 영감을 받은 자유주의 이론 및 절차주의 이론 — 하버마스나 롤스가 제시한 이론과 같은 — 과 마찬가지로, 호네트의 이론은 근대적 삶의 핵심 가치로 개인의 자율성을 우선시한다. 호네트는 최근 저서에서 개인의 자율성을 다음과 같이 표현한다. "마치 마법에 걸린 듯이 근대의 모든 윤리적 이상은 자유의 주문 아래 놓여 있어왔다"(FR: 15). 하지만 윤리적 삶에 대한 호네트의 형식적 개념은 칸트의 도덕적 의무론이나 현대의 정치적 절차주의보다 더 광범하다. 왜냐하면 호네트의 개념은 도덕적 의무 — 보편적 기준에 의거하여 모든 사람에게 절대적으로 부여되는 — 나 보편적으로 정당한 법적 권리를 넘어서기 때문이다. 또한 그의 개념은 사랑과 우정의 친밀한 관계에서 구체적인 타인에 대해 갖는 특수한 책무를 포함하며, 적어도 자기실현에 필요한 사회적 관계를 실제적인 윤리적 가치에 비추어 구조적으로 설명한다. 우리가 앞으로 제6장 제2절 '사회적 자유'에서 보다 자세히 살펴보듯이, 호네트는 칸트가 분석한 것보다 훨씬 더 풍부한 개인의 자율성 개념을 지지하는데, 이는 근대 자유의 여러 차원에 대한 헤겔의 설명에서 영감을 얻은 것이다. 따라서 호네트의 이론은 우리가 다른 사람에게 도덕적 또는 법적으로 빚지고 있는 것에만 초점을 맞추는 좁은 형태의 실천철학을 넘어 사람들이 필요로 하는 것(사랑과 감정적 지원) 및 사람들이 가치 있다고 생각하는 것(무엇이 존경받는 사회적 공헌인가를 규정하는 특정한 기준에 의거하여 측정된 업적)과 관련한 실제적인 문제도 포함한다.

따라서 호네트 이론의 광범위한 범위에는 좋은 삶의 문제도 포함된다. 이러한 점에서 호네트의 이론은 아리스토텔레스의 덕 윤리학(virtue ethics)이나 현대 공동체주의와 같은 목적론적 실천철학에 더 가깝다. 사회가 어떠해야 한다는 규범적 주장을 정당화하는 방식은 궁극적으로 개인의 인간적 번영이라는 결정적인 목표에 근거하고 있다. 그러나 호네트의 이론은 덕 윤리학이나 다양한 형태의 공동체주의보다 훨씬 얇은 이론으로, 하나의 덕의 위계질서나 하나의 구체적인 삶의 형태를 지극히 가치 있는 것으로 추천하지 않는다. 오히려 호네트의 이론은 형식적이다. 그의 이론은 어떤 특정한 형태의 자기실현을 권고하는 것이 아니라 개인이 자신을 개발해 나가는 다양한 잠재적 길에 필요한 일반적인 사회적 조건을 구체화하고자 한다. 따라서 윤리적 삶에 대한 호네트의 형식적 개념은 근대의 가치 다원주의와 다양한 형태의 정당한 삶을 존중한다는 점에서 의무론 및 자유주의적 절차주의와 부합한다. 그러나 그의 개념은 윤리적 다양성을 허용하는 통상적인 현대 칸트주의 전략을 채택하지 않으며, 욕구와 가치에 대해 이야기하는 것도 전혀 거부하지 않는다. 오히려 좋은 삶에 대한 특정한 실제적 설명에서 벗어나 현대 사회에서 실행 가능한 다양한 삶의 형태 내에서 손상되지 않은 자기실현에 필요한 사회적 조건을 지적하는 구조적 접근방식을 취한다. 따라서 특정한 문화적 삶의 형태에 얽매이지 않고 좋은 삶의 문제 — 특히 그것이 사람들이 좋은 삶을 성취하는 기회를 가로막는 사회적 위협이나 장애물과 같은 부정적인 형태의 문제일 경우 — 를 생산적으로 다룰 수 있다. 우리가 특히 제6장에서 살펴보듯이, 비판사회이론의 규범적 기준의 정당화와 관련된 철학적 쟁점들이 전면에 등장할 때, 호네트의 입장은 개인의 동등한 자율성이 근대세계에서 차지하는 중심적 위치에 대한 근대 칸트식의 주장과 실천철학과 관련한 다양한 문제에 대한 아리스토텔레스의 폭넓은 개념을 결합하려는 시도 속에서 헤겔의 입장에 가장 가까이 다가간다. 현재는 윤리적 삶에 대한 호네트의 형식적 개념이 칸트적 접근방식과 아리스토텔레스적 접근방식 각각의 장점 가운데 일부를 결합하면서도 어떻게 그것들 각각의 문제를 피하는지를 살펴보는 것만으로 충분하다.

역사적 진보

윤리적 삶에 대한 형식적 개념을 명확히 하고자 하는 주된 이유 중 하나는 인정이론이 역사적 변화를 설명할 때 이용하는 기준을 분명하게 하기 위해서이다. (또 다른 주된 이유는 사회적 병리를 진단하는 데 이용할 기준을 가지기 위해서이다. 이에 대해서는 제4장 제3절 '비판적 관점들'을 보라). 호네트의 모델과 대조적으로 이익 갈등 모델은 역사를 기껏해야 한정된 자원을 둘러싼 제로섬 투쟁에서 승자와 패자 간의 계속되는 싸움으로 바라본다. 시간이 지남에 따라 재화의 분배가 더 공정해지는 방향으로 얼마간 발전할 수도 있고, 역사적인 우발적 상황과 특정한 권력 역학 관계로 인해 발전하지 않을 수도 있다. 그러나 우리가 서로 다른 다양한 사회적 인정투쟁을 고려해 볼 경우, 우리가 여기서 하는 작업이 무작위적이고 우발적인 사회적 갈등의 에피소드를 나열하고 있는 것이 아니라는 것은 분명해진다. 그러한 투쟁 속에서 그리고 그러한 투쟁을 통해 시간이 지남에 따라 인정의 형태, 그러한 투쟁의 제도적·문화적 실현, 인정받는 사람 등에서 체계적인 변화가 일어난다. 그렇다면 다음과 같은 질문이 제기된다. 그러한 역사는 단지 하나의 인정 질서가 일정한 순서 없이 다른 인정 질서로 우발적으로 대체되는 것인가, 아니면 우리는 그러한 변화에서 근본적인 역사적 논리 — 즉, 하나의 진보 이야기 — 를 발견할 수 있는가? 여기서 호네트는 우리가 실제로 서로 다른 인정 질서의 역사를 하나의 진보의 역사 — 비록 단절 없는 선형적 진보가 아니라 정체, 지체, 심지어는 후퇴의 시기를 포함하기는 하지만 — 로 재구성할 수 있다고 대담하게 주장한다. 하지만 호네트가 이 진보적 근대화를 인정 질서의 발전으로 이야기하기 위해서는 더 나은 사회적 상황과 더 나쁜 사회적 상황을 나누는 규범적 기준 — 그러므로 윤리적 삶에 대한 형식적 개념 — 이 필요하다.

포함과 개인화

윤리적 삶에 대한 형식적 개념에 따르면, 사회는 모든 개인이 그 사회의 상호 인정 구조에 의해 제공받는 기회, 즉 자신의 퍼스낼리티의 다양한 측면이 왜곡되지 않게 자신을 실현하는 기회를 동등하게 가지는 정도에 따라 측정되어야 한다. 호네트에 따르면, 우리가 이 기준을 사용하여 사회적 진보를 측정할 때 이용할 수 있는 두 가지 주요한 차원이 있는데, 그것이 바로 포함과 개인화이다. 이 두 가지 차원을 이해하기 위해 대략 만들어낸 하나의 사례를 가지고 시작해 보자. 이를테면 상호 인정을 통한 동등한 자기실현 기회라는 이상을 이용하여 13세기 사회와 21세기 초의 사회를 비교해 보면, 나중의 사회가 이전의 사회보다 훨씬 더 높은 정도로 이 기준을 충족하고 있다는 것을 금방 알 수 있다. 중세 전성기에 이룩한 제도적·문화적 성취에도 불구하고, 그 시대에는 적절한 사랑, 존중, 존경을 받는 기회를 동등하게 가진 개인은 분명 아주 소수였으며, 그 소수가 부여받은 인정이 각 개인의 광범하고 다양한 특성과 업적에 근거하여 주어진 것도 아니었다. 반면 대다수의 주민 — 농민, 농노, 하인, 상인, 장인 — 은 이를테면 동등한 개인의 존엄성이나 자율성을 존중하는 것으로 해석될 수 있는 법적 보호를 받지 못했다. 이와 대조적으로 현대 OECD 사회의 거의 모든 성인 성원은 그러한 법적 권리를 통상적으로 부여받고 있다. 이러한 차이는 포함의 차원에서의 차이이다. 이 후자의 사회들은 도덕적 인정의 범위에 더 많은 성원을 포함한다. 반면에 세습 귀족과 같이 일찍이 인정을 받았던 소수의 사람은 고정되고 세습된 신분 위계질서 내에서 그들에게 주어진 지위 때문에 명예를 부여받았다. 따라서 중세 공작은 높은 사회적 지위로 인해 높은 존경을 받았지만, 그 지위는 자신이 성취한 것이 아니라 우연한 출생에 의해 얻은 비자발적인 귀속적 지위이다. 그리고 만약 그가 지주 귀족의 일원이었다면, 그는 자신이 상속받은 부동산을 팔 수 있는 법적 권리가 없었기 때문에 사회가 인정한 자신의 재산에 대해 자율권을 가지지 못했을 것이다. 이와 대조적으로 능력주의 원리에 의해 정의되는 현대의 존경 질서는 원칙적으로는 개인의 업적에 기초하여 높은 존중을 받을 자격이 있는 사람에게만 그러한 존중을 제한한다. 그리고 현대의 법적 주체는 재산권에서뿐만 아니라 정당한 사법 절차에 대한 자신의 시민적 권리, 민주적 참여에 대한 정치적 권리, 실질적 자유를 실현하는 데 필요한 수단에 대한 사회적 권리 등에서도 자신이 갖는 개인의 자율권을 확인할 수 있다. 따라서 현대 인정의 도덕 논리는 비록 실제로는 반복적으로 위반되지만 더 포함적이고 개인화되고 있다. 비록 우연히 물려받은 사회적 지위가 여전히 현실의 많은 부분을 설명하기는 하지만, 케네디 가(家)와 부시 가의 사람들이 왕조의 자손이라는 자신들의 우연한 지위에 기초하여 미국의 정치 지도자가 되었다는 주장을 옹호하는 사람은 아무도 없을 것이다.

따라서 역사적 진보를 측정하기 위해 세 가지 주요 인정 형태에 적용되는 주요한 척도들은 포함 — 해당 유형의 인정을 받을 수 있는 사람의 범위를 넓히는 것 — 과 개인화 — 점점 더 개인의 고유한 특성에 근거하여 그리고 더 많은 차원의 개인 정체성에 기초하여 개인을 인정하는 것 — 가 증가되는 것과 관련되어 있다. 따라서 호네트에 따르면, 도덕적으로 우월한 인정 질서란 포함과 개인화라는 이 두 기준 모두에서 증가한 모습을 보이는 것을 말한다. "한편에서 우리는 여기서 개인화의 과정 — 즉, 자신의 퍼스낼리티의 부분들을 정당하게 표현하는 기회가 증가되는 것 — 을 볼 수 있고, 다른 한편에서 우리는 사회적 포함의 과정 — 즉, 사회의 완전한 성원에 포함되는 주체의 범위가 확대되는 것 — 을 볼 수 있다"(RoR: 184~185). 한 사회에서 어떤 특정한 인정 관계 속에서 그러한 변화가 일어나고 그러한 변화가 장기간에 걸쳐 안정화되는 경우, 우리는 사회적 학습 과정, 즉 사회적 관계에서 이루어지는 일정한 방향성 있는 도덕적 발전에 대해 정당하게 이야기할 수 있다. 더 나아가 우리는 그러한 기준을 이용하여 상호 인정에 내재하는 발달 잠재력에 미치지 못하는 현재의 사회적 관계를 정당하게 비판할 수 있다.[14)]

세 가지 인정 영역에서의 진보

개인이 서로 다른 스킬을 배우는 것과 마찬가지로, 서로 다른 형태의 사회적 학습은 서로 다른 발달 잠재력을 보여준다. 구두끈 묶는 법을 배우는 것은 기하학적 증명을 하는 법을 배우는 것만큼 복잡하지 않다. 그리고 그러한 스킬 각각은 우정을 유지하고 심화하는 법을 배우는 것보다는 발달 잠재력이 한참 낮다. 이와 유사하게 호네트는 세 가지 서로 다른 형태의 사회적 인정은 서로 다른 발달 잠재력을 가지고 있으며, 따라서 서로 다른 정도의 역사적 특이성을 가지고 있다고 주장한다. 즉, 건강한 자신감의 발달에 필요한 사회적 인정 조건에 대한 학습은 모든 사회에서 덜 이루어지는 반면, 자존감과 자부심의 발달에 필요한 사회적 인정 조건은 그 발달 과정에서 더 뚜렷한 역사적 특성을 보여준다. 개인의 완결성과 관련한 사회적 조건에 대한 새로운 발견이 이루어지고 그러한 발견이 한 사회 속에 안정적으로 제도화될 때, 우리는 인정 질서에서 도덕적 진보가 이루어졌다고 정당하게 말할 수 있다. 이와는 대조적으로 호네트는 순전한 이익 갈등은 어떠한 발전 잠재력도 가지지 않으며, 희소자원의 배분을 둘러싸고 벌이는 일시적이고 우발적인 갈등에 불과하다고 생각한다.

여기서 우리는 호네트의 주장에서 일어난 중요한 변화에 주목해야 한다. 호네트는 『인정투쟁』에서 존중 인정과 존경 인정에는 역사적 학습이 분명히 존재하지만 사랑 인정에는 어떠한 학습도 이루어지지 않는다고 주장했으나, 점차 그 구분을 약화시켜 왔다. 2011년에 이르러 그는 『자유의 권리』에서 개인적 관계의 영역에서 일어나는 인정 관행의 발전을 명시적으로 역사화한다. 따라서 그가 초기에 『인정투쟁』에서 제시했던 테제와는 대조적으로, 그는 이제 "사랑의 내적 실천은 변화할 수 있고 심지어 진보할 수도 있다"라는 데 동의한다(Honneth and Marcelo, 2013: 211). 극단적인 폭력이 기본적인 자신감을 파괴한다는 것에는 역사적 시대에 걸쳐 거의 변화가 없었을 가능성이 크다는 점을 고려할 때, 우리는 그의 초기 입장을 직관적으로 이해할 수 있다. 고문과 학대는 고대 메소포타미아인들에게서도 지금 그것이 우리에게 하는 것과 동일한 방식으로 개인의 완결성을 파괴했다. 이와는 대조적으로 존중 위반 및 존경 위반의 측면에서 살펴보면, 특정한 시대와 사회에서 주어진 특정한 사회적 조건에서만 발생할 수 있는 특정한 피해가 있다. 이를테면 투표권이 거부되어 발생하는 피해는 애초에 실제로 일부 시민에게만 그러한 권리가 부여되어야 발생할 수 있었다. 이것이 바로 사랑과 우정의 인정 관계에는 발전 잠재력이 없다는 호네트의 이전 주장 뒤에 있던 기본 관념인 것으로 보인다. "고문이나 강간의 고통은, 그것을 정당화하려는 정당화 체계가 어떻게 구성되어 있든 간에, 항상 사회 세계에 대한 신뢰를 극적으로 붕괴시키고 따라서 한 사람의 기본적인 자신감을 붕괴시킨다"(SfR: 133).

하지만 호네트가 나중에 인정하듯이(RoR: 144, 192~193), 자신감의 사회적 조건을 위한 투쟁에는 실제로 얼마간 발전 잠재력이 있는 것처럼 보이기 때문에 그 테제는 다소 과도한 진술이었던 측면이 있다. 이는 포함이라는 기준과 관련하여 가장 분명하게 드러난다. 다시 말해 현대 사회가 시간이 지남에 따라 점점 더 많은 계급의 사람들에게 비학대적 대우에 대한 규범적 기대를 확대해 왔다는 점에서 사회적 진보가 이루어져 왔다는 것은 분명하다. 우리는 이제 더 이상 범죄자를 처벌하기 위해 그 범죄자를 신체적으로 학대하는 것이나, 어린아이에게 무차별적으로 체벌을 가하는 것이나, 전장에서 승리한 후에 노예를 만들고 강간하고 약탈하는 것이 정당하다고 생각하지 않는다. 우리는 결혼 증명서가 남편이 아내를 강간할 수 있는 면허가 아니라는 사실을 인정하기 시작했다. 이러한 모든 성과와 더 많은 것이 자신감의 적절한 인정 기반을 위한 사회적 투쟁의 결과였으며, 이는 더 많은 포함이라는 기준에 따라 일어난 분명한 도덕적 진보를 보여준다.

개인화의 측면에서도 진보가 이루어져왔다. 우리는 (유감스럽게도 국가의 실험을 통해) 수면 박탈이나 반복적인 트라우마 시뮬레이션과 같은 심리적 고문 기법이 신체 조직에 대한 전통적인 물리적 공격과 같은 정도로(비록 그 이상은 아니더라도) 기본적인 자신감을 파괴할 수 있다는 사실을 발견했다. 성인 간의 친밀한 관계 내에서 일어나는 심각한 감정적 학대로 이해되는 것으로 새로 확대된 영역 – 페미니스트들이 개인 관계에서 젠더화된 권력 역학 관계에 초점을 맞춤으로써 더욱 크게 확대된 영역 – 에서도 유사한 결론이 도출되고 있다. 학대에 대한 이러한 새로운 사회적 해석은 개인이 더 많은 차원의 퍼스낼리티를 경험할 수 있는 새로운 형태의 사회적 관계를 예고하기 때문에 개인화의 기준에 속하는 것으로 고려된다. 요약하면, 포함과 개인화라는 두 가지 차원 모두에서 살펴볼 때, 자신감의 상호주관적 조건에는 실제로 얼마간의 발전 잠재력이 존재한다.

어쨌든 호네트의 근대화 이론에서 확실하게 제시되는 가장 중요한 발전은, (존중 관계와 존경 관계가 융합되어 있는) 명예에 기반한 인정을 특징으로 하는 봉건 사회에서 존중과 존경의 원리와 그것들의 사회적 영역을 구분하는 동시에 두 원리 모두를 개인화하는 근대 자유주의 사회로 변화한 것이다. 우리는 앞에서 이미 중세 공작이라는 사실에서 기인하는 명예와 근대 부르주아 주체라는 사실에서 기인하는 법에 기반한 존중 및 업적에 기반한 존경 간의 대비를 통해 이 기본 관념을 살펴보았다. 호네트에 따르면, 여기서 핵심적인 발전은 명예 관념이 변화한 것이다. 이 변화에 의해 단일한 형태였던 인정이 존중이라는 보편주의적 도덕과 존경이라는 능력주의적 윤리로 두 부분으로 나뉘고, 각각은 자신의 고유한 도덕 논리를 따른다. 명예는 자신들의 집단의 소속원이라는 사실과 엄격한 신분 질서를 기반으로 하여 개인에게 부여되는 반면, 존중과 존경은 이전에는 하나로 융합되어 있던 본질적으로 다른 두 가지 형태의 상호주관적 존중을 진정으로 개인화할 수 있게 해준다. 현재 우리가 이해하는 존중은 각 개인의 동등한 자율성을 위한 것이지, 주로 유전적 계보를 따라 결정되는 높은 신분 집단의 성원에 대한 존중이 아니다. 우리가 이해하는 차별적 존경은 특정 개인의 가치 있는 사회적 기여에 근거하여 부여되는 것이지, 그 사람이 단지 어떤 귀속적 집단의 성원이라는 이유로 주어지는 것이 아니다. 따라서 명예는 뚜렷하게 개인화되어 있지 않은 반면, 현대의 존중과 존경은 모두 개인 자신의 퍼스낼리티가 지닌 다양한 측면에 대한 반응이다. 그리고 물론 기사도 사회에서 명예는 선택받은 소수에 한정되어 있었지만, 현대의 존중과 존경은 시간이 지남에 따라 점점 더 많은 계급의 주체를 점점 더 많이 포함해 왔다. 다시 말해 합리적 자율성을 가진 모든 행위자가 존엄한 존재로 여겨질 자격이 있으며, 사회의 모든 성원은 가치 있는 기여에 대해 존경을 받을 기회를 동등하게 가질 자격이 있다. 따라서 명예 개념에서 일어난 이러한 결정적인 변화는, 존중과 존경이라는 사회적 관계가 각각의 도덕 논리가 발전할 수 있는 잠재력을 실현할 수 있게 할 경우, 근대적 사회관계와 전근대적 사회관계를 구분하는 도덕적 문턱이라고 할 수 있다.

물론 사회사적 관점에서 볼 때, 단순히 관념에서 일어난 개념적 변화를 목격하는 것만으로는 충분하지 않으며, 그러한 변화가 상호주관적인 존중의 사회적 관행에 안정화되어야 한다. 앞에서 살펴본 바와 같이, 존중에 기반한 인정 관계의 경우 법적 권리가 개인에게 부여된 것은 근대적 발전에서 이루어진 결정적인 혁신이다. 따라서 개별 주체에게 권리를 부여하는 법적 관행은 그 자체로 개인화의 증대를 향해 나아가는 주요한 단계의 하나이다. 그리고 물론 오랜 역사 동안 사회적 투쟁을 통해 포함 역시 증가해 왔다. 그 과정에서 이전에는 소수에게만 부여되었던 어떤 결정적인 권리 — 이를테면 개인의 재산을 사고팔 수 있는 권리 — 가 이전에는 배제되었던 사람들 — 이를테면 성인 여성 — 에게도 부여되었다. 그러나 권리가 진보해 온 역사는 좀 더 복잡하다. 왜냐하면 세 가지 권리 발전 — 처음에는 시민적 권리, 그다음에는 정치적 권리, 그리고 그다음에는 사회적 권리 — 의 물결에 대한 T. H. 마셜의 설명에서 볼 수 있듯이, 권리 목록은 개인이 자신을 완전히 자율적인 개인으로 이해할 수 있기 위해서는 마땅히 존중받아야 하는 개인의 퍼스낼리티 측면들을 잇따라 발견할 때 확대 재구성될 수 있기 때문이다. 18세기에 개인은 타인 — 그것이 사적 주체이든 아니면 정부이든 간에 — 의 강제에 맞서 법적 보호를 해주지 않고서는 스스로를 자유롭게 행위하는 주체로 간주할 수 없다는 것이 분명해졌다. 하지만 18세기 후반과 19세기의 민주주의 혁명은 시민적 권리만으로는 완전한 자율성을 확보할 수 없다는 것을 보여주었다. 왜냐하면 사회의 각 성원이 공동체의 규범을 입법화하는 데 동등하게 참여할 수 있는 정당한 권리를 인정받을 때만 그 성원들은 자신을 자기 주도적인 개인으로 이해할 수 있기 때문이다. 루소와 칸트가 주장하듯이, 개인들이 자신을 법의 공동 입안자로 이해할 수 있을 때만 그들은 비로소 자신을 자유로운 개인이자 동시에 법을 준수해야 할 의무를 지닌 존재로 이해할 수 있게 된다. 강제적인 법 체계하에서 개인이 진정으로 자율적이기 위해서는 개인의 권리뿐만 아니라 동등한 민주적 권리도 필요하다. 따라서 시민적 권리에서 정치적 권리로 권리가 발전한 것은 법적 구조 속에서 공식적으로 인정되는 개인의 퍼스낼리티 차원이 확대된 것 — 개인의 자유의지에 따른 자기 주도적 행위능력의 차원에서 타인과 함께 자신의 행동 규범을 합리적으로 성찰하고 스스로 입법화할 수 있는 능력의 차원으로 — 으로 해석할 수 있다.

20세기에서 일어난 사회적 권리의 발전에 대해서도 비슷한 이야기를 할 수 있다. 시민적 권리와 정치적 권리는 각 성원에게 동등한 자율성을 공식적으로 법적으로 인정하지만, 호황-불황 주기라는 경제 메커니즘과 그로 인해 주기적으로 초래되는 대대적인 사회적 탈구(dislocation)는 가지지 못한 사람들과 탈구된 사람들에게 평등에 대한 공식적인 보장을 단지 열망에 불과한 것으로 만들었다. 아나톨 프랑스(Anatole France)가 빈정대는 투로 지적했듯이, 가난한 사람들은 "부자와 빈자 모두가 다리 밑에서 자는 것, 거리에서 구걸하는 것, 그리고 빵을 훔치는 것을 똑같이 금지하는 법의 장엄한 평등"에 직면해 있다(*The Red Lily*, 1925[1894]: 91). 따라서 사회적 권리를 통해 법을 '구현'하는 조치는 각자의 동등한 자율성을 위한 물질적 조건이 정당하게 인정받는 학습 과정이라고 할 수 있다. 요약하면, 존중에 기반한 형태의 사회적 인정에서 일어난 진보는 명예가 (부분적으로) 존중이라는 보편주의적 도덕으로 전환되고, 그러한 존중이 법적 권리에 개인화되어 정착되고, 그러한 존중이 사람이라면 보장받아야 하는 구체적인 법적 권리 목록의 확장을 통해 더욱 개인화되고, 배제된 범주의 사람들이 권리를 가진 주체와 시민의 범주에 점점 더 많이 포함되는 것으로 재구성될 수 있다.

존경에 기반한 인정 관행과 인정 제도의 역사적 발전도 마찬가지로 복잡하다. 하지만 거기서는 권리와 관련하여 발견되는 것과 같은 명확한 선형적 진보를 식별할 수 없을 것이다. 물론 역사는 지금은 개인이 속한 사회적 신분 집단의 특성이 아니라 개인의 특성과 업적이 문제가 되고 있다는 점에서 존경에서도 유사한 개인화를 목격한다. 게다가 존경 역시 권리와 유사한 포함의 과정을 거쳤다. 즉, 사회에서 가장 높은 신분으로 우연히 태어난 선택받은 소수의 사람만이 아니라 더 광범한 집단의 사람들도 존경을 획득할 수 있는 기회를 동등하게 부여받고 있다.

하지만 존경의 개인화에는 그것만의 독특한 또 다른 차원이 존재하며, 이것이 사회적 투쟁의 역사를 권리를 둘러싼 투쟁보다 훨씬 더 복잡하게 만든다. 호네트가 그것 자체를 명시적으로 명명하지는 않았지만, 우리는 그것을 존경의 '다원화(pluralization)'라고 칭할 수 있다. 사회학자들이 다면적인 역사를 단순화하여 추출한 근대화의 중요한 측면 중 하나가 평가 기준의 탈자연화와 다원화이다. 종교개혁의 여파로 중세 시대에 중앙 교회의 위계질서를 통해 모두에게 얼마간 강요되었던 비교적 경직된 일단의 사회적 가치는 불변하는 우주 질서를 반영하며 따라서 모든 사람에게 만장일치의 지지를 요구할 권리를 가진다는 의미를 상실했다. 수세기에 걸쳐 가치의 다원화, 다양화, 탈자연화가 우리의 현대 사회적 상황을 산출하면서, 그러한 일군의 가치가 자연적이고 불변하고 단일한 의미를 가진다는 관념은 솔직히 사라졌다. 존 롤스는 이러한 현상에 대해 "이성적 다원주의라는 사실(the fact of reasonable pluralism)"이라는 인상적인 명칭을 붙였다. 다시 말해 인간 이성이 일상적으로 작용한 결과, 우리는 의미, 궁극적 진리, 가치 있는 삶의 방식에 관한 정당하지만 서로 양립할 수 없는 포괄적인 다양한 개념이 존재한다는 것을 받아들여 왔다는 것이다. 존경의 도덕 논리의 주장 ― 개인의 특정한 특성, 능력, 업적이 사회에 기여하는 정도에 따라 개인을 차별적으로 존중해야 한다는 주장 ― 을 상기할 때, 이성적 다원주의라는 사실은 무엇이 사회적 기여로 간주되는지, 그리고 정확히 어떻게 기여하는지를 불가피하게 논란과 이견의 대상으로 만들 것이다. 개인의 업적과 사회적 가치에 대한 해석을 둘러싸고 끊임없이 벌어지는 사회적 갈등이 현대 사회를 특징짓는다. 왜냐하면 추상적인 수준에서는 우리 근대인 모두가 개인의 공적이 모든 존경 평가에서 핵심이라는 데 동의할 수 있지만, 우리가 특정 사례에서 공적을 평가하는 데 사용하는 평가 기준의 배경 지평이 다원화되어 왔기 때문이다. 이는 현대 주체들이 이용할 수 있는 삶의 형태와 선(善)에 대한 개념이 다양해지면서, 더 많은 수의 개인적 퍼스낼리티 특징이 그 퍼스낼리티를 뒷받침하는 존경 인정을 산출한다는 의미에서 개인화가 더욱더 진전될 것이라는 것을 의미한다.

19세기와 20세기에 걸쳐 다양한 노동운동이 육체노동과 산업 노동을 사회적 멸시의 대상에서 품위 있는 자기실현의 잠재적 수단으로 재특성화하기 위해 노력했던 방식을 생각해 보자. 이는 존경의 다원화 중 하나로, 더 많은 포함뿐만 아니라 더 많은 개인화로도 이어졌다. 또한 불과 30년 만에, 그리고 LGBT 공동체들의 끈질긴 사회적 투쟁 덕분에 서구사회는 성 정체성과 섹슈얼리티의 급격한 다원화를 목격해 왔다. 이는 사회적으로 지지받는 자부심을 발전시킬 수 있는 기회로 작용할 수 있다. 동성애에 대한 보편적인 조롱에서 성적 정체성의 다양성에 대한 관대한 수용으로 변화하면서, 정당하고 실행 가능한 존경을 산출하는 가치 공동체의 범위가 다원화되었고, 그리하여 존경 구조가 더욱 개인화되고 더욱 포함적이 되어왔다. 요약하면, 존경에 기반한 사회적 인정에서 일어난 진보는 명예가 (부분적으로) 개인적 존경이라는 능력주의 윤리로 전환되고, 그러한 존경이 세 가지 차원 — 존경의 대상으로서의 개인 고유의 특성, 존경 경험 기회의 균등화, 사회적 기여를 측정하는 가치 지평의 다원화 — 에서 개인화되고, 이전에 존경받을 만한 개인이라는 도덕적 범위에서 제외되었던 주체들이 점점 더 많이 포함되는 것으로 재구성될 수 있다.

비판적 관점들

우리는 제6장에서 자유와 정의에 대한 호네트의 지극히 헤겔적인 설명을 좀 더 자세히 다루면서 사회 발전과 관련된 문제로 다시 돌아올 것이다. 우리는 제6장 제4절 '방법론적 혁신과 그에 대한 비판적 관점들'에서 사람들이 이러한 진보적인 근대화와 관련된 이야기에 대해 가질 수 있는 여러 가지 이의 — 이를테면 진보적인 근대화가 지나치게 이상화된 '민권주의적인(Whiggish)' 역사라는 의혹이나 역사적 진보라는 개념 자체에 대한 일반적인 회의론 — 에 대해 살펴볼 것이다. 대신에 이 마지막 절에서 나는 인정 정치에 대한 호네트의 지지에 대해, 즉 인정투쟁에서 일반적으로 이용되는 실제적인 정책 목표와 정치적 기법에 대해 제기될 수 있는 여러 가지 반론 — 인정투쟁이 단지 상징적일 뿐이라는 주장, 평등주의를 약화시킨다는 주장, 유해한 집단의 주장을 지지한다는 주장, 불미스러운 형태의 집단 순응주의를 요구하고 강제한다는 주장 — 을 차례로 다루고자 한다.

"그러나 그것은 그저 상징일 뿐이다"

다음과 같은 뜻하지 않았던 정치적 논란을 생각해 보자. 독실한 시크교도들은 터번을 착용하는 자신들의 종교적 관행을 영국에서 유지할 수 있게 하기 위해 자신들에게 오토바이 헬멧 착용을 의무화하는 법을 면제해 줄 것을 요구하고 얻어냈다(Motor-Cycle Crash Helmets (Religious Exemption) Act, 1976). 캐나다 퀘벡주에서는 옥외 상업용 간판과 광고판을 프랑스어로만 쓸 것을 요구했지만(Charter of the French Language, 1974), 캐나다 대법원은 퀘벡주는 프랑스어 단어가 "현저하게 눈에 띄도록"만 강제할 수 있다고 판결했다(*Ford v. Quebec (Attorney General), 1988*). 매사추세츠주 보스턴에서 매년 열리는 성 패트릭(St Patrick)의 날 퍼레이드 주최 측은 게이와 레즈비언 단체의 행진을 금지했는데, 미국 대법원이 이를 지지했고(*Hurley v. Irish-American Gay, Lesbian and Bisexual Group of Boston, 1995*), 그리하여 1마일 간격을 두고 첫 번째 퍼레이드에 이어 두 번째 평화 퍼레이드가 매년 열리게 되었다. 유럽인권재판소는 국영 공립학교 교실에 기독교 십자가를 걸도록 하는 이탈리아 법률을 지지했다(*Lautsi v. Italy, 2011*).

이들 논란은 모두 이러저러한 종류의 소수집단 — 종교적, 언어적, 성적, 비종교적 — 의 성원들과 관련되어 있다. 소수집단 성원들은 자신들이 보기에 자신들을 사회적으로 무시하는 형태를 띠고 있는 정책에 항의하고, 자신들의 다양한 형태의 독특한 정체성을 공적으로 적절히 인정하고 수용할 것을 요구하고 있다. 따라서 이들 사례는 각각 인정 정치 — 특히 현대의 두드러진 인정 정치 형태 중 하나인 이른바 '정체성 정치' — 의 분명한 사례들이다. 그리고 이러한 반감에서 주목해야 하는 중요한 것은 그러한 정체성 정치 각각이 상징에 근거하는, 즉 구체적인 정체성 표지 — 터번, 점포 간판, 퍼레이드 무리, 기독교 십자가 — 에 근거하는 정체성에 가하는 해(害)에 대한 인식을 축으로 하여 전개된다는 것이다. 이러한 정치적 투쟁에 대해 제기된 주요한 이의 중 하나가 실제로 그것들은 **단지** 상징적인 것일 뿐이라는 것이다. 이러한 정체성 정치에 대한 의구심은 두 가지 관념에 뿌리를 두고 있다. 첫째는 상징적 모욕은 사람들에게 실질적인 해를 끼치지 않는다는 것이다. 이 관념은 기본적으로 "막대기와 돌은 내 뼈를 부러뜨릴 수 있지만, 말(word)은 결코 나를 해치지 않을 것이다"라는 옛 학교 운동장에서 쓰인 속담과 비슷하다[이는 학창 시절에 놀림을 받는 아이들에게 쓰던 말로, 친구들이 놀리더라도 놀림은 결국 놀림일 뿐이라는 뜻으로 사용된다_옮긴이]. 둘째는 그러한 문화 정치는 현대 사회에서 명백한 형태의 '실제적' 피해 — 신체적 비하, 자유의 상실, 경제적 박탈, 기아 — 가 계속되고 있음에도 불구하고, 개인의 객관적인 물질적 이익이라는 더 중요한 정치적 문제에 비해 매우 중요하지 않은 문제 — 상징적 경멸은 실제적인 피해가 아니라는 점에서 — 에나 초점을 맞추고 있다는 것이다. 보통은 이렇게 직설적이고 노골적인 용어로 표현하지는 않지만, 내가 보기에 이러한 감상은 지난 40년 동안 서구사회에서 정체성 정치가 점점 더 우세해지는 것에 대해 많은 지식인과 공인이 분명하게 느껴온 불편함을 표현하는 것으로 보인다.

이러한 반감에 대응하여 호네트의 이론은 무시와 무례의 상징적 표현이 사람에게 실질적인 해를 끼칠 수 없다는 관념을 정면으로 부정하는 것으로 시작할 수 있다. 만약 개인의 실천적 정체성이 (자신의 자존심을 건드리는 공격에 대해 일상적으로 경험하는 도덕적 분노의 현상학에 의해 입증된 바와 같이) 개인에게 근본적으로 중요하다면, 그리고 만약 개인의 실천적 정체성이 (심리학적·사회학적·정치적·역사적 증거가 뒷받침하듯이) 근본적으로 인정 관행과 인정 제도의 사회적 환경 특성에 의존한다면, 상징적 경멸이 개인에게 해를 끼칠 가능성이 없다고 믿는 것은 아주 잘못된 생각이다. 막대기, 돌, 말 모두가 나를 해칠 수 있다. 다음으로, 그러한 정체성에 기반한 투쟁조차도 '단지' 상징적인 것일 뿐이 아니라는 것을 분명히 할 필요가 있다. 위의 네 가지 사례는 단지 사회적 존중의 문화적 표현뿐만 아니라 법적 자유, 경제적 이익, 위계적인 사회적 신분 질서, 자녀 교육 역시 문제 삼고 있다. 그리고 우리가 다양한 인정투쟁을 다루면서 살펴본 바와 같이, 인정투쟁은 무형의 문화적 표지를 둘러싼 갈등에 국한된 것이 아니다. 인정투쟁은 인정투쟁에 이의를 제기하는 사람들이 정치적 투쟁에서 근본적으로 중요한 것으로 지적할 수 있는 표면적으로 '객관적인' 물질적 이익 — 돈, 권력, 일자리 — 도 모두 포함한다.[15)]

"우리 모두는 똑같이 대우받아야 하지 않는가?"

정치이론에서 더 널리 퍼져 있는 반론은, 인정 정치가 사회로 하여금 다양한 집단의 독특한 정체성을 긍정적으로 지지할 것을 요구하기 때문에 모든 사람에 대한 동등한 대우라는 원칙에 적절하게 초점을 맞추지 않고 다양한 형태의 종파적·분파적·분열적 정치를 조장한다는 것이다. 저명한 지식인들은 모든 사람의 근본적인 평등을 강조하고 촉진하기보다는 사람들 간의 차이를 인정하고 조장하는 인정 정치의 다양한 표현을 비판해 왔다(Gitlin, 1995; Schlesinger Jr, 1992). 또한 이와 관련하여 페미니즘 이론에서는 '차이' 페미니스트와 '평등' 페미니스트가 서로 대립하는 일련의 불화도 있었다.

브라이언 배리(Brian Barry, 2001)는 다문화주의, 그리고 더 나아가 인정 정치에 대한 가장 지속적인 철학적 비판 중 하나를 제기해 왔다. 비록 배리가 호네트의 이론을 구체적으로 다루지는 않지만(오히려 찰스 테일러와 아이리스 영이 그의 주요 표적이다), 그가 평등주의적 자유주의의 관점에서 다문화 인정 정치에 대한 가장 명확한 공격 중 하나를 제기하기 때문에, 배리의 비판은 인정이론에 대한 널리 공유된 이의를 이해하는 데 아주 유용하다. 배리는 다문화 정체성에 대한 서로 다른 두 가지 비판 — 경제적 분배라는 더 중요한 정치를 대체하는 것에 대한 우려와 징고이즘적인(jingoistic) 집단적 자기주장을 통해 정치 공동체가 발칸화되는 것에 대한 우려 — 을 결합하고 있다. 첫째 우려는 위에서 간략하게 다룬 우려를 좀 더 정제된 형태로 표현한 것으로, 인정 정치가 사람들의 삶에 더 중요한 물질적 문제로부터 주의를 분산시킨다는 것이다. 내가 거기서 잠깐 언급했듯이, 적어도 호네트의 설명에 따르면, 인정 정치는 경제 문제 — 계급 분열, 자본주의가 유발한 막대한 불평등, 유급 노동과 무급 노동의 구분 등 — 를 둘러싼 갈등을 완전히 포함한다는 점을 분명히 해야 한다. 이 문제는 프레이저-호네트의 논쟁을 다루는 제5장에서 다시 논의할 것이기 때문에 더 이상의 논의는 뒤로 미루어두고자 한다.

둘째 우려는 문화 집단 및 종교 집단이 요구한 특별한 법적 대우가 사회갈등, 종파주의, 그리고 국민국가가 서로 대립하는 문화 집단으로 분열될 가능성을 조장한다는 것이다. 배리는 사회를 발칸화하는 다문화 정책보다는 (적어도 추상적으로는) 엄격한 자유주의적 평등주의 — 즉, 보편적이고 차별 없는 법적·정치적 권리, (경제적 차이를 제외한) 모든 차이와 무관한 동등한 대우, 그리고 국가 복지 수급권과 사회 보험을 통한 경제적 재분배를 엄격하게 주장하는 — 를 선호한다. 배리에 따르면, 다양한 문화 집단, 민족 집단, 종교 집단 성원 간의 사회적 갈등은 자유주의적인 평등주의적 조치를 통해 개선되고, 그리고 점점 더 완화되는 형태의 옛 계급갈등만이 사회적 불화와 정치적 분쟁의 주요 원인으로 남게 될 것이다. 엄격한 공식적인 법적 평등의 체계를 통해 법적·정책적 조정이 이루어지지 않는다면, 인정 정치는 분명 나쁜 기억 — 20~30년 동안 잘못 배치된 정치적 실험의 결과 — 속으로 물러날 것이다.

여기가 자유주의적 평등주의와 인정 정치 이론을 본격적으로 비교하는 자리는 아니지만, 이러한 우려가 자주 제기되는 만큼 이 비판에 대응하여 몇 가지 논점을 차례로 짚어볼 필요가 있다. 먼저, 호네트의 설명에 따를 때, 인정투쟁은 수백 년 동안 발생해 왔다는 점에 주목하라. 따라서 인정 정치가 20~30년 된 하나의 새로운 현상이라는 배리의 기본 가정은 솔직히 설득력이 없다. 그러나 이는 또한 배리의 핵심적인 인과적 예측 중의 하나 역시 설득력이 없다는 것을 의미한다. 왜냐하면 만약 다문화주의라는 이름으로 문화 집단에 대한 법적·정책적 수용이 이루어지기에 앞서 수십 년 또는 수세기 동안 인정투쟁이 벌어졌다면(분명히 그러했던 것으로 보인다), 다문화주의적 법적 수용을 강화하면 인정에 기반한 사회적 갈등이 증가하는 반면 그것을 회피하면 사회가 재통합될 것이라고 자신 있게 예측할 수는 없을 것으로 보이기 때문이다. 사실 이러한 문제들 모두는 배리와 호네트가 인정 정치에 대한 정의를 놓고 상당한 견해 차이를 보이고 있다는 것을 시사한다. 앞서 살펴본 바와 같이, 호네트는 서로 다른 세 가지 형태의 인정, 다양한 유형의 주장, 다양한 형태의 사회정치적 변화의 구상에 걸쳐 있는 인정투쟁들을 폭넓게 이해하지만, 배리는 모든 인정투쟁을 민족, 문화, 언어, 종교 등으로 정의되는 집단의 정체성 정치로 실제적으로 축소한 다음, 그 집단들과 주류 사회 간의 문화적 차이에 따라 그 집단을 특별 대우해야 한다는, 정체성에 기반한 주장에만 초점을 맞추고 있다. 배리는 이렇게 말한다. "내가 우려하는 것은 집단 정체성을 정치화하는 주장을 지지하는 견해이다(이 견해는 공통 정체성의 토대를 이루는 것이 문화라고 주장한다). 문제가 되는 이러한 견해는 차이의 정치, 인정의 정치, 또는 가장 대중적으로 다문화주의로 알려져 있다"(Barry, 2001: 5). 내가 보기에는, 인정 정치에 대한 많은 비판 — 제5장에서 살펴볼 프레이저의 비판을 포함하여 — 도 이와 마찬가지로 그 관념을 소수집단 문화에 대한 특별한 법적 수용을 요구하는 (집단에 기초한) 특정 형태의 요구로 급격히 좁히는 오류를 범하고 있으며, 그리하여 실제로 광범위한 다양한 인정투쟁을 훨씬 더 좁은 차이의 정체성 정치와 동일시하는 것으로 보인다.[16] 더 넓은 관점에서 보면, 배리가 선호하는 "평등주의적 자유주의"는 "사실 인정 정치의 [하나의 특정한] 형태이다"(Thompson, 2006: 13).

더 나아가 우리가 구체적인 사례들을 고찰할 경우, 자유주의적 평등주의가 지지하는 엄격하게 보편적인 권리와 혜택이라는 한편과 인정의 정치가 지지하는 집단 차별적인 권리와 혜택이라는 다른 한편을 극명하게 대비시키는 배리의 구분은 금방 무너진다. 이를테면 배리는 시크교도에게 영향을 미치는 서로 다른 많은 정책을 검토하고 그들에 대한 다양한 접근방식 — 예외 없는 보편주의에서부터 차이를 전면적으로 수용하는 것에까지 이르는 — 을 지지한다. 배리가 볼 때는, 오토바이 헬멧 의무화 법규에서 터번 착용자에 대해 법적으로 예외를 인정해 주어서는 안 되고, 안전모 의무화 법규에서 특정 시크교도 건설 노동자에 대해 특별히 한시적으로 예외를 인정해 주어서도 안 되고, 칼의 공적 휴대를 금지하는 법규에서 시크교도에 대해 일반적으로 예외를 인정해 주어서도 안 되고, 학교 복장 규정에서 시크교도 터번에 대해 일반적으로 예외를 인정해 주어서도 안 된다(Barry, 2001: 44~62, 152). 배리는 시민들의 등등한 대우에 관한 관련 정책의 영향에 특별한 주의를 기울이며 각 사례를 검토한다. 그러나 평등 문제에 대한 이러한 특별한 관심이 바로 인정이론이 지지하는 것, 즉 각자가 동등한 자율성을 가지고 각자가 존중받는 기회를 동등하게 부여받는 것에 대한 관심이라는 점에 유의하라. 어떤 특정 정책과 제도가 각 개인에게 적절한 형태의 평등을 제공할 것인지에 대한 세부 사항은 우리가 잘 알다시피 이러한 추상적인 공식에 의해 미리 결정되지 않는다.

이것이 바로 우리가 동등한 대우의 적절한 기준 및 그 기준을 충분히 충족시킬 정책에 대한 사회적 논쟁과 투쟁이 계속될 것으로 예상할 수 있고 또 예상해야 하는 이유이다. 자유주의적 평등주의가 이러한 논란에 대해 항상 차별 없는 대우를 지지하는 일률적인 접근방식을 취하지 않는 것과 마찬가지로, 인정이론도 그러한 논란에 대해 항상 차별적인 대우를 지지하는 획일적인 접근방식을 취하지 않는다. 따라서 "우리 모두는 똑같이 대우받아야 하지 않는가?"라는 중요한 질문에 대한 답은 이렇다. "아니다. 모든 사람이 항상 똑같이 대우받아야 하는 것은 아니다. 그것은 때에 따라 다르다." 그것은 문제가 되는 평등의 종류, 적용될 평등의 기준, 문제가 되는 사회제도 또는 메커니즘의 유형, 다양한 정책 제안이 다양한 사람들에게 미치는 영향, 관련된 사람들의 특정한 사회적 상황, 관련된 사회 및 집단의 역사 등에 달려 있다. 따라서 요약하면, 나는 호네트의 인정이론이 다문화주의에 대한 평등주의적 반박에 대해 다문화주의가 인정투쟁의 전체 역사와 다양한 범위 모두를 포괄하는 것은 아니며 그러한 반론이 보편적인 평등 정치와 차이의 인정 정치 간의 잘못된 이분법을 가정하고 있다고 지적함으로써 자신 있게 대응할 수 있다고 믿는다. 사실 자유주의적 평등주의와 인정이론은 모두 다양한 평등 규범을 특정 사례와 주장에 맥락에 맞게 적절히 적용하는 데 주요한 관심을 두고 있다.

"당신이 보기에 나는 충분히 흑인인가?"

정체성에 기초한 인정 정치에 대한 또 다른 눈에 띄는 우려는, 특히 소수집단을 주류 집단에 동화시키거나 다수집단의 억압으로부터 격리하거나 보호하고자 할 때, 집단 성원들 사이에서 집단 내 순응을 강요하는 불행한 결과를 초래할 수 있다는 것이다. 이를테면 테일러가 캐나다의 소수 언어 공동체를 보호하는 정책을 추진하는 것에 대해 앤서니 아피아(Anthony Appiah)는 하나의 형태의 사회 전반적인 폭압이 다른 형태의 집단 내의 폭압으로 바뀌지는 않았는지 우려한다(Appiah, 1994; Taylor, 1994). 낸시 프레이저는 호네트의 인정이론에 대한 비판에서 집단 진정성(group authenticity)에 관한 전문 용어가 개인에게 끼칠 수 있는 잠재적 해악에 대해 비슷한 우려를 반복적으로 제기했다. 프레이저는 서로 다른 집단을 사회적으로 인정하게 하고자 하는 과정에서 정체성 정치가 여러 면에서 오류를 범한다고 말한다. 정체성 정치는 역사적으로 우연적이고 내적으로 이질적이고 서로 상호작용하는 집합성을 '자연적이고' 시대를 초월하며 동질적이고 밀봉된 집단 정체성으로 물화한다. 정체성 정치는 '진정하지 않은' 것으로 상정된 성원들에게 반자유주의적인 순응 압력을 가하는 경향이 있다. 정체성 정치는 종속적인 집단 내에 위계질서를 영속화하여 일부 성원만이 집단의 집합적 정체성을 정의하고 대변할 수 있는 특권을 가지게 한다. 그리고 다시 한번 더 말하자면, 정체성 정치는 집단 간 갈등을 심화시키는 일종의 징고이즘적인 집단 가치화를 낳을 수 있다(Fraser, 2000, 2001). 따라서 인정 정치는 집단에 기반한 정체성 및 진정성 모델에 기초한 집단 정체성에 초점을 맞춤으로써 새로운 형태의 불의와 불화를 초래할 수 있다는 것이다.

이러한 우려에 대한 호네트 대응의 대부분은 앞의 항목에서 대응했던 지점에서 시작할 것이 틀림없다. 다시 말해 이 비판은 다양한 인정투쟁에 대한 광범위하고 차별화된 개념을 하나의 좁은 형태의 정치 — 즉, 자신들의 성원들이 자신들의 진정한 관행과 표현을 따르도록 강요해야 하는, 본질주의적이며 단일체적이고 불변하는 독립적인 집단 정체성의 이상들을 중심으로 형성된 정체성 정치 —로 축소시킨다. 요약하면, 호네트가 이해하는 인정 정치는 잠재적으로 유해한 형태의 정체성 정치와 동등하지도 않고, 정체성 정치를 통해 규명되지도 않는다.

사람들은 호네트에 대한 이러한 비판이 정당하다고 볼 수 있는 가장 가까운 근거를 호네트의 공식이 지나치게 전체론적이고 '폐쇄적인' 연대적 집단 개념을 제시하는 경향이 있음을 보여주는 특정 구절들에서 찾을 수도 있다(나는 그 근거가 그다지 가깝지 않다고 말하고 싶다). 따라서 사람들은 특히 호네트의 초기 저작에는 각 개인이 하나의 중요한 가치 공동체에만 속하며 그러한 가치 공동체는 서로 상대적으로 독립적이라는 암묵적인 가정이 자리하고 있다고 말할 수도 있다. 하지만 호네트가 1998년에 민주적 사회 협력에 관한 중요한 에세이를 발표하면서, 그는 사회적 존경의 기반을 위한 투쟁이라는 제한된 맥락에서조차 진정성 모델에 기초한 정체성 정치를 결코 지지하지 않는다는 것이 분명해졌다(Honneth, 2007c). 대신에 호네트는 사회적 설명과 규범적 평가를 위해 집단 소속감과 정체성에 대한 보다 유동적이고 다차원적인 설명을 명시적으로 채택한다. 이를테면 호네트가 완전히 민주적인 형태의 사회적 협력 — 무엇보다도 개인이 지닌 다중적이고 다양한 집단 성원 자격과 정체성, 집단 내 유연성과 민주적 조직, 다중적인 집단 상호작용과 교류의 장소를 포함하는 — 에 대한 듀이의 이상을 강력하게 지지한다는 것을 생각해 보라. 호네트에 따르면, (복잡한 사회에서와 마찬가지로) 사회 성원의 수와 다양성이 증가함에 따라 잠재적으로 서로 경쟁하는 여러 사회적 역할을 일관되게 구조화할 수 있는 통합된 탈전통적 정체성을 발달시키라는 압력도 증가한다. 듀이가 종종 지적했듯이, 하나의 패거리에 속한 도둑은 복잡하고 민주적인 사회적 협력 형태에 완전히 통합된 개인보다 덜 발달되어 있는데, 그 이유는 후자의 개인만이 자신이 속한 다양한 결사체의 성원 자격 간의 긴장에도 불구하고 일관된 정체성과 역할 및 행동의 구조를 발달시킬 것을 요구받기 때문이다(Dewey, 1984: 327~328). 따라서 진정성 모델에 기초한 정체성 정치는 호네트가 칭송하는 것이 아니다. 오히려 정체성 정치는 오히려 듀이가 말하는 도둑 패거리와 얼마간 역학적으로 동등한 것으로 간주된다.

"그들은 인정받을 자격이 없다"

인정 정치에 대한 마지막 비판은 우리가 '악마적 요구자(evil claimant)' 문제라고 부를 수 있는 것에서 기인한다. 왜냐하면 일단 일상적인 사회적 투쟁으로 우리의 관심을 돌리면, 그들의 행동, 목표, 성격으로 인해 우리로 하여금 긍정적인 인정과는 정반대의 것 — 즉, 사회적 경멸, 기피, 노골적인 무시 — 을 받을 자격이 있다고 생각하게 만드는 개인과 집단이 더 넓은 사회적 인정을 받기 위해 투쟁하는 경우도 많이 있는 것으로 보이기 때문이다. 지역 신문의 경찰 사건 기록부나 남부빈곤법률센터(Southern Poverty Law Center)의 혐오 단체 목록을 보더라도, 인정을 요구하는 다양한 '악마적 요구자'는 상습 폭력 범죄자, 네오파시스트 및 백인 우월주의 단체, 이데올로기적 동기를 가진 테러리스트 등 무한해 보인다. 만약 인정이론이 우리가 그들에게 긍정적인 인정을 부여할 것을 요구한다면, 그 이론은 가치 없는 것이 아니라 해로운 것처럼 보일 수 있다. 이 경우 인정이론은 확실히 유해해 보인다. 그러나 이러한 유해한 측면 역시 적어도 긍정적인 인정 — 특히 적극적인 존경에 기초하는 인정 — 이 개인에게 지극히 중요한 욕구 중 하나라는 호네트 이론의 주장에 함축된 하나의 의미인 것으로 보인다. 프레이저는 한때 모든 사람이 사회적 존경을 받을 동등한 권리가 있다는 견해에 대한 비판을 다음과 같이 정식화했다.

> 물론 그러한 견해는 존경이라는 관념을 무의미하게 만들기 때문에 분명 지지할 수 없다. 하지만 적어도 하나의 주목받는 라이벌 설명이 그러한 견해를 따르는 것으로 보인다. 악셀 호네트의 이론에서 사회적 존경은 도덕이 보호해야 하는 "왜곡되지 않은 정체성을 형성하기 위한 상호주관적 조건"에 속한다. 따라서 도덕적으로 모든 사람은 사회적 존경을 받을 자격이 있다.(Fraser, 2001: 28)

달리 말하면, 인정이론은 모든 사람이 무조건적으로 동등한 존경을 받을 자격이 있다고 말하기 때문에 존경에 기반한 인정에 대한 정당한 요구와 부당한 요구를 구분하는 규범적 기준을 가지고 있지 않은 것으로 간주된다.[17]

진정으로 비판적인 인정이론은 사회적 관계가 어떻게 구조화되어야 하고 또 현재 어떻게 잘못 구조화되어 있을 수 있는지에 대한 구체적인 주장들을 평가하는 강력한 규범적 기준을 필요로 한다는 프레이저의 지적은 전적으로 옳다. 그리고 존경은 틀림없이 개인의 공과에 민감한 기준이기 때문에 모든 사람이 무조건 동등한 존경을 받을 자격이 있다고 주장하는 규범적 기준은 개념적으로 혼란스럽다는 프레이저의 지적 또한 옳다. 게다가 그것이 실제로 호네트의 주장이었다면, 우리가 인종 간 정의를 적극적으로 촉구하는 사람들만큼이나 백인 우월주의를 적극적으로 촉구하는 사람들에게도 존경을 표해야 하는 것처럼 보일 수 있다.

다행히도 호네트의 설명에는 그러한 의미가 함축되어 있지 않다. 왜냐하면, 프레이저가 인용 없이 호네트에게 귀속시키고 있음에도 불구하고, 호네트는 모든 사람이 절대적으로 동등한 존경을 받아야 한다고 결코 주장하지 않기 때문이다. 내가 앞서 설명했듯이, 호네트가 주장하는 것은, 모든 사람은 가치 있는 사회적 기여의 기준에 의거하여 결정되는 개인의 공적 특성, 능력, 업적에 따라 부여되는 상호적이고 대등한 상호주관적 존중 관계를 통해 자부심을 실현하는 기회를 동등하게 가지는 데 필요한 사회적 조건을 누릴 자격이 있다는 것이다. 게다가 독자적으로 존속 가능하고 정당한 존경을 산출하는 특정 형태의 삶이 더 넓은 사회의 태도, 문화적 관행, 제도에서 일반화된 모욕과 비하 패턴의 대상이 될 때, 그러한 동등한 기회가 침해된다. 이 복잡한 일난의 기준을 우리의 악마적 요구자의 사례들에 적용하여 살펴볼 경우, 이 악마적 요구자들 모두가 이 개념에 내장된 조건 중 하나 이상을 위반한다는 것은 분명할 것이다. 상습 폭력 범죄자(비록 그들이 자신들에게 필요한 하나의 가치 공동체를 구성하고 있는 경우라도)는 모든 사람이 절대적으로 누려야 할 자신감과 자존감의 사회적 조건을 위반할 경우 부당한 수단을 통해 존경을 산출한다. 다양한 혐오 단체, 남성 우월주의 단체, 이데올로기적 동기를 가진 테러리스트들은 다른 사람들이 상호적이고 대등한 인정 관계 속에서 그리고 그러한 인정 관계를 통해 자부심을 얻는 동등한 기회를 (적어도 비하와 모욕을 통해) 부당하게 부정함으로써만 독자적으로 존속 가능한 존경을 산출하는 공동체가 될 수 있다. 게다가 그 과정에서 그들은 보통 다른 사람들에게 절대적으로 부여되어야 하는 자신감과 자존감의 사회적 조건마저도 부정한다. 요컨대 호네트가 규범성을 윤리적 삶에 관한 형식적 개념과 관련하여 이렇게 복잡하게 이해한 것은 바로 악마적 요구자들에 근거한 반론이 호네트의 이론에서 누락되었다고 주장하는 강력한 규범적 기준을 자신의 비판이론에 제공하기 위한 것이다. 따라서 호네트의 이론은 이 반론에 대한 하나의 명확한 응답을 포함하고 있을 뿐만 아니라, 진보적인 사회적 투쟁과 퇴행적인 사회적 투쟁을 통찰력 있게 구분하고 그러한 투쟁을 통해 사회가 획득해 온 역사적 진보(그리고 퇴행)의 정도를 분명하게 설명하는 더 넓은 목적에도 자원을 제공한다.

제4장

사회병리의 진단

우리는 앞의 두 장에서 호네트의 도덕적 인간학의 요지 — 즉, 네 가지 형태의 상호주관적 인정을 통해 이루어지는 실천적 정체성 발달에 관한 호네트의 설명 — 와 호네트의 도덕 사회학 — 즉, 진보적 인정투쟁을 통해 이루어지는 현대 사회관계의 규범적 하부구조의 발달에 관한 호네트의 설명 — 을 진척시켰다. 그 과정에서 우리는 호네트의 이론이 전통적인 도덕철학과 정치철학의 많은 질문을 어떻게 다루고 있는지도 살펴보았다. 또한 거기서 우리는 보다 독특한 하나의 이론적 프로젝트 — 현대 사회관계가, 비록 충분히 도덕적이고 공정하다고 하더라도, 그럼에도 불구하고 문제 있고 건강하지 않으며 결함이 있을 수 있는 방식을 통찰하는 것을 목표로 하는 사회철학 — 에 대한 단서도 발견할 수 있었다.

사회진단으로서의 사회철학

사회철학의 독특한 목표와 방법을 이해하기 위해서는 아마도 사회철학의 몇 가지 주목할 만한 사례부터 시작하는 것이 가장 좋을 것이다. 사회병리에 관한 호네트의 독창적인 1994년 논문(Honneth, 2007f)에는 사회철학의 주요 사례로 인류 사회생활 초기의 불평등 기원에 대한 루소의 설명, 근대 형식법과 경제적 시민사회가 낳은 단지 주관적인 근대적 자유의 병리에 대한 헤겔의 설명, 자본주의 생산 양식이 유발한 노동자 소외에 대한 마르크스의 비판, 허무주의 ― 즉, 모든 가치에 대한 회의 ― 를 타락한 문화에서 비롯된 것으로 보는 니체의 설명, 산업 자본주의의 도구적 합리화 경향이 야기한 일상 사회 세계의 물화에 대한 루카치의 비판, 공동체의 집요한 진정성 압력으로 인한 자유로운 개인의 자기실현 가능성 상실에 관한 플레스너의 설명, 문명화 과정에 대한 수단-목적 중심의 추론이 인간의 내적·외적 본성을 지배하게 된 것에 대한 호르크하이머와 아도르노의 진단, 그리고 공동 커뮤니케이션과 실천의 장으로서의 공론장 파괴와 전체주의적 사회구성체가 유발한 개인의 자유 상실에 대한 아렌트의 진단이 포함되어 있다. 호네트는 또한 어떤 형태로든 진단적 사회철학을 발전시킨 다른 이론가들로 토크빌(Tocqueville), 밀(Mill), 프로이트, 짐멜(Simmel), 퇴니스(Tönnies), 뒤르켐, 베버, 스펭글러(Spengler), 듀이, 프롬(Fromm), 마르쿠제, 바타유(Bataille), 게렌(Gehlen), 헬러(Heller), 마르쿠스(Márkus), 하버마스, 푸코, 테일러를 언급한다.

무엇이 사회를 병들게 하는지 그리고 그 원인이 무엇인지에 대해 이들 이질적인 이론가들이 두 세기 반에 걸쳐 내놓은 크게 다른 설명을 하나로 묶을 수 있는가? 호네트가 볼 때, 그러한 설명들 모두는 동일한 기본 과제에 (적어도 그들 작업의 일부분에서는) 관여하고 있다. "사회철학은 주로 잘못된 발달, 장애 또는 '사회병리'로 볼 수 있는 사회 발전 과정을 밝혀내고 논의하는 데 관심이 있다. 사회철학의 주요 임무는 사회 성원들이 '좋은 삶'을 사는 것을 방해하는 것으로 이해되어야 하는 사회 발전 과정을 진단하는 것이다"(Honneth, 2007f: 4). 이러한 이해 중 여러 요소는 부연하여 설명할 필요가 있다.

첫째, 각 이론가는 자신이 속한 사회에서 문제가 되는 어떤 사회적 병폐나 질병을 지적하고, 그러한 특정한 장애의 원인을 특히 사회적인 것으로 파악한다. 다시 말해 그들은 그러한 장애가 그 사회의 특정한 질서나 구조 또는 관행에 뿌리를 두고 있다고 말한다. 더 나아가 확인된 장애는 개인이 만족스러운 삶, 완전히 실현된 삶, 윤리적으로 칭찬받을 만한 삶, 또는 행복한 삶을 살아가는 능력을 방해하기 때문에 사회문제 또는 사회병리로 간주된다. 따라서 개인이 특정 이론에 견주어 '좋은 삶'을 살 수 없는 까닭은 현재 사회질서가 지닌 특정한 특징 때문인 것으로 진단된다.

다음으로, 모든 다양한 이론에 중요한 역사적 차원이 존재한다는 것은 분명하다. 비록 각 이론이 어떤 태생적 목적이나 목적론적 구조를 지닌 철저한 역사철학을 지지하지 않을 수도 있지만, 그리고 일부 역사적 기록은 심지어 의식적으로 추측적이고 비경험적이기까지도 하지만, 각 이론은 자신이 부각시킨 병리가 그 사회 역사의 어떤 결정적인 시점에서 발생한다고 가정한 다음 그 역사적 변곡점을 이용하여 인과적 이야기를 뒷받침한다. 그리고 그 병리가 역사적이라는 사실은 그것이 사회생활의 상황적 특징, 즉 다른 형태의 사회질서를 통해 극복될 수 있는 특징이라는 것을 보여준다.

호네트가 강조하는 또 다른 아주 중요한 점은 사회철학이 방법론적으로 다양한 모습을 보이고 있음에도 불구하고 모든 사회철학이 부정적 비판의 방법을 채택하고 있다는 것이다. 즉, 사회철학은 먼저 상상된 유토피아를 상정한 다음에 그러한 이상적인 기준에 따라 현대 사회의 결함을 측정하지 않는다. 그 대신 사회철학은 자신이 속한 실제 사회에서 문제가 되는 특정한 사회구조, 사회적 관행, 또는 사회적 인식을 규명하고자 한다.

따라서 이는 사회철학의 규범적 주장을 어떻게 정당화할 수 있는지와 관련하여 중요한 문제를 낳는다. 왜냐하면 모든 사회철학은 적어도 추상적인 수준에서는 인간에게 좋은 삶 — 또는 적어도 기형화되지 않은 삶 — 에 대한 명시적인 또는 암묵적인 윤리적 기준에 호소해야 하기 때문이다. 병리학의 의학적 은유를 사용하면, 사회철학은 사회적 건강에 대한 개념을 가지고 있어야 하며, 호네트에 따르면 이는 필연적으로 개인이 가치 있고 완전히 실현된 삶을 사는 데 필요한 사회적 조건에 대한 개념을 포함하게 될 것이다. 그 이유는 바로 사회적 조건이 우리가 좋은 삶을 사는 것을 방해하거나 가로막거나 좌절시킬 때, 분명 우리는 '사회병리'에 대해 말할 수 있게 되기 때문이다. 물론 호네트가 논의한 다양한 이론가들 사이에는 각자가 자신의 규범적 관점을 정당화하는 방식에서 엄청난 차이가 있다. 어떤 학자들은 형이상학으로 가득 찬 역사철학을 이용하여 자신의 주장을 정당화하고(이를테면 헤겔, 마르크스, 루카치), 어떤 학자들은 명확한 평가 기준에 의존할 때조차 그러한 정당화 가능성을 부정하며(이를테면 니체, 푸코), 어떤 학자들은 적어도 경험적으로 정밀하게 조사할 수 있는 암묵적인 또는 명시적인 철학적 인간학에 의존한다(이를테면 루소, 플레스너, 아렌트). 호네트는 적어도 이 후자의 인간학적 주장이 지나치게 과도하거나 논쟁적이지 않고 인간 삶의 몇 가지 아주 기본적인 조건만을 언급할 때는 인간학적 전략의 편을 든다. 우리는 이 장의 끝부분에서 이 문제로 다시 돌아갈 것이다.

게다가 사회철학 간의 견해 차이는 이러한 방법론적 문제에 국한되지 않는다. 왜냐하면 각 사회철학이 채택하는 실제 이상이나 기준에는 매우 중요한 차이가 있기 때문이다. 그러한 차이의 일부는 각 사회철학이 개인주의(루소, 니체, 플레스너)나 사회성(헤겔, 마르크스, 루카치, 아렌트)에 부여하는 우선순위의 차이에서 찾아볼 수 있다. 그러한 실질적인 차이의 많은 것은 좋은 삶과 인간의 자기실현을 설명하는 근본적인 방식에서 비롯된다. 루소는 타인에 대한 자연적 연민과 함께하는 고독한 자기만족의 자유를 강조하고, 헤겔은 이성적인 사회 전체와의 통합을 통한 개인의 자유를 강조하고, 마르크스는 사회 지향적 노동을 통한 자기실현을 강조하고, 니체는 표출적인 삶을 긍정하는 독창성을 강조한다.

이러한 방법론적·실제적 견해 차이에도 불구하고, 이들 다양한 이론가 모두가 주류적 형태의 사회이론과 실천철학 둘 다와 크게 구별되는 형태의 실천철학을 수행하고 있었다는 것은 여전히 사실이다. 먼저 다른 형태의 사회이론과 대비시켜 보면, 사회철학의 목표가 단순히 사회 세계를 있는 그대로 또는 있었던 그대로 정확하게 기술하는 것이 아니라는 것은 분명하다. 사회학, 사회심리학, 역사학, 인류학, 경제학, 정치학 및 여타 사회과학은 모두 경험적 정확성과 범주적 통찰 — 즉, 사회적 성격을 '치밀하게' 분석하는 것 — 을 중심 목표로 하고 있다. 사회철학에도 분명 기술적 요소가 존재하지만, 그 요소는 사회 세계의 상태가 문제가 있다는, 특히 병리적이라는 평가적 주장과 결합될 수밖에 없다. 따라서 사회철학은 사회 세계에 대한 사실의 문제에 국한되지 않고, 진단 및 치료적 목표 — 즉, 본질적으로 가치문제를 포함하는 목표 — 에 의해 이끌려진다.

하지만 사회철학은 단지 주류 도덕철학 및 정치철학에서 중심을 이루는 형태의 순수한 규범적 분석이 아니다. 도덕철학은 개인이 자신의 행동과 삶의 형태를 평가하는 데 이용할 수 있는 도덕적 행동과 올바른 삶에 대한 이상적인 원칙을 명확히 하고 방어하는 것을 중심으로 구성된다. 이상적인 정치철학은 법체계 및 정치체계를 설계하고 법적·정치적 정책의 개발을 인도하는 데 이용할 수 있는 공정한 또는 정당한 정치제도의 원칙을 구체화하고 방어하는 것을 목적으로 한다. 따라서 어떤 의미에서 도덕철학과 정치철학은 현재 무엇이 비도덕적이고 비윤리적이고 불공정하거나 부당한지를 판단하고 바로잡는 데 이용할 수 있는 형태의 긍정적 유토피아 — 즉, 적절한 도덕적·정치적 원칙과 이상 — 를 진전시킨다. 그러나 우리가 앞서 살펴본 바와 같이 사회철학은 타락한 세상을 바로잡을 이상적인 관계를 묘사하는 것에서 시작하는 것이 아니라, 있는 그대로의 사회에서 출발하여 사람들이 만족스러운 삶을 살 수 있는 능력을 제약하는 기형화된 현존 사회 조건을 규명하고자 한다. 따라서 사회철학이 병리를 진단하는 방법은 그 연구 대상에서만큼이나 도덕철학 및 정치철학과 구분된다. 사회철학의 대상은 개인적 덕성과 대인간 의무도 아니고, 법체계와 정부 정책도 아니다. 사회철학의 대상은 오히려 좋은 삶의 가능성의 조건을 형성하는 보다 넓은 사회적 삶의 구조이다.

이차적 장애로서의 사회병리

우리는 이 절에서 호네트가 최근 진단한 다섯 가지 사회병리를 개괄한다. 우리는 먼저 이데올로기적 인정 현상, 즉 기존의 지배 또는 억압 체계를 유지하는 데 기여하는 적극적인 사회적 긍정의 형태들에서 시작한다. 다른 네 가지 병리로 넘어가기 전에, 나는 호네트의 모든 병리 진단의 근간이 되는 하나의 특정한 개념 구조를 나타내기 위해 '이차적 장애(second-order disorder)'라는 나 자신의 용어를 소개할 것이다. 나는 이 개념 구조가 호네트의 상이한 병리 진단이 어째서 현대 사회의 상태에 대한 일단의 다양한 관찰 이상의 것인지를 이해하는 열쇠라고 생각한다.[1] 또한 이 장의 말미에서 논의하는 것처럼, 이 개념은 그러한 사회철학이 직면하는 중요한 문제를 명확히 하는 데 도움이 될 수 있다. 그에 앞서 이 절에서는 제3항에서부터 제6항까지에 걸쳐 비가시화, 도구적 합리화, 물화, 조직화된 자기실현이라는 네 가지 다른 사회병리에 대해 차례로 논의한다. 호네트가 진단한 가장 두드러진 세 가지 병리는 여기서 논의하지 않는다. 헤겔과 호네트 모두가 의무론적 도덕이나 개인주의적인 법적 권리의 익명적 형식주의가 지배하는 사회관계에서 간파한 자유의 병리 현상은 제6장 제3절 '사회적 영역'에서 논의할 것이다. 부당한 경제적 배분의 병리 현상은 호네트와 낸시 프레이저의 논쟁을 다루는 제5장에서 논의된다.

이데올로기적 인정

여러 이론가가 다양한 관점에서 인정이론이 권력과 꼴사납게 그리고 무비판적으로 공모하고 있다고 비난해 왔다(Allen, 2010; Connolly, 2010; Ferrarese, 2009; McNay, 2008; Petherbridge, 2013; Rössler, 2007; Young, 2007). 이를테면 남성중심적 사회에서 인정이 여성에 대한 지속적인 억압에 기여하는 (약화되고 있는) 형태의 젠더 정체성을 강화할 수 있는 여러 가지 방식에 대해 숙고해 보라. 여기서 제기되는 반론은 호네트의 이론이 인정 관계의 도덕적 하부구조를 내부에서 외부로 (즉, 상호주관성의 구조에서 사회구조로) 나아가며 재구성하면서 주체성에 대해 지나치게 장밋빛인, 하지만 일면적인 그림 — 사회구조의 비대칭적인 권력이 개인의 실제 주체성 속에서 그리고 그 주체성을 통해 재생산되는 다양한 방식에 대해 이론적으로 무감각한 그림 — 을 그리고 있다는 것이다.

이 비난이 바로 호네트가 이데올로기적 인정이 만들어낼 수 있는 사태에 대해 숙고하게 만든 형태의 문제이다. 억압적인 사회가 개인의 억압구조 자체를 강화하는 역할을 하는 특성과 업적에 대해 긍정적인 존중과 존경을 부여할 수도 있다는 불편한 가능성을 호네트의 이론은 정확히 어떻게 설명할 수 있는가? 긍정적인 공적 인정이 개인의 실천적인 자아 관계에는 항상 유익할 수도 있지만, 그 긍정적인 인정이 개인을 억압하는 사회구조를 강화하는 역할을 할 경우에는 오히려 좋은 삶에 대한 개인의 관심에 전적으로 해가 될 수도 있다. 호네트가 들고 있는 사례는 이 문제를 분명하게 보여준다.

> '톰 아저씨(Uncle Tom)'가 자신의 순종하는 미덕과 관련하여 반복해서 듣는 칭찬에 대한 하나의 반응으로 느끼는 자부심은 그를 노예 소유 사회에서 순종적인 하

> 인으로 만든다. 수세기에 걸쳐 교회, 의회, 대중매체가 만들어낸 '좋은' 어머니와 주부에 대한 감정적 호소는 여성으로 하여금 젠더에 기초한 분업에 아주 실제적으로 동화된 자아 이미지에 여전히 갇혀 있게 했다. 영웅적인 군인들이 누리는 공중의 존경은 영광과 모험을 추구하기 위해 기꺼이 전쟁에 나서는 부류의 남성들을 지속적으로 양산했다. 이러한 사례들은 일상적인 것일 수도 있지만, 사회적 인정이 항상 순응주의 이데올로기로 작용할 수 있다는 것을 놀랍도록 분명하게 보여준다.(Honneth, 2012j: 77)

이들 사례 각각에서 사람들은 비강압적이고 상대적으로 비용이 들지 않는 메커니즘 — 즉, 특정 특성과 행동에 대한 긍정적인 인정 — 의 작동에 의해 사회적 위계질서에서 자신의 종속적 지위를 기꺼이 받아들이고 심지어 환영하며 그 지위와 관련된 불균등한 부담을 감수하도록 유도된다. 도덕적으로 명확해진 현재의 관점에서 볼 때, 우리는 이제 더 이상 노예제, 가부장제, 전쟁 숭배를 지지하지 않기 때문에 '톰 아저씨', '좋은 어머니', '영웅적인 군인'은 실제로 그들을 억압구조에 통합시키는 긍정적인 형태의 인정으로 인해 고통받고 있다는 것을 쉽게 알 수 있다.

하지만 이데올로기적 인정과 정당한 긍정적 인정을 구별하는 문제는 우리 시대로 올수록 훨씬 더 어려워진다. 왜냐하면 우리가 평가 도식이 변화하는 것을 목격하고 있지만, 우리는 도덕적 진보 속에서 그러한 진보에 상응하여 어떠한 새로운 인정 형태가 뒤따를 것인지, 아니면 진보가 반대로 그저 기존의 억압 패턴을 강화할 것인지를 말해줄 수 있는, 역사에 관한 명확한 렌즈를 아직 가지고 있지 못하기 때문이다. 하지만 우리가 특정 집단에 대한 명백한 차별과 같이 공공연히 또는 명백하게 부정적인 형태의 비인정 또는 오인정을 고려하지 않고 있다는 것을 여기서 지적할 필요가 있다. 왜냐하면 그러한 제도화된 무시 패턴이 작동하더라도, 그것이 그 주체들로 하여금 비하당하는 가치를 열망하도록 유도하지는 않을 것이기 때문이다. 공개적으로 멸시받는 집단의 성원 역시 차별적인 존중 패턴에 내장된 가치에 부응하려고 노력하지 않을 것이다. 더 나아가 이데올로기적 인정의 주체들은 그들로 하여금 부지불식간에 억압에 참여하게 만드는 가치 기준을 스스로 기꺼이 받아들일 것이 틀림없기 때문에, 우리는 그들에게 어떤 인정 패턴이 진보적이고 어떤 인정 패턴이 이데올로기적인지를 식별하도록 요구할 수 없다. 시간이 지남에 따라 새로운 인정 패턴이 생겨나고 또 종래의 패턴에 새로운 미묘한 해석이 가해질 때, 우리는 어떤 패턴이 이데올로기적인지를 어떻게 확실하게 구분할 수 있는가? 결국 인정의 주체들은 스스로 그 인정을 문제 있다거나 억압적이라고 인식하는 것이 아니라, 실제로는 그와 정반대로 인식한다.

호네트의 대답은 기본적으로 인정 행위에서 중심을 이루는 평가적 승인 또는 약속과 그러한 승인 또는 약속의 이행에 필요한 제도적·물질적 조건 간에 상당한 간극이 있을 때 그 인정 행위는 이데올로기적이라는 것이다. 따라서 이를테면 '톰 아저씨'는 순종적이고 비천한 행동 양식을 택하는 것으로 높은 평가적 존경을 약속받지만, 노예제라는 제도적 구조가 노예로 하여금 진정한 존경을 얻을 기회를 동등하게 가질 수 없게 하기 때문에 그러한 존경의 약속은 결코 이행될 수 없다. 마찬가지로 '좋은 주부와 어머니'는 사회에서 실행되는 실제의 물질적 분업에 의거하여 결코 완전한 상호 존경을 받을 수 없는 활동으로 존경을 약속받는다. 젠더 분업이 강력하게 부호화되어 있는 철저한 성차별주의적 사회에서는 어떤 남성도 여성적인 것으로 부호화된 노동에서 인상적인 성과를 거둔다고 해서 존경을 기대할 수 없다. 마지막으로, 군사주의 사회에서 군인은 명예를 약속받지만, 그 명예를 실현하기 위한 물질적 조건은 그에게 품위 없는 죽음을 가져다줄 가능성이 크다. 요컨대 이데올로기적 인정은 평가를 통한 인정 약속과 그 약속을 실현하는 데 필요한 물질적 조건 간의 해소할 수 없는 간극에 의해 정당한 인정과 구별될 수 있다.

그다음으로 현재로 넘어와서는 호네트는 현재 경제에서 출현한 새로운 형태의 이데올로기적 인정을 탐구한다. 그는 지난 20년간 노동시장에서 주요한 구조적 변화가 일어나면서, "현재의 경영 문헌은 더 이상 '임금노동자'나 '노동력'이 아니라 대신 자기 자신의 노동을 하는 창의적인 '기업가' 또는 '기업가적 피고용인(entremployee)'에 대해 이야기하고 있다"라고 지적한다(Honneth, 2012j: 91). 여기서 노동자는 더 열심히 일하는 만큼, 업무를 유연하게 수행하는 만큼, 하나의 단일 회사 내에서 단기 일자리와 경력 단절로 인해 고통받지 않는 만큼, 무엇보다도 자신의 노동 생활을 자기 자신의 모든 특유한 스킬과 능력을 발휘하여 창조적으로 실현하는 모험적인 활동으로 기꺼이 바라보는 만큼 존경을 약속받는다. 이 모든 것은 진정한 창의성을 통한 자기실현이라는 이상과 힘든 일, 창조성, 위험 감수를 통한 건강한 자기만족이라는 이상을 높이 평가하는 우리 문화의 강력한 흐름과 함께하고 있기 때문에 색다르거나 믿을 수 없는 것이 아니다. 이러한 공명이 노동자를 자기 자신의 노동을 하는 기업가라고 바라보는 새로운 인식 ― 즉, 노동자들이 공공연한 강압이나 억압을 받지 않고도 기꺼이 받아들일 수 있는 어떤 것 ― 을 만들어낸다. 그렇다면 자신의 노동 생활을 하나의 기업가적 모험으로 간주하는 것에 대해 약속된 그러한 존경을 받기 위한 물질적 조건은 무엇인가? 여기서 호네트의 판단은 그 약속을 제도가 이행하지 않는다는 것인데, 이는 우리가 이데올로기적 인정을 다루고 있다는 것을 말해준다. 사람들은 자신의 노동을 유연한 사업 계획으로 만든 것에 대해 존경받기보다는 도리어 더 쉽게 해고되고 감원되고 아웃소싱되고 감봉되고 일반적으로 보상을 더 적게 받고 일자리 안정성을 상실한다. 인정 질서가 아무리 노동자를 자신의 경력을 유연하게 운영하는 기업가로 평가하더라도, 신자유주의 노동시장의 구조적·물질적 조건은 그러한 약속된 존경을 결코 받을 수 없게 만든다.

이차적 장애

이제 나는 호네트의 다양한 사회병리에 대한 진단을 통합하고 그러한 진단들의 약속과 잠재적 위험에 대해 더욱 비판적으로 통찰하기 위한 하나의 방법으로 '이차적 장애'라는 개념을 소개하고자 한다. 이차적 장애는 일차적 내용과 그 내용에 대한 이차적인 성찰적 이해 간에 구성적 단절을 보이는 사회적 현상이 존재하는 곳, 즉 그러한 단절이 만연하고 사회적으로 야기되는 곳에서 발생한다. 이데올로기적 인정의 병리학은 이러한 단절을 보여준다. 거기에는 인정 형식이 약속하는 평가의 일차적 내용이 존재하지만, 이 평가적 약속과 이차적 성찰성의 차원에서 그 약속을 이행하는 데 필요한 물질적 조건 간에는 중요하고 만연하고 사회적으로 야기된 상당한 단절이 존재한다. 하지만 아마도 이데올로기적 신념과 가치에 대한 고전 이론 속에서 그러한 구조를 더 쉽게 찾아볼 수 있을 것이다.

나는 여기서 오늘날 미디어에서 일반적으로 이용하는 의미의 이데올로기 — 즉, 개인과 정당이 지지하는 일단의 일관된 정치적 가치를 지칭하는 것 — 에 대해 이야기하는 것이 아니다. 고전적으로 '이데올로기'는 억압받는 사람들이 그러한 억압을 기꺼이 받아들이도록 고무하는 데 기여하는 일단의 신념과 가치를 가리킨다. 고전적 이데올로기 이론 — 마르크스주의적 이론이든 다른 이론이든 간에 — 은 일차적 신념 — 특히 사회 세계의 기본 구조, 질서, 그리고 기능에 관한 신념 — 을 탐구하고, 사회적 행위자들이 그러한 신념이 어떻게 생겨나는지를 인식하지 못하는 만큼 그들은 인지적 병리로 고통받는다고 주장한다. 특히 사회적 병리는 사람들이 이차적 성찰성 수준에서 현재의 사회적 합의 — 개인의 신념 도식에 엄청난 압력을 가하는 합의 — 가 지배적인 사회적 권력과 계급별 사회적 이해관계를 아주 민감하게 반영하고 있으며 또 그러한 이해관계에 의해 틀 지어진다는 사실을 인식하지 못하는 경우에 발생한다. 일반적인 잘못된 믿음과 이데올로기적 믿음 두 경우 모두에는 일차적 수준에서 오류가 존재하는데, 그것은 그 사람이 어떤 것에 대해 허위 믿음을 가지고 있다는 것이다. 하지만 이데올로기의 경우에만 잘못된 믿음이 사회구성체와 체계적으로 연결되어 있다. 사회구성체는 사회 참여자들이 신념 형성의 구조에 대해, 그리고 그러한 문화적 인지 구조와 사회 세계의 물질적 질서 간의 관계에 대해 인식하는 데 필요한 성찰성을 숨기거나 억압함으로써 이차적 수준에서 신념을 형성하고 안정화하는 데 영향을 미친다. 이를테면 샛별과 금성이 서로 다른 천체라는 일반적인 잘못된 믿음은 그 잘못이 명시적으로 지적되면 쉽게 고쳐진다. 이와 대조적으로 자본주의 사회에서 부는 개인이 처분할 수 있는 자본의 양이 아니라 전적으로 개인의 진취성에 달려 있다는 믿음은 이데올로기적 믿음이다. 그것은 현존하는 사회경제적 세계의 특성에 대한 이차적 신념이 기형적으로 형성되어 온 과정에 뿌리를 두고 있다. 그리고 일차적 신념과 이차적 기형화 모두는 사회에서 널리 공유되고, 그러한 기형화는 사회의 특정 이해관계에 체계적으로 봉사하며, 잘못된 신념은 쉽게 고쳐지지 않는다. 그리고 물론 이데올로기는 사실 우리가 사회를 구조화해 온 방식의 산물인 것을 자연화하기 때문에, 이데올로기 자신의 본질적인 역사적 성격과 사회적 원인을 숨김으로써 불공평한 사회구조를 재생산하는 데 봉사한다. 이데올로기는 하나의 사회적 병리이다. 왜냐하면 이데올로기는 일종의 이차적 장애 — 즉, 사회적으로 패턴화되어 원치 않는 사회적 결과에 기여하는 장애 — 를 통해 해로운 사회적 결과에 기여하기 때문이다.

호네트가 최근에 사용한 이데올로기적 인정이라는 개념의 용도는 이러한 이론적 패턴과 크게 다르지 않다. 전통적인 이데올로기 개념과 마찬가지로, 사회병리는 결정적으로 이차적 장애를 포함한다. 이데올로기적 형태의 인정 대상이 되는 사람들이 그 인정에 요구되는 사회적 조건이 결여되어 있다는 것을 (이차적 수준에서) 이해할 수 없는 경우에만, 그들은 자신들의 억압이나 지배에 기여하는 일단의 사회적 패턴에 자신의 신념과 행동을 실제로 그리고 자발적으로 맞출 것이다. 이데올로기적 인정은 이차 과정 – 즉, 대인 간의 인정 평가의 형성 및 안정화라는 제도적 과정 – 을 통해 널리 공유되는 사회적 기형화에 뿌리를 두고 있다. 이러한 기형화는 공공연한 강압 없이 억압 체계를 유지함으로써 특정한 사회적 이해관계에 체계적으로 봉사한다. 이데올로기적 인정은 쉽게 고쳐지지 않으며 그 근원이 보이지 않는 곳에 숨어 있을 때조차 사회적으로 강화된다. 따라서 이데올로기적 인정에 대한 사회이론적 비판은 일차적인 긍정적 인정과 그러한 인정을 충족시키는 데 필요한 이차적인 물질적 조건 간의 간극을 폭로하는 것만을 목표로 해서는 안 된다. 보다 중요하게는, 그러한 비판은 또한 널리 공유되는 이데올로기적 인정 패턴을 조장하고 영속화하는 동시에 사회 성원들의 시야에서 이차적 인정 장애 메커니즘을 계급 차별적 및 집단 차별적 인정 패턴의 기능적 외피 뒤에 숨기는 사회적 메커니즘 역시 폭로해야 한다.

비가시화

호네트는 랠프 엘리슨(Ralph Ellison)의 소설 『투명인간(Invisible Man)』에서 영감을 받아, 이차적 장애로서의 사회병리의 또 다른 예로 다른 사람을 "못 본 척하거나 무시하는" 굴욕의 사회적 과정의 독특한 구조를 분석한다(Honneth, 2001a). 호네트의 에세이는 주로 대인 간의 비가시화 행위의 인식론적·도덕적 구조를 포착하는 데 전념하고 있지만, 또한 극단적으로 층화된 사회적 맥락 – 인종, 카스트, 계급 등등 간에 명확한 사회적 구분이 존재하는 상황, 그리고 공개적으로 사람들을 "자신의 자리"에 고착시키는 다양한 관행을 통해 그러한 사회적 구분이 지속적으로 강화되는 상황 – 에서 분명하게 드러나는 형태의 사회병리 역시 지적한다.

이론적 관점에서 볼 때, 사회적 비가시성의 흥미로운 점은 일차적 수준에서는 그 사람을 실제로 특정한 형태로 인정하지만 이차적 수준에서는 인정하지 않는다는 것이다. 여기서 사람의 존재를 인지하는 것과 그 사람을 인정하는 것을 구분하는 것이 도움이 된다. 우리가 상대방을 인지하기 위해서는 상대방의 물리적 존재를 지각해야 하고(이를테면 상대방이 자신의 시야에 있는 하나의 물체이기 때문에), 특정한 형태의 기본적인 개인적 특성을 통해 그 상대방을 특정한 개인으로 (이를테면 상대방을 우리가 이해할 수 있는 특정한 활동을 하는 성인으로) 식별해야 한다. [호네트는 비가시성에 관한 에세이에서는 '인지(cognizance)'라는 용어를 사용했지만, 물화에 대한 나중의 연구에서는 이 분석을 '선행 인정'의 측면에서 구체화한다. 이에 대해서는 앞의 제2장 제5절 '선행 인정'을 보라.] 그러나 선행 인정 그 자체가 도덕적 인정 — 즉, 상대방을 특정한 종류의 대우를 받을 자격이 있는 가치 있는 존재로 대하는 긍정적인 태도를 취하는 것 — 은 아니다. 우리는 어떤 사람을 못 본 척하는 것에서도 선행 인정을 발견할 수 있다. 왜냐하면 상대방의 활동에 대한 경멸적인 무시 — 즉, 상대방에 대한 비인정 — 는 역설적이게도 상대방이 특정한 인간 실체로 선행 인정을 받았을 때만 가능하기 때문이다. 따라서 타인에 대한 해롭고 경멸적인 무시는 본질적으로 다른 사람을 의도적으로 무시하거나 들여다보는 **적극적인** 행위이며, 이는 다른 사람이 동료로서 마땅히 받아야 할 정상적인 도덕적 인정을 거부하기 위해 실제로 또 다른 사람의 존재를 인지했다는 것을 전제로 한다.

호네트는 일반적인 인사와 상호작용의 경우에 이용되는 표현적인 제스처, 특히 미묘한 얼굴 제스처에 상당한 주의를 기울인다. 그러한 제스처는 공연자가 특정한 방식으로 상대방과 관계를 맺을 준비가 되어 있다는 것을 공개적으로 보여준다. 일반적으로 그들은 상대방에 대해 일단의 긍정적인 성향을 표현하고 그럼으로써 상대방의 사회적 유효성을 인정한다. 특히 그들은 상대방의 가치에 대한 자신의 평가적 인지를 표현함으로써 자신의 이기주의를 제한하고 상대방을 긍정적 또는 호의적으로 대하려는 성향을 드러낸다. 여기서 도덕적 존중에 대한 칸트의 설명을 따라 호네트는 그러한 인정 제스처는 상대방을 도덕적 가치를 지닌 존재로 대할 의무가 있다는 미래 의지를 나타낸다고 주장한다. 물론 미묘하게 다른 다양한 종류의 제스처 — 사랑하는 사람의 감정적 욕구를 배려하는 성향을 나타내기 위해 활짝 웃는 것에서부터 상대방이 동등한 지위를 가진 자율적인 개인임을 나타내기 위해 고개를 짧게 까닥이는 것, 그리고 상대방의 기여에 대한 연대적인 존경을 표현한다는 것을 보여주기 위해 고개를 끄덕이는 것에 이르기까지 — 는 미묘하게 다른 정도의 기꺼움과 상대방의 가치에 대한 서로 다른 인식을 나타낼 수 있다. 다른 사람을 못 본 척하는 행위는 이러저러한 형태의 긍정적 인정을 적극적으로 보류함으로써, 자신이(다른 사람을 식별 가능한 하나의 개인으로 선행 인정을 한 경우에도) 다른 사람의 가치를 부정한다는 것을 공개적으로 나타내는 것을 포함한다. 따라서 비가시화는 공개적으로 모욕하기 — 이는 앞으로 다양한 형태의 일단의 부당한 대우가 일어날 것임을 알려준다 — 의 적극적인 형태의 하나이자 도덕적 무시의 한 형태이고, 상대방을 평가를 통해 인지하는 데서 정상적인 인간 능력을 기형화하는 것이다.

물론 다른 사람을 못 본 척하는 행동은 여러 맥락에서 일어날 수 있다. 이를테면 대인관계가 깨진 후 복수심으로 다른 사람을 비가시화하는 경우를 생각해 보라. 그러나, 『투명인간』의 화자가 아주 분명히 하듯이, 그가 겪는 사회적 비가시화는 그와 가해자 간의 특별한 개인적 관계의 결과라기보다 사회적으로 공유된 종속과 억압이라는 일단의 특정한 인종화된 관계의 결과이다. 따라서 특정 현상이 하나의 사회적 병리이기 위해서는 적극적인 무시가 본질적으로 특정 집단에 대한 사회적 비하 패턴과 연결되어 있어야 한다. 그리고 그러한 사회병리는 이차적 장애의 개념적 구조를 분명하게 보여준다. 일차적 내용 — 즉, 사람들을 개별 인간으로 인지하는 것 — 과 그러한 내용에 관한 이차적 파악 – 즉, 개별 인간으로서의 사람들에 대해 부여되는 도덕적 인정 – 간에는 구성적 단절이 존재한다. 하지만 이데올로기의 경우와 달리, 사회병리의 사회적 결과로부터 직접적으로 고통받는 사람들은 문제 있는 형태의 성찰성의 대상이 되는 사람들과 동일하지 않다. 엘리슨의 화자는 타인에 대한 인지와 타인에 대한 인정 간의 단절을 충분히 인식하고 있지만(실제로 그는 다른 사람들로 하여금 자신의 인지를 적절한 인정과 매치시키게 하려고 노력한다), 그는 인지와 인정 간의 병리적 간극에 의해 고통받고 있다. 그럼에도 불구하고 비판사회이론은 이차적 장애를 하나의 사회병리로 폭로하고 설명하는 데서 엘리슨의 화자와 유사한 역할을 한다.

도구적 합리화

호네트가 보여준 바와 같이(Honneth, 2009d), 사회진단과 이차적 장애 간을 연결 짓는 작업은 프랑크푸르트학파 비판이론가들의 사회철학에서도 나타난다. 호네트의 지적 역사에서 한 가지 중요한 주장은 그러한 비판이론가들 모두가 각기 다른 방식으로 현재의 사회병리가 이성 또는 합리성의 왜곡과 근본적으로 연결되어 있다고 간주한다는 것이다. 프랑크푸르트학파의 유산을 다룬 논문 모음집인 『이성의 병리(Pathologies of Reason)』의 서문에서 호네트는 이 점을 다음과 같이 강조한다.

> 프랑크푸르트학파의 다양한 저자들은 전혀 다른 방법과 대상을 통해 공히 근대 자본주의 사회의 삶의 조건이 우리의 이성 능력을 병적으로 기형화하는 사회적 관행, 태도, 또는 퍼스낼리티 구조를 만들어낸다는 관념에 도달한다. 비판이론의 다양한 목소리 속에서 그 이론의 통일성을 확립하는 것도 바로 이 테마이다.(PR: vii)

특히 비판이론가들 각각은 특정한 역사적 발전 단계에 잠재하는 이성의 잠재력과 실제로 존재하는 사회구조, 관행 및 사고 양식 간의 단절을 강조하는 유형의 사회진단을 한다. 게다가 기존의 이성과 그 발전 잠재력 간의 이러한 단절은 근대 자본주의에 의해, 그리고/또는 기술이 갖는 특정한 사회적 특징에 의해 유발된다.

이를테면 호르크하이머와 아도르노는 다른 모든 형태의 이성에 대한 수단-목적 합리성의 지배를 현대의 사회적 기형화를 특징짓는 근원으로 파악하며, 그러한 지배가 다시 자연과 다른 인간의 정복을 낳는다고 본다. 그들이 인정하듯이, 도구적 합리성은 적어도 고대 그리스 시대까지 거슬러 올라가는 사회에서도 분명히 존재했지만[그들은 오디세우스(Odysseus)의 한결같은 교활함에 대해 이야기한다], 도구적 이성이 다른 모든 형태의 이성을 몰아내는 것은 오직 현대 사회에서뿐이다. 그리고 이것의 근본 원인은 자본주의 경제제도와 관료제의 합리적 조직이 현대 사회의 다른 모든 사회적 형태를 지배한다는 데에 있다. 계몽주의 과정이 해방적 형태의 이성을 만들어냈음은 틀림없지만, 호르크하이머와 아도르노가 볼 때 계몽의 우울한 변증법은 사회적 원인으로 인해 이성의 잠재력이 도구적 합리성에 의해 기형화된다는 것이다.

하버마스 또한 아주 다른 맥락에서, 그리고 아주 독특한 근원적 사회이론에 바탕하여 사회적으로 야기된 이성의 병리를 지적한다. 한편에서는 생활세계의 다양한 합리화 과정을 통해 의사소통 행위에서 제기되는 서로 다른 형태의 기본적인 타당성 주장들 — 즉, 의미성, 진리성, 정당성, 진실성 — 이 서로 분리되어 고유한 내적 논리를 가진 특화된 형태의 담론 형태들을 발생시킨다. 그 장부의 한쪽 면에서는 보다 해방된 형태의 사회적 삶을 가능하게 할 수 있는 이성이 근대화 과정을 통해 새로운 잠재력을 드러내어 온 것으로 바라볼 수 있다. 하지만 반면 기술적·경제적 진보는 사람들의 물질적 욕구를 충족시키는 과정에서 이윤과 권력 증대라는 엄격한 정명에 바탕하여 (자신의 최고의 이익을 계산하는 개인들의 순전히 전략적인 행동을 조정하는 알려지지 않은 메커니즘을 통해 작동하는) 기능적으로 통합된 사회적 행위 체계들 — 자본주의 경제와 국가관료제 — 을 분리시켜 왔다. 그 장부의 다른 한쪽 면에서는 기능적 사회체계 — 이 기능적 사회체계의 효율성에 대해서는 의심의 여지가 없지만 — 가 의사소통적 사회화의 기능을 대신하는 경향이 있다. 그렇게 되면, "기능주의적 체계의 정명에 의한 생활세계의 식민화"로 인해 뚜렷한 사회병리가 발생한다.

호르크하이머와 아도르노의 계몽의 변증법을 검토해 보든 아니면 하버마스의 식민화 테제를 검토해 보든 (아니면 비판이론가들이 현재에 대해 제시하는 다양한 진단을 검토해 보든) 간에, 각각이 비슷한 직관을 반영하고 있다는 것은 분명하다. 인간의 이성 능력이 일방적으로 발달할 경우 인간의 좋은 삶 추구를 저해하는 병리가 발생하며, 우리는 그러한 이성의 왜곡된 발달을 현대 사회적 삶의 특정한 특징들에서 찾아볼 수 있다. 비록 호네트가 이들 테마를 사상사의 측면에서 다루고 있지만, 나는 여러 논문의 어조와 그 테마로 돌아가는 빈도 모두에 미루어 볼 때 호네트 자신이 도구적 합리화의 병리에 대한 진단을 현대 사회적 삶의 중심적 기형화에 대한 설득력 있는, 그리고 얼마간 정확한 묘사로 간주하고 있는 것이 분명하다고 생각한다. 다시 말해 나는 이 특별한 병리 진단을 초기 프랑크푸르트학파 이론가들뿐만 아니라 호네트에게도 귀속시키는 것이 합당하다고 생각한다.

이제 한 걸음 물러서서 이차적 장애의 관점에서 이러한 진단을 살펴보면, 우리는 또 다른 중요한 일단의 유사점을 발견할 수 있다. 일차적 수준과 이차적 수준 간의 단절은 이중적이다. 첫째 단절은 현존 사회제도의 일차적 수준 — 호르크하이머와 아도르노의 완전히 관리되는 사회 또는 하버마스의 식민화된 생활세계 — 이 역사적으로 이용 가능한 이차적 수준의 합리성 — 호르크하이머와 아도르노의 모방적 이성(mimetic reason) 또는 하버마스의 의사소통적

이성 ― 이 지닌 잠재력을 반영하지 않는다는 것이다. 둘째 단절은 이성에는 현대 사회에서 이용할 수 있는 잠재력이 존재함에도 불구하고 사회구조 때문에 이성이 사회 성원에 의해 이차적 성찰성 수준에서 사회적으로 적절한 것으로 널리 공유되고 수용되지 않는다는 것이다. 호네트가 지적하듯이, 우리는 "그 체계를 구조적으로 생산하는 바로 그 사회적 조건으로부터 우리의 주의를 분산시키는 역설적인 특성을 가진 신념과 관행의 체계"를 다루고 있다(Honneth, 2009d: 30). 이처럼 거기에는 두 가지 형태의 병리 ― 즉, 현존 사회제도와 이용 가능한 이성의 수준 간의 단절과, 합리성을 구성하는 것으로 광범위하게 인식되는 것과 (사회 성원들이 아직 이용 가능한 것으로 그리고 잠재적으로 해방적인 것으로 이해하지 못하는) 이성에 잠재하는 잠재력 간의 단절 ― 가 존재한다. 비판사회이론은 사회 성원들이 이차적 장애의 특정한 특성에 눈을 뜨고 이성의 보다 광범위한 해방적 잠재력이 현재의 사회 조건에 의해 어떻게 가려져 왔는지를 포착할 수 있게 하는 것을 목표로 한다. 결국 따지고 보면, 이것이 바로 이론과 실천 간의 중요한 연결점이다. 프랑크푸르트학파 이론가들이 보기에, 이성은 비록 일방적이고 왜곡되어 있지만, 그것은 또한 주체가 사회 세계를 더 명확하게 바라보고 주체에게 잠재되어 있는 해방에 대한 관심을 포착하여 사회병리의 근원과 그 사회병리가 야기하는 고통을 극복하도록 하는 매개체이기도 하다.

물화

사회병리에 대한 호네트의 가장 실제적이고 흥미로운 분석 중 하나는 게오르그 루카치(Georg Lukács)의 '물화' 개념을 복원하고 재정식하려는 그의 다면적인 노력에서 비롯된다. 아주 간단히 말하면, 루카치는 근대 상업 사회가 모든 것 ― 원래의 자원과 제조품뿐만 아니라 노동력, 사람, 예술적 창작물, 관념과 이상, 사회적 관계, 정치 등도 포함하여 — 을 계량할 수 있고 상호 교환 가능하며 가격이 책정되는 별개의 대상으로 취급하는 경향이 있다고 주장했다. 자본주의 경제체계는 자신과 접촉하는 모든 것에 가격이 책정된 상품에 적용되는 상업화된 모델을 강요하기 때문에 사회적 생활세계와 그 세계 내의 모든 것을 비인간화, 즉 물화하는 경향이 있다. 호네트의 목표는 현재의 지적 맥락에서, 특히 자본주의적 물화에 대한 루카치의 설득력 없는 지나치게 총체적 비판을 넘어서서 물화 개념을 어떻게 생산적으로 재정식화할 수 있는지를 살펴보는 것이다.

루카치 사회이론의 결함이 무엇이든 간에, 호네트는 물화 — 즉, 다른 사람을 사물로, 다시 말해 자신의 신중한 계산에 따라 조작하거나 파괴할 수 있는 자연계의 대상으로 취급하는 것을 포함하는 완전하고 철저한 비인간화 — 에 대한 분석이 여전히 실제적으로 적실하다고 확신한다. 호네트의 물화에 대한 설명은 그 범위를 상당히 좁혀서 물화를 루카치가 믿었던 것보다 훨씬 더 드문 현상으로 만든다는 것에 유의하는 것이 중요하다. 사실 루카치가 물화가 사회현상에 대한 모든 형태의 도구적 또는 계산적 접근을 포함한다고 주장하는 데 반해, 호네트는 물화가 인간이 다른 사람을 향해 객관화하는 입장을 취하는 동시에 다른 사람을 인간으로 인식했던 선행 인정을 망각하는 드문 상황만을 가리킨다고 주장한다.

호네트의 물화 분석을 해명하기 위해서는 선행 인정의 개념을 상기하고, 그 개념을 인지적 객관화와 대비시키고, 객관화, 도구화, 엄격한 의미로서의 물화 간의 차이를 보여주고, 물화의 서로 다른 원인을 탐구하고, 자신과 자신의 객관적 세계 모두가 어떻게 물화될 수 있는지를 살펴보고, 물화의 이차적 장애 구조를 설명할 필요가 있다.

내가 제2장 제5절 '선행 인정'에서 호네트가 물화에 대한 태너 강의에서 처음으로 선행 인정을 인정의 넷째 형태로 확인한다고 언급한 것을 상기하라.

선행 인정의 기본 관념은 다른 사람과의 어떤 실제적인 규범적 형태의 상호작용이 이루어지기 위해서는 상호작용에 앞서 상호작용 파트너들이 자신들이 사람 — 그리고 다시 말해 곤충이나 사물이나 기계가 아닌 — 을 대하고 있다는 것을 인식해야 한다는 것이다. 호네트는 그러한 선행 인정을 "다른 사람을 자발적·무합리적으로 동료 인간으로 인정하는 것"으로 생각한다(R: 152). 선행 인정은 상호작용 파트너가 상대방을 욕망, 목적, 계획을 가진 감정적이고 의식적인 피조물로 대하는 일종의 **공감적 교류**와 관련되어 있다. 그러한 교류는 사물 세계 — 자신의 욕망과 목적, 자신의 감정적 반응성, 그리고 다른 사람이 받아들일 수 있는 자신의 관점을 가질 수 없는 — 와 벌이는 상호작용과는 근본적으로 다르다. 요컨대 상호작용하는 **타자**와의 그러한 원초적인 공감적 교류는 상대방을 하나의 인간 존재로 인정하는 것을 포함한다.

호네트는 개인이 다른 사람, 세계, 그리고 자기 자신에 대해 취할 수 있는 두 가지 상이한 태도, 즉 실제적이고 이해관계 있는 관여의 태도와 초연한 인지적 객관화의 태도를 강조한다. 『물화』에서 제시한 야심 찬 중심적 테제 중 하나는 실제적이고 이해관계 있는 관여의 자세 — 선행 인정 — 가 객관화하는 인지적인 자세보다 발생적으로도 **그리고** 개념적으로도 선행한다는 것이다. 이를테면 사회 세계와 그 세계 내의 사회적 행위자들과 관련한 사실 — 경제 영역에서 종종 요구되는 — 에 대한 공식적이고 객관화하는 계산적인 인지 양식은 다른 사람에 대한 완전히 인간화된 인정이라고 부를 수 있는 선행 행위 — 즉, 하나의 타인으로서의 다른 사람에 대해 이해관계를 가지고 관여하는 순간 — 를 **전제로 한다**. 다양한 이론적·경험적 전거 — 루카치에서부터 듀이, 하이데거, 아도르노, 카벨, 발달심리학에까지 이르는 — 에 대한 많은 일단의 독해가 이 테제를 뒷받침한다. 이들 독해 모두는 유사한 현상을 지적하고 있으며, 또한 다른 사람들에 대한 질적 관계가 다른 사람들에 대한 객관화된 관계보다 우선한다는 주장, 그리고 실제로 전자가 후자가 일어날 수 있는 조건이라는 주장을 뒷받침하는 경향이 있다. 우리가 일단 다른 사람에 대해 이해관계를 가지고 관여하는 입장을 인정의 입장으로 이해한다면, 이는 이들 다양한 이론 모두가 상호주관적 인정이 인정 — 심지어는 독백적 인정까지도 — 이 일어나는 조건이라는 대담한 주장을 뒷받침하는 것으로 바라보는 간단하지만 중대한 조치이다.

이러한 인식론적 주장에 대한 관심에도 불구하고, 우리는 그러한 주장이 물화라는 병리를 진단하는 데서 이용되는 용도로 눈을 돌려야 한다. 호네트는 물화 행위를 다른 사람, 세계, 자신을 객관화하는 입장을 택하는 동시에 그러한 객관화하는 입장이 다른 사람들과의 실제적이고 이해관계 있고 규범으로 가득한 상호작용과 구성적 관계를 가진다는 사실을 **망각**하는 행위로 이해함으로써 물화 개념을 오늘날 변화된 이론적·역사적 조건 아래서 생산적으로 소생시킬 수 있다고 주장한다. 루카치와 달리 호네트에서는 객관화하는 입장이 규범적으로 허용되는 방식으로 인지적 가치를 증진시키는 데 기여할 경우(즉, 도덕적으로 허용되는 제한된 영역 내에서 다른 사람들을 객관화함으로써 그러한 자연화 입장이 합리적 문제 해결을 촉진하는 경우) 유해하지 않을 수 있다. 이를테면 정부의 서로 다른 정신 건강 정책에 대한 비용-편익 분석은 인간의 고통과 같은 다양한 인적 '비용'과 인간의 건강과 같은 '이익'을 객관화하여 정책 분석에 필요한 금전적으로 비교 가능한 수치를 계산해 낼 수 있게 해준다. 그러나 적어도 계산과 선행 인정(사회의 성원을 인간으로 인정하는 것) 간의 구성적 관계가 체계적으로 망각되지 않는다면, 그러한 객관화가 반드시 물화 형태의 객관화인 것은 아니다. 사실 호네트에서는 다른 사람들을 객관화하는 태도가 유해한 경우조차도 그것이 반드시 물화인 것은 아니다. 이를테면 자신의 목적을 위해 다른 사람을 도구화하는 것에 대해 생각해 보자. 그러한 경우 우리는 우리가 원하는 것을 얻기 위해 다른 사람의 동의 없이 다른 사람의 인간적 특성을 이용한다. 이를테면 우리는 우리 자신이 원하지 않는 사회적 과제를 다른 사람들이 수행하게 하기 위해 다른 사람의 감정을 기만적으로 이용한다. 따라서 유해한 도구화를 포함하는 객관화에서조차 우리는 다른 사람을 자신의 목적을 위한 단순한 수단으로 취급하기 위해 다른 사람을 사전에 인정하고 있음에 틀림없다. 이와 대조적으로 물화의 경우에는, 우리는 다른 사람과 인간으로서의 공감적 교류가 다른 사람을 단순한 사물로 취급할 수 있는 조건이라는 사실을 완전히 망각하고 다른 사람을 단순히 인간적 특성이 전혀 없는 사물로 취급한다. 우리는 이를테면 수용소와 같이 사회적 관행이 철저하게 왜곡된 극단적인 상태에서 그 안에 수용되어 있는 사람들을 단지 우리 자신의 목적을 위한 자연 자원으로 취급하여 그들의 체중을 재고 그들의 지방으로 비누를 얼마나 만들 수 있는지를 계산하기도 했다. 그러므로 물화하는 객관화를 특징짓는 것은 인지에 우선하는 상호주관적 인정을 적극적으로 망각하는 것이며, 이 경우 그러한 망각은 사회적으로 만연하고, 체계적 또는 제도적으로 재생산되며, 윤리적 형태의 사회적 삶을 유지하는 데 필수적인 조건인 상호주관적 인정 네트워크를 기형화하는 데 기여한다. 따라서 다른 사람들을 물화하는 것은 다른 사람들의 인정이라는 규범적 의미 구조를 무시하는 것을 포함하며, 왜곡된 형태의 사회성에 해당하는 그러한 무시는 참여자를 비인간화하고, 그리하여 병리적인 사회구조를 영속화하는 데 기여한다.

물화의 보다 극단적인 사례 – 나는 이 사례가 호네트에게 일종의 패러다임을 제공한다고 생각한다 – 는 홀로코스트와 20세기의 여타 대량 학살과 대량 살상에서 목격된다. 이러한 끔찍한 행위가 일어날 수 있었다는 것을 이해하기 위해서는, 우리는 다른 사람을 사물 – 즉, 자신의 신중한 계산에 따라 조작하거나 파괴할 수 있는 자연계의 대상 – 로 취급하는 것을 포함하는, 다른 사람들에 대한 완전하고 철저한 비인간화를 이해할 필요가 있다. 이러한 잔학 행위가 심각하게 부도덕한 것은 사실이지만, 단순히 인간의 통상적인 부도덕성을 거론하는 것만으로는 충분하지 않다. 왜냐하면 산업화된 학살 또는 대량 학살은 피해자가 인간의 특성을 가진 사람이라는 실존적 성격에 대해 가해자가 둔감해지지 않고는 이루어질 수 없기 때문이다. 인간의 부도덕성을 거론하는 설명은 개념적 또는 범주적 오류를 수반한다. 왜냐하면 호네트에 따르면, 그러한 대량 학살은 사람들이 모든 사람에게 일상적·자동적으로 부여하는 타인에 대한 실존적 인정을 탈습관화하는 광범위한 사회적 관행을 통해서만 일어날 수 있기 때문이다. 호네트가 대량 학살의 병리를 설명하는 완전한 사회심리학을 제공하려는 것은 아니지만, 그는 대량 학살이 희생자가 인간이라는 사실 자체에 대한 선행 인정을 망각하는 것, 즉 서로 다른 세 가지 주요 형태의 도덕적인 실제적 인정의 전제 조건인 무도덕적 인정의 기본 형태를 망각하는 것을 포함하고 있음이 틀림없다는 것을 지적하고 싶어 한다.

물화의 원인에 대한 완전한 사회학적 설명을 제공하는 것 역시 호네트의 의도는 아니다. 사실 그는 자신이 얼마나 어려운 난제를 사회학적으로 풀어야 하는지를 알고 있다. 인지보다 인정이 우선한다는 발생론적 주장과 개념적 주장이 모두 옳다면, 이 근본적인 인간관계를 망각하는 것은 매우 어려워 보일 것이다. 호네트는 서로 다른 종류의 물화는 서로 다른 원인을 가지고 있을 가능성이 크다는 것, 그리고 물화에 대한 단일 원인 설명은 부적절할 가능성이 크다는 것을 조심스럽게 지적한다. 호네트는 『물화』 전반에서 널리 공유되는 사회적 관행, 제도적 유인, 왜곡된 인지 도식 및 평가 패턴들의 특정한 조합이 종종 인정의 인간학적 토대를 넘어서 물화하는 이차적 장애를 낳을 수 있다고 시사한다. 요약하면, 사회적 물화는 객관화를 위해 상호주관적 상호작용의 원초적 인정 구조를 무시하는 것을 널리 공유하는 것을 포함하며, 그러한 망각은 특정한 방식으로 사회적으로 야기되고, 사회적 병리 — 인간화된 형태의 상호작용을 완전히 왜곡하고 그리하여 윤리적 형태의 좋은 삶에 필요한 사회적 조건을 방해하는 병리 — 를 낳는다.

사회적 상호작용이 물화 분석에서 중심을 이루지만, 그 분석이 상호주관적 현상에만 국한되지는 않는다. 왜냐하면 호네트는 또한 우리가 객관적인 비사회적인 세계와 주관적인 자기 관계라는 내면세계 모두와 물화하는 관계를 갖는다는 것이 무엇을 의미하는지를 이해하기 위한 범주적 틀을 개발하기 때문이다. 호네트에서 물리적 세계의 물화라는 의외의 개념은 물리적 세계 속의 사물과 관계가 인간에 대해 가질 수 있는 의미를 체계적으로 망각하는 것을 의미한다. 이 관념은 우리가 다른 사람을 완전히 인정할 때 우리는 물리적 세계 속의 사람과 사물 모두에 대해 다른 사람이 맺고 있는 의미 있는 그리고 감정으로 가득 찬 관계를 얼마간 파악하고 있음에 틀림없다는 아도르노의 주장을 따른다. 만약 아도르노의 주장이 옳다면, '자연의 물화'라는 개념은 "우리가 사물을 인지하는 과정에서 다른 사람들이 사물에 추가적으로 부여한 모든 의미에 주의를 기울이지 않는 것으로 이루어질 것이다"(R: 63). 따라서 호네트의 분석에 따르면, 자연과 우리의 물리적 환경의 물화는 다른 사람들을 물화하는 것에서 파생된 현상의 일종일 것이다.

자기 물화는 자신의 내면 상태와 왜곡된 관계를 맺는 것을 포함하는데, 이 경우 사람들은 자신의 자기 관계가 무엇보다도 실천적 관계 — 즉, 자신이 경험하는 다양한 상호주관적 인정 관계를 통해 처음으로 만들어지는 자기 자신에 대한 질적 인정의 한 종류 — 라는 것을 망각한다. 호네트는 이 분석을 통해 현대 문화에서 분명하게 드러나는 두 가지 종류의 자기 물화 병리를 식별한다. 한편에는 호네트가 '감지주의(detectivism)'라고 이름 붙인 자기 객관화의 한 형태가 존재하는데, 이 경우 개인은 자신의 내면 상태를 자기 성찰 행위를 통해 변화시킬 수 있는 경험적으로 주어진 것이 아니라 단지 정확하게 감지하고 분류할 수만 있는 주어진 상황으로 간주한다. 이것의 전형적인 사례가 개인들이 자신의 '퍼스낼리티 유형'에 대해 객관적인 태도를 취하고 자기 프로파일링을 위해 자신의 내면에 대해 객관적으로 관찰하고 그것을 표준화된 기준에 맞출 것을 요구받을 때 발생하는 유형의 물화이다. 온라인 데이트 포럼에서 자신의 인물 프로필을 자세히 제시할 때 잠재적으로 포함되는 물화를 그 사례로 생각해 보자. 특히 이 경우에 사람들은 자기 자신의 성격 특성과 거리를 두고 자신의 성격 특성이 태어날 때부터 몸에 있던 점이나 타고난 머리칼 색깔과 마찬가지로 자신의 선택이나 인생 경험에 영향을 받지 않는 불변의 사실인 것처럼 보고한다.

그 반대 극단에는 호네트가 '구성주의(constructivism)'라고 식별한 형태의 자기 물화가 존재하는데, 이 경우 개인들은 본질적으로 자신의 내면 상태가 전적으로 자신의 의지 행위의 통제하에 있으며, 따라서 사회적으로 규정된 규범과 목표에 비추어 개조될 수 있는 전적으로 가소성 있는 물질이라고 믿고, 자신의 내면 상태를 도구화하는 입장을 취한다. 그 일례로 사람들은 평생 직업이 없는 오늘날의 '유연' 경제에서는 다양한 직업별 성격 특성을 충족하기 위해 자신의 퍼스낼리티를 반복적으로 변화시킬 필요가 있다고 본다는 것을 생각해 보라. 자신의 자아를 의도적으로 제조된 페르소나로 취급하는 것과 관련된 물화는 사실 이데올로기적 인정의 집요한 관행을 통해 강화될 수 있다. 이를테면 사람들은 자신의 삶의 '기업가'로 존경받는다. 이 사례에서 이데올로기적 인정에 의해 강화된 물화는 현재 신자유주의적 노동시장의 새로운 정명으로까지 거슬러 올라갈 수 있다. 이들 자기 물화 사례 모두에서 우리는 자신에 대해 갖는 본질적인 인정 관계를 망각한다. 우리는 다른 사람에게 자신을 팔기 위해 자신을 도구적으로 개조할 수 있다고 믿거나 우리의 내면 상태를 표준화된 범주 도식에 계산적으로 꿰맞추어 추상적인 퍼스낼리티 유형 틀에 자신을 위치시킬 수 있다고 믿으면서 우리의 내면 상태를 개조하게 된다.

내가 여기서 발전시켜 온 용어로 말하자면, 물화라는 사회병리가 이차적 장애를 나타낸다는 것이 분명할 것이다. 정확히 말하면, 인지와 상호작용의 일차적 객관화 — 그 대상이 다른 사람이든, 자신의 실천적 정체성이든, 또는 객관적 세계이든 간에 — 가 그러한 인지와 상호작용이 선행 인정 행위에 시간적·개념적으로 의존한다는 사실을 이차적으로 파악하는 것과 분리될 때, 인지와 상호작용의 물화가 발생한다. 여기서 망각 은유는 본질적으로 이차적 장애를 가리킨다. 하지만 망각은 단순한 자기 오해, 심리적 기벽, 또는 개인의 정신병리가 아닌 **사회적** 병리이다. 따라서 이 분석은 우리의 집합적 삶 속에 사회적으로 널리 퍼져 있는 특징과 관행들 — 보다 구체적으로 말하면, 사회적 삶의 현존 형태와 제도에 존재하는 특정 메커니즘으로 인해 유발되어 좋은 삶에 대한 전망을 기형화시키는 특징과 관행들 — 을 진단하는 것을 목표로 한다.

조직화된 자기실현

여기서 살펴볼, 호네트가 마지막으로 진단한 사회병리는 그가 '조직화된 자기실현'이라고 부르는 것이다. 사회학적 연구와 비판철학적 연구를 긴밀하게 연결하는 프랑크푸르트학파의 독특한 전통(Honneth, 2002b)을 되살리기 위한 새로운 시리즈의 제1권에서 호네트는 1960년대 이후 새롭고 역설적인 형태의 개인주의가 발전했다고 주장한다(Honneth, 2012h). 이 진단에 따르면, 약 40년 전부터 서구 선진 국가에서는 자기실현에 대한 주장이 크게 증가했다. 일례로 1960년대 문화 혁명으로 촉발된 다양한 라이프스타일과 하위문화의 폭발적인 증가를 검토해 보자. "당신이 별난 사람임을 보여줘라(let your freak flag fly)"라는 히피 슬로건이 각자와 모든 사람이 자신의 개성을 의식적으로 추구하고 자신만의 고유한 본성을 진정으로 실현해야 한다는 관념으로 순화되었을 때 더 광범위한 문화에서 결정적인 변화가 일어났다.

객관적인 관점에서 보면 그러한 의식적인 개인주의의 증가는 개인의 질적 자유의 가능성이 증가한 것으로 보일 수 있지만, 역설적이게도 주관적인 관점에서 보면 자기실현에 대한 기대는 점점 더 개인에게 피할 수 없는 강렬한 요구로 다가온다. 이러한 형태의 제도화된 개인주의는 다시 한편에서는 병리적 증상 — 개인의 공허함, 무의미함, 무목적성 등의 심리적 느낌 — 을, 그리고 다른 한편에서는 개인 책임 이데올로기의 만연 — 이는 신자유주의적 탈제도화로 이어진다 — 이라는 사회학적 증상을 낳았다. 사회적으로 요구되는 조직화된 자기실현이라는 병리는 분명히 이차적 장애로 간주된다. 개념적으로 보면, 진정한 자기실현에 대한 주장은 자신의 자기실현 양식(일차적 내용)이 이차적 성찰성 수준에서 (자신의 삶의 역사와 성격을 자신이 특정하게 전유함으로써) 자생적으로 발생하는 것으로 파악할 것을 요구한다. 하지만 일차적 내용이 어떤 중요한 의미에서 자신의 것이 아닐 때, 또는 그러한 내용이 현대 자본주의 문화에서 정상성의 하나의 조건으로 또는 심지어 신자유주의 경제에서 피고용자들에게 독립적인 창의적 기업가가 되라고 고무하는 직업 요건으로 외부에서 요구되는 것으로 이차적으로 파악될 때, 진정성에 대한 주장 자체가 무효화된다(말하자면 진정하지 않은 것이 된다). 따라서 현대의 역설적인 형태의 제도화된 개인주의에서는 일차적 내용 — 아주 자주 개성을 위해 형판으로 미리 주어지는 공허한 형태의 소비자의 자기 동일시와 자기 '만족' — 과 적절한 진정성 주장에 필요한 이차적 성찰성 — 개인화된 자기실현에 대한 요구 자체가 신자유주의적인 경제적 변화에서 중요한 기능적 역할을 하는 생산적 힘이라는 사실에 의해 자주 손상되는 — 간에 일련의 단절이 존재한다.

호네트가 이 테제를 발전시키는 과정에서 특히 눈에 띄는 것은, 이 테제가 현대 사회병리에 대한 호네트 자신의 진단에 초점을 맞추고 있는 다른 저작들보다 훨씬 더 실제적이고 설명적인 사회이론적 주장에 의해 뒷받침된다는 것이다. 방법론적 측면에서 보면, 호네트는 진정한 자기실현에 대한 제도화된 요구로 인해 발생하는 공허함과 무목적성 증상은 단일 원인 방식으로 설명되어서는 **안** 된다고 주장한다. 왜냐하면 그러한 증상들은 현대적 형태의 사회적 삶에서는 경제적 권력의 의도된 조작에서 비롯되는 경우가 훨씬 적기 때문이다. 호네트는 이러한 부정적 경고를 넘어 사회이론은 각기 고유한 논리와 동학을 가지는 — 그럼에도 불구하고 특정한 사회구성체 속에서 합체되는 — 별개의 발달 과정 사이에서 선택적 친화성을 식별할 수 있다고 주장한다. 따라서 그는 마르크스주의적 경제주의뿐만 아니라 헤겔주의적 관념론 역시 괴롭히는 일원론적 설명의 오류에 빠지지 않고, 사회이론을 별개의 그리고 종종 서로 무관한 사회변화에서 나타나는 유사한 방향성 경향을 하나씩 식별하는 데 사용한다.

이 방법론적 관념은 제도화된 개인주의라는 역설적인 현상을 유발하는 다음과 같은 여섯 가지 발달 과정을 식별하는 사회이론 — 즉, 사회병리 진단을 설명적으로 뒷받침하는 사회이론 — 에서 조작화된다. 첫째 발달 과정은 당연히 사회학의 창시자들 — 뒤르켐, 짐멜, 베버 — 에 의해 근대화를 규정지은 것으로 식별되고 파슨스에서 계승된 전반적인 구조적 변화이다. 현대 사회에서 개인은 전통 사회의 속박과 생활 패턴에서 점점 더 해방되어 자신의 삶을 스스로 결정하고 그리하여 자기실현을 추구할 수 있는 자유가 엄청나게 증가했음을 경험하고 있다. 둘째이자 보다 최근의 발달 과정, 즉 제2차 세계대전 이후 포드주의적 형태의 산업적 경제조직에서 포스트-포드주의적 형태의 자본주의로 이동한 것은 점점 더 피고용자들에게 자기 책임적이고 창의적인 발명가이자 자기 자신의 경력의 기획자가 될 것을 요구하면서 자기실현을 경제발전 자체 속에서 생산적인 힘으로 만들어왔다. 호네트는 이러한 사회구조적·경제적 변화에 두 가지 문화적 변화를 추가한다. 한편에서는 1960년대와 1970년대의 격변과 사회운동이 개인의 진정성이라는 낭만주의의 이상을 중심 가치의 하나로 만들었다. 다른 한편에서는 전자 커뮤니케이션 매체에서 일어난 변화가 셀럽을 중심축으로 하는 진정성 모델을 점점 더 확산시키고 있다(이 진정성 모델은 이용 가능한 라이프스타일의 범위를 정하고 허구와 현실 간의 경계를 모호하게 하는 경향이 있다). 마지막으로, 두 가지 다른 변화도 설명적 역할을 한다. 소비 중심의 자본주의가 새로운 소비재의 매출을 끊임없이 증대시킬 것을 요구함에 따라 광고 산업은 소비재를 각자가 '자신만의' 라이프스타일을 개발할 수 있는 심미적 자원으로 포장함으로써 진정성이라는 이상을 도구화해 왔다. 끝으로, 복지국가를 해체하려는 신자유주의적 정치 프로그램과 점점 더 부상하는 자기 책임적이고 원자론적인 개인주의의 이상 — 즉, 미리 조직화된 형태의 '진정한' 자기실현을 통해 추구되고 실현되는 이상 — 간에 변증법적 상호작용이 일어나고 있다. 결국 선택적 친화성을 가진 일련의 별개의 사회적 변화는 진정한 자기실현에 대한 압력을 증가시키는 동시에 참으로 진정한 자기실현과 참으로 자기 주도적인 자기실현의 가능성을 약화시킴으로써 사회 성원의 좋은 삶에 대한 잠재력을 저해하거나 왜곡하는 결과를 초래했다.

비판적 관점들

우리는 지금까지 호네트가 사회철학을 실천철학 내의 하나의 독특하고 중요한 작업으로 발전시키려는 의도가 무엇인지를 살펴보았다. 호네트의 의도는 개인이 만족스러운 삶을 사는 기회에 부정적으로 영향을 미치는 현재의 사회관계와 사회제도의 병리를 진단하는 것이었다. 우리는 또한 여기서 호네트의 실제 진단 중 다섯 가지를 살펴보았고(우리는 나머지 세 가지를 제5장과 제6장에서 살펴볼 것이다), 그 진단들 모두가 어째서 이차적 장애의 구조를 나타내는지 살펴보았다. 그러나 두 가지 커다란 방법론적 문제가 더 고려되어야 한다. 첫째, 우리가 호네트가 규정한 사회철학 정의를 가지고 작업하고자 한다면, 우리는 사회병리 진단과 관련된 다양한 과제와 그러한 과제를 수행하는 데 필요한 다양한 사회학적·역사적·심리학적·철학적 작업에 대해 보다 분명한 관념을 가질 필요가 있다. 우리는 그러한 관념을 통해 호네트가 사회철학에 요구되는 다양한 과제를 얼마나 잘 수행했는지를 전반적으로 평가할 수 있을 것이다. 둘째, 우리는 이 책에서 반복적으로 제기해 온 질문, 즉 이 책에서 이용한 규범적 기준의 지위를 다시 한번 더 다룰 필요가 있다. 다른 문제들 ― 이를테면 이러저러한 특정 진단의 설득력과 관련한 문제 ― 은 다음 기회로 미루어두어야만 할 것 같다. 그럼에도 불구하고 우리는 이 두 가지 일반적인 문제를 검토함으로써 호네트 사회철학의 타당성을 전반적으로 평가할 수 있는 더 나은 위치에 있게 될 것이다. 왜냐하면 호네트가 모든 진단과 관련하여 제시한 전망이 그러한 기본적인 방법론적 문제와 부침을 함께하기 때문이다.

사회진단의 과제와 도구

나는 이 장의 제2절 '이차적 장애로서의 사회병리'에서 호네트가 분석한 서로 다른 사회병리들이 이차적 장애의 개념적 구조를 보여주는 것으로 생산적으로 이해될 수 있다고 주장했다. 각각의 경우에 일차적 내용과 그 내용을 파악하는 이차적인 성찰적 양식 간에는 단절이 존재하며, 그러한 단절은 현대 사회에서 널리 퍼져 있고, 결정적인 사회적 관행, 제도 및 문화적 패턴에 의해 야기되며, 윤리적으로 온전한 형태의 집단적 삶을 실현할 기회를 차단함으로써 사회 성원에게 해로운 결과를 낳는다고 주장된다. 물론 이것이 호네트의 사회진단을 재구성할 수 있는 유일한 방법은 아니지만, 나는 그것이 비판사회이론이 제안한 사회진단을 옹호하고 활용하기 위해 수행해야 하는 다양한 과제를 조명하는 데 특히 도움이 된다고 생각한다. 나는 여기서 그러한 네 가지 과제를 명확히 하고, 그 과제들을 달성하는 데 필요한 이론적 도구의 종류를 제시하고자 한다.

첫째 과제 — 우리가 증상학(symptomatology)이라고 부르는 것 — 는 사회병리의 증상적 현상을 명확하게 식별하고 설명하는 것이다. 사회철학의 중요한 성과 중 하나는 사실 우리가 미처 알아차리지 못했거나 미약한 낌새만 느끼고 있던 문제나 증상을 명확하게 명명하고 조명한다는 것이다. 호네트의 진단은 세심한 현상학적 기술을 위한 도구, 근대화와 합리화에 대한 사회학적 설명, 그리고 행위이론과 심리학의 연구 결과를 이용한다. 하지만 다른 도구들 역시 유효할 수 있다. 문학적 환기, 이해를 돕는 은유, 심지어는 사회적 현실에 대한 전략적 과장과 왜곡도 거기서 하나의 역할을 할 수 있다.[2] 여기서 핵심은 증상학이 자신의 분석의 기본 데이터로 삼는 고통, 방향 감각 상실, 무의미함의 느낌을 명확하게 표현할 수 있어야 한다는 것이다. 하지만 증상을 기술하는 것은 건강함과 정상성에 관한 실제적인 배경 가정에 의존하기 때문에 이 과제는 그저 기술적인 것이 아니라는 점에 유의해야 한다. 사회철학의 경우에 사실 이 가정은 사회적 삶의 형태의 건강함 또는 정상성에 관한 까다로운 판단 — 우리는 이에 견주어 식별된 현상이 병리적인지 그렇지 않은지를 말할 수 있다 — 과 관련되어 있다.[3]

사회병리 분석이 수행해야 하는 둘째 과제는 기술된 현상이 현대 사회 전반에서 널리 경험되고 있음을 입증하는 것이다. 여기서 이론은 해당 증상이 우발적이거나 일시적이거나 또는 개인적인 것이 아니라 실제로 하나의 모집단에 존재한다는 주장이 진실이라는 점을 입증해야 한다. 이를테면 조직화된 자기실현이 실제로 하나의 **사회적** 병리이기 위해서는, 특정 사회에서 소수의 사람이 자신의 고유한 개성을 자유롭게 실현하는 것이 아니라 자기 자신의 개성 실현을 강요당하고 있다는 느낌으로 고통받고 있다는 점을 지적하는 것만으로 충분하지 않다. 따라서 사회적으로 만연한 병리를 다루고 있다는 주장을 뒷받침하는 이 둘째 과제는 일종의 역학(疫學)이다. 여기서 나는 사회과학의 표준도구가 직접적으로 적합할 수 있을 것이며, 우리가 여론조사 데이터나 여타 자기보고에 대한 단순한 통계 분석보다 더 정교한 도구를 가질 경우 특히 그러할 것이라고 생각한다. 왜냐하면 사회병리의 역학은 질병으로 고통받거나 질병에 걸린 사람들이 종종 인식하지 못하는 질병이 만연하고 있음을 문서로 증명해야 하기 때문이다.[4)]

셋째 과제는 병인학(病因學)적이다. 다시 말해 사회병리의 진단은 그것의 사회적 원인에 대한 설득력 있는 설명을 제공해야 한다. 내가 이 책에서 주장해 왔듯이, 사회병리의 진단은 이차적 장애가 사회적으로 경험된 것일 뿐만 아니라 사회구조, 제도, 규범적 패턴, 문화적 도식 등에도 인과적으로 뿌리를 두고 있다는 것을 보여주는 방식으로 이차적 장애를 설명하는 것을 포함해야 할 것이다. 병인학은 넓은 의미에서의 사회철학과 하나의 특정한 형태의 사회철학으로서의 비판사회이론 모두가 존속하는 데 결정적으로 필요한 과제이다. 첫째, 사회철학이 특정 사회의 구조에 결정적인 원인이 있는 병리를 다루고 있다는 것을 입증할 수 없다면, 그 증상학과 병인학에서 표면적으로 확인한 병리적 증상이 무엇이든 간에 그 증상은 사회적 힘에 의해 유발되지 않은 것일 수도 있다. 어쩌면 그 고통은 인간 삶의 보편적인 사실일 수도 있고, 어쩌면 환경적 또는 지리적 상황성 때문에 특정 사회에서만 발생하는 것일 수도 있다. 사회적 조건이 사망률과 자연재해 둘 다의 파장에 영향을 미치기는 하지만, 사망에 대한 인간의 민감성이나 자연재해에 대한 필리핀 사람들의 민감성이 하나의 사회병리인 것은 아니다. 사회병리로 추정되는 것에 대한 설득력 있는 인과적 설명만이 그것이 실제로 사회병리임을 신뢰할 만하게 지적할 수 있다. 둘째, 비판사회이론은 더 많은 해방을 목표로 하기 때문에 진단하는 사회병리의 근본 원인을 설명할 준비가 되어 있어야 한다. 그 이유는 진보적인 사회변화는 잘못된 방향의 개혁 전략을 채택하는 것이 아니라 질병의 진짜 원인을 해결할 것을 요구하기 때문이다. 물론 다양한 사회과학 분야에서 제시되는 인과적 설명들은 실제 수준과 이론 수준 모두에서 엄청난 논쟁을 불러일으킨다. 연구되는 현상의 복잡성을 고려할 때, 어떤 사회현상에 대한 특정한 인과적 이야기는 거의 불가피하게 상당한 반대, 반대 이야기, 반증에 직면한다. 다양한 설명 전략의 설득력, 모델링 도구의 적절성, 심지어는 그와 관련된 인과 변수와 요인의 분리 가능성에 대한 방법론적 논쟁은 사회과학에서 일상적인 것이다. 경제학, 심리학, 사회학, 정치학, 역사학 등 각 사회과학에 만연한 이러한 실제적·방법론적 논쟁은 병리학의 설명이 여러 분과 학문을 결합할 때 더욱 증폭된다. 이 문제가 심각하고 벅차긴 하지만, 사회철학 전반, 그리고 특히 비판사회이론 모두에서 자신들의 진단을 뒷받침하는 데 필요한 인과적 주장을 정당화하기 위해서는 그러한 파도치는 바닷속으로 뛰어드는 것이 불가피해 보인다.

단지 기술적·설명적 야망만을 가진 사회이론은 증상학, 역학, 병인학이라는 세 가지 과제를 수행하는 것으로 만족할 수 있지만, 비판사회이론 — 근본적으로 해방적 의도에 의해 이끌리는 학제적 사회이론 — 은 더 나아가 치료법의 과제 — 즉, 예후와 치료 권고 — 까지 수행하기 시작해야 할 것이다. 예후는 개입 또는 사회변화가 있는 경우와 없는 경우 그 병리가 진전될 수 있는 잠재적 경과를 추론적으로 평가하는 것을 포함한다. 권고를 하거나 사회적 처방을 내리기 위해서는 치료의 의도하지 않은 결과를 줄이면서 사회병리를 해결하고 개선하거나 제거해야 하며, 이와 동시에 치료의 의도하지 않은 결과를 줄이기 위해 다양한 전략을 분별 있게 평가해야 한다. 비판이론은 변혁적 사회변화에 필요한 이론적 자원을 제공해야 하는데, 그러한 자원으로는 그러한 사회변화의 가능성과 실행 가능성을 평가하기 위한 자원, 그와 관련된 이차적 장애에 대한 의식을 고취시키기 위한 자원, (사회적 투쟁의 정확한 타깃을 설정하는 것과 관련한 설득력 있는 설명을 포함하여) 전략 수립을 위한 자원, 현재의 상황·목표·전략에 대해 집단적으로 평가하기 위한 규범적 자원이 포함될 수 있다. 여기서 제시한 여러 문제를 고려할 때, 비판사회이론은 자신의 모든 도구 — 기술적 도구뿐만 아니라 역학적 및 병인학적 도구는 물론 분류·분석·평가를 위한 자신의 규범적·철학적 도구까지도 — 를 활용해야 할 것으로 보인다. 비판사회이론은 또한 자신의 연구 결과를 관련 사회적 행위자들과 명확하고 설득력 있는 방식으로 소통할 수 있어야 한다.

우리는 이 넷째의 임상 과제를 통해 프랑크푸르트학파의 역사를 특징짓는 독특한 문제, 즉 이론과 실천 간의 긴장 관계를 다룬다. 비판사회이론이 사회병리를 어떻게 기술하고 설명하든 간에, 그 이론이 자신에 고유한 치료법 과제를 잘 수행하기 위해서는 그 이론의 역사에서 핵심을 이루는 다음과 같은 일련의 예리한 질문을 다루지 않으면 안 된다. 이론을 사회적 행위자와 사회운동에 유용한 일상용어로 번역하는 데서 가장 좋은 방법은 무엇인가? 이론은 실제의 사회적 생활세계의 이상과 문제에 충분히 뿌리를 두고 있는가, 아니면 난해한 형태의 하나의 철학적 성찰인가? 이론가들이 자신의 이론에서 주체를 자신의 문제를 이해하기에는 너무나도 무지하다고 상정하고 그들에게 무엇을 해야 한다고 설교하는 것은 잠재적으로 엘리트주의적이고 반민주주의적이지 않은가? 보통 행위자들이 사회적 진단을 받아들이고 이용하는 정도가 그 진단의 진리성을 판단하는 조건인가? 그보다는 훨씬 더 엄격하게, 진보적 사회변화 자체가 이론의 진리성을 판단하는 기준인가? 이러한 질문 및 이와 관련된 메타 이론적 질문들은 피할 수 없지만, 나는 또한 그러한 질문들이 치료 노력에서 실제로 중심을 이루는 예후와 권고에 대해 기울이는 주의를 압도해서는 안 된다고 말하고 싶다.

물론 이 네 가지 이론적 과제 모두를 수행하는 사회철학을 구상하는 것은 야심 찬 일이지만, 내가 보기에 그것은 비판사회이론을 현대 사회병리에 대한 진단의 형태로 실현하고자 하는 시도에서 자연스럽게 따라 나오는 것이다. 나는 다른 곳에서 호네트가 이러한 과제들을 서로 다른 정도로 성공적으로 수행해 왔다고 주장한 바 있다(Zurn, 2011). 나는 여기서는 그 글에서 호네트에 대해 내가 내렸던 평가를 이들 네 가지 과제에 견주어 간략하게 요약하고자 한다.

증상학은 현상학적으로 잘 발달되어 있고, 주관적으로 느끼는 이차적 장애 경험을 표현하는 데서 자주 설득력이 있으며, 그러한 이차적 장애에 대한 느낌이 존재한다는 것은 근본적인 사회병리가 존재한다는 것을 명확하게 보여주는 좋은 증거이다.

역학적 주장 — 그러한 느낌이 충분히 유사하고 특정한 사회적 인구 집단 전체에 널리 퍼져 있다는 주장 — 은 호네트에 의해 직접 입증되지는 않지만, 그것이 그 이론에서 심각한 문제는 아니다. 그러한 입증은 경험적 사회조사의 문제이며, 많은 곳에서 다양한 영역의 인간 과학으로부터 증거가 제공되고 있다. 증거가 명시적으로 인용되거나 지적되지 않은 경우에도 진단을 잘 설계된 사회학적 및 사회심리적 연구를 통해 검증될 유망한 가설로 이해하는 것이 합당해 보인다. 따라서 요약하면, 역학적 과제와 관련하여 우려할 만한 것은 거의 없어 보인다.

하지만 병인학적 과제 — 병리의 사회적 원인을 설명하는 과제 — 로 넘어가면, 호네트가 무엇을 진단하는지에 따라 그 진단 결과가 다르다. 좀 더 일반적인 방법론적 문제를 검토하기에 앞서 특정 진단에 대한 나의 입장을 먼저 언급하고자 한다. 현대 이성의 병리 측면에서 살펴보면, 거기에는 너무나도 많은 인과적 이야기가 있어 선택하기가 쉽지 않다. 호네트가 서로 다른 양립할 수 없는 여러 버전의 테제 — 하버마스의 초기의 기술관료제 테제, 그의 후기의 식민화 테제, 호르크하이머와 아도르노의 3000년간의 계몽의 변증법 테제, 루카치의 상품화 테제 — 중에서 어떤 것을 지지하고자 하는지도 불분명하다.

이에 비해 이데올로기적 인정, 비가시화, 물화에 대한 분석은 병리의 사회적 원인에 대한 제도적, 구조적, 규범적, 문화적, 그리고/또는 기능적 설명과 관련한 실제 사회학적 세부 사항을 제대로 제시하지 못하고 있는 것으로 보인다. 비가시화와 이데올로기적 인정을 다룬 두 개의 짧은 에세이는 주로 관련 병리를 설명하는 방법보다는 인정과 관련하여 관련 병리를 이해하는 방식에 주로 관심을 기울이고 있다. 태너 강의에서 호네트는 "인간 존재의 '질적' 특성으로부터의 추상화를 필요로 하는 고도로 일방적인 형태의 실천" 속에서 "물화의 사회적 원인론에 대한 [명백히] 다소 모호한 일반적 가설"을 제시한다(R: 155). 그러나 이러한 방식으로 시작된 설명적 스케치는 무수히 많은 실제적·방법론적 문제를 남긴다.

반면에 조직화된 자기실현으로 눈을 돌리면, 거기에는 명확하게 표현되고 적절히 복잡하며 추가 연구가 가능한 하나의 인과적 이야기가 있다. 이 진단이 분리해 낸 여섯 가지 요인은 현상을 설명하는 것으로 보이며, 경험적 정확성을 위해 추가 조사가 이루어질 수도 있다. 또한 중요한 점은 이 진단에는 원인론적 방법론 — 즉, 서로 다른 여러 종류의 다중 인과적 요인 간에 베버의 선택적 친화성을 적용하는 방법 — 에 대한 명시적인 설명이 포함되어 있다는 것이다. 각각의 인과적 요인은 자기 자신의 독특한 역사적 경로를 따라왔지만, 함께 모여 현대의 제도화된 개인주의라는 특정한 병리적 구성체로 통합되어 왔다. 거기에 제시된 인과적 그림이 보여주고자 하는 것은 여섯 가지 요인 중 어느 하나를 절대적으로 필요한 요인으로 분리해 내거나 그중 일단의 요소를 공동으로 충분한 요인으로 식별하는 것이 어렵거나 불가능하지만 각 요인이 현상에 공동으로 기여한다는 것이다.[5] 요약하면, 거기에는 사회병리 진단과 관련된 병인학적 과제에 대한 추가 작업의 여지가 많이 남아 있다. 따라서 가장 유망한 경로는 다른 진단들도 조직화된 자기실현에 대한 인과적 설명만큼 명확하고 풍부한 인과적 설명을 하는 것일 것이다. 이와 연관된 좋은 사례의 하나가 법적 자유의 병리 — 즉, 모든 개인적 관계의 엄격한 법제화 — 에 대한 호네트의 다인과적 설명이다(FR: 86~94).[6] 왜냐하면 우리는 사회적 증상을 사회적 원인으로까지 거슬러 올라가 추적할 때만 우리가 하나의 진정한 사회병리학을 가지고 있다는 것을 알 수 있기 때문이다.

마지막으로, 나는 사회병리에 대한 잘 발달된 인과적 설명 없이는 예후와 권고라는 치료법의 과제는 시작조차 할 수 없다고 제시하고 싶다. 놀랍게도 이 넷째 임상적 과제는 결실을 맺기는커녕 아직 호네트에 의해 그 자체로 인정받지조차 못해왔다. 왜냐하면, 내가 앞서 언급했듯이, 그렇게 하는 데에는 사회병리를 개선하기 위해서는 사회를 어떻게 변화시켜야 하는가라는 실제적 문제뿐만 아니라 이론과 실천의 관계를 치밀하게 따져보는 까다로운 방법론적 문제도 수반될 것이기 때문이다. 물론 지식인이 사회 성원에게 개혁을 지시하고 이론적으로 탐구한 진리를 실천적 주장으로 전환하는 것에 대해서도 강력한 도덕적 우려가 표명될 수 있지만, 나는 추가 연구를 통해 그러한 문제에 명시적으로 주의를 기울이고 협상해 나갈 필요가 있다고 제안하고 싶다.

요약하면, 나는 호네트의 사회진단이 일반적으로 증상학의 과제를 인상적으로 수행해 왔으며, 앞으로 역학적 주장을 경험적으로 증명할 수 있는 명확한 경로를 제시해 왔다고 말하고 싶다. 하지만 내가 보기에, 병인, 예후, 치료 문제에 더 많은 주의를 기울일 필요가 있다. 사회병리에 대한 충분한 진단은 단지 관련된 사회적 증상이 드러내는 복합적인 양상에 주목하는 것 이상의 것을 수행해야 한다. 또한 사회병리에 대한 설득력 있는 설명을 확실하게 발전시켜 사회 성원들로 하여금 그 원인을 극복하는 데 필요한 다양한 사회적 투쟁에 생산적으로 참여할 수 있게 해야 한다. 간단히 말하면, 사회병리에 대한 비판사회이론은 해방적 관심을 실제로 증진시키기 위해 개인적 경험의 수준에서 병리적 장애를 정확하게 설명해야 할 뿐만 아니라 또한 그러한 병리적 왜곡의 원인 역시 사회학적으로 통찰력 있게 설명해야 한다. 내 생각에는, 현재의 인정이론은 사회적 설명과 권고라는 후자의 과제보다 기술이라는 전자의 과제를 더 잘 수행해 온 것으로 보인다.

"특정 현상을 병리적인 것으로 판단하는 기준은 무엇인가?"

췌장암과 같은 공격적인 형태의 암이 인간에게 병리적이라는 주장을 머릿속에 그려보라. 우리는 건강한 생물학적 기능을 측정하는 확고한 기준을 가지고 있기 때문에 이 주장은 논란의 여지가 없다. 적어도 장기적으로 심한 통증, 장기 부전, 조기 사망을 초래하는 모든 것은 기능 장애적인 것으로, 즉 인간의 생물학적 체계에 장애가 되는 것으로 명확하게 분류할 수 있다. 반면 개인의 정신 건강 및 적절한 정신 기능의 문제와 관련하여 병리적인 것과 병리적이지 않은 것의 경계를 규정하는 것은 더 어려울 수 있다. 이를테면 타인에 대한 한 개인의 불신은 건강한 형태의 회의주의인가 아니면 건강에 해로운 편집증인가? 한 사람의 일시적인 행복감은 파괴적인 조광증인가 아니면 생산적인 열정인가? 그럼에도 불구하고 적어도 치료되지 않은 조현병과 같은 심각한 정신 장애의 경우, 그러한 상태가 개인의 일상적인 기능을 심각하게 방해하는 것이 분명하기 때문에 논란의 여지없이 병리적인 것으로 분류할 수 있다. 따라서 개인의 신체 건강 및 정신 건강의 경우 문제는 대체로 두 가지인 것으로 보인다. 그 하나가 개인의 건강과 관련된 인간 기능을 정의하는 문제이고, 다른 하나는 그러한 기능에 기초하여 병리적인 것과 병리적이지 않은 것을 하나의 연속선상에서 유용하게 구분하는 문제이다.

우리가 사회, 사회의 관행, 개념, 제도가 '병리적'일 수 있다는 관념으로 넘어가면 상황은 더욱 어려워진다. 호네트는 사회의 병리적 특징과 비병리적 특징을 구분하는 사회철학의 기준을 정확히 어떻게 설명하고 정당화할 수 있는가? 여기서 특정 사회의 관련 기능을 정의하고 하나의 연속선상에서 그 기능들을 유용하게 구분하는 것과 관련하여 유사한 질문이 제기될 수 있다.

그러나 이 질문은 구체적인 용어로 추적하기가 훨씬 더 어려워지고, 특히 사회의 적절한 기능을 정의하는 것은 규범을 포함하는 작업이기 때문에 그 가정과 주장은 훨씬 더 논란의 대상이 될 수 있다. 이 문제에 대한 논의를 끌어가기 위해 나는 호네트가 이해한 사회철학 프로젝트의 규범적 구성 요소에 이의를 제기하는 서로 다른 두 집단을 다루고자 한다. 첫째 도전 집단은 우리가 실천철학에서 규범성을 이해하는 어떤 표준적인 방식으로 보더라도 사회병리에 관한 주장들은 규범적이거나 평가적일 수 없다고 주장한다. 둘째의 회의주의적인 도전 집단은 호네트가 적용하는 보편적 윤리 기준은 정당화될 수 없다고 주장한다. 두 수준 모두에서 우리는 다시 한번 사회비판의 비판적 기준을 설정하는 문제에 봉착한다.

레이먼드 게스(Raymond Geuss)는 호네트의 『물화』에 대해 응답하며, 호네트가 물화에 대해 진단하며 이어가고 있는 독특한 사회철학적 비판의 전통이 존재한다는 데 동의한다. 그러나 표준적 형태의 도덕철학을 좋아하지 않는 게스는 그러한 대안적 사회비판 전통은 도덕철학의 통상적인 장치를 채택할 수 없고 채택하지도 않는다고 지적한다. 게스는 이렇게 말한다. 사회적 장애에 대한 그러한 진단은 그 진단을 "도덕화하고자 하지 않는다. 다시 말해 그러한 진단은 개별 행위자의 개인적 실패와 관련된 사회의 결함에 대해서도, 그리고 책임, 죄책감, 후회, 또는 여타의 기독교적 및 탈기독교적 장치와 관련된 사회의 결함에 대해서도 논의하지 않는다. 하지만 만약 비판이 자신을 도덕화하지 않는다면, 무엇에 호소할 수 있는가?"(Geuss, 2008: 123)[7)]
게스의 이의제기는 표준적인 형태의 정치철학으로도 확장될 수 있다. 어쨌거나 국가가 주체에 대해 직접적으로 저지른 부당 행위나 정치적 결정에 이용된 불법적인 절차, 또는 정치적 권위의 찬탈, 또는 특정 정치체제나 정치체계에서 기인하는 어떤 여타 형태의 기형화된 국가 행동 그 자체가 사회병리인 것은 아니다. 따라서 표준 정치철학의 일반적인 장치가 비록 잘 발전되어 있고 우리가 그 장치를 분명하게 이해하고 있을지라도 우리가 그 장치를 여기서 사용할 수는 없을 것이다. 우리는 도덕적 또는 정치적 잘못에 대한 일상적인 반응이라는 한편과 사회병리에 대한 일상적인 반응이라는 다른 한편을 대비시킴으로써 여기서 비롯되는 난점을 감지할 수 있을 것이다. 규범의 위반에 영향을 받은 사람과 예민한 관찰자 모두는 통상적으로 규범의 위반에 대해 그 위반이 유도하는 분노를 느낀다. 그러나 일부 사회병리의 경우에는 개인들은 불편함이나 우려를 어렴풋이 느끼지만, 보통 특정한 사람이나 특정 기관이 정당한 기대를 위반했다고 느끼지는 않는 것이 사실이다. 개인들은 심지어 불편한 느낌을 어쩔 수 없는 현실로 받아들이기도 한다.

호네트는 이러한 첫 번째 이의제기에 대해 응답하며, (도덕이나 정의에 대한 이상적인 규범을 이용하는) 규범적 비판의 표준 양식이 어떤 사회관계가 '병리적'일 수 있는 정도를 평가하는 데 솔직히 적합하지 않다고 보는 게스의 견해에 동의한다. 그러나 호네트는 또한 사회적 진단이 규범적 기준 없이 가능하다는 주장을 단호하게 거부한다. 왜냐하면 병리적·비병리적이라는 개념 자체가 건강함, 정상성, 또는 적절한 기능의 기준을 언급하지 않을 수 없기 때문이다. 사회철학의 경우, 그 기준은 건강한 사회 또는 적어도 심각하게 기형화되지 않은 사회여야 한다. 호네트는, 비록 사람들이 사회의 정상성에 대해 엄격하게 사회학적인 비(非)평가적 정의를 사용하기 위해 노력할 수도 있지만, 그러한 시도는 불가피하게 사회학자 자신의 문화에서 비롯되는 평가 기준을 은밀하게 끌어들일 수밖에 없다고 주장한다. 따라서 그는 사회철학은 병리적인 것과 비병리적인 것 간의 구분을 정당화할 수 있는 초문화적 기준에 호소해야 한다고 주장한다. 그리고 호네트에서 건강한 사회의 기본적인 규범적 기준은 윤리적 삶에 대한 자신의 형식적 개념에 의해 설정된다. 그에 따르면, "그러므로 사회적 정상성의 패러다임은 사회 성원들이 왜곡되지 않은 자기실현을 경험할 수 있게 해주는, 문화적으로 독자적인 조건들로 구성되어야 한다"(Honneth, 2007f: 35). 그리하여 사회병리에는 모든 차원에서 개인의 퍼스낼리티의 완전한 발달을 방해하는 사회적으로 만연하고 사회적으로 야기된 조건이 포함된다.

윤리적 삶에 대한 형식적 개념이 제시하는 일반적인 기준 역시 분석된 다양한 병리에 견주어 발생하는 또 다른 관련 문제를 분석하는 기준이 된다. 이때 내려지는 각 진단은 사회적 정상성에 대한 서로 다른 기준에 호소하는 것처럼 보인다. 어떤 진단들은 현대 사회관계에 대한 비판에서 얼마간 직접적으로 규범적이다. 이를테면 비가시화는 (투명인간 취급을 받는) 도덕적으로 무시 받을 사람을 자의적으로 선택하는 사회관계이기 때문에 병리적이며, 제도화된 개인주의는 진정한 형태의 자기실현은 자기 주도적이어야 한다는 규범적 이상을 위반한다. 하지만 다른 진단들은 관행들이 암묵적인 개념 구조에 부합하지 않는다는 이유에서 그 관행들을 비판한다. 이를테면 이데올로기적 인정은 그것이 약속한 인정에 부합하지 않는 존중 제도들을 뒷받침한다는 점에서, 도구적 합리화는 이성의 더욱 완전한 발전 잠재력에도 불구하고 수단-목적 합리성을 일방적으로 발전시킨다는 점에서, 물화된 관행은 개인들로 하여금 다른 사람들을 인간으로 인정한 선행 인정 — 이는 인정과 인지의 전제 조건이다 — 을 망각하게 만든다는 점에서 비판받는다. 마지막으로, 일부 진단은 또한 간접적으로 규범적으로 비판한다. 이를테면 도구적 합리화는 또한 개인들로 하여금 다른 사람들을 자신의 목적을 달성하기 위한 단순한 수단으로 취급하게 만든다는 점에서, 조직화된 자기실현은 신자유주의 노동시장과 공허한 소비문화를 뒷받침하는 이데올로기적 역할을 한다는 점에서, 물화는 윤리적 삶의 필수 조건인 상호주관성 네트워크를 기형화한다는 점에서 비판받는다. 따라서 언뜻 보기에 다양한 진단은 여러 서로 다른 유형의 기준에 호소한다. 하지만 좀 더 숙고해 보면, 사실 모든 진단이 윤리적 삶에 대한 호네트의 형식적 개념에 부정적인 방식으로 준거한다는 것을 알 수 있다. 각각의 병리 진단은 사회적 조건이 인간의 번영 추구를 방해할 수 있는 서로 다른 방식을 보여준다(여기서 번영이란 사회적 인정 관계 속에서 그리고 그것을 통해 개인의 퍼스낼리티와 실천적 정체성의 서로 다른 측면이 완전히 발달하는 것을 의미한다).

하지만 추정상 보편적이고 문화적으로 불변하는 윤리적 기준으로의 이 같은 이동이 일어나자마자 둘째의 회의적인 이의가 쏟아진다. 이 이의제기는 두 부류로 정리될 수 있다. 하나는 선(善)에 관한 보편주의적 주장에 대한 신칸트주의적 의심에 기초하고, 다른 하나는 초문화적 보편성에 대한 신니체주의적 의심에 기반한다. 칸트에서 영감을 받은 도전을 이해하려면, 먼저 '권리'와 '선'의 차이를 이해할 필요가 있다. 가장 단순하고 간략하게 설명하면, 권리와 선은 두 가지 종류의 평가 기준, 즉 행위를 평가하는 두 가지 방식을 구분한 것이다. 권리는 개인이나 기관이 다른 사람에게 지는 의무에 관한 것이라면, 선은 개인이나 집합체가 목표로 추구할 만한 가치가 있는 것에 관한 것이다. 표준적인 자유주의적 해석에 따르면, 권리의 문제는 모든 사람을 단지 자유롭고 평등한 이성적 행위자로 간주하는 공정의 관점에서 해결될 수 있다. 선의 문제는 두터운 윤리적 전통을 공유하는 (자신이 가장 가치 있다고 여기는 실제적 가치에 비추어 자신을 실현하는) 윤리적 행위자의 관점에서만 해결될 수 있다. 우리는 이 기본적인 구분의 흔적을 호네트가 존중 인정과 존경 인정의 차이를 설명하는 데서, 그리고 그가 윤리적 삶의 실제적 배경을 무시하는 헤겔의 순수 도덕 비판을 계속 이어가고 있는 데서 탐지할 수 있다. 이를테면 호네트는 『자유의 권리』에서 헤겔이 옳았다고 주장한다. 다시 말하면, 자유가 얼마나 가치 있는지, 즉 자유가 어째서 근대 개인에게 중요한 선인지를 알지 못하고서는 옳음과 공정함을 이해할 수 없다는 것이다(제6장을 보라).

권리와 선의 차이를 다룬 철학 문헌은 방대하지만, 우리의 목적에서 핵심 쟁점은 자유주의 전통에 속한 사람들은 어떤 식으로든 다음과 같은 두 가지 주장을 한다는 것이다. 그것은 바로 권리의 문제는 모든 사람에게 보편적으로 타당한 초문화적·초시간적 답을 제시받을 수 있고, 선의 문제에 대한 답은 인간의 번영에 관한 문화적으로 서로 다른 독특한 개념들로 제한될 수밖에 없다는 것이다. 칸트에서 영감을 받은 이러한 사고노선에 따르면, 실천철학이 보편적인 규범적 기준을 사용하고자 할 때는 그 기준을 권리의 문제에만 한정해야 한다. 롤스가 실천적 추론에서의 '판단의 부담(burdens of judgment)'이 거기에 좋은 삶과 양립할 수 없고 서로 경쟁하는 다양한 '포괄적 교의들'이 항상 존재하게 할 것이라고 주장하든(Rawls, 1996: 47~71), 아니면 하버마스가 선의 문제는 항상 양립할 수 없는 복수의 윤리적 정체성과 자기인식을 낳는 서로 다른 역사적 전통에 뿌리를 두고 있다고 주장하든 간에(Habermas, 1993), 칸트주의자들은 보편적으로 타당한 윤리에 대한 고대 프로젝트가 근대 다원주의 세계와 더 이상 양립할 수 없다는 데 동의한다. 아마 놀랄 수도 있지만, 이러한 관념에 대한 이른바 헤겔주의적 대응을 옹호하는 많은 현대 학자(이를테면 공동체주의자들)는 선의 문제가 보편적으로 정당화될 수 없고 실제로 맥락에 구속된다는 자유주의자들의 주장에 동의해 왔다. 그들은 단지 권리에 관한 자유주의자들의 설명에 대해 반대할 뿐이다. 그들은 권리 역시 문화에 구속되고 특수주의적이며 보편화될 수 없다고 주장한다(MacIntyre, 1989; Sandel, 1982; Taylor, 1989).

따라서 권리와 선 간의 논쟁의 유력한 양쪽 측면 모두에서 볼 때, 보편주의적 윤리를 제공하려는 호네트의 시도는 실패할 수밖에 없는 것으로 보인다. 오늘날 실천철학이 어떤 형태로든 개인에게 좋은 삶에 대한 하나의 설득력 있는 올바른 그림을 분명하게 제시할 수 있다거나 보편적으로 타당한 인간 번영의 형태가 존재한다고 가정할 수 있다는 것은 솔직히 믿기 어려워 보인다. 근대의 복잡하고 다원적인 사회에서는 윤리적 삶에 대한 다양한 실제적 개념들이 한창 꽃을 피우고 있다. 이러한 윤리적 다원성은 제거할 수 없어 보일 뿐만 아니라(하나의 헤게모니적인 포괄적 교의를 가진 동질적인 사회로 돌아갈 가능성은 전혀 없다), 우리에게 긍정적으로 매력적이기도 하다(우리는 가능하다면 그러한 사회로 돌아가고 싶지 않을 것이다). 그렇다면 호네트는 어떻게 하나의 보편주의적 윤리를 인정과 자유에 대한 자신의 이론에서는 말할 것도 없고 병리 진단에서도 기본 기준으로 이용할 수 있는가?

여기서 중요한 조치가 바로 윤리적 삶에 대한 **형식적** 개념에 초점을 맞추는 것이다. 호네트는 어떤 특정한 결정적인 실제적 가치나 삶의 방식을 보편적인 것으로 구체적으로 표현하는 것이 아니라 다양한 실제적 삶의 방식을 실현하는 데 필요한 **일반적인 사회적 조건**과 관련해서만 보편성을 주장한다. 따라서 호네트의 이론은 어떤 특정 형태의 자기실현을 선택하거나 옹호하는 것을 목표로 하지 않기 때문에 현대 윤리적 다원주의의 다양성을 상당 부분 일거에 수용할 수 있다. 이 이론은 모든 사람으로 하여금 스스로를 실현할 수 있게 하는 (또는 실현할 수 없게 하는) 사회구조와 사회관계에 더 초점을 맞춘다. "따라서 사회적 병리를 평가하는 기준을 구성하는 것은 자기실현을 가능하게 하는 조건에 초점을 맞춘 정상성에 대한 윤리적 개념이다. 이 윤리적 배경 조건은 그것이 인간의 자기실현을 위한 사회적 전제조건을 규범적으로 강조할 뿐 그러한 조건이 기여하는 목표는 강조하지 않는다는 점에서 형식적이다"(Honneth, 2007f: 36). 따라서 이를테면 인정이론에서 서로 다른 형태의 상호주관적 인정은 서로 다른 형태의 실천적 자기 관계에 상응하는 것으로 보이며, 따라서 호네트는 특정 형태의 사회적 존중이 그에 상응하는 종류의 실천적 정체성이 발달하기 위한 형식적인 사회적 조건이라고 주장할 수 있다. 그 이론이 개인의 인간 발달을 촉진하고자 하기 때문에 비록 인간의 도덕에 대한 목적론적 설명을 담고 있기는 하지만, 그렇다고 해서 그 이론이 인간 발달이나 인간의 번영에 대한 특정한 긍정적 이상을 상정할 필요는 없다.[8] 더 나아가 사회병리에 대한 진단은 그 방법 면에서 본질적으로 부정적이기 때문에(즉, 그 진단의 목적이 개인의 자기실현을 방해하는 현재의 사회적 조건을 구체적으로 제시하는 것이기 때문에) 선에 대한 어떤 긍정적 비전에 의존할 필요가 훨씬 적다. 따라서 사회철학이 사회의 정상성에 대한 규범적 기준을 언급하는 것은 사실이지만, 그 초점은 개인들이 좋은 삶을 추구하는 것 — 그들이 좋은 삶을 어떻게 이해하거나 어떻게 추구하든 간에 — 을 방해하는 부정적인 사회적 조건에 맞추어져 있다.

마지막으로, 윤리적 삶에 대한 호네트의 형식적 개념 — 이는 그의 사회철학에서 규범적 중추로서의 역할을 한다 — 을 궁극적으로 정당화하는 것은 호네트가 "약한 형식적인 철학적 인간학"이라고 부르는 것이다. 이 작업은 인간 삶의 보편적 특징 — 이를테면 사회적 인정 구조, 개인 정체성 발달의 윤곽, 인간 자유의 영역 등 — 을 재구성하는 것이다. 그러나 이 작업이 인간 삶의 모든 보편적 특징을 담은 전체 카탈로그를 만드는 것을 목적으로 하는 것은 아니다. 그 작업은 각 개인이 다양한 차원에서 자신의 개인적 정체성을 발전시키는 기회를 침해하는 것들에만 초점을 맞추고 있다. 따라서 이를테면 손상되지 않은 상호주관적인 사랑, 존중, 존경의 사회구조가 개인의 자유로운 자기실현에 필요한 조건임을 경험적으로 보여주는 것일 수 있기 때문에, 그러한 인정 구조는 형식적 인간학이 제시하는 일반적인 조건에 포함되어야 한다. 호네트에 따르면, 사회철학은 (윤리적 삶에 대한 실제적 개념이 아닌 형식적 개념에 의지하고, 스스로를 자기실현에 부정적인 영향을 미치는 것에 한정하고, 경험적으로 뒷받침되지만 얇은 철학적 인간학에 기대는 등) 다양한 방식으로 윤리적 삶에 대한 보편적인 주장을 할 수 있으며, 그럼으로써 윤리적 다원주의에 대해 칸트로부터 영감을 받은 우려에 답할 수 있다.

물론 인간성에 대한 모든 보편적 주장에 회의적인 사람들은 이러한 조치에 대해 확신하지 못할 것이다. 그러한 회의가 모든 평가적 주장이 갖는 관점주의적 성격에 대한 니체의 주장이든, 아니면 인간 본성의 보편적 특징에 대한 담론은 식별된 특징에 대한 우리 자신의 특정한 상황적인 감상적 애착을 표현하는 방식에 지나지 않는다는 리처드 로티의 훈계이든, 아니면 인간의 보편성에 관한 주장은 인간 본성에 필수적인 것을 가지지 못한 것으로 간주되는 일부 사람들을 정상화, 예속화, 그리고/또는 배제하는 수단들을 은폐하기 위한 수단임이 밝혀졌다는 미셸 푸코와 주디스 버틀러(Judith Butler)의 끊임없는 의심이든 간에, 이러한 회의 모두는 섬세한 역사적 계보학이 보편주의적 규범 프로젝트의 무익함과 잠재적 유해성을 보여준다는 데 동의한다. 호네트 자신도 단순한 귀납적 추론에 의해 제기되는 우려를 인식하고 있다. 왜냐하면 인간에게 보편적인 것을 확인하려는 사회철학자들의 과거 시도는 돌이켜보면 "상황적인 문화적 관점의 자의적 표현"(Honneth, 2007f: 38)에 불과한 것으로 판명되어 왔기 때문이다. 그렇다면 우리가 윤리적 삶에 대한 형식적 개념과 그 개념을 뒷받침하는 얇은 철학적 인간학 역시 그러할 것이라고 기대하지 말아야 하는 이유는 무엇인가?

신니체주의적 의구심에 대응하는 과정에서는 호네트의 인정에 관한 일반 이론을, 그리하여 그 이론의 철학적 인간학을 정당화하는 데 이용된 강력하고 일관되고 다양한 증거들이 논증의 가장 큰 부담을 짊어지게 될 것이다. 그러한 증거 대부분은 발달심리학, 도덕심리학, 사회심리학, 사회학, 정치경제학, 사회사, 정치학 등 사회과학의 다양한 영역에서 수집된 것이다. 따라서 추상적 회의론에 대한 대응은 주로 철학적 인간학을 뒷받침하는 데 이용된 특정 사회과학적 연구의 초문화적·초시간적 타당성 측면에서 이루어질 것이다. 하지만 호네트의 인간학적 주장의 경험적 타당성이 개별 연구의 타당성에 의해서만 뒷받침되는 것은 아니다. 그것은 또한 서로 다른 연구 간에 전반적으로 일관성이 존재한다는 사실에 의해서도 뒷받침된다. 이를테면 정신분석적 대상관계 이론의 발견물이 사회갈등의 역사에 관한 연구의 결과와

일치할 때, 인정투쟁에 기초한, 윤리적 삶에 대한 형식적 개념에 내재한 전반적인 이상은 상당한 지지를 획득한다. 그리고 이 모든 직접적인 경험적 뒷받침이 광범하게 해석되는 철학 및 사회이론의 다양한 연구 궤적과 일치할 경우, 그러한 이상은 그 타당성을 더욱 인정받는다. 간단히 말해서, 인정이론의 진리성을 정당화하는 것은 그 이론이 수많은 다양한 사상 분야에서 나온 수많은 다양한 연구 결과 모두를 "시대의 투쟁과 소망"을 생산적으로 조명하는 방식으로 일관되게 체계화할 수 있다는 것이다.

누군가는 자신의 이론을 경험적 증거에 맡겨놓는 것에 대해 추상적 수준에서 우려할 수도 있지만,[9] 내가 보기에는 사실 이것이 이 설명의 진정한 강점인 것 같다. 이를테면 호네트의 이론은 인간은 '합리적 동물'이라는 주장의 보편성을 입증하기 위해 매우 추상적인 수준으로 점프하는 일반적인 철학적 조치 대신에, 세부 사항으로 내려가 최고의 조사를 통해 밝혀진 심리적·사회적 실재에 주목한다. 여기서 쟁점이 되고 있는 특정 문제에 적용하면, 계보학자들의 의구심에 대해 호네트가 밝힌 답변은 사회병리를 측정하는 기준 — 즉, 개인들이 자신의 실천적 퍼스낼리티를 완전히 실현하는 능력에 부정적인 영향을 미치는 사회적 관계 — 은 호네트의 이론이 의지하는 다양한 정당화된 연구 결과들이 보여주듯이 현대적 형태의 사회에만 국한된 것이 아니라는 것이다.

내가 보기에, 약한 형식적 인간학이 자신의 윤곽을 자세히 그려내고 그 인간학이 경험적 증거에 의해 분명하게 지지받음에 따라, 논증의 부담이 호네트의 이론에서 계보학적 회의론자에게로 옮겨가고 있는 것으로 보인다. 그러한 회의론자는 어떤 보편적인 것으로 추정되는 것이 어디서 실제로 보편적이지 않은지, 그리고 어째서 그러한지를 정확히 설명해야 한다. 사랑은 인간에게 지극히 중요한 욕구이고 기본적인 자신감의 발달에 필요하지 않은가? 자신감의 발달은 실제로 (상호주관적 의존성과 독립성 간의 경계를 협상하는) 특정한 형태의 무조건적인 사랑과 지원에 의존하지 않는가? 명예의 사회적 관계가 두 가지 서로 다른 형태의 존중 – 자율성에 대한 존중과 특성과 업적에 대한 존경 – 으로 역사적으로 분화되었다는 것이 명예에 관한 관념과 관행 자체에서 암묵적이고 중요한 개념적 구분이 일어났다는 것을 의미한다는 것은 허위인가? 그리고 그러한 분화가 개인들이 자신의 실천적 정체성의 독특한 차원을 실현하는 데 필요한 전반적인 사회적 조건이 개선되었다는 것을 나타낸다고 말하는 것은 잘못인가? 나는 이러한 질문에 대해 그 푸딩을 먹어봐야 맛을 알 수 있다고 말하고 싶다. 호네트는 자신의 푸딩을 내놓아왔고, 회의론자의 비판은 그 푸딩을 구체적으로 다루어야 한다. 어쨌거나 인정이론이 그 안에 윤리적 가치를 숨기고 있는 것 같지는 않다.

보편적인 규범적 기준이 특히 불미스러운 형태의 권력과 공모한 것은 아닌가 하는 의심이 든다는 계보학적 의구심에 대해서는, 우리는 아마도 그러한 우려를 완전히 떨쳐버릴 수 없을 것이다. 이를테면 "개념적 수준에서 보면 인정의 관념은 성적 불평등 및 여타 불평등이 생산되는 체계적인 방식을 모호하게 만드는 대면적 권력 모델에 여전히 전념하기 때문에 젠더 분석에 제약이 따른다"라는 로이스 맥네이(Lois McNay, 2008: 196)의 주장을 생각해 보라. 그녀의 생각은, 주체 형성에 대한 호네트의 경험적 설명 – 인정에 대한 호네트의 규범적 설명에 기초한 – 이 애초에 주체 형성에서 이미 항상 작용하고 있는 젠더별 권력 비대칭성을 호도함으로써 (의도하게 않게) 젠더 억압에 공모하는 규범적 설명을 낳는다는 것이다. 여기서 드는 나의 느낌은 그러한 비판은 과녁을 정확히 겨냥하기도 하지만 또한 과녁을 벗어나기도 한다는 것이다. 호네트의 저작에서 인정 구조, 젠더 가정(假定), 주체 형성, 비대칭적인 구조 권력의 상호관계에 대한 설명이 충분하지 않다는 점을 강조하는 것은 옳다(Allen, 2010). 우리가 앞으로 제6장 제4절 '방법론적 혁신과 그에 대한 비판적 관점들'에서 살펴보듯이, 호네트가 최근의 사회적 자유 이론에서 권력 이론을 충분히 발전시키지 않은 것은 여러 가지 우려를 낳는다. 그러나 그러한 설명이 인정이론에 필연적으로 또는 개념적으로 이용될 수 없다고 지적하는 것 — 특히 그러한 설명이 인정이론이 대면적 상호작용 분석에 배타적으로 의존하는 데서 기인하다고 주장하면서 — 은 과녁에서 크게 벗어난 것이다. 내가 앞에서 강조해 왔듯이, 호네트의 병리 진단에 이용된 규범적 기준은 그 기준이 여러 서로 다른 경험적 및 이론적 주장에서 일관성을 지닌다는 것을 광범위한 자료에 근거하여 설명한다는 점에서 정당화된다.

요약

호네트는 사회철학을 사회병리를 진단하는 것으로 구체적으로 해석함으로써 많은 중요한 공헌을 해왔다. 첫째, 이 해석은 사상사에 크게 기여한다. 한편에서 그러한 해석은 지난 250년 동안 현대 사회에 대한 실제로 상당히 다른 여러 형태의 성찰이 어떻게 사회철학이라는 하나의 전체 프로젝트에 관여한 것으로 인식될 수 있는지를 보여준다. 그러한 철학자들 각각 — 그가 루소이든, 마르크스이든, 베버이든, 아니면 여타 다양한 비판이론가이든 간에 — 은 기술적(記述的) 사회이론이나 이상주의적인 도덕철학 및 정치철학과 상당히 다른 형태의 사회분석, 다시 말해 인간의 번영에 필요한 사회적 조건을 훼손하는 병리를 발견하고 비판하는 것을 추구한다. 둘째, 호네트는 프랑크푸르트학파 비판이론이 페미니즘, 비판적 인종 이론, 또는 탈식민 이론과 같은 다른 형태의 비판사회이론과 어떻게 다른지 보여주어 왔다. 광범위한 비판이론 모두가 해방을 지향하지만, 특히 프랑크푸르트학파는 근대 자본주의 사회를 특징짓는 특정 형태의 합리성에 뿌리를 둔 사회병리를 진단하는 데 집중해 왔다. 셋째, 호네트는 우리에게 여러 계몽적인 실제적 진단을 제시해 왔다. 넷째, 그는 사회철학을 생산적으로 진전시켜 나가는 데서 마주하는 근본적인 개념적 문제와 방법을 명확히 제시해 왔다. 비록 내가 많은 구체적인 진단을 수행하는 연구 — 특히 이차적 장애를 충분히 설명할 수 있는 인과적 설명을 제공하고 예후 및 치료 가능성을 탐색하는 연구 — 가 추가적으로 필요하다고 주장해 왔지만, 나는 또한 여러 이의에도 불구하고 그러한 노력이 처음부터 개념적으로 결함이 있는 것은 아니라고 주장해 왔다. 나는 병리 진단으로서의 사회철학이라는 관념이 특히 독특하고 유망한 연구 분야라고 주장하고 싶다.

제5장

인정과 시장

인정의 정치이론은 소득, 부, 권력, 또는 의료 서비스와 같은 물질적 자원의 분배에 대해 무엇을 말할 수 있는가? 인정의 정치이론은 이익 갈등 사회이론에서 벗어나 인정투쟁으로 나아가라고 조언하지 않는가? 그리고 이는 인정이론이 물질적 자원의 부당한 불평등은 물론 그러한 불평등을 야기하는 정치경제 구조도 간과한다는 것을 의미하지 않는가? 정체성의 무시가 주는 상처에 초점을 맞출 경우 박탈과 강탈이 주는 상처는 어찌되는가? 이 장에서는 2003년에 출간된 호네트와 낸시 프레이저의 공동 저서 『재분배인가 인정인가?』에서 둘이 가진 특별한 교류를 설명하는 방식으로 이들 질문 및 그와 관련된 질문을 고찰한다. 이 두 현대 비판이론가 모두는 정치이론이 분배 부정의를 다루어야 한다는 데는 동의하지만, 인정 패러다임이 경제 관계, 현대 자본주의, 사회 정의를 위한 다양한 투쟁을 개념화하는 데서 갖는 적실성에 대해서는 근본적으로 의견을 달리한다. 그러나 이것은 그저 호네트와 프레이저 간의 논쟁일 뿐이 아니다. 왜냐하면 그 논쟁은 최근 정치철학의 여러 중요한 단층선 — 자유주의적 평등주의와 다문화주의 간의, 개인의 권리 및 자격의 정치와 집단 정체성 및 수용의 정치 간의, 평등과 차이 간의, 칸트적 절차주의(Kantian proceduralism)와 헤겔적 본질주의(Hegelian substantialism) 간의 — 을 보다 광범하게 드러내기 때문이다. 따라서 『재분배인가 인정인가?』에서 제기된 문제를 다룰 때, 이러한 보다 광범위한 지적 맥락을 염두에 두는 것이 중요하다.

논의의 장을 마련하기 위해 나는 이 장에서 먼저 중요한 논점을 발전시킬 것이다. 내가 이 장의 제1절 제1항 '정체성 정치를 넘어서'에서 살펴보듯이, 호네트는 인정투쟁을 '정체성 정치'라고 불리는 것에 국한시킨 적이 결코 없었다. 사실 호네트의 실제 관심사는 항상 정체성 정치보다 더 넓었으며, 그는 자신의 인정이론을 분업, 부의 불평등, 신자유주의적 민영화 등 정치경제학의 쟁점과 일관되게 연결시켜 왔다. 따라서 나는 이 장 제1절 제2항 '인정과 정치경제학'에서는 경제적 부정의와 사회의 근본적인 인정 질서 간의 구성적 연관성에 대한 호네트의 설명을 개관할 것이다. 그런 다음 나는 이 장의 제2절에서는 호네트에 대한 프레이저의 구체적인 비판을 살펴보고, 마지막으로 제3절에서는 이 끝나지 않은 논쟁을 비판적으로 평가할 것이다.

노동과 인정

정체성 정치를 넘어서

인정이론은 지난 30년 동안 정체성에 기반한 형태의 부정의 — 즉, 여성, 비백인, 이민자, 동성애자 등 "자신이 누구이기" 때문에 피해받는 부정의 — 에 초점을 맞춘 사회운동과 가장 밀접하게 연관되어 발전해 왔다. 이러한 연관성은 개인적 자아의 본래적으로 사회적인 형성에 대한 인정이론의 설명과 사회적 형태의 무시와 비하의 측면에서의 부정의에 대한 인정이론의 설명 간의 긴밀한 연관성을 고려할 때 자연스러운 (그러나 오해를 불러일으킬 수 있는) 것이다. 게다가 1980년대 후반과 1990년대에 인정이론이 등장한 것은 실천과 이론 간에 당연히 존재하는 시간 패턴과 부합한다. "미네르바의 올빼미는 황혼이 깃들 무렵에야 비로소 날기 시작한다"(Hegel, 1991: 23). 여기서 미네르바의 올빼미 — 정치이론 — 는 1960년대와 1970년대에 이른바 '새로운 사회운동' — 전통적인 대립 정치가 계급갈등에서 벗어나 인종적·민족적 소수집단에 대한 차별, 가부장제 반대 운동과 여성 운동, 평화주의, 생태 관리, 게이 및 레즈비언의 권리, 토착민의 자결권과 같은 문제를 향해 나아가고자 하는 운동 — 이 개화한 지 20~30년이 지나 날기 시작한 것으로 보인다. 인정이론은 이러한 많은 새로운 사회운동의 열망과 독특한 도덕적 우려를 표현하는 데 특히 적합한 언어를 제공한다.

마지막으로, 물론 규범적 인정 개념은 호네트가 주장하는 특정한 이론만의 전유물이 아니다. 인정 정치와 정체성 정치를 (그리고 국가의 다문화 정책만을) 긴밀하게 연관시키는 경향이 있는 다른 많은 이론가 역시 규범적 인정 개념을 강력하게 제시해 왔다.[1] 찰스 테일러는 자신의 유명한 1992년 에세이(Taylor, 1994)에서 자신의 인정이론을 이용하여 응집력 있는 언어 공동체가 정체성에 기반하여 제기하는 요구 — 이를테면 프랑스어를 사용하는 퀘벡인들이 제기하는 요구 — 를 특별히 정치적·사회적으로 존중할 필요가 있다고 주장했다. 테일러의 주도하에 1990년대 정치철학 논쟁에서 '인정'은 하나의 중심적인 키워드 — 대체로 토착민 소수집단과 민족적·종교적·문화적 소수집단을 국가가 포용하는 다문화 정책만을 의미하는 — 가 되었다(Barry, 2001; Benhabib, 2002; Habermas, 1994; Kymlicka, 1995; Okin and respondents, 1999). 그 논쟁은 개인의 평등한 권리라는 자유주의적 틀이 집단별로 차별화된 권리를 포용할 수 있는지, 그리고 그러한 집단에 대한 '인정'이 예상과는 달리 집단 구성원에 대한 내부 억압을 조장할 수 있는지에 대해 초점을 맞추고 있었다. 프레이저도 자주 인정투쟁을 정체성에 기반하여 집단 차이를 인정해 줄 것을 요구하는 것으로 바라보는 관점에서 개념화함으로써 사실상 인정이론을 다문화주의적 정체성 정치의 관행으로 축소한다.[2)]

하지만 우리가 정체성 정치만을 인정 정치의 패러다임으로 본다면, 우리는 호네트의 이론에 심각한 가해를 하는 것이다. 사실 그러한 협소화는 정치철학 전반의 문제로, 인정 관계의 다양성과 범위를 적절하게 인식할 수 없게 한다고 할 수 있다. 우선 우리가 제3장에서 살펴본 바와 같이, 이는 다양한 성격을 지닌 실제의 사회적 인정투쟁을 너무 좁게 해석한다. 사회적 인정투쟁은 차별적 규범을 통한 다원화에 초점을 맞출 뿐만 아니라 보편적 규범 아래에 포함되는 데 초점을 맞출 수도 있고, 개인 또는 집단을 대신하여 수행될 수도 있고, 정체성에 기반한 차이를 극복하거나 확인받는 것을 목표로 할 수도 있으며, 가족제도, 법제도, 정치제도를 변화시키는 것뿐만 아니라 문화적 평가 패턴을 변화시키는 것도 목표로 할 수 있다. 이 장에서 더 중요한 것은, 인정에 대한 정체성 정치적 해석은 너무나도 협소해서 호네트의 경우에는 적합하지 않다는 것이다. 왜냐하면 호네트는 30년에 걸친 학문적 경력 동안 자신의 인정이론을 발전시키면서 일관되게 경제 투쟁, 계급투쟁, 분배 투쟁을 이론화하는 데 관심을 기울여왔기 때문이다. 호네트가 그간 저술해 온 역사를 간략히 살펴보면, 그가 경제 투쟁에, 특히 현대 자본주의 사회에서 노동과 노동 조건을 둘러싸고 전개된 투쟁에 오랫동안 관심을 가지고 있었음을 알 수 있다(Smith, 2009). 1980년에 발표된 호네트의 세 번째 논문은 하버마스가 노동과 도구적 행위 간의 관계를 개념화하는 방식을 비판한 것이었다(Honneth, 1995j). 호네트에 따르면, 하버마스는 노동을 도구적 합리성에 관한 기술적 측면의 문제로만 파악했기 때문에 하버마스의 이론은 소외된 노동의 경험 속에서 배태되는 저항 잠재력을 놓치고 말았다. 다시 말해 호네트는 1980년의 논문에서 (그리고 우리가 다음 장에서 살펴보듯이, 2011년의 논문에서도) 노동을 단순한 기술적 활동으로 취급하는 것은 현 상태에 대한 도덕적 저항의 잠재력 — 현대 자본주의의 노동 조건에 배태되어 있는 — 을 놓치게 한다고 본다. 호네트는 1981년의 논문(Honneth, 1995g)과 1985년의 『권력 비판』에서도 비슷한 우려를 제기한다. 물론 이 초기 작업은 아직 인정이론의 측면에서 정식화되지 않았지만, 호네트가 노동과 노동 경험을 참여적 사회이론의 중요한 출발점의 하나로 다루는 데 관심이 있었음을 분명하게 보여준다.

게다가 호네트는 『인정투쟁』에서도 경제문제 — 분업, 계급 갈등, 경제적 하락에 대한 저항, 사회복지 권리, 정당한 임금, 공정한 분배 — 를 규범적으로 고려하고 있다. 이를테면 호네트는 헤겔과 미드가 수용 가능한 형태의 근대의 윤리적 삶은 철저한 민주적 분업에 기반해야 한다는 것을 대략적으로 보여주었다고 주장한다. 자본주의하에서의 노동의 소외적 특성에 대한 마르크스의 초기 연구 역시 "노동이 상호 인정의 중심 매개체의 하나임을 보여주는 데 …… 성공"한 것으로 간주된다(SfR: 158). 영국 역사가인 E. P. 톰슨과 배링턴 무어의 연구는 계급 갈등이 어째서 단지 물질적 자원을 둘러싼 투쟁일 뿐이 아니라 행위자들의 도덕적으로 코드화된 무시에 의해 깊이 자극받은 인정투쟁이기도 한지를 보여주기 위해 이용된다(SfR: 165~168). 더 나아가 호네트는 20세기에 사회복지 권리 — 특히 일정 정도의 경제적 안전과 기본적인 생활수준을 누릴 권리 — 가 확대된 것은 존중에 기초한 인정에 기반하는 도덕적 주장에서 비롯되는 것으로 이해되어야 한다고 주장한다. 왜냐하면 각 개인은 정치 공동체의 완전한 성원이 되는 사회적 기반을 가질 자격을 지니기 때문이다. 그리고 존경 인정을 둘러싼 투쟁은 경제제도를 둘러싼 투쟁과 분명하게 연결되어 있다. "왜냐하면 …… 사회적 존경 관계는 …… 간접적으로 경제적 분배의 패턴과 결합되어 있고 경제적 대립 역시 그러한 형태의 인정투쟁을 구성하기 때문이다"(SfR: 127).[3] 마지막으로, 우리는 호네트가 1998년에 듀이의 사회민주주의 이론을 다룬 중요한 에세이를 발표했다는 것에 주목할 필요가 있다. 이 에세이는 듀이가 분배 정의, 분업, 존경 인정의 사회적 관계 간에 이론화한 (그리고 호네트가 대체로 지지한) 내적 관계를 중심으로 전개된다(Honneth, 2007c).[4] 요컨대 호네트가 발전시킨 인정이론은 정체성 정치에만 국한된 것이 결코 아니다. 그의 인정이론은 사회화의 조건, 개인의 법적 권리, 존경의 구조 등에 폭넓게 초점을 맞추면서도 동시에 경제관계의 정의(正義)에 대해서도 항상 예리한 시선을 견지하고 있었다.

인정과 정치경제학

1995년부터 미국의 정치이론가이자 페미니즘적 비판사회이론의 선구자인 낸시 프레이저는 최근의 급진적인 정치 실천과 정치이론에서 경제적 부정의가 너무 적은 관심을 받아왔다는 생각에 기반하여 그러한 상황을 비판하기 시작했다.[5] 프레이저에 따르면, 현대 급진 정치에서는 초점이 정체성 정치(주로 젠더, 섹슈얼리티, 민족성)와 환경주의 문제 쪽으로 너무 지나치게 이동해 왔다. 1980년대와 1990년대에 신자유주의적 자본주의가 부상하고 그에 따라 복지국가가 약화된 것이 정치운동에 경제문제에 대한 주의를 환기시켜 왔지만, 그럼에도 불구하고 정치운동은 분배 부정의의 폐해에 무관심한 것처럼 보였다. 프레이저는 새로 부각되고 있던 인정에 대한 정치이론에서도 그와 유사하게 분배 정의 문제에 대해 둔감해지고 있음을 감지한다. 프레이저는 인정이론에 명시된 피해와 부정의의 종류에 대체로 공감하지만(따라서 경제적 부정의만이 중요하다는 생각에 얽매이지 않지만), 기존의 인정이론 패러다임은 인정 부정의와 함께 경제 부정의를 이해할 수 있는 적절한 정치경제학 비판을 발전시키지 않았고 발전시킬 수도 없었다고 주장한다. 프레이저 주장의 세부 내용은 변하고 발전해 왔지만, 그녀의 핵심 주장은 『재분배인가 인정인가?』에 수록된 글들에 설득력 있게 요약되어 있다(그리고 그 글

들은 구체적으로 호네트의 이론을 향해 있다).[6]

따라서 『재분배인가 인정인가?』에서 호네트가 쓴 장들은 인정이론에 대한 프레이저의 다양한 비판과 호네트 자신이 선호하는 비판사회이론 버전으로 구성되어 있다. 나는 이 장에서 프레이저가 선호하는 이론에 대해 호네트가 제기한 비판은 제쳐두고 정치경제에 대해 호네트가 인정에 기초하여 전개한 접근방식과 관련하여 프레이저가 제기한 비판 중 가장 설득력 있는 비판만을 다룬다. 이는 호네트가 『재분배인가 인정인가?』에서는 미완으로 남겨 놓았지만 자신의 최신 대작 『자유의 권리』에서 수정하려고 시도하는 종류의 작업 — 이에 대해서는 제6장에서 다룬다 — 을 보여주는 데 도움을 줄 것으로 보인다.

호네트가 『재분배인가 인정인가?』에서 자본주의 경제에 대해 설명하는 데서 중심적으로 추구하는 야망은 경제에 대한 또 다른 비인정이론적인 규범적 원리나 기능주의적 설명을 제시하는 것이 아니라 인정에 철저하게 근거하여 전개된 이론이 갖는 타당성을 보여주는 것이다. 따라서 그 설명은 분배에 초점을 둔 정의 이론의 중심 문제들 — 이를테면 체계적인 궁핍화, 물질적 불평등의 증가, 구조적 실업, 과두 권력의 집중, 글로벌한 경제적 불평등 — 이 여타 형태의 부정의, 오인정, 사회적 병리 등에 적용되는 동일한 인정이론 개념을 통해 어떻게 이해되고 규범적으로 평가될 수 있는지를 보여주는 것을 목적으로 한다. 호네트는 사회의 경제 영역을 위해 다른 일단의 이론적 도구를 개발할 필요가 없다고 본다. 따라서 호네트는 경제를 참여자의 통제와 이해를 벗어나 참여자들의 등 뒤에서 다소 자동적인 과정을 통해 발생하는 무도덕적이고 규범으로부터 자유로운 상호작용 영역으로 이론화하는 기능주의와 체계이론의 방법을 거부하는, 현대 자본주의 경제에 관한 사회이론을 개발할 필요가 있었다. 호네트의 설명에 의하면, 경제 현상은 철저하게 규범적 내용을 담고 있으며, 인간의 통제를 받고 도덕적 관심 — 특히 상호주관적 인정의 구조로까지 거슬러 올라갈 수 있는 도덕적 관심 — 에 의해 인도되고 규범적 내용으로 가득 차 있는 것으로 인식된다. 요컨대 호네트의 야망은 인정에 대한 요구를 축으로 하여 구축된 하나의 단일한 규범적인 사회이론이 적용되는 광범위한 범위를 보여주는 것이다. 이 야망은 경제적 결과의 규범적 결정요인에 관한 주장과 시장 작동의 규범적 전제조건에 관한 주장이라는 두 가지 주요 주장을 통해 실현된다.

첫 번째 주장의 출발점은 호네트의 인정에 대한 일반 이론에서와 마찬가지로 일상적인 오인정의 경험, 특히 경제적 탈구를 겪은 사람들이 느끼는 오인정의 경험이다. 개인들이 자신의 노동에 대해 정당한 보수를 받지 못하거나, 고용주의 '다운사이징'으로 일자리를 잃거나, 정체된 취업 시장에서 일자리를 찾지 못하거나, 변화하는 노동시장을 따라가는 데 필요한 교육 및 재교육에 필요한 자원을 충분히 가지지 못할 때, 그들은 그러한 탈구를 자신들의 자기의식에 대한 모욕, 즉 자신의 가치와 기여에 대한 왜곡되거나 부적절한 평가로 인해 발생하는 모욕으로 경험한다. 따라서 경제적 피해는 자신의 성과에 대한 무시나 폄하의 형태로 도덕적으로 경험된다. 따라서 호네트는 이러한 부당한 분배가 초래하는 피해에 대한 도덕 현상학을 구축하며, 그러한 피해는 정당한 상호주관적 인정에 대한 기대의 위반이라는 측면에서 규범적으로 분석될 때 가장 잘 이해될 수 있다는 것을 보여주기 위해 노력한다. 호네트는 상호 인정의 세 가지 주요 형태 중 경제적 부정의를 평가하는 데 중요한 두 가지 형태, 즉 자존감과 자부심에 초점을 맞추고 있다. 특히 그는 자본주의 사회에서는 자존감을 뒷받침하는 인정에 대한 요구가 기회균등 원리의 측면에서 구체적으로 해석된다고 주장한다. 즉, 각 개인은 자신을 동등하게 자율적인 존재로 대우해 줄 것을 정당하게 요구할 수 있기 때문에 실제로 각 개인은 자신의 목표와 삶 프로젝트를 달성하는 데서 공정한 기회를 평등하게 누릴 자격이 있다는 것이다. 또한 자본주의 사회는 자부심을 뒷받침하는 인정에 대한 요구를 특정한 성취 원리의 측면에서 해석한다. 즉, 특히 자본주의 사회에서 각 개인은 얼마간 자신의 업무 기여와 업적에 의거하여 존경받기 때문에 그러한 기여와 업적에 따라 공정하게 보상받을 자격이 있다. 따라서 우리 사회에서 경제적 탈구는 기회균등의 원리나 성취의 원리를 위반하는 것이라는 측면에서 경험된다.

물론 기회균등의 원리와 성취의 원리가 실제로 무엇을 의미하는지, 그리고 그 원리들이 사회에 구체적으로 무엇을 요구하는지에 대해서는 항상 상당한 이견이 있어왔다. 임금, 분배적 평등, 분업과 같은 경제적 쟁점을 둘러싼 투쟁에 대한 호네트의 해석을 따르면, 그러한 이견들은 바로 그러한 투쟁의 실제 내용과 관련되어 있다. 따라서 이를테면 호네트는 시민권의 확장에 대한 T. H. 마셜의 시대 구분을 따라, 권리의 내용을 확장하기 위한 역사적 투쟁이 얼마간은 공정한 기회균등의 원리를 완전히 실현하기 위한 실제적 요건을 둘러싼 투쟁으로 이해되어야 한다고 주장한다. 마셜에 따르면, 사유재산과 같은 소극적 권리에 초점을 맞춘 18세기에서부터 경제 관계와 관련한 의사결정에 대한 정치적 참여와 같은 적극적 권리에 초점을 맞춘 19세기, 그리고 주기적인 경제위기가 초래한 참화에 대비한 사회보험과 같은 사회복지 권리에 초점을 맞춘 20세기에 이르기까지, 경제문제를 둘러싼 그러한 투쟁은 공정한 기회균등의 원리가 갖는 의미와 사회적 함의를 둘러싼 투쟁으로 바라볼 때 가장 잘 이해된다. 이를테면 성취 원리와 관련하여 육아 및 가사노동과 같은 부불 재생산 노동에 대한 남성 중심적 비하에 대해 지난 50년간 페미니스트들이 벌인 투쟁을 생각해 보라. 호네트는 지불 노동에만 초점을 맞춘 마르크스를 비판하면서, 적절한 데이케어의 사회적 제공이나 가사노동에 대한 보수 지급을 지지하는 페미니스트 학자들은 그러한 투쟁이 단순히 임금과 금전적 평등을 둘러싼 투쟁이 아니라 애초에 그러한 활동과 그에 필요한 자질이 사회적으로 존경받는 정도에 대한 도덕적 투쟁이라고 주장한다. 따라서 그러한 투쟁들은 성과에 기초한 인정 원리의 적절한 범위와 적용 및 우리 사회에서 그러한 인정 원리의 실제적 실현을 둘러싼 투쟁이다.

그런 다음 호네트는 그러한 종류의 사례들을 일반화하여 어떤 특정 사회에는 특정한 존중과 존경의 '배분 질서(dispositive order)' 또는 '인정 질서'가 존재한다고 주장한다. 그러한 인정 질서는 사회가 존중과 존경을 부여하기 위해 사용하는 특정한 원리 — 자본주의 사회에서는 공정한 기회균등과 가치 있는 성과 — 에 대한 지배적인 해석과 그러한 도덕 원리에 대한 해석을 얼마간 불완전하게나마 실현하는 제도적 구조 — 이를테면 사회복지 권리 및 성과에 따른 보상 — 로 이루어진다. 이런 점에서 우리는 현대 경제 관계를 그러한 존중과 존경의 질서가 지닌 의미와 제도적 구현을 둘러싸고 벌어지는 사회적 투쟁의 구체적인 결과로 해석할 수 있다. 따라서 이를테면 우리가 불평등한 노동 분배나 일부 일자리에 대한 부적절한 임금에 관한 주장을 살펴본다면, 우리는 오인정 — 즉, 보다 공정한 노동 및 보수 체계를 확립하기 위해 사회적으로 조직된 투쟁의 근간을 이루는 주장 — 을 고찰하는 중이다. 따라서 현재의 경제 상황은 경제와 관련된 특정한 존중과 존경의 질서로, 즉 과거에 경제 영역에서 벌어진 인정투쟁의 결과로 해석할 수 있다. 여기서 결정적인 관념은 모든 사회에서의 현재의 보수 분배 체계와 분업을 개별 업무 유형, 업무 수행에 요구되는 능력, 그리고 그러한 업무들의 전반적인 사회적 기여도에 관한 현재의 사회적 존경 패턴을 표현하는 것으로 생각하는 것이다. 따라서 재화와 자원의 보다 공정한 분배를 둘러싼 투쟁은 인정투쟁으로 간주되어야 한다. 호네트는 이전 글에서 이를 다음과 같이 표현한 바 있다.

> 분배를 둘러싼 갈등은, 그것이 단지 제도화된 규칙의 적용에만 관심을 둔 것이 아닌 한, 항상 활동, 속성, 기여의 가치를 결정하는 사회문화적 배분 질서의 정당성을 둘러싼 상징적인 투쟁이다. 이런 점에서 낸시 프레이저의 가정과 달리 분배를

> 둘러싼 투쟁은 인정투쟁과 맞물려 있다. 후자는 어떤 사회집단이 자신들의 지위와 존경을 바탕으로 특정한 양의 물질적 재화를 정당하게 요구할 수 있는 권리를 지배하는 제도화된 가치 위계를 둘러싼 갈등을 말한다. 요컨대 인정투쟁은 어떤 활동을 사회적으로 필요하고 가치 있는 것으로 만드는 것이 무엇인지에 대한 문화적 정의를 둘러싼 투쟁이다.(Honneth, 2001b: 54)

동일한 논지가 특정 노동 분업, 다양한 일자리에 대한 보수 체계, 사회복지 권리의 재분배 효과, 조세 세율의 누진성 등 재화의 분배를 넘어서는 다른 경제 패턴과 결과의 경우에도 적용된다. 이 모든 것은 단순히 수요와 공급 등의 자율적인 경제 법칙에 의해 결정되는 경제 현상에 그치지 않는다. 그것들 또한 인간에 대한 적절한 상호주관적 대우 양식에 대한 도덕적 해석을 둘러싼 갈등의 결과를 반영한다. 따라서 호네트에 따르면, 기회균등의 원리와 성취의 원리 — 자본주의 사회의 주요 경제 변화의 원동력인 — 를 둘러싼 투쟁은 상호인정의 근원을 이루는 도덕적 논리의 측면에서 가장 잘 재구성될 수 있다. 요약하면, 이 첫째 주장은 특정 사회의 특정한 경제적 결과는 규범적 의미를 둘러싸고 벌이는 각축에 의해 조건 지어지기 때문에 경제 정의의 문제는 인정의 측면에서 이해되어야 한다고 주장한다.

호네트의 둘째 주요 주장은, 시장 — 자본주의 경제를 조직하는 중심적 특징 — 은 그 자체로 자율적인 것이 아니라 오히려 대체할 수 없는 일단의 두터운 규범적 전제조건 — 즉, 인정의 측면에서 재구성될 수 있는 전제조건 — 을 가지고 있다고 주장한다(RoR: 135~150, 250~256). 시장의 다양한 전제조건을 이루는 다음과 같은 몇 가지 예는 여기서 논점을 파악하는 데 도움이 될 것으로 보인다. 먼저 법적 측면부터 말하면, 사유재산의 확립과 보호에 관한 법, 기업의 창업과 규제에 관한 법, 계약의 체결에 관한 법, 일부 기업만 특정 상품 시장에 합법적으로 참여할 수 있는 자격을 규정하는 법, 취업 자격 기준의 설정에 관한 법, 사기와 기만으로부터 보호하는 법, 노동 계약을 규제하는 법, 기업과 피고용자 간의 공정한 교섭 절차를 확립하는 법, 독점력의 한계를 정하는 법, 기업이 다른 기업에 비용 없이 부정적인 외부효과를 전가하는 것을 규제하는 법, 공공재의 제공에 관한 법 등 법적 장치 없이는 자본주의 경제가 전혀 가능하지 않다. 특히 이들 법적 장치 모두는 구석구석까지 도덕적 내용 — 권리 개념, 공정성 개념, 정의 개념, 공적 개념 등 — 으로 물들어 있으며, 그러한 개념들 모두는 개인이 그러한 장치를 받아들이게 하는 데서 중요한 역할을 한다. 다시 말해 개인이 그러한 법적 장치의 정당성에 대한 믿음을 잃어버리고 (이를테면 그러한 장치들이 심각하게 잘못된 형태의 오인정을 구현하고 있다고 생각하기 때문에) 그 장치들에 대한 지지를 철회한다면, 시장은 솔직히 기능을 발휘할 수 없게 될 것이다. 이것이 바로 이러한 법적 장치가 시장의 대체 불가능한 **전제조건**이라고 말하는 것이 의미하는 것이다.

다른 규범적 전제조건에 대해서도 동일한 지적을 할 수 있다. 시장은 적절한 대인 관계 행동과 처신을 할 수 있는 특정한 구체적인 역량을 갖춘 잘 사회화된 개인을 전제로 한다. 즉, 시장은 사회적 네트워크, 상호주관적 신뢰, 안정적인 권위 관계를 구축하고 유지할 수 있는 특정한 상호작용 습관을 요구한다. 더 나아가 시장은 겉으로 드러나지 않지만 심각하게 잘못된 강압 관계 및 사기 관계에 (참여하는 것이 전략적으로 유리할 때조차) 참여하지 않게 자신의 행동을 통제할 수 있는 능력을 내적으로 갖추고 있는 상당수의 참여자 없이는 효율적으로 작동할 수 없다. 그러한 마음가짐이 없다면, 시장은 가까스로 작동할 수는 있지만, 시장을 억지로 작동시키는 비용이 시장을 지속 불가능하게 만들 것이다. 동시에 개인들은, 적어도 특히 시장을 매개로 하는 특정 영역에서 상호작용할 때는, 자신이 가질 수 있는 다른 모든 목표와 가치보다 물질적 자기 이익을 강력하게 선호하는 내면화된 성향을 가져야 한다. 호모 에코노미쿠스가 존재하지 않을 경우에도 시장이 작동할 수 있지만, 그러한 시장은 이용 가능한 제품과 개인의 선호를 효율적으로 이어주지 못할 것이다. 게다가 이 같은 특정한 유형의 대인관계 규범과 심리적 성향은 도덕 개념과 체계적으로 연결되어 있기 때문에, 이는 사회가 그러한 규범과 성향의 가치를 일반적으로 수용하는 것과도 연결되어 있다. 요약하면, 자본주의 시장은 몇몇 대체할 수 없는 법적·대인관계적·심리적 전제조건이 도덕적으로 정당하다는 것을 사회 성원들이 받아들이는 데 의존하고 있고 그러한 전제조건은 인정 판단(recognitional judgment)에 기반하고 있기 때문에 자본주의 경제는 사실 규범적으로 구조화된 사회질서 속에 착근되어 있다. 게다가 그러한 전제조건은 사회적 행위자들이 계속해서 정당성을 승인하는 한에서만 획득할 수 있고, 그러한 승인은 규범적 매력에 의존하기 때문에 사회적 행위자가 정당성을 더 이상 믿지 않고 지지를 철회하는 순간 시장은 붕괴할 것이다. 따라서 자본주의 시장은 사회의 순전히 기능화된 영역 내지 규범으로부터 자유로운 영역으로 분석될 수 없다. 시장의 전제조건에 대한 도덕적 합의가 이미 존재하지 않고는 시장을 통한 사회적 행위의 통합은 있을 수 없다. 즉, 인정 규범을 통해 사회적 통합을 이루는 것이 여타 형태의 사회적 행위를 조정하는 것에 우선한다.

호네트는 이 두 가지 주장 — 경제적 결과의 규범적 결정요인에 관한 첫째 주장과 시장 기능의 규범적 전제조건에 관한 둘째 주장 — 을 가지고 인정과 정치경제학을 도덕적·사회이론적으로 긴밀하게 연결하고자 한다. 하지만 이는 단지 사회 세계의 규범적 하부구조에 민감한 기술적 이론을 만들어내고자 하는 것이 아니라 궁극적으로는 더 큰 경제 정의에 대한 요구의 정당성을 명확히 그리고 분명하게 표현하는 것을 목적으로 한다. 이 견해에 따르면, 정치경제학에서 정의(正義)는 자존감과 자부심의 적절한 사회적 기반에 대해 개인들이 갖는 정당한 인정 기대에서 비롯되는 요구이다. 호네트가 볼 때, 여기서 중요한 것이 바로 노동이 상호주관적 인정을 통해 자기실현을 이루는 중심

현장이자 공정한 분업에 대한 진보적 이론을 발전시키는 중심 현장이라는 것을 비판사회이론이 망각하지 않는 것이다. 그는 나중에 쓴 논문에서 침울하게 다음과 같이 지적하고 있다. "지난 200년 동안 해방적이고 인간적인 노동 개념을 옹호하려는 노력이 오늘날처럼 거의 없었던 적은 없었다. …… 자신들의 일자리를 잃을까 봐 두려워할 뿐만 아니라 자신들의 일자리의 질도 걱정하는 모든 사람이 겪는 고난은 더 이상 비판사회이론의 어휘에 반향되지 않고 있다"(Honneth, 2012g: 56, 58). 그리고 정치경제에 대한 기능주의적 또는 체계이론적 관점에 반대하는 호네트의 방법론적 주장 — 프레이저뿐만 아니라 하버마스도 겨냥하는 주장[7] — 은 순전히 이론적 관심만큼이나 실제적인 도덕적 관심에 의해서도 이끌어지고 있다는 점을 강조할 필요가 있다. "우리가 계속해서 시장을 [자율적이고 규범으로부터 자유로운 하위체계가 아닌] 사회적 생활세계의 일부로 분석할 때만, 우리는 사람들이 현존 [노동] 상황에 단지 무관심한 것이 아니라 그러한 노동 상황하에서 고통받고 있다는 사실을 파악할 수 있을 것이다"(Honneth, 2012g: 72).

호네트는 특히 성취 원리의 해석적 어려움을 고려할 때 정치경제학에서 정의에 접근하는 가장 좋은 방법은 정의의 이면인 경제적 부정의를 살펴보는 것일 수 있다고 생각한다. 부정의 일반은 상호관계가 점점 더 개인화되고 포함적인 관계 — 즉, 사회 성원이 개성을 발전시키고 자신을 실현하는 기회가 증가할 수 있는 관계 — 로 진보적으로 발전하는 것을 가로막는 제도화된 인정 해석과 인정 관계들 속에 자리한다.[8] 그 예로 호네트가 성취 원리에 대한 일방적이고 남성주의적인 해석이 남성에 비해 여성에게 부당한 물질적 박탈을 초래하는 방식을 반복적으로 제기한 것을 생각해 보라. 여기서 문제는 알려지지 않은 경제 과정이나 시장의 보이지 않는 손의 법칙이 어떤 특정한 방식으로 작동한다는 것이 아니다. 오히려 명백한 물질적 부정의는 특정한 형태의 오인정, 즉 여성과 '여성 노동'을 폄하하는 것에서 비롯된다. 이것이 바로 호네트가 이를테면 "사회적 존경이라는 인정 영역에서 [사회 정의는] …… 과거 산업 자본주의 시대에 소수의 활동만을 '유급 고용'으로 식별하던 문화적 구성물을 근본적으로 면밀하게 검토하는 것을 의미할 수 있다"라고 말하는 이유이다(RoR: 188).

요컨대 호네트는 도덕적이고 사회이론적인 일원론의 관점에서 현재 자본주의 사회의 경제 상황을 철저하게 비판하는 근거를 마련하는 것을 목적으로 한다. 호네트는 인정이론과 관련하여 다음과 같이 주장한다. 인정이론은 현재의 정치경제에 의해 피해를 입은 사람들이 겪는 무시와 비하라는 도덕적 느낌을 표현할 수 있고, 부정의 주장에 준거점을 제공하는 인정 질서의 규범적 하부구조를 재구성할 수 있으며, 인정 질서가 어떻게 시장 메커니즘의 전제조건을 제공하는지 그리고 경제 과정의 분배 결과에서 중요하고 결정적인 역할을 하는지를 보여줄 수 있고, 인정 조건의 확대를 목적으로 하는 투쟁의 측면에서 현재의 정치경제를 낳은 역사적 변화 과정을 재구성할 수 있으며, 완전한 자기실현에 필요한 인정 관계의 측면에서 보다 공정한 정치경제와 분업을 수립하기 위한 주장의 근거를 마련할 수 있다.

프레이저의 이의제기, 호네트의 응답

프레이저는 1995년부터 일원론적인 인정이론에 반대하는 주장을 진전시키면서, 그러한 인정이론은 현대 부정의의 다양한 형태와 원인에 적합한 비판사회이론을 개발하는 데 부적절하다고 주장해 왔다. 프레이저는 기본적으로 적어도 이원적인 사회이론, 즉 문화적 부정의와 경제적 부정의의 원인과 해결책을 서로 구별하고 서로 다른 도구를 사용하여 분석하는 이론이 필요하다고 확신한다. 프레이저의 경우에도 호네트와 마찬가지로 인정투쟁과 분배 투쟁은 둘 다 진보적인 정치 행동의 중요한 영역이다. 적절한 비판이론이라면 이 두 가지 영역 모두에 주의를 기울여야 한다. 그러나 프레이저의 설명에 의하면, 인정 부정의와 분배 부정의의 사회적 원인은 서로 다르기 때문에 어느 한쪽이 다른 한쪽으로 환원될 수 없다. 부정의의 원인과 잠재적 해결책을 올바르게 이론화하기 위해서는 그 둘이 구별되어야 한다. 이와 대조적으로, 만약 시장 동학을 제도화된 인정 관계의 결과로 생각할 수 있다는 호네트의 주장이 옳다면, 분배와 인정은 환원할 수 없을 정도로 다르다는 프레이저의 주장은 틀린 것이다. 비록 프레이저가 자신의 다원적 사회이론을 뒷받침하기 위해 많은 논거를 이용했지만, 나는 여기서 그 논거들이 호네트 이론에 대한 비판으로서 얼마나 설득력이 있는지를 보여주기 위해 프레이저가 인정이론에 반대하여 구체적으로 진전시킨 다섯 가지 유형의 주장에 초점을 맞추고자 한다.

대체

프레이저가 제기하는 첫째 비난은 인정이론이 문화에 초점을 맞춤으로써 현대 자본주의 사회에서 심화되고 만연하는 경제적 부정의로부터 다른 곳으로 관심을 돌리게 하고 있다는 것이다. 다시 말해 그녀는 인정이론이 일부 사람들을 존중과 존경을 받을 자격이 없는 사람으로 취급하는 문화적 평가 패턴에 뿌리를 둔 부정의 ― 이를테면 특정한 소수집단을 향한 비난과 비방 ― 에 지나치게 초점을 맞춤으로써 분배 부정의에 대한 정당한 우려를 대체해 왔다고 생각한다. 나는 이 주장이 일부 인정이론가들에게 적용되었을 때에는 타당성을 지닌다고 생각한다. 이를테면 테일러가 정식화한 인정이론은 정치경제와 분배 부정의의 문제를 다루지 않는다는 것을 생각해 보라.[9]

이 주장이 호네트의 이론에 대해서도 타당한가? 지금쯤이면 아마도 그러한 주장이 타당하지 않다는 것이 분명해졌을 것이다. 내가 이 장의 앞부분에서 대략적으로 설명했듯이, 정치경제와 관련된 그리고 현대 자본주의 사회의 정당성과 관련된 많은 문제가 호네트의 경력 내내 그의 이론화에서 중요한 부분이었으며, 그는 가장 최근의 저작에서도 그러한 문제들을 계속해서 분명하게 전면에 내세우고 있다.[10] 인정이론이 정체성 정치이론으로 — 더 나쁘게는 오직 다문화주의 이론으로 — 협소하게 해석될 경우에나 인정이론이 다른 모든 종류의 부정의는 말할 것도 없고 물질적 부정의에 대해서도 주의를 기울이지 않는다는 불만이 정당하게 제기될 수 있다. 그러나 만약 호네트의 이론이 정치경제학이 제기하는 정의의 문제를 대체한다면, 그것은 단순히 관심 부족 때문이 아니라 호네트 사회이론의 구체적인 방법론적·실체적 테제 때문일 것이다.[11] 그리고 이것이 바로 프레이저가 둘째 비판에서 주장하는 것이다.

부정확한 사회이론

프레이저는 정확한 사회이론이라면 현대사회에서 적어도 두 가지 종류의 부정의의 원인을 포착해야 한다고 주장한다. 한편에는 한 사회에 제도화된 신분 질서를 형성하는 평가 패턴에 인과적으로 뿌리를 두고 있는 부정의가 존재한다. 이를테면 게이와 레즈비언에 대한 체계적인 비하나 외국 태생 시민에 대한 비방은 특정 개인이나 집단을 다른 사람보다 낮은 신분으로 평가하는 문화적 평가 패턴에서 기인한다. 이러한 평가는 제도화된 신분 질서에 반영되고, 그리하여 다양한 사회제도 전반에서 일부 사람들이 다른 사람들보다 체계적으로 더 나쁜 대우를 받는다. 프레이저에 따르면, 이러한 인정의 부정의는 문화에, 이를테면 동성애 혐오나 외국인 혐오와 같은 평가 패턴에 뿌리를 두고 있다. 다른 한편에는 알려지지 않은 경제 과정의 작동에 인과적으로 뿌리를 두고 있고 사회의 계급구조에 제도화되어 있는 부정의도 있다. 이를테면 급격히 증가하는 실업률이나 급격히 감소하는 임금 노동률은 자본주의 시장 동학의 자율적 작동에 의해 발생한다. 프레이저에 따르면, 이러한 분배 부정의는 경제학에, 이를테면 호황-불황 투자 주기나 금융의 글로벌화에 대한 노동시장의 반응에 뿌리를 두고 있다. 따라서 프레이저의 설명에 의하면, 오인정과 부당한 분배는 그 원인과 그로부터 결과하는 사회동학의 측면에서 서로 다르다. 따라서 프레이저는 인정이론이 부당한 배분을 적절히 분석하지 못한다는 점에서 자본주의 경제에 대한 결함 있는 인과적 설명이라고 비판한다.

이러한 주장을 뒷받침하기 위해 프레이저는 먼저 개인이 서로 환원될 수 없고 하나가 다른 형태의 결과일 수도 없는 두 가지 부정의의 별개의 원인 — 즉, 신분 위계 구조에서 제도화된 문화적 패턴과 계급구조에서 제도화된 경제적 메커니즘 — 으로 인해 고통받을 수 있다고 주장한다. "택시를 잡을 수 없는 아프리카계 미국인 월스트리트 은행가"에 대한 시나리오를 생각해 보라(RoR: 34). 이는 미국 사회에 흑인을 위험하고 신뢰할 수 없는 존재로 체계적으로 부호화하는 문화적 가치 패턴이 만연하는 상황에서 비롯되는 부정의이다. 하지만 그는 은행가이기 때문에 계급 지위나 경제적 지위와 결합된 특성 때문에 피해를 입었을 수는 없다. 따라서 우리는 사회의 분배 구조와 무관하고 환원할 수 없는 오인정 부정의를 가지고 있는 것으로 보인다. 또 다른 사례로 "투기적 기업 합병으로 인한 공장 폐쇄로 실업자가 된 숙련 백인 남성 산업노동자"가 입은 피해를 생각해 보자(RoR: 35). 여기서 숙련 백인 남성 노동자의 신분 지위가 상징적으로나 문화적으로 평가절하되지 않기 때문에 부정의는 순전히 경제적 정명으로부터 비롯된다. 따라서 부당한 분배는 오인정과 무관하고 오인정으로 환원될 수 없다. 프레이저는 이 두 가지 사례로부터 인정 피해와 분배 피해는 인과적 기원이 서로 다르기 때문에 서로 독립적이며,

따라서 서로 환원되어서는 안 된다고 주장한다. 이는 경제적 부정의를 포괄적이고 일원론적인 인정이론의 틀 안에서 해석해야 한다는 호네트의 주장과 정면으로 배치된다.

프레이저의 둘째 종류의 주장은 근본적인 평가 패턴과 관련해서만은 설명할 수 없는 경험적 현상에 의거한다. 따라서 프레이저는 임금 노동률과 기타 보상표가 전적으로 사회의 존경 질서에 의해 결정된다는 주장과 대조적으로, 보수율이 문화적 요인 외에 다음과 같은 독자적인 평가 요인에도 의존한다고 지적한다.

> 다양한 유형의 노동에 대한 수요와 공급과 같은 정치-경제적 요인, 노동과 자본 간의 힘의 균형, 최저임금을 포함한 엄격한 사회적 규제, 생산성 향상 기술의 가용성 및 비용, 기업이 임금률이 낮은 지역으로 사업장을 용이하게 이전할 수 있는 정도, 신용 비용, 무역 조건, 국제 환율.(RoR: 215)

프레이저는 이러한 종류의 순전히 경제적 요인이 실제 경제적 결과를 결정하는 데서 중요한 역할을 하기 때문에, 그리고 그러한 결과가 사회의 도덕적인 상호주관적 평가의 변화와 무관하게 발생하기 때문에 부당한 분배는 오인정으로 환원할 수 없는 별개 형태의 부정의라고 주장한다. 여기서 프레이저의 사회의 문화적 질서와 경제적 질서 간의 구분이 단지 '분석적' 구분일 뿐이라는 점에 유의해야 한다. 즉, 그 구분을 실제 사회 세계에서 문화적 부정의와 경제적 부정의가 완전히 분리되어 있다는 의미로 받아들여서는 안 된다. 실제로 프레이저는 대부분의 사회적 예속 형태는 오인정과 부당한 분배 모두를 서로 다른 비율로 포함할 것이라고 주장한다. 이를테면 여성은 남성 중심적인 부당한 신분 위계 구조와 무급 재생산 노동의 부당한 착취로 고통받고, 아프리카계 미국인은 부당한 인종차별적 신분 위계 구조와 도시화된 빈곤이라는 부당한 계급구조로 고통받는다. 그럼에도 불구하고 프레이저는 우리 사회의 실제 사회문제를 정확하게 분석하기 위해서는 부정의의 원인을 구분하는 것이 중요하다고 주장한다. 이처럼 프레이저는 인정이 일부 경제적 결과에 **영향을 미칠** 수 있다는 데 동의하면서도, 인정 요인만으로는 그러한 결과를 완전히 (또는 대부분을) **결정짓지**는 못한다고 주장한다.

이러한 주장은 호네트의 이론에 대해 얼마나 설득력이 있는가? 호네트는 이러한 주장이 근본적인 오해에 근거한 것이라고 분명하게 거부한다. 호네트는 프레이저의 이러한 주장에 대해 자신이 경제발전에 대한 완전한 설명을 제시하는 것도 아니며, 경제적 결과를 설명하는 데 있어 이윤과 효용과 같은 경제적 정명의 역할을 무시하는 것도 아니라고 주장한다. 여기서는 많은 것이 사람들이 아주 분명하지 않고 그 뜻이 아주 명료하지도 않은 호네트의 원래 주장을 어떻게 해석하느냐에 달려 있다. 우선, "결정한다"와 "결정요인"과 같은 단어들이 분명하게 무엇을 의미하는지가 모호하다. 이 단어들은 유일하거나 압도적으로 중요한 인과적 요인으로서 '좌우한다'를 의미하는가, 아니면 여러 중요한 요인 가운데 하나로서 '영향을 미친다'를 의미하는가? 한편에서 호네트는 인정과 관련한 평등 원리와 성취 원리를 특정 사회가 구체적으로 어떻게 해석하는지가 분업과 그에 따른 임금표를 좌우('결정')한다고 강력하게 주장하는 것으로 보인다. 하지만 다른 한편에서는 그는 그러한 강력한 주장에서 거듭 후퇴하여 인정 구조는 경제 과정 및 결과에 영향을 미치거나 제약을 가하는 여러 변수 중 하나에 불과하다는, 더 약하고 더 추상적인 주장으로 이동한다. 분명하게 반대되는 다음의 두 구절을 대비해 보자. "부르주아 자본주의 사회의 문화에 깊이 뿌리를 두고 있는 정의(定義) 패턴과 평가도식이 일반적으로 다양한 활동과 행위 영역 중 어떤 것이 '노동'으로 간주되어 하나의 직업이 될 수 있는지를 결정할 뿐만 아니라, 각 직업 활동 영역에 대한 현재 사회적 보수의 정도도 결정한다"(RoR: 153~154). 하지만 호네트는 프레이저에 대해 다음과 같이 답하면서는 자신의 인정이론이 시장 동학의 근본적인 원인에 대한 하나의 해석적 설명으로 작동한다는 점을 부인한다. "나는 사회과학의 문화적 전환을 대표하는 사람으로 이해되기를 원하지 않으며, 시장 발생 자체의 결정요인에 대해 어떤 주장도 하고 싶지 않으며, 기업의 수익성과 활용에 대한 고려를 무시한 채 글로벌화하는 자본주의를 적절하게 분석할 수 있다고 생각하지도 않는다"(RoR: 248).[12] 따라서 우리는 더 강한 형태의 호네트의 주장과 더 약한 형태의 호네트의 주장 ― 그는 인정을 때로는 경제적 결과를 완전히 결정하는 것으로 간주하고 때로는 정치경제의 광범위한 구조에 대한 외적 제약으로만 작동하는 것으로 간주한다 ― 모두를 가지고 있다(Thompson, 2005, 2006: 113).

나는 다른 곳에서 이러한 모호성이 단순히 우연이나 엉성한 정식화의 결과가 아니라 호네트의 모순적인 욕망 ― 즉, 인정이론의 범주적 자원만을 가지고 포괄적인 통합 사회이론을 개발하고자 하는 욕망과 적확하고 통찰력 있는 사회이론을 개발하려는 욕망 ― 에서 비롯된 것이라고 주장한 바 있으며, 지금도 여전히 그렇게 주장하고 있다(Zurn, 2005). 나는 여기서는 이에 대한 논의를 더 진전시키지 않고, 호네트 테제의 더 약한 버전과 더 강한 버전이 앞서 이 장의 제1절 제2항 '인정과 정치경제학'에서 살펴본 두 가지 광범위한 논증 전략과 대략적으로 일치한다는 점만 지적하고자 한다. 더 강한 버전은 기본적으로 한 사회의 지배적인 인정 질서가 그 사회의 경제적 분배에 책임이 있다고 주장한다. 이를테면 분업과 섹스-젠더 체계 간의, 다양한 직업의 상대적 지위와 임금률 간의, 그리고 특정한 기회균등 개념과 사회복지 권리 혜택 수준 간의 상관관계는 모두 특정한 인정 질서가 경제적으로 제도화된 결과이다. 이와 대조적으로 더 약한 버전은 인정 질서는 자본주의 시장 일반의 여러 인과적 결정요인 중 하나에 불과하다고 주장한다. 왜냐하면 시장에는 시장 자체가 작동하기 위한 인정 전제조건(법률, 사회 규범, 심리적 성향 등) ― 즉, 사회적 행위자들이 더 이상 그 조건들의 정당성을 확신하지 못할 때 철회할 수 있는 전제조건 ─ 이 존재하기 때문이다.[13] 이 버전에서 호네트는 인정이 경제적 결과를 직접 **결정한다**고 구체적으로 주장하지 않고, 오히려 추상적인 수준에서 인정을 시장 동학을 설명하는 데 관련된 서로 다른 제거 불가능한 여러 변수 중 하나로 간주해야 한다고 주장한다.

투기적 합병으로 일자리를 잃은 산업노동자를 다시 생각해 보자. 호네트의 더 강한 주장을 따라 그 노동자의 실업이 지배적인 인정 질서 속에서 변화되어 온 어떤 특정 평가 패턴으로까지 직접 추적될 수 있다고 주장하는 것 ─ 이를테면 산업 일자리들은 그간 존경할 만한 가치가 있는 성과로 여겨졌지만 이제 더 이상 그렇지 않다고 주장하는 것 ─ 은 확실히 잘못으로 보인다. 그 노동자의 실업은 시장 요인 ─ 이를테면 합병 회사 주주들의 단기 수익성 전망과 관련된 요인 ─ 에서 직접적으로 기인한다고 말하는 것이 더 정확하다. 이러한 사유 실험 외에도 프레이저가 고용, 노동률, 분배 등을 결정하는 데 실제로 작용하는 것으로 인용한 다양한 요인을 상기할 필요가 있으며, 노동 수요와 공급, 노동 절약 기술 비용, 기업 이전 비용, 이자율, 국제 환율 등과 같은 요인은 경험적인 문제로, 인정 규범과 직접적으로 연결되어 있지 않다는 점도 고려할 필요가 있다. 인정 규범이 고용, 노동률, 분배를 결정하는 인과적 요인 중 하나라고 하더라도, 인정 규범이 유일한 (또는 압도적으로 결정적인) 인과적 요인이라고 말하는 것은 과장으로 보인다.

하지만 호네트의 더 약한 테제는 아마도 지속 가능할 것이다. 산업노동자의 경우에 우리는 아마도 산업 일자리를 점점 더 불안정하게 만들고 금융 자본의 힘을 강화하며 노동자의 단체 교섭권을 약화시켜 온 노동조합법과 기업법의 변화 ─ 무엇이 인정받을 가치가 있는지에 대한 사회에서의 새로운 규범적 합의에 뿌리를 둔 변화 ─ 를 지적할 수 있을 것이다. 충분히 추상적이고 일반적인 수준에서 볼 때, 호네트가 옳다. 경제적 분배의 패턴은 얼마간은 "제도화된 문화적 가치의 패턴"의 결과이다. 우선, 거기에는 사유재산을 보장하고 법인을 설립하고 세금 정책을 수립하고 재분배 정책을 수행하고 행정 규제를 만드는 것 등과 관련한 법적·정치적 제도가 존재한다. 또한 거기에는 신뢰에 필수적인 대인관계 패턴, 상호작용 규범, 호모에코노미쿠스 심리도 존재한다. 표면적으로는 자율적인 시장 관계의 논리가 이러한 전제조건 — 안정적이고 규칙에 기반한 실정법 구조, 예측 가능한 대인관계 규범, 광범위하게 확립된 개인적 성향 — 에 기반을 둘 때에만 작동할 수 있다면, 특정 정치경제의 패턴과 결과는 얼마간은 인정 측면에서 명확하게 이해될 수 있는 규범적 전제조건의 인과적 결과라고 할 수 있을 것이다. 따라서 이러한 더 약한 의미에서 자본주의 경제의 (일부) 중요한 측면에 대해 인정이론적으로 설명하는 것은 전혀 설득력이 없는 것은 아니다. 이 시점에서 더 약한 테제 — 즉, 인정 구조가 경제적 설명에서 제거할 수 없는 변수라는 테제 — 의 타당성을 충분히 판단하기 위해서는 우리는 호네트가 생산했거나 생산하고자 하는 것보다 훨씬 더 완전하고 보다 상세하며 다변인적인 정치경제의 결정요인에 대한 설명을 살펴볼 필요가 있다.[14] 우리가 말할 수 있는 것은, 인정 질서의 세부 사항이 모든 분배 부정의를 완전히 결정한다는 더 강한 주장의 명백한 허위에 직면하여, 호네트가 시장이 규범 구조 내에 제거할 수 없게 착근되어 있으며 그러한 구조가 경제적 부정의에서 중요한 (그러나 결정적이지 않은) 인과적 역할을 한다는 더 방어 가능한 주장으로 올바르게 후퇴한다는 것이다.

프레이저는 자본주의에 관한 호네트의 사회이론에 반대하여 셋째 형태의 주장을 펼치는데, 나는 여기서는 이에 대해 간략하게만 언급할 것이다. 프레이저는 인정이론이 근대화 과정을 역사적으로 부정확하게 묘사한다고 주장한다. 프레이저의 설명에 의하면, 자본주의의 근대화는 바로 경제적 관계 — 이는 알려지지 않은 비인격적 시장에 의해 구조화된다 — 와 사회적 관계 — 이는 도덕적 규범에 의해 구조화된다 — 가 점점 더 분리되는 과정을 통해 달성되었다. 달리 말하면, 자본주의로의 전환을 특징짓는 핵심적인 구조적 변화는 도구적·전략적 상호작용이 지배하는 시장화된 사회생활 영역과 가치 규제적 상호작용이 지배하는 비시장화된 사회생활 영역이 사회적으로 분화한 것이다.[15] 반면 근대화에 대한 호네트의 설명에 의하면, 핵심적인 발전은 우리가 제3장 제3절 '역사적 진보'에서 살펴본 것처럼 세 가지 인정 영역이 분화한 것 — 이들 각각은 서로 다른 규범적 원리를 따른다 — 과 그 내부에서 규범적 발전이 이루어진 것이다. 프레이저의 주장과 대조적으로, 호네트에 따르면, 시장이 인정 구조에 뿌리내리거나 인정 구조에 의해 제약되는 방식은 자본주의가 의식적인 평가적 행동의 범위 밖에서 규범으로부터 자유로운 자동적 과정으로 발전하지 않았다는 것을 보여준다. 오히려 인정투쟁이 현대 자본주의의 형태를 결정적으로 틀 지었으며, 인정에 기반한 가치가 자본주의의 지속적인 존속을 위한 규범적 전제조건을 형성하고 있다.

근대화에 대한 이러한 거창하고 야심 찬 주장을 평가하는 작업은 다음 기회로 미루어놓을 수밖에 없을 것이다. 하지만 프레이저와 호네트 둘 중 어느 누구도 자신들의 대립되는 주장을 완전히 뒷받침하는 데 필요한 광범위한 근거를 제시하지 못하고 있다는 점은 지적해야 한다. 그렇지만 그 논쟁의 논제는 분명하다. 프레이저와 호네트의 논쟁은 오인정과 부당한 분배 간의 관계를 이해하는 방법에 관한 것일 뿐만 아니라 역사와 사회이론의 근본적인 문제에 관한 것이기도 하다.

실천적이지 않은 비판이론

프레이저가 제기한 셋째 주요 비난은 호네트의 사회이론에 대한 그녀의 비판에서 곧바로 도출된다. 프레이저는 만약 인정이론이 경제적 결과의 동인에 대한 정확한 인과적 설명을 하지 못한다면 그것은 부당한 분배를 극복하기 위한 정치적 실천의 방향을 제시할 수 있는 지침과 관련해서도 결함을 가지게 된다고 주장한다. 프레이저에 따르면, 인정이론이 시장에 기초한 병폐를 극복하기 위해 문화적·평가적 측면에서의 변화를 촉구할 경우 그것은 기껏해야 비효율적인 개선책만 내놓을 수 있을 것이다. 프레이저가 더 우려하는 것은 인정이론이 오인정과 부당한 분배 간의 긴장을 중재하는 방법에 대한 부적절한 설명을 제시함으로써 실제로 문화적 반발이나 경제적 소외를 더욱 조장하는 정치적 대응책을 권고할 수 있다는 것이다. 인정이론이 실제로 활용될 경우, 프레이저의 표현을 빌리면, 그 이론은 "상처에 모욕을 더하는 것"이 될 수 있다. 요컨대 프레이저의 비난은 분배 부정의에 대한 잘못된 진단이 잘못된 치료법의 통찰로 이어질 수 있다는 것이다.

이 비난은 아마도 사례들을 고찰함으로써 가장 잘 평가될 수 있을 것이다. 호네트는 자신을 방어하면서 페미니스트들이 보수를 위한 노동을 넘어 사회적으로 유용한 노동에 대한 정의를 확장하기 위해 벌이는 투쟁을 하나의 전형적인 사례로 인용한다. 거기서 여성의 상대적 빈곤화의 주요 원인 중 하나를 인정이론적으로 분석하는 것은 실제로 적실해 보인다. 왜냐하면 재생산적인 '여성 노동'이 사회적으로 필수적임에도 불구하고 무급 노동인 주된 이유 중 하나가 남성 중심적인 가치와 해석을 부호화하는, 참호를 깊이 구축하고 있는 존경 질서인 것으로 보이기 때문이다. 게다가 호네트의 이론이 그러한 질서를 바꾸어야 한다는 주장 — 그리고 그러한 질서에서 비롯되는 분배 패턴을 변화시켜야 한다는 주장 — 을 평등주의적인 개인적 자기실현을 위한 사회적 요구의 측면에서 정당화할 수 있다는 것은 분명하다. 마지막으로, 인정이론은 또한 적어도 일부 잠재적 개선책이 권고되지 않는 이유를 설명하는 데에도 아주 적합하다. 이를테면 실제적인 문화적 변화 없이 모든 재생산 노동에 보수를 요구하는 법적 명령을 즉각적으로 내리는 프로그램은 비효율적일 뿐만 아니라 강력한 반발로 인해 오히려 퇴행적이 될 가능성이 크다. 또한 임금 노동시장의 구조조정을 지향하는 개선책은 사회적으로 유용한 노동과 관련된 현존하는 제도화된 가치 위계 구조라는 진짜 인과적인 표적을 놓칠 수 있다.

인정이론은 또한 법적 개선책, 이를테면 노동시장에서 신체적·정신적 장애인에 대한 차별을 극복하기 위한 법적 개선책 — 예를 들면 1990년의 획기적인 '미국 장애인법(Americans with Disabilities Act)'에 의해 미국에서 효과를 거둔 법적 개선책 — 을 평가하는 데에도 적절해 보인다. 거기서 인정이론은 부당한 분배의 인과적 뿌리가 자질과 능력에 대한 오인정에 있음을 보여줄 수 있고, 이전에 성공을 거둔 차별 금지법의 경험을 바탕으로 공식적인 법적 개선책이 가져오는 효과를 보여줄 수 있으며, 모든 사람에게 완전한 자기실현을 위한 평등한 기회를 보장하는 데 필요한 사회적 조건과 관련하여 그러한 개선책을 정당화할 수 있다. 요컨대 이 두 가지 사례에서 인정이론은 분배 부정의에 대한 정확한 인과적 설명과 함께 잠재적인 정치적 대응과 관련한 설득력 있는 규범적·실천적 지침을 제공하는 것으로 보인다.

하지만 투기적 기업 합병으로 해고된 백인 남성 산업노동자에 대한 프레이저의 예를 고려할 경우, 인정이론적 분석은 인과적으로 잘못된 것으로 보인다. 그 노동자는 특정 형태의 정체성에 기반한 무시나 신분적 종속 가설의 피해자가 아니기 때문에, 부정의는 구속받지 않는 시장 메커니즘의 구조에서 기인하는 것으로 보는 것이 더 타당하다. 더 나아가 일반적으로 가치와 해석의 패턴을 변화시키는 것을 지향하는 인정이론의 전략적 지침은 제안된 법적 개선책, 정치적 개선책, 생태학적 개선책, 또는 사회문화적 개선책을 유용하게 구분할 수 없을 정도로 높은 추상화 수준에서 작동할 것이다. 마지막으로, 그 노동자가 인정 부정의를 겪지 않았다는 점을 감안할 때, 개인적 완결성에 도움이 되는 사회적 환경에 대해 그 사람 및 모든 사람이 요구하는 것과 관련하여 변화의 요구를 정당화하는 것은 이상해 보일 수 있다.

더 나아가서 자본주의적 글로벌화에 반대하여 다방면에서 일어나고 있는 광범한 저항 현상을 생각해 보자. 호네트가 주장하듯이, 반글로벌화 시위의 다양하고 자주 상충되는 근본적인 동기들 — 즉, 국민국가의 주권 상실에 대한 징고이즘적 불안, 국민국가의 경계 내에서의 자본 이동과 그 경계를 넘는 자본 이동 모두가 초래하는 불평등한 결과에 대한 저항, 환경 악화에 대한 분노, 국가 금융 규제의 비효율성에 대한 불만, 심지어는 직접적인 개인 피해에 대한 이기적인 두려움 — 이 인정의 틀과 관련하여 체계적으로 재구성될 수 있을 가능성이 아주 크다. 게다가 아마도 우리는 정당한 상호주관적 인정 규범에 대한 충분히 차별화된 설명을 통해 그러한 저항을 하는 아주 다양하고 많은 동기 가운데서 정당한 주장과 부당한 주장을 구분할 수 있을 것이다. 하지만 인정 원리를 불충분하게 실현하고 있다는 것이 실제로 (그 결과에 저항하는) 경제적 탈구의 단일한 원인일 가능성(또는 경제적 탈구와 직접 관련되어 있을 가능성)은 그리 없어 보인다. 탈구의 원인은 글로벌 정치경제와 관련된 변수들 — 즉, 환율, 불균형한 수요와 공급, 비대칭적인 규제 환경, 자본 흐름, 기술의 층화된 이용 가능성, 자연자원의 차이, 서로 다른 금리, 사유재산 체제의 차이 등 — 에서 발견된다. 이는 인정에 기반한 개선책이 근본적인 문제를 해결하는 데 효과적이지 않을 가능성이 클 것이라는 것을 의미한다.

또 다른 사례로 다국적 기업에게 국경은 실제로 중요하지 않다는 사실에서 비롯되는 또 다른 현상을 생각해 보자. 상당한 정도의 전문적 훈련을 요구하는 숙련 화이트칼라 일자리가 미국, 캐나다, 유럽에서 동남아시아, 인도로 점점 더 많이 아웃소싱되고 있다. 많은 존경을 받는 꽤 많은 직업 — 고객 서비스뿐만 아니라 인사 관리, 급여, 컴퓨터 프로그래밍, B2B 영업, 제품 개발 등 — 에서 많은 노동자가 완전한 실업까지는 아니더라도 임금 하락 압력을 받고 있는 것으로 보인다. 피해를 입은 노동자들은 자신이 무시당하고 있고 자신의 업적이 폄하되고 있다고 느낄 수 있으며, 우리는 그러한 느낌이 실제로 정당한 인정 기대에 대한 강력한 규범적 분석의 측면에서 볼 때 부정의의 사례에 해당하는지를 평가할 수 있다. 하지만 다시 한번 글로벌 분업과 보수표에서 일어난 그러한 변화의 원인에 대한 설명들은 그러한 변화들은 인정 관계의 변화와는 거의 관련이 없다는 것을 명확하게 보여준다. 프로그래머에게 연간 12만 달러를 지급할지 아니면 2만 달러를 지급할지를 선택해야 할 때, 그 '선택'을 하는 것은 솔직히 시장의 정명이다. 이 경우에서 사회의 인정 질서가 분업이나 서로 다른 직업의 상대적 임금률을 직접 결정한다고 주장하는 것은 설득력이 없다. 게다가 인정에 대한 개선을 권고하는 것이 피해를 만들어 낼 수도 있다. 이를테면 특정 지역에서 사회적 권리의 수가 늘어나거나 노동시장 규제가 증가할 경우 고용주가 주저 없이 작업장을 다른 지역으로 이전할 수도 있다. 마찬가지로 성별 임금 격차에 기여하는 남성 중심적인 가치 패턴을 재해석하려는 시도는 고용주로 하여금 여성의 빈곤을 악용하는 더 가부장적이고 전통적인 사회를 추구하게 할 수 있다.

물론 (산업노동자, 반글로벌화, 아웃소싱과 관련된) 이 마지막 세 가지 사례가 갖는 결정적인 설득력은 프레이저가 호네트의 정치경제적 테제 가운데서 강한 버전, 즉 지배적인 존경 질서가 부당한 분배에 직접적으로 인과적 영향을 미친다는 테제를 이용하는 데서 나온다. 따라서 사람들은 시장체계에는 법적·대인관계적·심리적 전제조건 — 즉, 시장체계가 규범적 정당성을 잃을 경우 철회될 수 있는 인정 구조에 기반하는 전제조건 — 이 있다는 더 약한 테제로 후퇴하여 호네트를 옹호하고 싶은 유혹을 받을 수 있다. 하지만 이 조처에는 호네트 이론이 제시하는 경제적 설명이 경험적으로 옳다고 옹호할 수 있을지는 몰라도 너무 추상적이어서 잠재적 개선책을 평가하고 정치적 행동의 방향을 설정하는 데 실질적으로 거의 유용하지 않다는 근본적인 문제가 따른다. 이를테면 반글로벌화 운동가들은 국제사법을 뒤집으려고 하거나, 경제 엘리트들의 권위와 그들 간의 신뢰 관계에 관한 대인관계 규범을 바꾸려고 하거나, 홍보와 교육을 통해 기업 의사 결정권자들 사이에 보다 이타적인 성향을 심어주려고 해야 하는가? 어쩌면 그 운동가들은 이것들 모두를 해야 할 수도 있고, 그 이상을 해야 할 수도 있고, 어쩌면 그것들 모두는 그들이 해야 할 일이 아닐 수도 있다. 하지만 더 약한 형태의 인정이론은, 그 이론이 지적하는 정치경제의 인정 요소들이 시장 경제의 광범위한 틀을 구조화하기 위해 작동하는 많은 간접적인 인과적 변인 중 일부에 불과하기 때문에, 그러한 질문을 해명하는 데 그리 생산적이지 못할 것이다. 시장 동학이나 과정에 대한 직접적인 인과적 설명을 피하고 그 동학과 과정이 지닌 다변인성만 강조하는 더 약한 버전은 가능한 '결정요인' 중 어떤 것이 특정 사례나 분배 결과에서 가장 중요한지를 지적할 수 없다.

따라서 나는 프레이저 비판에 대한 호네트의 답변이 딜레마에 빠져 있다고 주장할 것이다. 호네트의 이론은 인정의 측면에서 분석한 경험적 현상을 구해내기 위해 높은 수준의 추상화로 후퇴하거나, 아니면 전략적 지침을 제공하기 위해 충분히 실제 수준의 사회분석으로 내려와야 한다. 하지만 전자의 경우 인정이론은 그 이론에 없어서는 안 되는 실천적 지침을 잃게 되고, 후자의 경우에는 경험적 정확성을 포기하게 된다. 이 딜레마를 다른 말로 표현하면, 호네트의 인정이론은 경험적으로는 정확하지만 전략적으로는 무력한 이론과 전략적으로는 유망하지만 경험적으로는 부정확한 이론 간의 딜레마에 빠져 있다고 할 수 있다. 나는 개인이 대부분의 분배적 피해를 인정 측면에서 경험한다는 호네트의 주장이 옳을 수 있으며, 그의 이론에서 존중 인정과 존경 인정에 대한 각 사회 특유의 해석 개념이 분배 부정의에 대한 서로 경쟁하는 주장을 평가하는 데 생산적으로 이용될 수 있다고 결론짓는다. 하지만 프레이저가 『재분배인가 인정인가?』에서 제시한 것처럼, 정치경제에 관한 호네트의 이론이 인과적으로 오해의 소지가 있는 권고를 하게 하거나 도움이 되지 않는 추상적인 불확실성을 낳기 때문에 그 이론을 진보적인 사회적·정치적 실천으로 연결하는 데 어려움이 있다는 점에서는 프레이저가

옳다.[16)]

분파적인 목적론적 기준

프레이저와 호네트 간의 논쟁에서 두드러진 또 다른 쟁점은 도덕철학과 정치철학에서 이용하는 적절한 평가 기준의 종류와 관련되어 있다. 특히 프레이저는 의무론적 규범 이론이 호네트의 이론과 같은 목적론적이고 완전주의적인 이론보다 현대 사회에서 목격되는 매우 광범위한 윤리적 다원주의에 더 적합하다고 주장한다. 여기서 다시 한번 더 인정이론의 이해, 정당화, 규범적 기준의 사용과 관련된 많은 까다로운 문제가 제기된다. 나는 프레이저가 호네트의 이론에 대해 가장 심각하게 제시하는 비판들을 간략히 설명하고, 호네트가 그러한 비판들에 어떻게 대응하고 있는지를 보여줄 것이다. 비슷한 문제가 헤겔에 대한 호네트의 최근 연구의 맥락에서도 발생한다(이에 대해서는 제6장 제4절 제2항 '규범적 문제들'을 보라).[17)]

프레이저가 지지하는 것과는 별개로 그녀가 선호하는 형태의 규범 이론 — 즉, '참여 평등'의 측면에서 정의를 생각하는 '두터운 의무론적 자유주의' — 을 단순화하면, 우리는 그녀가 자기실현의 가치를 기반으로 하는 호네트의 이론과 같은 정치이론에 대해 세 가지 주요 비판을 하고 있음을 알 수 있다. 특히 프레이저에 따르면, 호네트의 목적론적 이론은 (1) 보편적으로 타당한 주장을 할 수 없고, (2) 근대사회에서 받아들일 수 있는 매우 다양한 선 개념과 관련하여 받아들일 수 없을 정도로 분파적이며, (3) 실제 사회적·정치적 논쟁을 평가할 때 충분히 명확하지 않다.

프레이저의 첫째 비난은 하버마스의 도덕 이론에서 발전된 표준적인 칸트식의 대비 — 즉, 한편에서의 **윤리**에 관한 질문과 다른 한편에서의 **도덕** 또는 정의에 관한 질문 간의 대비 — 에 뿌리를 두고 있다. 우리는 윤리적으로 생각할 때,

"나의 정체성과 가치 방침에 비추어 나에게 선이란 무엇인가?", "좋은 삶에 대해 우리가 가지는 개념은 무엇이며 우리는 우리가 공유하는 가치를 어떻게 가장 잘 실현할 수 있는가?"와 같은 질문을 한다. 이와 대조적으로 우리는 도덕적으로 생각할 때, "이 맥락에서 우리 모두에게 옳은 일은 무엇인가?", "어떤 종류의 정책이 그 정책에 의해 영향을 받는 모든 사람에게 동등한 이익을 가져다주는가?"와 같은 질문을 한다. 요컨대 윤리적 질문은 선에 관한 것인 반면(목적론은 선에 관한 것에 대한 답을 구한다), 도덕적 질문은 권리에 관한 것이다(의무론은 권리에 관한 것에 대한 답을 구한다). 그다음으로, 프레이저는 호네트의 인정이론은 그 이론이 자기실현 관념을 기반으로 하고 있기 때문에 목적론적 이론이라고 지적한다. 마지막으로, 프레이저는 어떤 윤리적 주장도 서로 다른 문화에 보편적으로 적용될 수 있는 것으로 정당화될 수 없지만 도덕과 정의에 관한 의무론적 주장은 다양한 가치 지평에 보편적으로 정당화될 수 있다는 하버마스의 (논란의 여지가 있는) 주장을 단순하게 고수한다. 윤리적 삶의 경우에 우리는 좋은 삶에 대한 우리의 개념을 기꺼이 받아들이지 않는 다른 사람들에게 우리의 견해가 옳고 그들의 견해는 틀렸다고 설득할 만한 논쟁 자원을 충분히 가지고 있지 못하다. 프레이저가 볼 때, 인정이론의 주장은 윤리적이기 때문에 다양한 문화와 가치 지평 모두에서 보편적으로 정당화될 수 없다.

우리는 이미 제3장 제2절 제4항 '윤리적 삶에 대한 형식적 개념'과 제4장 제3절 제2항 "'특정 현상을 병리적인 것으로 판단하는 기준은 무엇인가?'"에서 호네트가 윤리적 삶과 관련하여 맥락을 초월하는 주장을 하는 것이 갖는 문제를 예리하게 감지하고 있었다는 것을 살펴보았다. 사실 그가 "윤리적 삶에 대한 형식적 개념"을 명료화하고자 시도한 것의 중심적인 목적도 바로 좋은 삶의 사회적 조건에 대한 보편주의적 주장을 하기 위한 것이다. 호네트는 선에 대한 특정한 개념들을 추상화함으로써, 그리고 선호하는 선의 개념과 무관하게 모든 사람이 자신을 실현하는 데 필요한 사회적·정치적 관계에 주목함으로써 보편주의적 목적론을 구축하고자 시도한다. 좋은 삶의 사회적 조건에 대한 그러한 주장들은 다시 인정이론 자체의 철학적 인간학에 의해 뒷받침된다. 마지막으로, 우리는 호네트가 거기서 프레이저와 마찬가지로 오직 근대 복잡 사회의 맥락에서 보편적 정당화 가능성에 관심을 두고 있다는 점을 기억해야 한다. 달리 말하면, 두 사람 모두 시간적 초월성을 주장하지 않으며, 각자의 주장은 근대 자유주의 사회의 사회적 조건을 위해 그리고 그 조건에 비추어 정식화된다. 사람들은 이러한 접근방식이 설득력 있다는 것에 동의할 수도 있고 동의하지 않을 수도 있다. 나는 결론적으로 그러한 접근방식이 설득력이 없다고 주장했다(Zurn, 2000). 그러나 우리는 어떤 목적론적 이론이 단지 목적론적 이론이라는 이유에서 맥락에 구속될 수밖에 없다고 그저 명기하는 것만으로는 그 이론의 설득력을 판단할 수 없다. 게다가 우리는 자신이 보편주의적인 목적론적 이론을 제시해 왔다고 주장하는 호네트의 정반대되는 주장과 그 이론을 뒷받침하기 위해 그가 구체적으로 제시한 논거를 그냥 무시해 버릴 수도 없다.[18] 달리 말하면, 프레이저의 비난은 연상에 의거해 근거 없이 씌워진 형태의 죄에 지나지 않는다. 우리는 다음 장에서 호네트 이론의 맥락 초월성 문제로 다시 돌아갈 것이다.

프레이저는 둘째 비난을 더 길게 전개한다. 그 비난은 인정이론이 자기실현에 관한 것이기 때문에, 인정이론은 부적절하게 분파적이며, 따라서 충분히 자유주의적이지 못하다는 것이다. 여기서의 프레이저의 생각은 하나의 형태의 좋은 삶 — 즉, 상호 인정의 사회적 관계를 통한 자기실현 — 을 우선시하는 이론은 수용 가능한 다른 형태의 좋은 삶을 암묵적으로 폄하할 수 있다는 것이다. 그러나 근대 복잡 사회는 엄청난 정도의 가치 다원주의를 노정하고 있다. 즉, 거기에는 삶에서 가치 있는 것은 무엇인지, 진정한 미덕은 무엇인지, 삶에서 가장 중요한 목표는 무엇인지에 대한 서로 다르고 양립할 수 없는 많은 개념들이 존재한다. 이러한 서로 다른 삶의 형태를 지지하는 사람들이 다른 사람들을 정당하게 대우하는 것과 관련한 몇 가지 기본적인 대인관계 의무를 준수하는 데 동의할 경우, 사회·정치이론은 가능한 한 많은 '합당한 다원주의'(롤스의 표현)를 인정해야 한다. 이를테면 개인의 자유가 요구하는 것은, 국가는 사람들에게 최고의 삶의 형태가 무엇인지 말할 수 없고 단지 사람들이 서로의 권리를 침해하지 않을 것만을 요구할 수 있다는 것이다. 그러나 프레이저에 따르면, 호네트의 이론은 서로 다르고 서로 경쟁하는 삶의 형태들 사이에서 특정한 편을 들고 있으며, 따라서 부적절하게도 분파적이다. 인정이론은 개인의 자율성과 자기실현에 대한 두터운 설명에 의존하기 때문에, 그 이론은 하나의 특정한 삶의 형태에 가치를 부여하는 동시에 자유주의 사회의 성원들이 자신이 동질감을 느끼는 좋은 삶의 개념 — 그 개념이 다른 사람들을 정당하게 대우한다는 제약조건을 준수하는 한 — 을 자신을 위해 지지할 권리를 침해한다.

분파주의라는 이 둘째 비난에 대한 호네트의 응답에서 중심을 이루는 논점은, (프레이저가 제안하는 정의 이론이나 롤스와 하버마스의 정의 이론과 같은) 이른바 순수한 의무론적 정의 이론은 인정이론이 명시적으로 지지하는 것과 똑같은 목적론적 내용을 그 이론 내로 은밀하게 들여올 수밖에 없다고 주장하는 것이다. 이러한 정의 이론의 핵심 원리는 모든 사람이 개인의 자율성 덕분에 정당한 것으로 주장할 수 있는 권리, 정치적 절차, 사회제도를 중심으로 전개된다. 그러나 개인의 자율성이 왜 그렇게 중요한가라는 질문을 받을 때, 이른바 그러한 비분파적인 목적론적 이론들도 불가피하게 개인의 자율성과 자기실현이라는 상위 가치와 관련된 실제로 목적론적인 내용을 상당한 정도 그 내부로 끌어들일 수밖에 없다. 호네트에 따르면, 절차적 이론에 물어야 하는 질문은 개인의 자유와 정의가 왜 중요한가 하는 것이다. 하지만 이 지점에서 그러한 이론은 침묵하거나 애매한 입장을 취한다. 왜냐하면 정의가 복무

하는 기본 가치를 명시적으로 자세히 제시할 경우, 정의는 자기실현의 가치를 축으로 하여 형성된 좋은 삶에 대한 특정한 근대 개념에 지나치게 편중되어 자신이 판 함정에 빠지게 될 것이기 때문이다. 그러나 이러한 가치를 명시하지 않을 경우, 권리, 절차 및 제도를 보장한다는 정의의 목적이 무엇인지가 처음부터 불분명해진다.

반면, 호네트가 볼 때, 인정이론이 좋은 삶에 대한 많은 서로 다른 (근대적, 자유주의적) 개념이 양립할 수 있을 만큼 그 이론이 고무하는 가치를 추상적으로 조심스럽게 명시하는 바로 그 순간에도, 인정이론은 그러한 가치들을 드러내놓고 구체화한다. 호네트는 이렇게 말한다. "나는 우리가 공정한 사회질서를 확립하는 데 관심을 가져야 하는 이유는 그러한 조건하에서만 주체가 가능한 자기관계를 가장 손상되지 않은 채로 획득할 수 있고 그리하여 개인의 자율성을 획득할 수 있기 때문이라고 생각한다. …… 여기서 우리는 선에 대한 약한 관념을 가지고 있다. 정의 개념은 선에 대한 관념 없이는 어떠한 목표도 가질 수 없다"(RoR: 258~259). 따라서 간단히 말하면, 인정이론은 자율성을 편파적으로 지지한다는 점에서 실제로 분파적이며(호네트는 프레이저의 정의 개념, 하버마스의 정의 개념, 롤스의 정의 개념과 같은 서로 경쟁하는 의무론적 정의 개념들도 마찬가지라고 주장한다), 인정이론이 정의의 목적을 처음부터 드러내놓고 설명할 수 있는 것도 그러한 편파적 지지 때문이다. 우리는 제6장에서 이러한 응답이 현재의 이론적 맥락에서 헤겔의 정치철학을 되살리고자 하는 호네트의 의도에서 중심을 차지하고 있음을 보게 될 것이다. 나는 적어도 이것이 분파주의라는 비난에 대한 꽤 설득력 있는 대응이라고 생각한다.

프레이저가 제기하는 셋째 주요 비판은 호네트의 목적론적 이론이 의무론과 대조적으로 충분히 명확하지 않다는 것이다. 이를테면 프레이저는, 평등한 정의 주장에 초점을 맞춘 이론은, 동성 파트너에게 결혼할 권리를 부정하는 것은 동성 파트너들의 신분 종속을 초래하기 때문에, 동성 파트너들은 결혼에서 배제됨으로써 참여의 평등을 부당하게 부정당하고 있다고 단순하게 지적할 수 있다고 주장한다. 이 경우에는 동성애자나 동성애의 가치를 평가할 필요가 없다. 하지만 자율적 자기실현을 촉진하는 데 초점을 맞춘 이론은 동성애 관계가 가치 있다는, 논란의 여지가 있는 가치 판단을 먼저 내리는 것을 피할 수 없다. 그러나 프레이저가 볼 때, 이러한 가치 주장은 궁극적으로 정당화될 수 없다. 왜냐하면 그러한 주장은 (다원주의적인 대규모 사회에서 모든 성원이 공유하지 않을 수 있는) 좋은 삶에 대한 특정한 개념에 매어 있기 때문이다. 따라서 이 비난에 의거하면, 목적론적 이론은 논란의 여지가 있는 전제에 의거하지 않고는 동성 결혼 인정의 확대를 요구하는 주장을 정당화할 수 없으며, 반면에 의무론적 이론은 권리와 정의라는 공유된 원리에만 의존하여 그러한 주장을 정당화할 수 있다.

나는 의무론이 그러한 사례들에서 논란의 여지가 있는 가치 판단을 실제로 배제할 수 있는지, 그리고 프레이저 자신의 이론이 얼마나 명확한지에 대해 실제로 의구심을 가진다(Zurn, 2003a, 2012). 그러나 더 중요한 것은 동성 결혼이 호네트의 존중에 기초한 인정 개념의 범위에 분명하게 속하며 특히 법적 평등의 원리에 의해 명확하게 다루어져야 한다는 것이다. 따라서 호네트는 근대 법체계의 핵심에 자리하는 차별 금지, 평등한 보호, 평등한 자유의 원리에 단순히 호소하는 것을 넘어 이성애자만의 결혼이 부당하다는 점을 정교하게 입증할 필요가 없다. 그러한 법적 평등의 원리가 정당화될 필요가 있다는 것은 사실이지만, 우리가 앞서 살펴본 바와 같이, 그것은 그러한 법적 원리가 근대사회의 역사적 발전에서 어째서 도덕적 진보 — 각 개인이 자율적 인격체가 되는 데 필요한 사회적 조건, 즉 왜곡되지 않은 자존감을 실현하는 데 필요한 사회적 조건을 점점 더 발견하는 것으로 측정되는 도덕적 진보 — 를 나타내는지를 보여줌으로써 달성된다.

요약하면, 우리는 인정이론의 규범적 주장이 보편화될 수 있는지에 대한 문제와 그 목적론적 근거가 가치 다원주의와 충분히 양립할 수 있는지에 대한 문제는 여전히 논쟁 중인 쟁점이라고 말할 수 있다. 도덕 이론과 정치이론의 기본 지향점과 관련된 주요 쟁점들처럼, 그 문제들은 단지 몇 페이지로 평가할 수 없는 쟁점이며, 호네트의 이론이 칸트주의를 향한 초기의 제스처에서 벗어나 헤겔주의적 뿌리를 향해 나아가게 하는 데서 여전히 중심적인 초점이 되고 있다. 명확성이라는 셋째 문제에서 악마는 세부 사항에 있다. 이론이 사회적·정치적 논쟁에 대해 실제적인 주장을 하기 위해 논란의 여지가 있는 전제를 불러낼 필요가 있는지의 여부는 사례별로만 결정될 수 있다. 동성결혼에 대해 프레이저가 제시한 주장이 설득력이 없기 때문에(그 이유는 부분적으로는 그녀의 이론이 가치 판단을 배제할 수 없기 때문이고, 부분적으로는 그녀가 호네트가 근대법 이론에서 제시한 상당한 자료를 간과하기 때문이다), 우리는 목적론적 이론이 의무론적 이론보다 덜 명확하다는 프레이저의 일반적인 주장에 의구심을 가질 필요가 있다.

불충분한 좌파 헤겔주의

마지막으로, 프레이저가 호네트에게 제기한 학술적인 방법론적 비판, 즉 위반된 인정 기대라는 심리적 경험에 기초하여 좌파 헤겔주의적 이론을 개발하는 데에는 문제가 있다는 비판을 살펴보자. 이를 이해하기 위해 우리는 프레이저와 호네트 모두가 헤겔과 마르크스로부터 계승되어 프랑크푸르트학파 이론가들에 의해 더욱 진척되고 그 후 다양한 이론가들에 의해 계속된 특정한 종류의 비판사회이론을 수행하는 데 헌신하고 있다는 것을 지적할 필요가 있다. 특히 두 사람은 비판사회이론이 실제 사회적 단어에 내재된 도덕적 내용을 식별할 수 있어야 하며 그러한 내용은 현재의 병리적 형태의 사회질서를 초월하는 것을 지향한다는 데 동의한다. 따라서 비판사회이론가는 사회현실에 존재하는 동시에 도덕적으로 구조화되어 있고 삶의 사회적 성격과 관련되어 있으며 현재의 사회구성체보다 더 나은 삶의 형태를 나타낼 수 있는 준거점을 필요로 한다. 호네트가 지적하듯이, 두 사람은 "비판적 사회분석이 현세 내의 초월 사례와 연결될 필요가 있다는 생각"에 동의한다(RoR: 238).

그렇다면 그들 사이의 논쟁은 이 내재적인 초월의 지점을 어디에서 찾는가 하는 것이다. 프레이저는 호네트처럼 그 지점을 심리학 — 특히 사회적 행위자들의 도덕으로 가득 찬 감정과 인정 기대 — 에서 찾는 것보다 언어 — 특히 현대 사회운동에 이용되는 "사회 정의에 대한 민중의 패러다임"(RoR: 207) — 에서 찾는 것이 더 낫다고 주장한다. 프레이저는 호네트에 대해 많은 주장을 펼치지만, 나는 여기서 한 가지만 지적한다. 프레이저는 인정이론이 위반된 기대에 대한 주관적 느낌에서 출발하여 거기서부터 논의를 진전시키기 때문에 그러한 느낌이 실제로 정당한지를 알아보기 위한 조사를 면밀하게 충분히 수행하지 않는다고 주장한다. 달리 말하면, 인정이론은 부당함을 단순히 주체가 실제로 부당하다고 경험하는 것으로 이해하기 때문에 초월적 잠재력 — 즉, 현대 현실에 대한 비판적 입장을 취할 수 있는 능력 — 을 전혀 가지지 못할 위험이 있다는 것이다.[19]

프레이저와 반대로 호네트는 자신의 이론이 사회적 초월에 필요한 비판적 잠재력을 가지고 있다고 주장한다. 인정이론은 비록 현재 사회에 착근된 인정 원리에서 출발하지만 역사적 진보 — 특히 더 많은 개인화와 더 넓은 포함을 촉진하는 인정 구조로의 진보 — 라는 기준에 비추어 그 사회를 비판적으로 평가할 수 있다는 것이다(제3장 제3절 '역사적 진보'를 보라). 이는 현존하는 인정 원리에 대한 제한된 해석을 극복하고 아직 사회현실에서 실현되지 않은 인정 원리의 '잉여 타당성(surplus validity)'을 포착함으로써 이루어진다. 인정 위반에 대한 경험은 잉여 타당성을 탐지하는 장치이다. 그러한 경험이 사회운동으로 통합될 때, 현재의 제한된 사회 형태를 넘어서는 확장된 사회적 관계를 위한 투쟁이 가능해진다. 여기서 호네트는 심리적 경험이 한 사회에 존재하는 명시적인 정의 담론보다 이점이 있다고 주장한다. 왜냐하면 언어적 정의 담론은 이데올로기에 의해 왜곡될 수 있지만, 도덕적 불쾌함에 대한 초기 심리적 경험은 아직 분명하게 이해되지 않은 사회문제 — 특히 사회의 인정 원리에 대한 지배적인 이데올로기적 해석에 의해 제대로 된 이해가 방해받고 있는 사회문제 — 를 탐지할 수 있게 해주기 때문이다. 하지만 도덕적 고통을 경험하는 것 **자체**가 인정을 확대하기 위한 정당한 주장을 보장하지는 않는다(제3장 제2절 제3항 '세 가지 도덕 논리'와 제3장 제4절 제4항 "'그들은 인정받을 자격이 없다'"에서의 논의를 보라). 그 주장의 정당성은 현재의 사회적 관행, 해석 도식, 사회제도가 건강한 자기실현에 필요한 사회적 조건을 제공할 수 있는 온전한 상호주관적 관계를 촉진하겠다는 약속을 지키지 못하고 있다는 사실을 더 넓은 사회에 보여줌으로써만 입증할 수 있다. 달리 말하면, 규범의 중요성을 지탱하는 것은 주관적 경험이 아니라 상호작용의 사회적 구조이며 현재의 사회적 상호작용 형태는 현상(現狀)의 초월을 지향하는 규범적 기준에 따라 측정될 수 있다는 것이다. 우리는 다음 장에서는 초월성과 내재성이라는 좌파 헤겔주의의 이중적 기준을 충족하기 위해 인정이론을 정확히 어떻게 구조화해 나갈 것인가에 대한 질문이 호네트의 최신 연구에서 중심을 차지하고 있다는 것을 살펴볼 것이다.

끝나지 않은 논쟁 평가하기

이 시점에서 정치적 공감과 이론적 야망을 상당 부분 광범하게 공유하는 두 주요 비판이론가 간의 놀랍지만 아직 끝나지 않은 논쟁의 상태를 찬찬히 살펴보는 것은 가치가 있다. 우선, 비록 프레이저와 호네트 모두가 자신이 비판사회이론이라는 동일한 전통에서 나왔다고 생각하고 현대 자본주의 사회의 매우 광범위한 문제들에 대해 근본적으로 현대 사회 정의의 문제라는 측면에서 관심을 가지고 있음에도 불구하고, 그들이 『재분배인가 인정인가?』에서 벌이고 있는 논전은 종종 서로 다른 얘기를 하는 것처럼 보인다는 점에서 매우 놀랍다. 나는 그것이 두 사람 모두 현대사회에 대한 그들 자신의 '거대 이론(grand theory)'을 제시하는 데 중점을 두고 있기 때문에 그들 자신의 견해를 분명하게 표현하는 작업이 상대방의 저작을 세세하게 해석하는 지점들을 가려버린 결과라고 추측한다. 지난 10년간 호네트가 발표한 논문을 중심으로 살펴볼 때, 이 두 사람 간의 변증법적 교류에서 나타나는 세부 결함이 무엇이든 간에, 호네트가 인정이론이 여전히 해결해야 할 종류의 문제를 명확히 하는 데 이 논쟁이 결정적인 영향을 미쳤다는 것은 분명하다. 사실 앞에서 검토한 가장 논쟁적이고 해결되지 않은 논점 중 일부는 호네트가 『자유의 권리』에서 헤겔의 사회정치이론을 되살리는 데서 중심 초점이 된다.

인정을 중심으로 구축된 비판이론이 물질적 평등과 경제 정의와 관련된 중요한 사회 정의 문제를 가리거나 대체한다는 프레이저의 첫째 비난에서 시작하면, 우리는 호네트의 이론이 무죄라고 자신 있게 말할 수 있다. 재분배적 정의는 호네트의 이론에서 중심 관심사이고, 이전에도 그래왔다. 인정이론이 하나의 적절한 사회이론, 즉 자본주의 정치경제의 구조와 동학을 충분히 이해할 수 있는 사회이론인지에 대한 둘째 질문으로 넘어가면, 결과는 좀 더 엇갈린다. 나는 프레이저가 호네트의 정치경제학의 더 강한 버전을 비판한 것은 옳다고 주장했다. 호네트가 이따금 했던 주장과 달리 인정 요인이 노동률이나 물질적 분배와 같은 경제 과정과 결과의 내용을 단독으로 결정하는 것은 아니다. 그러나 호네트는 자본주의에는 법, 규범, 성향과 같은 제거할 수 없는 규범적 전제조건이 있고 따라서 그러한 전제조건은 일반적인 수준에서 시장 과정을 설명할 때 인과 요인 — 많은 인과 요인 중 일부 — 으로 간주되어야 한다는 보다 설득력 있는 주장을 하고 있다. 게다가 그러한 전제조건을 인정 구조 측면에서 자세히 설명하는 것은 유일한 설명 방법은 아닐지라도 꽤 설득력이 있다. 하지만 결국 두 이론가 모두는 자본주의 정치경제에 대한 더 큰 논쟁의 일부 — 즉, 문화적 및 평가적 내용이 좀 더 알려지지 않은 시장의 힘과 인과적으로 상호작용하는 정도(그리고 정확하게는 방법) — 를 해결할 수 있는 종류의 잘 발달되고 심층적이며 경험적으로 검증 가능한 해석적 설명과 근대화 과정에 대한 최선의 설명을 내놓지는 못했다. 따라서 이는 앞으로 추가적인 이론적 발전이 이루어져야 할 중요한 영역이다.

나는 또한 프레이저의 셋째 주요 비난과 관련하여, 인정이론이 실제 정책 논쟁에 개입하고 서로 다른 정책 제안을 평가할 때, 그 이론은 인과적 사회이론을 충분히 발전시키지 못한 나머지 실제적인 도전을 받고 있다고 주장했다. 특히 나는 호네트의 이론이 지나치게 추상적이지만 정확한 주장과 충분히 구체적이지만 부정확한 주장 사이에서 일종의 딜레마에 직면해 있다고 주장하고 싶다. 결국 호네트가 그러한 개입은 이론이 할 일이 아니라고 생각할 수도 있지만, 만약 그것이 그의 신념이라면 이론과 실천 간의 전통적인 비판이론적 연결을 포기하거나 재개념화해야 할 것이다. 어쨌든 이것은 더 많은 발전이 필요한 또 다른 영역이다.

규범적 기준과 전략에 관한 질문과 관련해서는, 나는 프레이저와 호네트 간의 논쟁이 해결되지 않았다고 말하고 싶다. 프레이저는 목적론적 이론에 대해, 특히 보편화 가능성과 관련하여 그리고 그러한 이론이 서로 양립할 수 없지만 합당한 여타 선 개념보다 특정한 선 개념을 반자유주의적으로 선호하는 정도와 관련하여 심각한 문제를 제기한다. 그러나 인정이론의 불명확성에 대한 프레이저의 주장은 설득력이 떨어진다. 그럼에도 불구하고 목적론적 이론이 갖는 문제의 심각성을 잠재적 문제만을 살펴보고 평가하는 것은 불가능하다. 또한 사람들은 특히 경쟁하는 이론들이 지닌 약점과 강점을 비교하여 목적론의 장점을 고려할 필요가 있다. 호네트가 『자유의 권리』의 첫 부분에서 헤겔식으로 사회철학과 정치철학을 하는 방식을 방법론적으로 개관하고 있으며 그 개관을 경쟁하는 이상주의적 이론 — 절차주의와 의무론 — 의 결합과 대비시키는 방식으로 진전시키고 있다는 것은 전혀 놀랄 일이 아니다.

마지막으로, 나는 호네트의 프로젝트에 대한 프레이저의 2003년 독해는 좌파 헤겔주의 집단의 내재적 초월 — 프레이저 자신도 공유하는 적절한 이론 구성의 필요조건 — 의 전략과 관련한 실제적 문제를 제기한다고 말하고 싶다. 호네트가 『자유의 권리』에서 수행하는 방법론적 작업과 실제의 사회사적 분석의 대부분은 상호주관적 인정에 대한 개인의 도덕적 경험이 비판사회이론에 가장 유망한 출발점을 제공한다는 자신의 근본적인 직관을 더 자세히 그리고 더 주의 깊게 진전시키는 데 전념하고 있다. 따라서 프레이저의 비판과 호네트의 답변에 대한 최종 평가는 호네트의 계속되는 이론적 발전에 비추어서만 이루어질 수 있다. 그렇지만 프레이저와의 논쟁이 문제를 선명하게 하고 인정이론이 설득력 있는 프로젝트로 남기 위해 해결해야 할 과제를 부각시켰다는 것 또한 분명한 사실이다.

제6장

사회적 자유와 인정

서론

이 장에서는 호네트의 가장 최근의 주요 저작인 『자유의 권리』의 일부 내용과 방법을 개관한다. 이 방대한 모노그래프에서 호네트는 헤겔에 빚지고 있지만 21세기 초에 맞게 갱신된 형태의 사회적 자유 이론을 개괄한다. 『자유의 권리』가 『인정투쟁』의 대체할 수 없는 토대 위에 구축되었지만, 나는 『자유의 권리』를 호네트의 새로운 대작으로 보아야 한다고 생각한다. 『자유의 권리』는 사회철학과 정치철학의 고전 중 하나인 헤겔의 『법철학』을 다시 쓰겠다는 야망을 가지고 있을 뿐만 아니라, 인정보다는 자유라는 테마를 중심으로 호네트의 이론을 새로운 방향에서 제시하고 있다.[1]

나는 이 장에서 호네트가 『자유의 권리』에서 도입하는 세 가지 새로운 또는 새롭게 심화된 중심 관념을 요약한다. 나는 먼저 자유에 대한 소극적 개념과 성찰적 개념을 대비하여 호네트가 발전시킨 자유에 대한 **사회적** 개념의 주요 관념을 개관한다. 그다음으로 나는 호네트가 사회적 자유의 서로 다른 제도화된 영역의 측면에서 발전시킨 풍부한 새로운 사회이론을 개략적으로 설명한다. 그리고 마지막으로 나는 호네트가 거기서 시도한 이론적 혁신의 일부를 스케치하고 그러한 새로운 방향에 대해 비판적 질문을 던진다.

사회적 자유

자유에 초점 맞추기

호네트의 가장 최근 저서에서 가장 눈에 띄는 새로운 요소는 아마도 **자유** 개념이 압도적으로 널리 퍼져 있고 그에 따라 인정 개념에 대해 덜 초점을 맞추고 있다는 것일 것이다. 그 주된 이유는 『자유의 권리』의 기본 목표에서 비롯되는데, 그 목표란 바로 현대사회에서 실제로 발전해 온 사회제도에 대한 분석 속에서 그리고 그러한 분석을 통해 정의 이론의 토대를 이루는 것으로 이해되는 헤겔 『법철학』의 프로젝트를 업데이트하는 것이다. 호네트는 도덕-실천 이성이 사회현실에서 역사적으로 어떻게 구현되는지를 보여주고자 하는 야망을 헤겔과 공유한다. 이 이론적 야망을 품자마자, 현대의 사회적 삶 — 그것이 19세기 초의 삶이든 아니면 21세기 초의 삶이든 간에 — 의 중심을 이루는 도덕적 가치가 무엇인가 하는 의문이 생긴다. 호네트는 헤겔과 마찬가지로 근대세계에서 핵심을 이루는 도덕적 이상 — 즉, 다른 모든 가치가 그 이상을 중심으로 배열되는 가치 — 이 바로 자유라고 확신한다. 호네트는 『자유의 권리』의 첫머리에서 이를 아주 극적으로 표현한다.

> 근대사회에서 우위를 차지하기 위해 경쟁하는 모든 윤리적 가치 중에서 오직 한 가지 가치, 즉 자유, 다시 말해 개인의 자율성만이 우리의 제도적 질서에 진정으

로 지속적인 인상을 남길 수 있었다. 마치 마법에 걸린 듯이, 근대의 모든 윤리적 이상은 자유의 주문 아래 놓여 있어왔다. 그리고 그러한 이상들은 때때로 자유의 관념에 깊이를 더 부여하거나 새로운 강조점을 더하지만, 독자적인 독립적 대안을 제시하지는 못한다.(FR: 15)

호네트에 따르면, 평등이라는 이상 — 일부 사람에 따르면, 유일하게 중심적인 최상위의 미덕 — 조차도 "개인적 자유 — 근대사회의 모든 성원이 동등하게 자유를 누릴 자격이 있다는 관념 — 의 가치를 설명하는 것으로서만 이해될 수 있다"(FR: 337, n. 1). 더 나아가 그는 모든 근대적 정의 개념 — 이 개념이 정치철학에 구현되어 있든 사회운동의 최전선에서 공포되든 간에 — 은 자유라는 이상을 축으로 하여 전개된다고 주장한다.

호네트가 자유의 우위성에 대한 이러한 극도로 강력한 주장을 뒷받침하는 추상적인 철학적 논거를 즉각 결정적으로 제시하지는 않지만, 나는 『자유의 권리』의 대부분 — 법, 도덕, 가족, 시장, 민주주의, 국가를 포함하여 근대 서구사회의 핵심 사회제도에 대해 호네트가 확대한 300년의 역사 — 은 확장된 구체적인 역사적-사회학적 분석을 통해 그러한 주장을 입증하는 것으로 이해해야 한다고 생각한다. 따라서 이 주장이 자유가 모든 가치 중에서 이상적으로 가장 중요한 가치라는 또는 다른 모든 가치가 개념적으로 자유 아래에 포섭되어야 한다는 추상적인 주장인 것은 아니다. 더 정확하게 말하면, 이 주장은 현대 사회에서 실제로 운영되고 있는 우리의 실제 사회제도는 모두 사실 무엇보다도 개인의 자유를 발전시키고 촉진하고 실현하도록 구조화되어 있다는 것이다. 게다가 그러한 제도들이 평등, 낭만적 표현, 또는 자연의 신성함과 같은 다른 근대적 가치를 실현하는 한, 우리의 사회제도는 그러한 다른 가치들을 개인의 자유의 지배하에 예속시킴으로써만 그러한 가치를 실현할 수 있다. 더 나아가 근대 정치사상의 역사에서든 아니면 해방과 정의를 위한 근대 사회운동의 역사에서든 간에, 정의 개념은 개인의 자유에 대한 일정한 관념을 그 중심에 통합하고 있는 경우에만 정당하고 실행 가능한 것으로 살아남아 왔다.

물론 개인의 자유가 정확히 무엇을 의미하는지는 많은 이론(異論)이 존재하는 쟁점의 하나이다. 호네트는 자신의 목적을 위해 근대 사상과 근대사회에서 드러나는 세 가지 주요 자유 모델, 즉 소극적 자유, 성찰적 자유, 사회적 자유를 구분한다. 그는 각 모델의 의미뿐만 아니라 각 모델이 끌어내는 구체적인 정의 모델들도 논의한다. 소극적 모델과 성찰적 모델의 통찰과 한계에 대한 추가적인 변증법적 논의는 사회적 자유를 (비록 자주 모호하기는 하지만) 적절하고 우위를 차지하는 근대 자유 모델로 지지하는 것으로 이어진다. 따라서 『자유의 권리』의 또 다른 중심적인 새로운 요소는 **사회적** 자유 **모델**을 근대 사회제도를 구조화하는 진정한 의미의 자유 — 즉, 그러한 제도가 실현하고자 하는 핵심적인 규범적 이상 — 로, 따라서 규범적 정의 이론의 핵심 가치로 해명하고 옹호하는 것이다.

소극적 자유

소극적 자유 모델은 17세기 토머스 홉스의 권위주의에서부터 로버트 노직(Robert Nozick)의 현대 자유주의에 이르기까지 다양한 근대 정의 이론을 가로지르는 친숙한 모델이다. 이 모델에서 자유는 개인이 행위에서 어떠한 외적 장애에도 직면하지 않고 모든 특유의 욕망을 충족시킬 수 있는 것을 가리킨다. 개인이 우발적인 욕망을 충족시키는 것을 외부에서 방해받는다면, 그는 자유롭지 못하다. 이 모델에서는 상호 호의의 유대나 타인에 대한 의무는 거의 고려되지 않으며, 대신 개인은 자신의 변덕을 충족시키기 위해 이기적으로 행동하는 고립된 일원적 행위자로 간주된다. 물론 소극적 자유에 상응하는, 타인에 대한 도덕적 의무 개념이 있을 수 있다. 하지만 그 의무 개념은 단지 개인은 타인의 소극적 자유에 가능한 한 적게 간섭해야 한다는 것이다.

소극적 자유 모델과 일반적으로 짝을 이루는 정의 모델은 도구주의적 버전의 사회계약 모델이다. 단절된 이기적 개체인 개인은 다른 사람의 간섭을 가능한 한 적게 받는 것이 자신에게 이익이 된다고 계산한다. 이러한 불간섭을 확보하는 가장 좋은 방법은, 각자가 최대한 간섭받지 않을 개인적 권리를 똑같이 확보하는 단발적 계약을 신중하게 체결하고, 그다음에 개인이 이러한 권리를 침해하는 것이 이익이 되지 않도록 하기 위해 강제력을 독점한 국가가 그 권리를 집행하게 하는 것이다. 달리 말하면, 정의는 단지 불간섭에 대한 주관적 권리를 집행하는 것에 불과하며, 각 행위자의 이기적 이익에 부합한다는 것에 의해 정당화된다. 거기에는 정의가 사회적 협력과 관련되어 있다는 의미는 전혀 존재하지 않는다. 왜냐하면 행위자는 자신의 목표에만 관심이 있다고 가정되기 때문이다. 그리고 거기서는 정치 참여나 민주적 시민권도 전혀 필요하지 않다. 왜냐하면 정의는 단지 개인이 주관적 권리를 집행하는 것 — 정부가 권위주의적이든 과두정치적이든 아니면 민주적이든 간에 기본적인 법치를 보장하는 모든 정부가 완수할 수 있는 집행 — 에 의해 확보되기 때문이다.

이 자유 모델의 한계는 중독자, 조작당한 사람, 강요받은 사람, 변덕스러운 사람 등 다양한 사례를 고려할 때 분명하게 드러난다.[2] 각각의 경우, 우리는 그들의 행위가 소극적인 의미에서는 자유로운 행위일 수 있지만 동시에 매우 중요한 의미에서는 자유롭지 않은 행위라는 것을 분명히 알 수 있다. 이를테면 알코올 중독자는 술을 더 마시는 데서 어떠한 외부 장애에 직면하지 않을 수 있지만 술을 더 마시고 싶은 내적 충동은 그 자체로 부자유의 한 원천이다. 자신의 욕망이 다른 사람에 의해 주입되는 방식으로 조작되거나 세뇌된 사람은 간섭 없이 행동할 수 있지만, 우리는 강제로 어떤 행위를 하도록 강요당한 사람과 마찬가지로 그의 행위를 자유로운 행위라고 부르고 싶지 않을 것이다. 마지막으로, 변덕스러운 사람은 자신이 가질 수 있는 모든 우발적인 자연발생적 욕망을 충족시킬 수 있을지도 모르지만, 충분히 성찰해 보면 그가 그러한 욕망을 자신이 진지하게 승인한 결과로 완전히 받아들이지 않기 때문에, 우리가 그를 자유롭다고 칭하는 데에는 신중을 기할 필요가 있다. 그 변덕스러운 사람은 자연이나 사회화가 자신에게 우연히 심어놓은 욕망에 따라 '자유롭게' 그때그때 핵핵 움직일 뿐이다. 호네트에 따르면, 이 모든 경우에서 소극적 자유 모델이 갖는 문제는 개인이 자신의 욕망을 자율적으로 결정하지 못한다는 것이다. 오히려 그들의 실제 목표는 그저 자연적인 원인이나 사회적인 힘 — 즉, 개인의 통제 밖에 있는 원인과 힘 — 의 변덕스러운 작용에 맡겨진다. 행위는 외부의 제약으로부터 자유로울 수 있지만, 행위의 내용 — 즉, 행위자의 욕망이나 목표 — 은 그 자체로 행위자 자신의 자유롭고 의식적인 의지의 산물이 아니다.

성찰적 자유

소극적 모델의 이러한 기본적인 한계는 (루소나 칸트 같은 사상가들에 의해 가지거나 가지기를 열망할 가치가 있는 모든 개인적 자유에 중심적인 것으로 진정성과 자율성 관념의 중요성이 강조되기 시작했던) 적어도 18세기 중반부터 자주 언급된 테마였다. 이러한 새로운 자유 모델 — 더 정확하게 말하면, 많은 새로운 자유 모델 — 에 따라 호네트가 '성찰적 자유'라는 용어하에 기술한 모델이 생겨났다. 구체적인 개념들에서 나타나는 온갖 차이에도 불구하고, 성찰적 자유의 핵심 관념은 개인의 행위가 개인의 의도에 의해 인도될 때 그 행위가 자유로운 행위라는 것이다. 자유는 자유의지를 요구한다. 자유인은 자신이 성찰적으로 승인하는 동기와 이유에 따라 자신의 삶을 살아야 한다. 따라서 자유는 행위가 간섭받지 않아야 하는 것만 요구하는 것이 아니다. 자유는 자신이 목표한 것의 내용에 대해 성찰하고 자율적으로 또는 진정으로 결정할 것도 요구한다. 진정한 자유는 한 사람의 행위가 그 사람이 어느 순간 우연히 갖게 되는 우발적인 욕망으로부터가 아니라 적절히 정제되고 정화된 의지로부터 비롯될 것을 요구한다.

호네트는 자유의 다양한 성찰적 모델을 재구성하면서 두 가지 주요 사고 노선을 추적한다. 첫째 노선은 도덕적 자율성 버전의 성찰적 자유 모델이다. 칸트가 말한 바와 같이, 사람은 합리적인 정밀 조사를 통과할 수 있는 행위 규칙을 스스로에게 부여하고 그 규칙을 행위의 진정한 동기로 따를 때 자유롭다. 칸트는 도덕의 보편화 가능성 — 정언 명령의 다양한 정식화 속에서 모델화한 — 의 측면에서 합리적 정밀 조사를 설명한 것으로 유명하지만, 이 전통에 속하는 다른 사상가들은 합리적 정밀 조사의 요건에 대한 다른 정식화를 제안해 왔다. 호네트에서 특히 중요한 것은 카를-오토 아펠(Karl-Otto Apel)과 위르겐 하버마스가 도입한 무한한 의사소통 공동체라는 철저한 상호주관주의적 관념으로, 이는 고립된 개별 행위자는 합리적인 정밀 조사를 수행할 수 없다는 것을 의미한다. 오히려 합리적으로 정당화된 규칙은 이상적으로는 상호 이해에 도달하는 개방적이고 무한한 담론 과정에서 영향을 받는 모든 사람의 합리적 동의를 얻어야 한다. 이 버전의 성찰적 자유에 따르면, 어떤 사람이 담론적으로 정당화된 규칙에 따라 행위할 때, 그 사람은 도덕적으로 자율적인 존재이다.

성찰적 자유의 둘째 주요 모델은 19세기 초 낭만주의자들의 저술에서 두드러지게 나타난 진정성, 개인적 완결성, 개인의 자기실현 등의 관념 속에서 작동한다. 이 일반적인 모델에 따르면, 어떤 사람이 자신의 심부에 있는 진정한 자아를 진정으로 반영하는 욕망과 목표에 따라서 행위할 때만 그 사람은 자유롭다. 이 자유 모델은 루소의 다양한 저술 — 그의 『고백록(Confessions)』과 여러 소설 — 에서 처음으로 명확하게 표현되었는데, 이 경우 개인은 자신의 경험과 느낌에 대한 오랜 성찰을 통해 자신의 심부에 있는 개인적 정체성의 진정한 핵심을 표현할 때에만 진정한 자신이 될 수 있다. 그러한 진정한 핵심이 자신의 행위의 진정한 원천일 때에만 그 사람은 자신의 행위를 자신의 뜻에 따라 자유롭게 행하는 것으로 간주될 수 있다. 성찰적 자유에 대한 자율성에 기반한 입장과 마찬가지로, 진정성에 기반한 입장도 헤르더(Herder)와 니체 같은 이론가에서부터 해리 프랑크푸르트(Harry Frankfurt)까지에 이르는 오랜 역사를 가지고 있다. 각각의 경우에 기본적인 관념은 자신의 행위가 진정으로 자신의 행위로 간주되어 자유로운 행위가 되기 위해서는 의지의 내용이 적절히 정제되어야 한다는 것이다.

호네트는 성찰적 자유를 중심축으로 하여 세 가지 주요 유형의 정의 이론을 설명한다. 한편에는 자율성 입장에 상응하는 다양한 절차주의적 정의 이론이 있다. 롤스나 하버마스 같은 이론가들로 가장 잘 대표되는 절차주의는, 집단적인 정치적 결정의 정당성은 궁극적으로 그 결정이 집단 협력을 구조화하는 이상적인 절차, 즉 각 개인이 자유롭고 평등한 시민으로 대우받는 것을 보장하는 절차에 따라 이루어져 왔는지와 함수관계에 있다고 가정한다. 따라서 정의는 집단적 의지를 성찰하는 과정에서 각자의 평등한 자유를 보장하는 정치제도의 특징 중 하나이다. 다른 한편에서 호네트는 진정성 입장에 상응하는 두 가지 주요 이론군을 분석한다. 첫째는 존 스튜어트 밀(John Stuart Mill)의 이론과 같은 이론으로, 많은 사람이 일생 동안 진정한 자기개발을 위해 최대한의 자유를 누릴 수 있도록 하는 사회적·정치적 제도를 정의라는 이름으로 말한다고 주장한다. 진정성에 영향을 받은 둘째 이론군은 다양한 형태의 공화주의로 대표된다. 한나 아렌트의 이론이 그중 하나로, 그 이론은 정의는 개인이 집단적인 형태의 자기실현 속에서 그리고 그러한 형태의 자기실현을 통해 자신을 실현할 것을 요구한다고 주장한다. 자유주의적 절차주의, 자유주의적 완전주의, 공화주의 등 정의 이론의 다양성에도 불구하고, 이 모든 정의 이론은 개인의 성찰적 자유의 실현을 공정한 사회제도의 핵심 — 기본 목적 — 으로 삼는다는 특징을 그 중심에 공유한다.

호네트는 소극적 자유 모델에 비해 성찰적 자유 모델이 우월하다는 분명한 믿음에도 불구하고 성찰적 모델에도 본질적인 한계가 있다고 주장한다. 그는 헤겔의 주장을 같은 취지에서 자세히 설명하고 갱신하면서, 성찰적 모델은 도덕적·윤리적 목적에 잠재적으로 기여하는 내용을 개인에게 제공하는 사회제도와 의미들로 구성된 주변 맥락이 이미 존재하지 않을 경우 개인의 자유가 달성될 수 없다는 것을 인식하지 못하고 있다고 주장한다. 성찰적 자유는 개인에게 자신의 행위가 추구하는 도덕적으로 자기결정적인 또는 진정으로 자기실현적인 목표에 도달하기 위해 자신의 의지를 성찰적으로 정제할 것을 요구하지만, 그러한 목표는 이미 사회적 상황이 그 목표를 수용할 수 있을 경우에만 그러한 자유의 후보가 될 수 있다. 성찰적 자유는 개인 행위의 내용 — 개인 행위의 목적이나 목표 — 에 초점을 맞춤으로써 소극적 모델을 개선하지만, 개인이 그 내용을 승인하기 전에 어째서 그러한 잠재적 내용이 먼저 사회적으로 이용 가능해야 하는지를 이해하지 못한다. 그리고 더 나아가 개인의 행위는 그 행위를 적어도 부분적으로라도 수용할 수 있는 사회적·문화적·정치적 맥락 — 그 행위를 자유로운 행위로 인정하는 맥락 — 이 존재하는 경우에만 성공할 수 있다. 따라서 사회제도와 사회적 관행은 개인의 자유의 외부에 있는 것이 아니다. 사회제도와 사회적 관행은 자유 그 자체를 구성하는 요소이다.[3)]

하나의 예를 가지고 이를 명료히 하기 위해 18세기 서구 국가에서 여성들이 보람 있는 전문 직업을 갖는다는 관념은 현실적으로 가능성조차 존재하지 않았다는 것을 생각해 보자. '전문직 여성'은 그 사회의 사회적 관행에서 이해할 수 있는 역할도 아니었고, 여성이 자율적으로 또는 진정으로 전문 직업을 갖기로 결정했다고 한들 그 사회에서 보람 있는 전문 직업을 자유롭게 실현할 수도 없었을 것이다. 요컨대 소극적 자유에서의 불간섭과 성찰적 자유에서의 목적에 대한 자기 승인은 자유의 필요조건이지만, 사회적 자유라는 그에 부응하는 사회적 맥락 없이는 충분하지 않다.

사회적 자유

소극적 모델과 성찰적 모델의 한계에 대응하여 호네트는 사회적 자유의 모델을 근대 개인의 자유에 대해 가장 광범위하고 중요한 의미를 구현하는 것으로 제시한다. 이 모델에 따르면, 자유로운 행위는 그 행위를 수용할 수 있는 사회적 환경 — 그 행위의 의미와 목적을 도출해 내고 그 행위가 그 사회의 사회적 활동의 협력 도식과 부합하는 환경 — 을 요구한다. 호네트는 자신의 기본적인 직관을 다음과 같이 표현한다.

> 근대 주체의 입장에서 볼 때, 우리의 개인적 자유가 우리가 우리 자신의 목표와 의도에 관여되어 있는 행위 영역에 대해 반응하는 정도에 의존한다는 것은 분명하다. 우리가 우리의 목적이 그러한 영역에 의해 뒷받침되고 심지어 옹호된다고 느낄수록 우리는 주변 환경을 우리 자신의 퍼스낼리티를 발달시키기 위한 공간으로 더 많이 인식할 수 있을 것이다. 우리가 우리 자신의 종(種)과 상호작용하는 것에 의존하는 존재로서 상호주관적 환경과 그러한 자유로운 상호작용을 하는 경험이 모든 개인의 자유의 패턴을 표상한다.(FR: 60)

사람들은 외부의 간섭으로부터 자유로울 수 있고 또 실제로 자율적으로 또는 진정으로 정제된 의지에 따라 행동할 수 있지만, 만약 자신의 행위가 자신이 속한 사회 세계와 심각하게 양립할 수 없다면 스스로 자유롭다고 경험할 수 없다. 호네트에 따르면, 진정한 자유는 개인이 통제할 수 있는 주관적인 조건뿐만 아니라 개인이 직접 통제할 수 없는 특정한 객관적인 사회적 조건도 요구한다.

여기서 호네트가 소극적 모델과 성찰적 모델이 포착한 자유의 조건의 현실도 그리고 규범적 중요성도 부정하지 않는다는 것을 깨닫는 것이 중요하다. 근대 개인들은 얽히고설킨 상호주관적 의무와 사회적 역할에서 자신이 후퇴할 수 있는 (즉, 물러날 수 있는) 능력을 당연히 소중하게 여긴다. 때때로 우리는 소극적 자유가 가능하게 하는, 우리의 우발적인 욕망을 실현할 수 있는 단순하고 방해받지 않는 공간을 소중히 여기기도 한다. 다른 경우에는 개인이 자신에게 주어진 사회적 기대에서 한 걸음 뒤로 물러서서 자신의 도덕성과 개인적 완결성에 비추어 그러한 기대의 타당성과 가치를 평가할 수 있기 위해서는 성찰적 자유가 매우 중요하다. 때때로 사회적 역할의 과도한 지배에서 벗어나는 이러한 경험이 물론 근대 자유의 가치에서 중심을 이루기도 한다. 그럼에도 불구하고 호네트는 이러한 분리 움직임은 반드시 우리가 사회적 삶에 몰입한 후에야 가능하다고 주장한다. 따라서 소극적 자유와 성찰적 자유의 핵심에 자리하는 분리는 우리가 이미 얽혀 있는 복잡한 사회적 관계로부터 나오는 파생적인 것이다. 따라서 자유를 올바르게 정의하고 이해하기 위해서는 우리는 사회적 역할과 의무에서 벗어나는 것만 언급할 수는 없다. 즉, 우리는 사회적 상호작용 역시 포함하는 더 넓은 자유 관념 내에서 그러한 벗어남의 가치를 이해해야 한다. 요약하면, 호네트에 따르면, 소극적 자유와 성찰적 자유는 근대 자유의 필수 요소, 즉 사회적 자유라는 더 포괄적인 개념에 의해 정의되는 더 넓은 개념 내의 요소들이다.

호네트는 헤겔이 좀 더 명확하게 설정한 세목을 따라 사회적 자유는 적어도 세 가지 조건을 포함한다고 주장한다. 가장 중요한 조건은 첫째 조건이다.

이 첫째 조건은, 개인은 다른 사람들이 그 개인의 목적을 서로 가능하게 하거나 촉진하는 사회제도 속에서 그리고 그 사회제도를 통해 자신의 개인적인 목적을 실현해야 한다는 것이다. 호네트는 이 점을 다음과 같은 여러 가지 방식으로 설명한다. 개인의 다양한 역할 의무는 사회적 자유를 촉진하는 제도 — 호네트가 '관계적 제도(relational institution)'라고 부르는 것 — 속에 "주체가 서로의 자유를 자신의 자유의 조건으로 바라볼 수 있는 방식으로 서로 얽혀 있어야" 한다(FR: 176). "자유로운 활동은 …… 다른 사람들이 우리의 목적에 반대하는 것이 아니라 그 목적을 이룰 수 있게 하거나 촉진한다는 사실로 이루어진다"(FR: 60). 사회적 자유 모델은 "주체가 공통성의 경험 [즉, …… 개인의 목표에 대한 상호 만족] 속에서 자신의 개인적 자유를 실현하고자 하는 규범적 관행"을 포함한다(FR: 62). 관계적 제도는 역할을 상호적으로 구조화함으로써 사회적 자유를 가능하게 한다. 즉, 개인은 제도 내에서 자유롭게 행위할 수 있고 다른 개인들 역시 각자의 역할 의무를 다하는 한에서만 다른 개인으로부터 필요한 이해를 얻을 수 있다. 이러한 의미에서 관계적 제도 내에서 행위하는 개인은 대체할 수 없는 방식으로 그리고 구성적인 방식으로 다른 사람의 자유를 완성하고 완료한다. 내가 정형화하여 제시한 사례로 돌아가면, 전문 직업을 통해 개인적인 성취를 추구하려는 18세기 여성의 자율적이고 진정성 있는 선택은 그 선택을 수용할 수 있는 제도적 관계 — 젠더 역할 제도, 교육 기회, 경력 구조, 노동시장 등 다른 사람의 행위가 그녀가 선호하는 형태의 자기실현을 가능하게 하거나 촉진하는 관계적 제도 — 없이는 실현될 수 없다. 그녀의 소극적 자유와 성찰적 자유는 완전한 자유를 충분히 보장할 수 없다. 그녀의 자유는 또한 그녀의 야망이 상호주관적인 제도 속에서 사회적으로 이해되어 수용될 것을 요구한다.

사회적 자유를 위한 그다음의 두 가지 조건은 이 첫째 조건에서 자연스럽게 나온다. 둘째 조건에서 관계적 제도의 역할과 기대는 관계적 제도가 가능하게 하는 상호 인정 관계에서 설득력과 타당성을 얻는다. 사회적 자유는 개인의 목표에 대한 상호 만족을 포함하기 때문에, 행위자 간의 관계는 모종의 형태의 상호주관적 인정을 포함할 것이다. 호네트에 따르면, 진정한 자유는 사회제도가 단순히 개인 행위들이 서로 얽히고설킨 경로를 구조화하는 것만으로는 충분하지 않다. 참여자가 자신이 다른 참여자의 행위를 가능하게 하고 촉진하는 데 관여하고 있다는 사실을 인식할 수 있어야 한다. 개인들은 바로 그러한 방식으로 "공통성의 경험 속에서" 사회적으로 자유로운 자신의 행위를 자의식적으로 실현할 수 있다. 따라서 관계적 제도는 단지 익명으로 통합된 개인 행위들의 집합체일 뿐인 것이 아니다. 관계적 제도는 자신이 다른 사람의 자유를 가능하게 하는 사회적 맥락 속에서 행위하는 플레이어라는 참여자들의 인식을 통해 통합된 행위체계이다. 이를테면 진정한 관계적 제도 속에서 개인들은 자신의 의무와 역할이 타당하고 적절하다고 확신하는데, 왜냐하면 개인들이 그러한 역할과 기대 속에서 그리고 그러한 역할과 기대를 통해 인정을 획득하기 때문이다. 아마도 이를 가장 분명하게 보여주는 예가 헤겔의 우정 모델일 것이다. 그 모델에서 우정은 내가 다른 사람 속에서 그리고 다른 사람을 통해, 즉 친구 속에서 그리고 친구를 통해 자유롭게 나 자신을 이해할 수 있는 한에서만 나 자신의 자유를 실현하는 관계적 제도이다. 우정에 대한 기대가 힘, 즉 매력적인 성격을 부여받고 그리하여 그러한 기대가 나에게도 유효한 까닭은 우정이 특히 강력한 형태의 상호 인정을 구조화하기 때문이다.

또한 사회적 자유와 인정 간의 서로 분리할 수 없는 깊은 관계가 호네트의 가장 최근 저서와 인정투쟁에 대한 그의 기본 저작을 연결하는 데 도움이 된다는 점도 지적할 만한 가치가 있다. 따라서 처음에는 호네트의 키워드에서 일어난 놀라운 변화 — 즉, '인정'에서 '자유'로의 변화 — 로 보였던 것도 커다란 실제적 변화라기보다는 개념적 확장의 문제인 것으로 밝혀진다. 호네트는 최근의 한 인터뷰에서 이를 다음과 같이 단순하게 표현한다. “피히테(Fichte)와 헤겔이 입증했듯이, 모든 형태의 개인의 자유는 기본적으로 상호 인정의 관행에 의존한다”(Honneth and Willig, 2012: 148).

사회적 자유의 셋째 조건은 관계적 제도의 역할 의무와 기대가 모든 참여자가 성찰적 관점에서 동의할 수 있는 것이어야 한다는 것이다. 따라서 사회적 자유는 성찰적 자유의 핵심 통찰을 통합한다. 즉, 자유는 (소극적 자유가 주장하는 것처럼) 개인의 자발성을 위한 공간만 요구하는 것이 아니라, 그리고 (사회적 자유가 주장하는 것처럼) 개인의 행위가 객관적인 사회 세계와 서로 맞물려 양립할 수 있을 것만 요구하는 것이 아니라 객관적인 사회 세계의 제도가 합리적 비판을 견뎌낼 수 있을 것도 요구한다. 자유의 제도는 (상호주관적·담론적·비판적 정당화 과정을 통해 결정되는) 도덕의 요구와 양립할 수 있어야 한다. (여기서 호네트는 하버마스의 성찰적 자유 모델을 가장 옹호할 수 있는 버전으로 보고 따른다.) 현존하는 사회제도가 상호 역할과 기대를 구조화하는 것만으로는 충분하지 않다. 그러한 기대는 성찰적 분리와 평가 ― 이것들이 도덕 담론의 중심에 자리하고 있다 ― 라는 비판적 정밀조사에서 살아남을 수 있어야 한다.

18세기의 실제 직업 체계도 바로 이 지점에서 무너졌다. 18세기 직업 체계는 일단의 상호 역할 기대와 상호 인정 관계를 구조화하고 있었을 수도 있지만, 결국 존경받는 역할과 그에 상응하는 인정 관계가 남성에게만 한정되었던 이유에 대해 어떠한 설득력 있는 정당화도 할 수 없었다. 물론 (헤겔을 따르는) 호네트에 따르면, 개인이 현존하는 관습과 제도에 대해 비판적 거리를 둘 수 있는 것은 오직 이미 현존하는 근대적 형태의 사회적 자유를 그들이 발견하기 때문이다. “주체가 사회적 자유를 성취할 수 있는 그러한 인정 제도가, 주체가 그 질서에 대해 숙고하고 어떤 입장을 취하기에 앞서 이미 설계되어 있어야 한다. 요컨대 제도 내에서의 인정이 원자론적 개인과 담론 주체의 자유에 선행해야 한다”(FR: 59). 마지막으로, 이 합리적 수용 가능성이라는 이 셋째 조건은 호네트로 하여금 도덕적 진보를 간단하게 기술할 수 있게 해준다는 점을 지적할 필요가 있다. 근대적 형태의 사회적 자유는 소극적 자유 및 성찰적 자유와 일정한 거리를 둠으로써, 제공되는 자유가 외양상의 자유가 아니라는 것, 즉 치장된 형태의 제도화된 억압이나 사회 통제가 아니라는 것을 보장한다. 근대 자유는 행위 주체들로 하여금 제도를 변화시키기 위해 그 제도에 내재되어 있지만 개발되지 않은 규범적 잠재력을 활용할 수 있게 해준다.[4)]

우리는 마침내 사회적 자유와 정의의 관계에 도달한다. 호네트는 정의를 다음과 같이 간단하게 정의한다. “정의는 사회의 모든 성원에게 인정 제도에 참여하는 기회를 부여하는 것을 수반해야 한다”(FR: 61). 좀 더 구체적으로 말하면, 정의는 개인의 상호주관적 자유에 필요한 모든 제도가 존재하는 그리고 그러한 제도가 잘 작동하는 실제 사회질서를 필요로 한다. 호네트가 최근의 한 인터뷰에서 말했듯이, “따라서 우리 사회는 각 영역이 그 영역이 약속한 자유를 실제로 행사할 수 있는 방식으로 조직되어 있는 경우에 ‘공정한’ 사회라고 평가할 수 있다”(Honneth and Willig, 2012: 147). 따라서 그러한 제도적 영역은 상호성의 관행과 상호 인정 제도를 구현해야 한다. 그리고 개인들이 “공통성의 경험 속에서” 다양한 자신의 개인적 목적을 실현하는 데 필요한 사회적 맥락을 제공해야 한다.

이 정의 개념은 그 추상적인 내용의 측면에서는 공정한 제도적 질서를 단지 개인의 자유를 허용하고 증진하는 질서라고 바라본다는 점에서 성찰적 자유 및 소극적 자유와 관련된 개념과 크게 다르지 않다. 이처럼 호네트는 추상적으로 정의를 사회적 자유의 최대 증진이라는 측면에서 정의한다. 그러나 정의 이론의 방법 측면에서는 사회적 자유는 상당히 다른 종류의 접근방식을 요구한다. 자유주의적 절차주의, 자유주의적 완전주의, 자유주의적 공화주의에서와 달리, 정의의 의미가 (정의를 추상적으로 정당화한 다음에 그 정의가 현실에서 실제로 측정되는지를 확인하기 위해 그 정의를 사회현실에 적용하는) 하나의 이상적인 철학적 절차나 기준일 수 없다. 왜냐하면, 헤겔과 호네트에 따르면, 자유를 가능하게 하는 실제적이고 얼마간 공정한 사회질서가 먼저 존재해야만 주체가 이상적인 사회계약, 추상적인 개인의 완전성 개념, 민주적 절차주의와 같은 일정한 거리를 두는 정당화 절차에 참여할 수 있기 때문이다. 따라서 정의의 의미는 실제 사회적 관계를 조사하는 것에서 도출된다. 특히 개인으로 하여금 소극적 자유와 성찰적 자유에서 벗어나 우선 그 제도의 가치에 의문을 제기할 수 있는 여지를 만드는 것은 바로 사회적 자유를 보장하는 그러한 실제의 관계적 제도이다. 따라서 사회적 자유와 정의에 관한 이론은 역사와 사회학을 이용하여 "주체가 공통성의 경험 속에서 자신의 개인적 자유를 실현하기 위해 현재 자신의 목적을 충족시키는 데 이용하는 [실제로 존재하는] 규범적 관행"(FR: 62)을 밝혀내야 한다. 나는 이 장의 넷째 절에서 호네트의 '규범적 재구성(normative reconstruction)'의 방법으로 다시 돌아갈 것이다. 지금은 규범적 재구성의 방법이 근대 서구사회에서 사회적 자유의 가능성을 보장하는 실제 제도에 대한 사회학적 분석과 역사적 분석으로부터 진행되어야 한다는 점을 강조하는 것만으로 충분하다. 정의의 내용과 의미는 개념 분석, 이상적인 이론, 초월적 성찰, 순수한 추론을 통해 산출될 수 없고(다시 말해 철학에 의해서만 규정되거나 결정될 수 없고), 따라서 우리의 타락한 사회현실에 적용될 수 없다. 칸트의 방법에서 단서를 얻은 대부분의 현대 정의 이론은 먼저 맥락을 초월한 순수 원리에 대한 추상적인 정당화를 추구하고 그다음에 두 번째 단계에서 그 정의를 '비이상적인' 조건에 적용하여 부정의가 어디에 자리하고 있는지 탐지하고자 한다. 이와는 대조적으로, 헤겔에서 영감을 얻은 호네트는 사회적 자유에 대한 하나의 이론으로서의 정의 이론은 실제 사회제도에 대한 분석으로부터 나오고 사회제도를 통해 실현되어야 한다고 확신한다. 호네트에 따르면, "정의 이론은 사회적 분석에 기초해야 한다"(FR: 1).

사회적 영역

『자유의 권리』 대부분은 개인의 사회적 자유를 가능하게 하고 증진시키는 근대사회의 중심적인 관계적 제도의 역사와 현 상태를 사회적으로 분석한 것으로 이루어져 있다. 헤겔의 『법철학』과 마찬가지로, 호네트의 새 책은 근대사회에서 개인의 자유에 중요한 사회적 영역들 각각을 명확하게 기술하는 것, 즉 각 영역의 중심 목적, 그 영역이 가능하게 하는 자유의 구체적인 측면, 그리고 그 영역의 기본적인 정당성 원리를 설명하는 것을 목적으로 한다. 그러한 설명은 부분적으로는 다양한 자유 영역의 구조와 내용을 명료하게 설명하는 것을 목적으로 한다는 점에서 사회학적이고, 부분적으로는 그러한 영역의 출현, 변화, 발전을 기술하는 것을 목적으로 한다는 점에서 역사적이다. 그러나 이 프로젝트는 단순히 경험적인 것은 아니다. 왜냐하면 호네트가 (헤겔을 따라) 그러한 영역의 재구성 작업을 동시에 정당화하고자 하기 때문이다. 자유의 영역의 재구성은 또한 개인에게 그 영역이 갖는 가치를 입증하며, 따라서 참여자들에게 그 영역을 사회적 자유의 하나의 필요조건으로 정당화하는 데 기여한다.

마지막으로, 호네트는 그 프로젝트가 또 다른 방식으로도 규범적이 되게 하고자 한다. 다시 말해 자유의 사회적 영역의 현대 상태를 재구성하는 작업 또한 매우 중요하다. 여기서 호네트는 적어도 헤겔에 대한 표준적인 '우파적' 해석에서 벗어난다. 호네트는 자신의 설명은 현재를 인류 역사의 얼마간 완성된 정점이라고 의기양양하게 또는 만족스러워하며 정당화하는 것이 아니라고 주장한다. 그 대신 호네트는 각 영역별로 그 영역의 근간을 이루는 규범적 정당성의 원리에 대해서뿐만 아니라 각 영역이 어떤 한계, 잘못된 발전, 부정의, 심지어 병리 현상을 보여왔는지에 대해서도 자세히 살펴본다. 달리 표현하면, 사회 영역의 재구성은 현재의 비판이론 — 즉, 해방적 의도를 가진 학제적 사회이론 — 에 기여하기 위한 것이다. 따라서 호네트는 사회분석을 통해 정의 이론을 실현하면서 공정한 제도의 현실과 그 제도에 내재하는 규범적 정당화 원리를 보여주는 동시에 바로 그 원리에 비추어 각 영역에 대해 구체적으로 비판한다.

이 방대한 프로젝트가 『자유의 권리』에서 300쪽 이상을 차지한다는 점을 감안하여, 나는 여기서는 그 책에서 분석된 근대 자유의 각 영역, 그 영역들이 제도화한 개인의 자유의 구체적인 측면, 각 영역이 제공하는 가치와 그 가치들의 규범적 정당화, 그리고 각 영역의 주요 한계, 부정의, 잘못된 발전, 또는 병리 현상을 간단하게 진술함으로써 독자들에게 그 저작의 맛을 일부 보여준다. 이 요약은 호네트가 제시한 순서에 따라 먼저 자유가 단지 하나의 가능성으로 존재하는 두 가지 영역 — 법과 도덕 — 을 다루고, 그다음으로 실제 사회적 자유의 세 가지 중심 영역 — 개인적 관계, 시장 경제, 민주주의 — 에 관해 논의한다.

법적 영역

호네트는 법적 영역의 주관적 권리에서부터 논의를 시작한다. 개인이 권리를 부여받을 때, 법은 개인이 자신의 개인적 권리를 합법적으로 사용할 수 있는 범위 내에 머무를 경우에 개인에게 다른 사람들에 대해 책임을 질 필요가 없는 행위 영역을 보장한다. 이를테면 내가 내 컴퓨터에 대한 재산권을 가질 경우, 나는 합법적인 재산 사용의 범위 내에서만 내가 원하는 방식으로 그

컴퓨터를 사용할 수 있다. 나는 컴퓨터를 게임을 하거나 책을 쓰거나 정보를 가공하거나 받침대 위에 예술 작품으로 올려놓는 데 사용할 권리가 있으며, 컴퓨터를 조심스럽게 사용할 권리 또는 내 마음대로 부숴버릴 권리도 있다. 물론 나는 내 컴퓨터를 이용하여 다른 사람의 재산을 훔칠 권리는 없다. 이 제한은 모든 권리 보유자에게 주관적 권리를 동등하게 보장하는 데서 핵심을 이루는 것이다. 호네트가 볼 때, 이 재산권의 핵심은 우리가 재산에 대한 주관적 권리 덕분에 다른 어느 누구도 컴퓨터에 대한 나의 권리를 방해할 수 없다는 것을 알 때 분명하게 드러난다. 따라서 나의 재산권은 단지 컴퓨터를 소유함으로써 내가 다른 사람들에 대해 가졌을 수도 있는 의무(어떤 사회적 기대) — 즉, 사회적으로 가치 있는 도구를 생산적으로 사용해야 할 의무, 내가 개인적인 관계를 맺고 있는 다른 사람들을 도와야 할 의무, 전반적인 사회 복리에 기여해야 할 의무 — 로부터 나를 해방시켜 준다. 따라서 주관적인 법적 권리의 핵심적 기능은 그러한 법적 권리가 개인에게 **소극적 자유**의 영역을 제도화한다는 것이다. 다시 말해 그러한 법적 권리는 개인으로 하여금 자신에게 뿌리내린 사회적 역할과 기대에서 벗어나 우발적인 개인적 변덕과 욕망에 따라 행위할 수 있게 해준다.[5)]

이처럼 법적 자유는 소극적 자유를 제도화한다. 그렇다면 그것이 왜 가치 있는가? 이 장의 제2절 제2항 '소극적 자유'에서 살펴본 바와 같이, 사람들이 우연히 가지는 우발적인 욕망을 실현할 수 있다는 것에는 본질적인 가치가 거의 없다. 결국 그러한 욕망은 진정으로 자신의 것도 아니고 자율적으로 형성된 것도 아니며 사회 세계로부터 어떤 이해도 받지 못할 수도 있다. 따라서 법적 자유는 그것이 단지 우리로 하여금 사회적 의무에서 벗어날 수 있게 해준다는 이유만으로는 가치가 있을 수 없다. 여기서 호네트는 원자적이고 이기적이고 합리적인 개인적 효용 극대화자의 상황을 그 자체로 하나의 목적으로 이상화하는 홉스적 전통에서 벗어나 자유주의 내의 완전주의 전통으로 선회한다. 이를테면 존 스튜어트 밀은 (부분적으로는) 개인적 자유가 사람들로 하여금 삶에 대한 서로 다른 다양한 접근방식을 테스트해 보게 하고 특히 어떤 접근방식이 가치 있고 만족스러운지 확인할 수 있게 해준다는 데 근거하여 개인적 자유를 옹호한다. 주관적 권리가 우리를 일상적인 상호작용 의무로부터 자유롭게 해줄 때, 우리는 모든 가능한 형태의 좋은 삶을 탐구하고 실험할 수 있으며, 그리하여 자기 이해와 개인적 성장이라는 중요한 과정을 실행할 수 있게 된다. 따라서 법적 자유는 "개인이 기존의 모든 역할 의무와 집착에서 벗어나 개인 삶의 의미와 목표를 탐구할 수 있는 사적 자율성의 공간을 보장하기"(FR: 72) 때문에 자유의 한 영역으로 정당화될 수 있다.

법적 영역이 개인의 행위의 하나의 영역을 제도화하는 것은 분명하지만, 호네트는 그 영역을 사회적 자유의 실제 영역으로 간주하지 않고 단지 자유의 잠재적 영역으로 바라본다. 어떤 점에서 보면, 이 주장은 사회적 자유에 대한 정의로부터 단순하게 도출된다. 자신들의 법적 권리만을 주장하는 개인들은 자신의 사회적 역할과 의무로부터, 즉 상호주관적 인정 관계와 상호 책임으로부터 벗어나고자 하기 때문에, 법적 자유는 "공통성의 경험" 속에서 그리고 그것을 통해 실현되지 않는다. 그러나 호네트는 또한 주관적 권리의 영역은 자유를 실현하는 데서 본질적으로 제한적이라고 주장한다. 그는 법적 자유의 영역은 본질적으로 그 자체로 자기실현의 영역이 될 수 없다고 주장한다. 법적 자유가 사람들로 하여금 서로 다른 선(善)의 개념을 실험하고 다양한 형태의 삶을 탐구할 수 있게 해주는 것은 사실이지만, 그러한 선과 삶의 형태는 궁극적으로 그러한 선과 삶이 촉진하거나 방해하는 사회적 역할과 상호작용에 비추어 평가되어야 한다. 게다가 우리는 신념이나 이상에 따라 행위하기 위해서는 일상과 거리를 두고 현실을 객관화하는 방식으로 주관적 권리를 주장하는 데서 벗어나 사회적 실천의 흐름 속으로 다시 들어가야 한다. 궁극적으로 우리는 다른 사람들과의 일상적인 사회적 상호작용 속에서 그리고 그러한 상호작용을 통해서만 윤리적 가능성을 실현하고 자기실현을 할 수 있다. 법적 자유는 기껏해야 우리로 하여금 그러한 일상적 의무로부터 일시적으로 거리를 둘 수 있게 해줄 뿐이다. 요컨대 법적 권리가 보장하는 자유는 그 자체로 실질적인 형태의 자유일 수 없다. 법적 자유의 본질적 한계에 대한 이러한 주장은 더 오래된 호네트적 어법으로 다시 쓰일 수 있다. 인정이론에 따르면, 상호주관성 없이는 그 어떤 진정한 윤리적 자율성도 존재하지 않는다. 그리고 주관적 법적 권리는 상호주관적 정당화와 기대 — 그리고 그것들이 구현하는 인정 구조 — 를 일시 정지시키기 때문에, 제도화된 법적 행위의 영역 내에서 윤리적 자율성은 전혀 실현 가능하지 않다.

물론 참여자들이 법의 이러한 한계를 이해하고 인정하는 경우, (합리적으로 공정한) 법적 관계에 본질적으로 문제가 되는 것은 없다. (내가 "합리적으로 공정한"이라고 말하는 이유는 호네트가 일부 사람들 — 이를테면 소수자나 여성 — 을 동등한 법적 권리에서 자의적으로 또는 부당하게 배제하는 것은 심각한 형태의 부정의라고 주장하기 때문이다). 하지만 호네트는 또한 법이 때때로 더 심한 막연한 불안감을 초래하는 경우 — 다시 말해 법적 자유가 사회적으로 병리적인 경우 — 에 대해 걱정한다. 거기서 그는 우리가 제4장에서 살펴본 형태의 사회진단 — 즉, 사회적 행위자들이 자신이 참여하고 있는 사회제도의 구조나 요체를 체계적으로 오해하는 상황에 대한 사회진단 — 을 수행한다.

먼저 한 가지 사실을 언급하면, 호네트는 『자유의 권리』에서 네 가지 서로 다른 유형의 부정적인 사회 발전을 체계적으로 구분한다. 호네트에 따르면, 첫째, 거기에는 특정 형태의 자유가 지닌 단순한 **한계**가 존재한다. 즉, 어떤 형태의 자유는 사회생활에서 제한된 역할만 수행한다(그 자유는 다른 보완적인 관행과 다른 종류의 자유의 행사 내에서만 또는 그것들과 함께할 때만 작동한다는 의미에서 제한적이다). 둘째, 어떤 형태의 자유는 **병리적**이 될 수도 있다. "사회병리는 사회의 일부 성원 또는 전체 성원이 제도화된 형태의 실천이 갖는 합리적 의미를 체계적으로 오해할 때마다 발생한다"(FR: 113). 호네트에 따르면, 오직 잠재적 형태의 자유 ─ 소극적인 법적 자유와 성찰적인 도덕적 자유 ─ 만이 사회적으로 병리적이 될 수 있다. 왜냐하면 그러한 자유들은 사회제도를 뒷받침하는 것과 무관한 것처럼 잘못 보일 수 있기 때문이다. 이와 대조적으로 개인적 관계, 시장 관계, 민주적 관계에서 실현되는 사회적 형태의 자유는 병리적이 될 수 없다. 왜냐하면 그러한 형태의 자유는 주체가 다른 사람들과 상호보완적인 관계에서 자신의 목적을 의식적으로 실현할 수 있는 곳에서만 존재하기 때문이다. 더 나아가 이러한 한계와 사회병리는 "사회적 협력 과정에 참여하는 기회를 불필요하게 배제하거나 제한하는 사회적 **부정의**"(FR: 86, 강조 추가)와는 구별되는 것이다. 마지막으로, 호네트의 이론이 중점적으로 초점을 맞추어 탐지해 내고자 하는 것 중 하나가 바로 **잘못된** 사회적 **발전**이다. 잘못된 발전은 실제 사회제도나 관행이 특정한 사회적 자유의 영역 내에서 역사적으로 발전해 온 정당성의 원리를 훼손하거나 공허하게 만드는 곳에서 발생한다. 요컨대 사회 영역이 규범적 잠재력을 가지지 못하거나 사회 영역에 내재한 규범적 잠재력으로부터 멀리 떨어져 있는 곳에서는 잘못된 발전이 일어난다.

다시 구체적으로 법으로 돌아가면, 현대 사회는 행위자들이 법적 자유를 자유 그 자체의 이상으로 잘못 간주하여 그러한 자유가 본질적으로 제한되는 방식을 놓칠 때 법적 자유의 사회적 병리에 취약하다. 호네트는 법적 자유가 사회적 맥락에서 잘못 자주화(autonomization)될 때 나타나는 다양한 현상과 그러한 잘못된 자주화가 사회적 관계와 개인 정체성에 미칠 수 있는 결과에 대해 풍부하게 분석한다. 그 분석의 맛만 보기 위해 자신과 다른 사람들을 점점 더 법적 소송의 관점에서만 바라보는 이혼 부부를 다룬 영화 <크레이머 대 크레이머(Kramer vs. Kramer)>에 대한 호네트의 설명을 살펴보자. 그 부부는 법적 절차가 자신들과 다른 사람들의 특성을 어떻게 바라볼 것으로 기대되고 예상되는지에만 근거하여 무엇을 해야 하고 어떻게 행동해야 하고 어떤 퍼스낼리티 특성을 계발해야 하는지를 계산한다. 두 크레이머 모두는 자신과 상대방의 퍼스낼리티를 자신들의 법적 분쟁을 전략적으로 고려하는 데 도구적으로 이용함에 따라 (법의 적용이 일시적으로 유예되는 것으로 간주되는) 사회적 생활세계의 흐름 및 관행과 점점 더 유리된다. 그 영화는 특히 주인공과 외동자식 간의 부모-자식 관계가 악화되는 과정 — 그 영화는 처음에는 자녀의 욕구와 의존성에 초점을 맞추다가 나중에는 이혼 소송에서 판사가 판결할 수 있는 것에 순전히 전략적으로 초점을 맞춘다 — 을 묘사한다는 데서 가슴 아프다. 호네트가 그러한 일상생활의 법제화(juridification)를 단순히 개인적인 실패에서 비롯된 것으로 간주하지 않는다는 것을 지적할 필요가 있다. 호네트는 오히려 그것을 다른 모든 형태의 갈등 해결 방식 — 특히 더 상호작용적·상호주관적인 갈등 해결 방식 — 보다 법이라는 매체에 우선권을 부여하게 하는 엄청난 사회적 압력의 산물로 간주한다.

도덕적 영역

호네트에 따르면, 자유의 도덕적 영역은 성찰적 자유 — 특히 자율성 버전의 성찰적 자유 — 를 제도화한다. 도덕적 영역은 개인이 일상적 생활세계에서의 얽히고설킨 관계에서 한 발짝 물러나 보편적 도덕의 관점에서 자신의 대인관계가 정당한지를 성찰적으로 고려할 수 있는 영역이다. 호네트는 칸트, 크리스틴 코스가드(Christine Korsgaard), 하버마스가 제시한 버전의 성찰적 자유의 장점과 약점을 살펴보면서, 도덕은 단지 옳고 그름에 대한 민음에 관한 지식 체계일 뿐만 아니라 상호주관적 인정 구조에 기반한 규범, 역할, 의무에 관한 대인관계적 행동의 체계이기도 하다고 주장한다. 분명 도덕은 법만큼 강력하게 제도화되지 않는다. 왜냐하면 도덕적 행동 규칙이 법적 규칙만큼 명확하게 규정되어 있지 않고 부적절한 행동에 대한 제재가 강압적인 국가 조치를 통해 이루어지지 않기 때문이다. 그럼에도 불구하고 도덕은 비록 비공식적이기는 하지만 실제 제재가 따르는 문화적 규범 패턴을 통해 제도화된 하나의 행위체계이다. 도덕은 개인들로 하여금 현재 사회생활의 요구에서 한 걸음 물러나서 그 요구의 도덕적 진실성을 성찰적으로 검토할 수 있게 해준다.

도덕적 영역의 중심 목적은 개인으로 하여금 사회적 요구를 비판적으로 평가하게 하는 것이고, 따라서 합리적 정밀 조사를 견딜 수 없는 사회적 요구를 궁극적으로 거부하게 하는 것이다. 이는 개인으로 하여금 그들에게 주어진 윤리적 생활세계로부터 해방될 수 있게 해준다. 도덕적 자유가 집단적으로 정당화할 수 있는 행동 기준에 대해 다른 사람들과 이성적으로 담화하는 상호주관적 실천으로 간주될 때(이는 하버마스의 의사소통 모델에서 전형적으로 드러난다), 도덕적 영역은 윤리적 생활세계가 변화할 수 있게 해준다. 왜냐하면 의사소통적 도덕 모델에 따르면, 우리는 갈등을 합의적으로 해결할 수 있는 규범을 협력을 통해 모색하는 과정에서 다른 사람들과 함께 상호 정당화를 수행하는 관행에 참여함으로써만 어떤 규범이 진정으로 보편화될 수 있는지를 집단적으로 결정할 수 있기 때문이다. 따라서 그러한 보편화될 수 있는 규범은 도덕적으로 수용 가능한 윤리적 이상과 삶의 형태에 제한을 가하여 한 사회에 역사적으로 주어진 삶의 방식에서 부당하거나 부도덕한 윤리적 요구를 걸러내는 역할을 한다. 이를테면 남성만을 위한 전문직과 경력에 관한 규범은 끊임없이 도덕적 정당화를 요구받음으로써, 물론 많은 사회적 투쟁 끝에 이루어진 것이기는 하지만, 결국 극복되었다. 도덕적 자유의 영역은 여성과 남성으로 하여금 18세기에 요구되던 억압적이고 가부장제적인 윤리적 삶에서 벗어나 그것이 보편적으로 타당한 젠더 평등 기준에 부합하게 바뀔 수 있게 해주었다. 따라서 호네트에 따르면, 도덕 영역이 지닌 중요한 윤리적 가치 — 즉, 도덕의 가치 — 는, 그 영역이 우리로 하여금 도덕 규범의 공적 해석과 변혁을 통해 현재의 윤리적 삶에서 받아들일 수 없는 요소들을 변화시킬 수 있게 해준다는 것이다.

법적 영역의 경우와 마찬가지로 호네트는 도덕적 영역도 잠재적인 자유의 영역일 뿐이라고 분석한다. 호네트는 사회적 얽힘으로부터 성찰적으로 분리되는 순간이 그러한 분리가 이루어지기 전의 사회적 맥락 내에 착근되어 있다는 사실에 구성적으로 의존하는 한, 도덕은 본질적으로 제한적일 수밖에 없다고 주장한다. 게다가 규범을 공평하게 검토한다는 것은 궁극적으로 자신을 사회적 관행 — 비록 그것이 개혁된 그리고 도덕적으로 정당한 관행일지라도 — 과 다시 연결하는 것이다. "법적 자유의 경우와 마찬가지로 도덕적 자유도 본질적으로 중단 — 즉, 유예 — 의 성격을 지닌다. 도덕적 자유를 행사하는 사람은 그간 자신으로 하여금 불합리하거나 화해할 수 없는 요구에 직면하게 해왔던 사회적 실천에 자신을 공적으로 정당한 방식으로 다시 연결시키기 위해 성찰적 거리를 확보하고자 한다"(FR: 112).

여기서 호네트는 칸트의 도덕적 이성 개념에 반대하여 헤겔이 처음 제기한 유명한 주장의 한 버전을 진척시킨다. 이 주장의 핵심은 칸트식의 도덕적 자율성을 자유의 본질로 이론화하는 초연한 추상화에는 한계가 있다는 것이다. 호네트에 따르면, 우리 자신의 편파적 관점에서 서로 경쟁하는 규범의 영향을 받는 모든 사람의 공정한 관점을 추상화하는 것은 확실히 가능하고 적절하지만, 우리의 관계와 애착이 지닌 사회적 의미와 동기부여적 힘을 무시하는 것은 불가능하다. 도덕적 평가의 과정이 칸트처럼 행위 원리에 정언 명령을 적용하는 과정이든, 하버마스처럼 제약 없는 의사소통 공동체 앞에서 행위 규범을 정당화하는 과정이든 간에, 도덕적 평가의 과정은 궁극적으로 우리가 주어진 사회 세계의 규칙과 관행을 항상 이미 받아들이고 있다는 사실에 의존한다. 요컨대 도덕적 자율성이라는 허울에도 불구하고, 개인이 사회 세계 전체를 스스로 도덕적으로 입법화할 수는 없으며, 애초에 우리의 도덕적 평가가 어떤 효과를 가지기 위해서는 사회 세계의 많은 부분이 의미 있고 구속력 있는 것으로 받아들여져야 한다. 이를테면 호네트는 다음과 같이 말한다.

> 우정의 의미, 헌법적 규범, 부모와 자식 간의 책무 — 이것들 모두는 도덕 담론 공동체가 아무리 노력해도 제쳐둘 수 없는 규범적 실체를 가진 제도적 사실들이다. 다시 말해 모든 도덕 담론은 사회환경을 구성하는 기본 인정 형태를 전제로 하기 때문에 그 성원들이 의문을 제기하거나 유예할 수 없다.(FR: 112)

요약하면, 도덕적 영역은 주어진 사회 세계의 해방적 변혁을 가능하게 하는 종류의 자유를 가능하게 하지만, 그 자유는 구체적이고 특수하고 윤리적인 실제 사회 세계 내에 착근되어 있고 그 세계로 다시 돌아간다는 점에서 그 자체로 구성적으로 제약된다.

놀랄 것도 없이 호네트는 도덕적 영역에도 법적 영역에서 밝혀진 것과 유사한 사회병리가 존재한다고, 보다 정확하게 말하면 그곳에서도 도덕적 자유가 그 자유가 착근되어 있는 사회적 맥락으로부터 자율적인 것으로 잘못 이해된다고 믿는다. 호네트는 도덕적 자유의 두 가지 주요 병리를 이론화한다. 한편에는 도덕적 성인(聖人)의 모습에서 가장 분명하게 포착되는, 제약되지 않는 도덕주의의 병리가 있다. 도덕적 성인은 도덕을 파열된 형태의 또는 불충분한 형태의 상호주관성을 회복하기 위한 수단으로가 아니라 자신의 삶의 최종 목표로 여긴다. 그러한 개인은 일상적인 규범의 사실성(facticity)을 무시하고, 자신을 정의로운 세계의 입법자로 간주하며, 그리하여 이미 자신이 속해 있는 사회적 관계로부터 자신을 완전히 분리한다. 여기서 우리는 호네트가 하나의 도덕적 입장을 취하는 것이 자동적으로 사람들을 소외시킨다고 생각하는 것이 아니라 그 입장을 자기 자신의 주어진 정체성을 무시하고 사회적 생활세계를 지지하는 것으로 극단적으로 받아들일 때만 소외된다고 생각한다는 것을 지적할 필요가 있다. 도덕적 성인은 우리가 이미 항상 대인관계 — 즉, 우리가 그 관계의 수용 가능성을 도덕적으로 숙고할 때 출발점으로 삼는 관계 — 의 촘촘한 그물망 속에 존재한다는 사실을 무시한다. 다른 한편 도덕적 자유의 영역은 도덕이 도덕적 목적을 달성하기 위해 어떤 수단을 이용하는 것에 대한 하나의 구실로 받아들여질 때 병리적이 될 수 있다. 이를테면 현존하는 사회 세계가 근본적으로 부패한 것으로 간주될 때, 급진적인 정치적 테러리즘이 정의로운 세상을 만들기 위한 도덕적으로 정당한 것으로 받아들여진다. 이때 도덕적 숙고는 현존하는 사회의 사회적·제도적 토대로부터 분리되고, 도덕적 관점은 우정, 가족, 시민권, 그리고 심지어는 동료 인류 등 사회적으로 주어진 모든 유대로부터 자율적인 것으로 파괴적으로 간주된다. 테러리즘의 가장 극단적 형태 속에서 도덕적으로 정당화된 테러리즘은 소시오패시(sociopathy)와 구별하기 어렵다.

개인적 관계의 영역

『자유의 권리』에서 가장 의미심장한 부분 중 하나는 호네트가 분석하는 사회적 자유의 첫째 실제 영역, 즉 개인적 관계의 영역과 관련되어 있다. 그가 우정, 성적 친밀감, 가족이라는 세 가지 서로 구분되는 종류의 개인적 관계를 검토하지만, 이 세 가지 모두는 "두 사람이 서로로 하여금 자신의 자아를 완성할 수 있게 해주는"(FR: 132) 하나의 뚜렷한 형태의 사회적 자유에 기여한다. 개인적 관계에서 우리는 친밀한 다른 사람들의 추인 — 우리는 또한 그들의 퍼스낼리티를 통해 그들을 추인한다 — 을 통해 완전히 자신이 되고 자신을 이해하는 독특한 자유를 얻는다.

이를테면 시간이 지남에 따라 많은 변화가 있었지만, 우정은 여전히 개인들이 자신의 의도, 욕망, 느낌 — 아리스토텔레스가 말하듯이, 자신과 다른 자아의 상호성의 공간 속에서 틀 지어지고 확인되는 의도, 욕망, 느낌 — 을 안전하게 탐색하고 표현할 수 있는 제도적 환경이다. 나의 친구는 나의 자유를 제한하는 것이 아니라, 오히려 나에게 윤리적 자기표현을 위한 안전한 공간을 제공한다. 나의 욕망, 느낌, 의도가 불분명하고 모호할 수 있지만, 나는 우정이라는 사회적 제도가 제공하는 안전한 상호성의 공간에서 그러한 욕망, 느낌, 의도를 탐색하고 표현함으로써 내가 누구인지, 그리고 어떤 사람이 되고 싶은지를 더 명확히 할 수 있다. 그리고 나는 나의 친구에게도 동일한 자기 탐색의 공간을 상호적으로 제공한다. 따라서 우정이 제도화하는 사회적 역할과 책무는 두 친구 모두의 자유를 증진시킨다.

성적 친밀감과 낭만적 사랑의 관계에서도 유사한 자기 탐색의 공간이 열리지만, 거기서는 나와 나의 몸 및 신체적 욕구 간의 관계가 자기 탐색의 주제가 된다는 점에서 차이가 있다. 낭만적 사랑과 성적 친밀감 속에서 우리는 신체적 친밀감과 유혹에 빠지기 쉬운 우리 몸을 사회적으로 탐구할 수 있는 안전한 공간을 발견한다. 친밀한 관계는 이상적으로 "각자가 물리적으로 다른 사람을 완성하고 확장하는 하나의 신체적 우리(a physical We)"(FR: 148)를 창출할 가능성을 열어준다. 따라서 친밀한 관계는 개인의 사회적 자유를 실현할 수 있는 공간을 열어주며, 그 공간 속에서 개인들은 상처나 굴욕감이라는 감정적 위협을 느끼지 않고 자신의 욕구를 육체적으로 경험하고 이해할 수 있다.

호네트에 따르면, 가족생활은 본질적으로 부모와 자식 간의 연대 공동체를 제도화하여 아이들이 윤리적 삶을 살도록 사회화하고 부모를 그 삶의 과정을 통해 발전할 수 있게 한다. 각 성원은 가족의 역할 및 기대 체계 속에서 각자의 특정한 생물학적 단계 및 성숙 단계에 적합한 방식으로 다른 성원을 지원하고 돌본다. 특히 현대의 평등주의적인 가족에서는 "모든 …… 가족 성원은 상호작용 속에서 각자 동등한 파트너로서 자신의 생애 단계에서 필요한 정도의 동정심, 애정, 보살핌을 기대할 수 있다"(FR: 164). 가족 내에서 아이들은 여러 측면에서 기본적인 사회화, 성숙, 발달을 위한 사회적 자유를 얻는 반면, 부모는 성인의 삶의 서로 다른 단계에서 자신의 성숙과 발달을 위한 사회적 자유를 얻는다. 호네트의 흥미로운 독해에 따르면, 가족 성원에 대한 보살핌과 지원이라는 사회적 역할 책무는 (우정과 연애 관계라는 잠재적으로 상호 종료 가능한 성격과는 대조적으로) 평생 지속되고 끝이 없기 때문에, 가족은 삶의 고독과 죽음에 대한 공포를 완화하거나 덜어주는 일종의 세속적인 위로를 제공한다. 특히 개인의 수명이 더 길어지고 결국에는 자식과 부모 간에 서로의 돌봄 역할이 바뀌면서, 가족은 우리가 다양한 단계의 생물학적 삶의 리듬을 파악하고 우리의 통제할 수 없는 생명 현상의 본질을 받아들이는 법을 배우는 현장이 된다.

이 세 가지 서로 다른 종류의 관계로 구성된 개인적 관계 영역은 개인으로 하여금 자신의 고유한 퍼스낼리티를 상호주관적으로 확인함으로써 제도적으로 자신의 내적 본성 — 자신의 욕구, 감정, 개인적 특성 — 을 실현할 수 있게 해준다. 호네트에 따르면, 이러한 개인적 관계는 개인의 자기실현에 필수불가결한 사회적 조건이기 때문에, 개인적 관계라는 사회적 영역은 개인의 내적 본성의 발달을 촉진함으로써 규범적으로 정당화된다.

나는 개인적 관계의 영역에 대한 호네트의 결론을 도식적이고 요약적인 방식으로 제시했지만, 이것이 개인적 관계가 전개되는 방식인 것은 분명 아니다. 오히려 호네트는 우정, 성적 친밀감, 가족이라는 사회제도의 본질과 전개 과정에서 나타난 변화를 경험적으로, 사회학적으로, 그리고 특히 역사적으로 치밀하게 분석하며, 지난 세 세기 동안 서구사회의 대인관계 생활세계에서 일어난 심대한 변화에 특히 주목한다.

이 경험적 분석이 갖는 광범위함과 세부 사항은 두 가지 이유에서 중요하다. 첫째는 방법론적 측면으로, 호네트는 윤리적 삶이 실제로 어떻게 이루어지는지를 사회적으로 신중하게 분석함으로써만 우리가 고려 중인 영역을 규범적으로 재구성할 수 있다고 주장한다. 그에 따르면, 사회이론이 왜 특정한 영역이 개인이 자신의 자유를 실현하는 데 가치 있는지를 파악하고자 한다면 (유능한 성원들이 그 특정한 자유 영역의 특정한 역할과 책무를 협상하는 데 이용하는) 관계의 도덕적 문법을 명확히 해야 한다. 하지만 그러한 규범적 재구성 작업은 현재 존재하는 사회적 조건의 총체성만을 살펴서는 안 되며, 무수하고 종종 역사적으로 급격히 변화하는 대인관계 친밀성과 사생활 패턴 속에서 개인 관계에 윤리적·도덕적 중요성을 부여하는 안정적인 역할과 책무의 핵심을 추출해 내고자 시도해야 한다.

둘째로, 개인적 관계를 본질적으로 "상호 확인을 통해 우리의 내적 본성을 해방시키는 사회적 관계"(FR: 132)로 규범적으로 재구성하는 것은 호네트로 하여금 그 사회적 영역에서 시간의 경과에 따라 변화를 평가할 수 있는 내재적 기준을 명확히 할 수 있게 해준다. 요컨대 경험적·역사적 세부 사항은 하나의 **비판**사회이론 — 즉, 그러한 변화에서 무엇이 진보적이고 퇴보적인지, 그리고 개인의 자유의 사회적 조건을 보다 완벽하게 실현하기 위해 우리가 어디를 주시해야 하는지를 실제적으로 판단할 수 있는 이론 — 을 가능하게 한다. 호네트는 자신이 탐구하는 사회적 자유의 세 가지 주요 영역 — 개인적 관계, 시장 관계, 민주적 공론장 — 중에서 현대사회에서 잘 발전되고 진보적인 자유 영역인 개인적 관계에 대해 아주 낙관적이다. 이는 많은 부분 호네트가 역사적 변화가 대체로 개인적 관계에 내재된 도덕적 논리에 의해 전개된다고 보기 때문이다.

일반적으로 호네트는 다음과 같은 세 가지 광범위한 종류의 진보적인 변화를 진단한다. 첫째, 개인적 관계의 제도는 시간이 지남에 따라 점점 더 **일**

반화되거나 민주화된다. 왜냐하면 개인적 관계들을 가능하게 하는 자기 탐색이 이전에는 그러한 관계에서 배제되거나 소외되었던 사람들로 구성된 집단으로까지 확산되기 때문이다. 상호 애정에 기초하는 우정의 사회적 관행이 귀족을 넘어 중간계급으로까지 확산된 것, 이성애자 남성뿐만 아니라 여성과 성적 소수자들도 안전하고 굴욕적이지 않은 친밀한 관계에서 자신의 신체적 욕구를 자유롭게 탐색할 수 있을 정도로 낭만적 사랑이 민주화된 것, 또는 모든 인종, 민족, 경제적 계급에서 온전한 가족 구조가 갖는 중요성이 사회적으로 인정된 것 등이 이를 입증해 준다. 각각의 사례에서 우리는 개인적 관계의 논리가 부당한 불평등과 배제를 줄이라는 도덕적 압력을 받고 있음을 볼 수 있다. 둘째, 특히 섹슈얼리티와 결혼 간의 관계의 경우에서 우리는 우정, 낭만적 사랑, 가족의 다양한 제도적 역할과 그러한 역할에 대한 기대가 더 크게 **분화**되고 있음을 목격해 왔다. 20세기 후반의 '성 혁명'이 성적 관계를 결혼·출산·육아 관계와 근본적으로 분리시켜 온 무수한 방식을 생각해 보라. 현대 서구사회에서 우리는 이제 우리의 신체적 욕구를 탐구하는 내적 관계의 논리와 상호 배려하는 연대 공동체를 창출하는 내적 관계의 논리가 아주 다른 두 가지 동학이라는 것을 일반적으로 인정한다. 셋째, 개인적 관계는 개인의 귀속적 정체성에 의거한 권력과 지위 차이에 의존하기보다는 모든 참여자가 관계의 규범과 책무를 자유롭게 받아들이는 것에 의존한다는 점에서 점점 더 **상호적**이 되어왔다. 이 같은 개인적 관계의 상호화는 대인관계가 중세의 의식(儀式)적인 도구적 지인 관계에서 근대의 동반자적 우정 관계로 변화되는 것에서, 섹스가 남성이 여성의 동의나 욕구와 관계없이 여성에게 요구할 수 있는 권리라는 개념이 점차 해체되는 것에서, 그리고 가족 구조가 젠더별로 엄격하고 서로 보완적이고 특화된 책무를 가지는 가부장적 모델에서 두 부모 모두가 자녀 양육과 가사노동을 분담하고 자식 역시 가족 의사소통과 협상에 참여해야 한다고 주장되는 파트너십 모델로 점진적으로

(그리고 불완전하게) 변화되는 것에서 분명하게 드러난다.

호네트는 이러한 변화와 다른 변화들을 재구성하면서 가장 크게 도덕적 진보를 가져온 젠더 관계의 변화와 젠더 정체성의 재정의 — 특히 어느 때보다 덜 남성 중심적이고 덜 젠더 억압적인 대인관계 — 가 갖는 중요성을 반복해서 주장한다. "우리라는 개인적 관계(we of personal relations)"가 사람들에게, 특히 누구보다도 여성에게 더 민주적이고 더 상호적이고 더 포함적이 되어왔다. 게다가 호네트에 따르면, 이 세 가지 변화 모두는 그러한 형태의 사회적 자유에 내재하는 도덕 논리를 원동력으로 하여 발생해 왔다. 이 새로운 관계가 추구하는 이상은 "잉여 규범을 주장하는 비강제적인 힘이 하나의 영구적 압력을 행사하여 조만간 전통적인 관행의 모든 잔재를 파괴할 것이기 때문에 필연적이다"(FR: 164).

비록 호네트가 개인적 관계의 진보에 대해 가장 낙관적이기는 하지만, 그는 그 영역에서 일어날 수 있는 잠재적 사회문제와 잘못된 발전에 대해 우려한다. 이를테면 그는 현대의 낭만적 사랑이 직업적 성공에 대한 야망, 점점 더 집요해지는 경제적 정명, 급속한 글로벌화로 인한 탈구 등으로 인해 위협을 받고 있는지에 대해 세심하게 검토한다. 그리고 그는 법적·정치적·경제적 제도가 개인적 관계 속에서만 그리고 그러한 관계를 통해서만 실현될 수 있는 가치를 뒷받침하고 촉진하는 데 충분한 역할을 하지 않아 왔다는 것에 대해 우려한다. 그는 다른 조치 중에서도 동성 결혼을 합법화할 것, 가족 돌봄 노동이 사회적 지원을 받게 할 것, 경제적 어려움 없이 학습, 노동, 돌봄이라는 생애 단계 간을 보다 유연하게 넘나들 수 있는 노동 정책을 채택할 것, 그리고 법과 재분배 정책을 통해 민주적 덕목 — 즉, 유능하고 민주적이며 참여적인 시민권에 필요한 사회적 협력과 연대 — 을 교육하는 학교로서의 가족에 대해 더 많은 지원을 할 것을 권고한다.

시장 영역

사회적 자유의 둘째 실제 영역은 시장을 매개로 하는 상호작용에 의해 구성되는 영역이다. 호네트는 초기 연구에서 처음 제시하고 그 후 프레이저와의 논쟁에서 더욱 명확히 한 기본적으로 규범적인 분석을 사회학적·역사적으로 유의미하게 심화하면서 시장 관계는 관련된 모든 사람의 개인적 이익에 부합하는 형태의 사회적 협력을 가능하게 한다고 주장한다. '도덕적 경제주의(moral economism)'라고 이름 붙일 수 있는 이 접근방식에 따르면, 시장은 두 가지 도덕적 원리 – 그 하나가 개인의 욕구를 충족시키는 것이고, 다른 하나는 개인의 성과를 인정하는 것이다 – 에 (이상적으로) 부합하는 방식으로 협력을 제도화함으로써 개인의 목표를 상호보완적으로 실현할 수 있게 해준다. 따라서 시장이 가능하게 하는 사회적 자유는 두 가지 주요 영역에서 제도화된다. 첫째가 소비 영역으로, 거기서는 소비자와 생산자의 상호보완적인 역할을 축으로 하여 조직화된 상호 간의 욕구 충족 체계 속에서 자유가 실현된다. 둘째는 노동시장 영역으로, 거기서는 고용자와 피고용자로서의 자신들의 역할 속에서 개인들이 획득한 독특하고 가치 있는 성과에 대한 상호 존중에 기반하는 인정 체계 속에서 자유가 실현된다. 호네트가 볼 때, 우리는 약 300년에 걸쳐 자본주의에서 시장이 매개하는 상호작용 영역에서 일어난 확장, 발전, 변화를 추적함으로써 시장이 한편에서는 점점 더 많은 사람에게 의식주 등 기본적인 욕구를 점점 더 만족스러운 방식으로 충족시킴으로써, 그리고 다른 한편에서는 개인의 성과가 사회적 협력 체계에 독특하게 그리고 가치 있게 기여하는 정도와 결부된 형태의 사회적 존경을 촉진함으로써 사회적으로 보장된 개인의 자유를 실현할 수 있게 한다는 것을 확인할 수 있다.

어떤 관점에서는 시장이 고립된 주체들의 등 뒤에서 (이른바 가격 신호라는 '보이지 않는 손'에 의해) 자기중심적 이해관계를 서로 맞물리게 하는 단순한 경쟁체계로 보일 수도 있지만, 호네트가 볼 때 시장은 궁극적으로 사회적 협력이라는 암묵적인 도덕적 기준에 따라 판단되어야 한다. 이 설명에 의거하면, 시장은 기능적 정명 내지 순전히 경제적인 정명에 따라 행위를 조정하는, 규범으로부터 자유로운 독특한 체계가 **아니다**. 오히려 "경제적 교환과정은 …… 그러한 전(前)시장적인 규범과 가치의 틀에 여전히 뿌리내리고 있다. …… 시장에서의 경쟁 조건과 생활세계의 규범 간에는 고유한 관계가 있다"(FR: 190~191). 우리가 제5장에서 살펴보았듯이, 시장에 대한 이러한 호네트의 분석은 프레이저의 기능주의적 설명과 상충될 뿐만 아니라, 더 근본적으로는 하버마스의 사회학적 이원론 ― 즉, 사회통합의 기능적 형태와 해석학적 형태, 다시 말해 체계와 생활세계 간을 날카롭게 구분하는 이원론 ― 과도 대립된다. 호네트의 도덕적 경제주의는 시장을 본질적으로 규범으로부터 자유로운 사회성의 블록으로 바라보는 어떠한 개념도 거부한다. 소비 시장과 노동시장은 자신들이 봉사하는 기본 가치들 ― 욕구를 충족시키는 것과 성과를 인정하는 것 ― 에 의해 구조화된다. 소비 시장과 노동시장이 그러한 가치들에 봉사한다는 것 ― 그리고 그리하여 궁극적으로 독특한 형태의 개인적 자유를 촉진한다는 것 ― 은 또한 규범적 관점에서 시장을 궁극적으로 정당화하는 것이기도 하다.

어떤 증거가 시장이 규범에 불가분하게 착근되어 있으며 따라서 방법론적으로 도덕적 경제주의가 불가피하게 요구된다는 이러한 중요한 주장을 뒷받침하는가? 이를테면 호네트는 전통적인 경제학자, 마르크스주의자, 체계이론가에게 (특히 이 세 부류의 이론가 모두가 특정 형태의 반대되는 사회역사적 주장 ― 즉, 시장이 점점 더 모든 규범적 제약으로부터 분리되어 자신의 내재적 정명과 '철칙'에 대해서만 반응한다는 주장 ― 을 확고하게 견지하고 있을 때) 도덕적 경제주의가 참이라는 것을 어떻게 설득할 수 있는가? 특히 글로벌 시장이 자신이 접촉하는 모든 공동체를 재편하는 막강한 힘을 가지고 있다는 점을 고려할 때, 호네트의 도덕적 경제주의는 가망 없는 이상주의적인 것으로 보일 수도 있다. 10년 전 프레이저와 벌인 논전을 떠올려 보자. 거기서 호네트는 시장의 기능적 자율성에 반대하는 두 가지 주요 논거를 진전시켰는데, 그중 하나는 존경 질서가 임금과 급여율에 결정적인 영향을 미친다는 주장을 축으로 하여 구성되었고, 다른 하나는 시장의 규범적 존재 조건을 축으로 하여 구성되었다. 내가 『자유의 권리』를 정확하게 독해한 것이라면, 호네트는 존경 질서와 관련한 첫째 주장[6] — 우리가 제5장 제2절 제2항 '부정확한 사회이론'에서 살펴보았듯이, 심각한 문제에 봉착한 주장 — 을 어느 정도 포기하고 규범적 전제조건에 관한 둘째 주장을 심화시키고 미묘하게 재정식화하여, 이제는 사회사로부터 새로운 셋째 주장을 암묵적으로 진전시키고 있다.

먼저, 호네트가 규범적 전제조건에 관한 주장을 재정식화한 것에 대해 몇 가지 언급해 보자. 만약 시장 제도가 애초에 자신을 정당화하는 암묵적 규범을 적어도 얼마간이라도 실현하지 못한다면 사람들은 시장 제도로부터 동의를 철회하고 시장 제도나 그 제도를 유지하는 데 필요한 법적·사회적 관행에 참여하는 것을 중단할 것이라는 호네트의 기본 생각을 상기하라. 따라서 시장이 실제로 계속해서 작동하기 위해서는 참여자들이 시장 제도에 대해 적어도 최소한으로나마 도덕적으로 동의해야 한다. 그렇기에 우리는 시장이 계속해서 번창하고 있다는 증거로부터 시장이 도덕에 뿌리를 두고 있다고 추론할 수 있다. 호네트는 시장이 도덕에 뿌리내려야 한다는 것을 경험적으로 입증하는 것이 어렵다는 점을 인정하고, 이제 이 주장을 **규범적** 기능주의의 한 형태로 명시적으로 재조명한다. 다시 말해 시장은 자신이 전(前)시장적 또는 비(非)시장적인 도덕적 기준을 충족시키는 특정한 사회적 관계에 뿌리를 내릴 때만 **기꺼이 동의받을** 수 있다는 것이다. 이를테면 만약 시장이 많은 사람의 개인적 필요를 그에 부응하여 광범하게 충족시키지 못하는 상태 — 하나의 예를 들면, 많은 사람이 빈곤과 굶주림에 시달리는 채로 방치되고 있는 상태 — 에서 사람들이 시장에 계속해서 참여하고 있을 경우, 우리가 그 사람들이 시장 제도를 묵인하기는 하지만 시장 제도에 기꺼이 동의하고 있는 것은 아니라고 말하는 것이 정당화될 수 있다. 이 주장을 이렇게 재정식화하는 것과 함께, 호네트는 이 주장이 헤겔, 뒤르켐, 폴라니, 파슨스 등 다양한 사상가로부터 다양한 형태로 일관되게 지지받았다는 점을 보여줌으로써 이 주장을 의미심장하게 심화시킨다.

내가 독해한 바로는 『자유의 권리』는 또한 도덕적 경제주의에 대한 새롭고 훨씬 더 확장된 주장 — 이 주장은 실제의 사회사에 의거하여 제시되었다 — 을 암묵적으로 진전시키고 있다. 『자유의 권리』에서 호네트가 제시하는 관념은, 우리가 일단 지적 운동, 법률 개혁과 국가 개혁, 그리고 특히 사회적 투쟁이 자본주의에서 비롯된 최악의 결과와 부작용을 사회화하고 길들이려고 시도하는 과정에서 시장 협력이라는 주요한 도덕적 관념을 불러내고 채택해 온 서로 다른 온갖 방식을 주의 깊게 살펴보고 나면, 우리는 시장이 사실은 도덕에 뿌리내리고 있다는 것을 알 수 있다는 것이다. 호네트는 특히 지난 150년 동안 자본주의에서 일어난 매우 광범위한 지적·정치적·법적·사회적 현상을 추적하면서 그러한 다양한 동향과 추세가 시장의 사회통합 양식에 내재된 규범적 잠재력을 실현하고자 하는 시도로 독해되어야 한다는 것을 보여주고 싶어 한다. 호네트가 내놓은 역사적·사회학적 기록을 독파해야만 이 주장이 지닌 설득력을 이해할 수 있지만, 인용된 현상 몇 가지만 살펴보더라도 우리는 호네트가 그 주장을 통해 말하고자 하는 바를 얼마간 감지할 수 있다.

호네트는 소비 영역에서 논의를 시작하면서,[7] 최소 300년 동안 시장에 대해 제기된 서로 다른 많은 지적·문화적 비판을 추적한다. 호네트는 한쪽에서는 고급문화 — 즉, 시장을 어쩔 수 없이 규범적 틀에 뿌리내리고 있는 것으로 이해하고 그리하여 시장이 자신의 본래의 가치를 충분히 실현하지 못할 때 비판의 대상이 되는 것으로 파악하고자 하는 지적 설명 — 에 초점을 맞추고 있다. 애덤 스미스에서부터 헤겔, 뒤르켐, 폴라니, 파슨스에 이르는 학자들 모두가 그러한 맥락에서 도덕적 경제주의의 버전을 명확하게 제시해 왔다. 호네트는 또한 전반적인 대중문화의 조류들에 대해서도 검토한다. 대중문화 역시 시장과 도덕 간의 깊은 관련성을 전제로 한다. 대중문화는 18세기에는 시장이 개인들로 하여금 탐욕스럽고 순전히 전략적인 지향을 채택하게 한다고 우려했고, 19세기에는 시장이 대규모 빈곤과 무정부주의적 호황-불황 사이클을 만들어낸다고 비난했고, 20세기에는 순전히 소비주의적인 정체성의 메마른 본질에 대해 우려했고, 21세기에는 순전히 사적 자유를 중시하는 경쟁적인 글로벌 자본주의의 개인주의와 사회적 시선을 의식하는 구매 이데올로기가 성장하고 있는 것에 대해 거부감을 표현한다. 하나의 대안으로, 시장을 구조화할 때 반드시 내려야 하는 전(前)시장적인 규범적 결정을 둘러싸고 벌어졌던 수많은 지적 논쟁과 그에 수반되는 사회적 투쟁을 떠올려보라. 이를테면 무엇이 상품으로 판매되어야 하고 판매되어서는 안 되는지(이를테면 신장, 성, 의료, 컴퓨터 알고리즘은 상품이 될 수 있는가?), 특정 상품(이를테면 음식, 집, 옷)의 가격이나 분배가 공정성을 고려하여 결정되어야 하는지 아니면 전적으로 수요와 공급에 따라 결정되어야 하는지, 그리고 종교적·사회적·생태학적 사항을 고려할 때 사치스러운 욕구는 어느 정도까지 충족되어야 하는지에 대한 논쟁은 여전히 격렬하다.

이러한 지적·문화적 추세와 함께, 호네트는 국가의 조치, 법, 규제에서 일어난 역사적 변화를 시장 본래의 원리를 실현하기 위해 시장에 가해지는 제도적 제약의 증거로 이해할 수 있는 수많은 방식에 대해 지적한다. 그는 그중에서도 특히 거래의 합법성을 보장하고 인프라를 제공하고 검사 및 제품 안전 규제를 통해 소비자를 보호하고 사회복지정책을 통해 음식, 주거시설, 의료, 교육 소비를 지원하고 사회보장 제도를 실시하고 공중 보건 시설을 제공하고 규제를 통해 소비 시장의 생태적·사회적 지속가능성을 보장하는 것 등과 같은 국가 및 법의 기능에 대해 논의한다. 호네트에 따르면, 이러한 모든 국가 활동은 생산자가 소비자에 비해 갖는 구조적 우위를 암묵적으로 인정하고 공익을 고려하여 소비 시장을 제약함으로써 시장을 시장에 내재하는 암묵적인 규범적 이상 — 즉, 호혜적이고 협력적인 사회적 노동을 통한 욕구의 충족이라는 이상 — 에 부합하도록 만들기 위한 것이다.

하지만 정치경제적 변화를 국가 중심적인 관점에서만 바라보는 것은 잘못일 수 있다. 호네트가 볼 때, 국가 정책이 주로 시장이 자기 자신의 이상을 실현하도록 강요하기 위해 고군분투하는 결연한 사회운동에 대응하는 과정에서 비롯되었다는 점을 인식하는 것이 중요하다. 이를테면 19세기 빵 폭동과 소비자 불매운동이 기본 상품의 시장 가격을 국가가 규제하게 하고 농업 생산을 국가가 지원하게 하는 데서 수행한 중요한 역할을 생각해 보라. 호네트는 국가의 이러한 "제도를 통한 긴 행진"(FR: 215)과 함께, 욕구 충족이라는 가치를 실현하는 것을 목적으로 했던 다양한 비국가적 형태의 집합행위에도 주목한다. 일례로 20세기 전반기에 시장을 '아래로부터' 사회화한 소비자 협동조합의 등장과 확산을 생각해 보자. 많은 생활필수품이 시장에 기반하여 유통되는 것이 실제로 저렴한 방식으로 욕구를 충족시키는 데 심각한 결함을 가지고 있다고 인식한 개인들은 공정 가격을 협상하는 힘을 가진 대규모 구매 협동조합으로 한데 뭉쳤고, 당시의 시장 가격을 지불할 수 있는 능력에 따라서가 아니라 오히려 필요의 원칙에 따라 조합원들에게 물품을 배분했다. 이러한 사회운동은 참여자들이 시장을 순전히 개인주의적인 영역으로 이해하는 것이 아니라 개인의 자유가 상호적으로 보장되는 영역, 즉 공익을 위한 사회적 협력의 영역으로 이해하고 있다는 것을 보여준다.

자본주의의 생산 조건에 대한 투쟁과 노동시장의 사회사는 자본주의가 도덕에 뿌리내리고 있으며 자신의 고유한 규범에 따라 올바르게 판단될 수 있다는 것을 보여주는 더욱 분명한 증거를 제공한다. 지적 영역과 일반 문화 영역에서 호네트는 노동이 개인의 성과를 인정함으로써 자부심을 발전시키는 결정적인 장소라고 바라보는 관념의 흔적을 다양한 담론에서 발견한다. 이를테면 19세기에는 존경받는 일자리에 전혀 접근하지 못하는 '서민'에 대한 우려가 제기되었고, 19세기와 20세기에는 임금노동자들에게서 독특한 계급의식이 부상했으며, 20세기에는 완전히 기계화된 산업 노동의 공허함과 무의미함에 대한 비판이 제기되고 그에 동반하여 노동의 인간화가 요구되었다. 국가의 노동법과 노동 규제의 역사 역시 호네트의 도덕적 경제주의 테제에 증거를 제공한다. 그 예로 최저임금법과 생활임금법, 실업수당 지급 의무화, 경영진과 조직 노동 간의 집단적 공동 결정권, 포괄적인 교육 개혁 및 고용을 위한 재교육 프로그램, 완전 고용을 촉진하기 위한 재정 정책, 산업 안전 법규, 우발적 노동 종료 상황에 대비한 보험, 노동 기반 연금 제도 등을 생각해 보라.

다시 한번 더 말하지만, 규범적 기준에 따라 점차 자본주의 노동시장을 길들이고 조직화한 이러한 변화가 주로 사회적 투쟁, 특히 노동조합이 주도한 투쟁의 요구에 부응하여 이루어졌다는 것은 분명하다. 노동시장은 조직화된 노동이 단체교섭권을 보장할 수 있는 곳에서 (그리고 그러한 시기 동안에) 가장 성공적으로 정착되었다. 개별 노동자들은 이 단체교섭권을 통해 노동계약에 대해 협상할 때 경영진에 대해 갖는 구조적 불리함을 상쇄한다. 호네트에 따르면, 이 같은 노동시장 길들이기는 시장을 정당화하기 위해 노동자, 경영자, 자본가가 공유하는 도덕적 어휘 — 특히 노동권, 비착취적 계약, 노동의 존엄함, 노동자의 건강과 안전 증진, 노동 조건의 협력적 결정과 같은 이상을 불러일으키는 어휘 — 를 사용함으로써 이루어졌다. 사회적 투쟁은 위로부터, 즉 국가와 법을 통해 시장을 도덕에 뿌리내리게 하려는 조치를 취하게 했다. 길드와 노동조합 역시 이를테면 그 성원들을 위한 보험과 재교육 프로그램뿐만 아니라 여타 형태의 집단적 '자조'를 제공하는 등 아래로부터 그러한 조치들을 취했다. 노동시장이 글로벌화되고 있는 21세기에조차, 호네트는 노동 조건에 대한 인증 절차를 수립하기 위해 초기에 취해진 국제적 조치, 노동계약에 대한 모니터링, 그리고 시장이 자신의 암묵적인 규범과 가치에 부합하도록 강제하려는 여타 시도들에서 도덕적 경제주의의 흔적을 일부 발견한다.

요약하면, 자본주의 시장은 규범적 내용에 의해 구조화될 수밖에 없으며 따라서 순전히 기능적으로 통합된 규범으로부터 자유로운 영역으로 간주될 수 없다는 도덕적 경제주의의 광범위한 주장에 대해 호네트가 새로 제시한 논거는 개념적이거나 규범적이지 않고 경험적이다. 특히 호네트는 시장이 자신의 고유한 규범적 원리를 실행할 수 있도록 적절한 도덕적 제약과 조건을 제도화하고자 한 다양한 시도에 주목하며 약 두 세기 동안의 경제사를 사회학적·역사적으로 면밀하게 재구성하는 부담을 짊어진다.

우리는 이제 사회적 자유의 영역으로서의 시장 영역에 대한 호네트의 설명을 요약할 수 있다. 첫째, 시장은 두 가지 구체적인 방식으로, 즉 욕구를 충족시킴으로써 그리고 자부심을 느끼는 결정적인 장소를 제공함으로써 개인의 자유를 제도화한다. 소비재 시장은 소비자와 생산자의 상호보완적이고 호혜적인 역할을 구조화함으로써 개인의 욕구를 충족시킨다. 노동시장은 고용자와 피고용자로서 자신들의 상호보완적인 역할을 하는 개인들의 생산적 성과에 기반한 상호 인정 체계를 통해 개인이 건강한 자부심을 발전시킬 수 있게 해준다.

둘째, 시장 영역을 사회적 자유의 영역으로 정당화하는 것은 시장이 관련된 모든 사람에게 이익이 되는 형태의 사회적 협력 — 즉, 개인의 목표를 상호보완적으로 실현하는 데 도움이 되는 사회적 협력 — 을 가능하게 한다는 것이다. 소비 영역은 개인의 욕구가 공익에 부합하는 방식으로 충족되는 한에서 도덕적으로 가치가 있으며, 노동 영역은 노동이 존경을 기반으로 하는 상호 인정을 통해 자기실현을 가능하게 하는 한에서 가치가 있다. 호네트가 기술한 두텁고 풍부한 역사적 기록에 따르면, 우리는 시간이 지나면서 시장은 이 두 가지 기본적인 규범적 원리를 중심으로 조직되어 있다는 것뿐만 아니라, 시장 영역 내에서 사회적 자유를 온전히 실현하기 위해서는 소비 영역과 노동 영역도 추가적인 도덕적 조건 — 생산자의 안전과 생산 환경 규제, 정확한 소비 정보 제공, 계급 간의 호혜적 연대 관계, 타인 노동의 존엄성 존중, 기회의 평등, 구매 및 판매에 관한 페어플레이 규칙, 생활 임금 보장, 의미 있는 노동과 인간적인 노동 조건, 협력적 공동체의 성원으로서의 타인에 대한 상호 인정, 소비 시장과 노동시장의 조건에 대한 담론을 형성하고 그러한 시장을 놓고 협력적 교섭을 할 수 있는 장(場)의 존재 등등 — 에 따라 규제될 필요가 있다는 것도 점차 인식해 왔다. 달리 말하면, 호네트는 시장 영역을 내적으로 구조화하는 풍부한 규범적 내용 — 즉, 욕구를 충족시키고 자기실현을 가능하게 한다는 시장의 핵심적 가치를 역사적으로 정교화하고 있는 것으로 간주되어야 하는 규범적 내용 — 을 발견한다.

마지막으로, 호네트는 이러한 규범적 내용에 비추어 시장 영역의 주요 한계, 부정의, 잘못된 발전에 대해 여러 가지 진단을 내린다. 그는 특히 사회적·지리적·정치적 변화와 함께 시장이 점점 더 도덕과 분리되어 온 지난 20년간의 경제 변화 — 이러한 일단의 변화는 자주 '신자유주의'라고 요약된다 — 에 관심을 가지고 있다. 여기서는 우리가 그가 제시한 세부 항목들을 모두 검토하기보다는 그가 신자유주의를 "시장의 규범적 잠재력을 들어내고 훼손하는"(FR: 177) 명백히 퇴행적인 잘못된 사회적 발전으로 간주하면서 사회적 자유의 영역으로서의 시장의 현재 상태에 대해 아주 비관적으로 바라본다는 것을 지적하는 것만으로 충분할 것이다. 비록 호네트는 자신의 역사적 연구를 토대로 두 세기에 걸친 다양한 역사적·사회적 현상을 통해 그러한 규범적 약속을 재구성할 수 있었지만, 그는 현대의 경제 구성 상태를 놓고 볼 때 경제가 사회적 자유의 영역 중 하나로 이해될 수 없다고 확신한다.

> 서구의 발전된 나라의 현 경제체계가 결코 '관계적' 제도이지 않으며 따라서 사회적 자유의 영역이 아니라는 것에는 의심의 여지가 있을 수 없다. 경제는 그 영역에 필요한 모든 특성을 결여하고 있다. 경제는 모두가 동의할 수 있는 그리고 (주체가 서로의 자유를 자기 자신의 자유의 조건으로 바라보게 하는 방식으로) 서로 얽혀 있는 역할 의무 속에 자신을 정착시키지 못하고 있다. 따라서 경제는 자신에 선행하는 상호 인정 관계 — 그러한 역할 의무는 그에 상응하는 선행 인정 관계로부터 모든 타당성 또는 설득력을 이끌어낼 수 있다 — 를 결여하고 있다.(FR: 176)

호네트 자신은 이러한 비관적 진단이 언뜻 보기에 자신의 규범적 재구성 방법에 분명하게 도전하는 것처럼 보인다는 것을 알아챘다. 왜냐하면 그러한 방법이 도덕적 진보의 증거에 호소할 것을 요구하는 것으로 보이기 때문이다. 그러나 우리는 여기서 퇴행을 보여주는 강력한 반대 증거를 가지고 있다. 우리가 진보가 선형적이거나 연속적이거나 단방향적일 필요가 없다는 점을 인정할 때조차, 시장이 규범적 제약으로부터 급속히 분리되고 있음을 보여주는 증거는 시장 영역에 내재하는 규범적 내용이 점진적으로 실현된다는 주장에 대한 믿음을 약화시키는 것으로 보인다. 나는 이 문제를 이 장의 제4절 제2항 '규범적 문제들'의 '대안적 목적론들?'이라는 소항목에서 다시 다룰 것이다.

공적인 정치적 영역

사회적 자유의 주요한 셋째 실제 영역은 공적인 정치적 영역이다. 호네트는 『자유의 권리』의 실제로 마지막에 해당하는 부분에서 민주주의에 대한 자신의 이론을 체계적으로 발전시키는데, 그 이론은 민주적 상호작용이 그 상호작용에 참여한 시민들로 하여금 다른 시민들과의 호혜적인 집합적 담론과 결정을 통해 자신들의 삶의 조건을 개선할 수 있게 해준다는 사회적 자유 개념에 근거한다. 나는 아래에서 (1) 호네트의 민주주의 이론, (2) 호네트가 민주주의 역사의 재구성을 통해 검토하는 몇 가지 테마, (3) 민주적인 사회적 자유의 가치에 대한 호네트의 설명, (4) 현대 민주주의의 약속과 위험에 대한 호네트의 진단을 차례로 요약한다.

민주주의 이론 호네트는 서로 각축을 벌이는 현대 정치이론들 사이에서 자신의 이론을 위치시키기 위해 우리가 '급진적 숙의민주주의(radical deliberative democracy)'라고 생산적으로 명명할 수 있는 정치이론을 개진한다. 우선, 그의 이론은 우리가 공론장과 정치에 대해 생각할 때 가장 우선적으로 고려하는 것으로서의 **민주주의**에 초점을 맞추고 있다. 여기서 핵심적인 질문은 다음과 같다. 집단적 자치(collective self-rule)는 어떻게 가능한가? 호네트식으로 표현하면, 우리는 개인의 사회적 자유를 실현하는 데 필수적인 사회적 조건을 어떻게 집단적·합법적으로 통제할 수 있는가? 이처럼 민주적 협의회에 초점을 두고 있다는 점이 개인의 자유권을 중심으로 전개되고 개인을 위한 정의를 정치의 중심에 두는 이론들(이를테면 자연법, 자유주의, 사회계약론, 자유지상주의)과 호네트의 이론을 구별해 준다.

둘째로, 호네트는 민주주의 이론 내에서 조슈아 코헨(Joshua Cohen), 존 드라이젝(John Dryzek), 제임스 피시킨(James Fishkin), 위르겐 하버마스, 데이비드 헬드(David Held)와 같은 사상가들이 주도한 현대의 움직임에 합류한다. 이 움직임은 시민과 공무원 간의 토론·논쟁·담론·숙의의 공적 과정을 민주주의에 결정적인 과정으로 이해한다. 이는 민주주의의 핵심 매개체로서의 투표와 정부의 책임에 초점을 맞추는 다양한 민주주의 모델 — 집합주의, 다원주의, 미니멀리즘, 경쟁 엘리트주의 등 — 과 호네트의 이론을 구별시켜 준다. 특히 하버마스와 같이 호네트는 투트랙 숙의민주주의 모델을 명시적으로 제시한다. '민주적 공론장'이라는 한편에서는, 사회운동, 비정부기구, 문화의 생산자와 보급자, 대중매체, 정부 행위자 간의 상호작용에 의해 수행되는 다양한 심의 및 경합 과정을 통해 집합적 문제와 관련된 여론이 발생한다. '민주적 입헌 국가'의 영역이라는 다른 한편에서는, 이론적으로는 공론장에서 발생하는 그러한 (변화하는 그리고 수정 가능한) 합의가 그러한 합의에 즉각 반응하는 정부에 의해 이행되어야 한다. 따라서 민주적 정당성은 공론장에서 '우리 국민'이 건강한 집단적 토론과 논의의 과정을 거쳐 도달한 합의를 법과 정책으로 실현함으로써 입헌 국가가 공론장의 기관 또는 대리인으로서 행동할 것을 요구한다.

마지막으로, 나는 이 투트랙 숙의민주주의에 대한 호네트의 이 특별한 버전이 **급진적**이라고 말할 것이다. 왜냐하면 민주주의의 정당성과 관련하여, 그의 이론은 거의 모든 규범적 중요성을 공론장의 조건과 작동에 두기 때문이다.[8] 전통적인 정치이론, 특히 하버마스의 최근 연구와는 대조적으로, 호네트에서 국가는 사회를 궁극적으로 조정하는 영역이 **아니**며, 정부, 공식 정치, 법의 생산은 사회적 아치의 쐐기돌이 아니다. 오히려 호네트의 급진적 이론에서 민주적 입헌 국가는 민주적 공론장으로부터 명령을 받고 그 영역을 보호해야 하는 것만이 아니다. 민주적 입헌 국가는 민주적 공론장에 의해 그리고 그 공론장 위에 세워진 것으로도 이론화된다(FR: 305). 따라서 입헌 국가의 정당성은 민주적 공론장의 정당성과 구성적으로 연결되어 있다. 즉, 입헌 국가는 공론장을 충분히 보호해야 하고 완전한 공론장인 '우리'라는 민주주의('we' of democracy)가 도달한 합의를 이행해야 한다.

민주주의의 역사에서 검토하는 테마 호네트는 급진적인 숙의민주주의가 정치적 자유 영역의 내적 의미를 이룬다는 자신의 핵심 테제를 뒷받침하기 위해 200년이 넘는 기간 동안 민주주의에서 일어난 동요와 변화에 관한 풍부하고 통찰력 있는 역사를 제시한다. 우리는 다섯 가지 핵심 테마 — 공론장의 확장, 민족주의의 애매모호함, 대중매체, 국가의 변화, 초국적 정치 — 를 개관함으로써 그 역사의 면모를 얼마간 맛볼 수 있다. 그 역사는 18세기 후반에 백인 남성 유산계급 엘리트들이 정보와 의견을 교환하고 문화와 시사 문제에 대해 토론하고 숙의할 수 있는 공론장을 처음으로 발전시킴으로써 시작된다. 이 초기의 부르주아 문학장이 19세기에 걸쳐 더욱 포함적이 되어 온전히 민주적 공론장으로 발전하면서 그에 동반하여 정부의 정당성에 대한 새롭고 논쟁적인 원리가 뿌리내리기 시작했다. "정부의 모든 조치는 …… 공론장의 포럼에서 담론적 주장의 교환을 통해 형성된 '여론'에 직면했다"(FR: 256). 따라서 공론장은 공론장이 초점을 맞추어야 하는 것에서 그리고 공론장과 정치적 정당성과의 관계에서도 정치적이 되었다. 또 다른 매우 중요한 변화는 공중 — 여론을 형성하는 데서 매우 중요해진 — 에 점점 더 많은 부분이 포함되어 왔다는 것이다. 거기서 호네트는 19세기, 특히 20세기 동안에 민주적 공론장에의 참여를 확대시키는 데서 사회운동이 거둔 성과 — 결국에는 유산자 백인 남성뿐만 아니라 여성, 노동자, 경제적 의존자, 민족적·종교적·인종적 소수집단, 그리고 가장 최근에는 성적 소수자까지 포함하게 된 — 에 주목한다. 호네트는 이처럼 정치적 '우리'가 확장된 것을 집합적 결정과 행위에 영향을 받는 **모든** 사람이 그러한 결정과 행위에 관한 공적 토론에 포함되어야 한다는 민주주의의 핵심적인 규범적 원리가 역사적으로 실현되었음을 분명하게 보여주는 것으로 간주한다.

하나의 우연적인 역사적 관행의 문제로서의 포함적이고 적극적인 민주적 '우리' — 즉, 민주적 협의회를 위해 커다란 노력을 경주할 동기를 충분히 부여받은 우리 — 를 창조하는 일은 유럽에서 대체로 다양한 민족주의의 관행을 통해 이루어졌다. 호네트는 민족주의가 갖는 심히 모호한 도덕적·정치적 성격에 많은 관심을 기울였다. 왜냐하면 민족주의가 19세기와 20세기에 걸쳐 공론장과 정부의 민주화가 확산되는 것과 함께 발전했고 때로는 민주주의 자체에 전이되어 암적으로 작용하기도 했기 때문이다. 개념적으로도 민족주의는 민주주의와 잘 어울리지 않는다. 민족주의는 내부적으로는 계급과 젠더의 균열을 넘어 민주적 '우리'를 확장하고 시민들에게 건강한 민주주의에 요구되는 참여와 연대의 에너지를 제공했지만, 또한 민족적·인종적·성적 소수집단의 성원들이 '우리 국민'의 성원이 되지 못하게 배제하는 수단으로 지속적으로 이용되기도 했다. 또한 극히 유해한 형태의 독일 민족주의는 국가사회주의 시대에 공론장의 심각한 왜곡과 국가의 폭력적 압제 모두에서 중심에 자리하고 있었다. 사실 호네트는 나치즘과 그 공포를 민주적인 사회적 자유의 잘못된 발전이나 병리 현상으로 간주하는 것이 아니라 전적으로 사회적 자유의 밖에 존재하는 어떤 것으로 간주한다. "자유민주주의 사회에서 제도화된 모든 자유의 영역을 규범적으로 재구성하는" 우리의 관점에서 볼 때, "국가사회주의적 압제의 시기는 여전히 이 재구성에 통합될 수 없는 '타자'로 남아 있다(FR: 321). 기껏해야 이 민주주의의 타자는 사회적 자유가 단지 운 좋게 전해 받은 진보의 역사로 간주되기보다는 적극적으로 유지되어야 하는 취약한 성과임을 우리에게 상기시켜 줄 뿐이다.

호네트가 역사적으로 깊이 성찰한 또 다른 주제는 지난 150년 동안 변화하고 있는 대중매체의 성격과 역할이다. 듀이와 하버마스를 따라, 민주적 공론장은 부분적으로 하나의 인식 공동체(epistemic community)로 이해된다. 공론장은 특히 공중의 관심사에 대한 지식, 정보, 의견을 감지하고 수집하고 분류하고 가려내고 유포한다. 따라서 공론장은 그 공론장에 더 많은 수의 다양한 목소리와 정보통이 참여할 경우 집단적 학습과정을 통해 합리성과 정확성을 높일 수 있게 한다. 문화산업과 대중매체 모두는 공론장에서 중요한 역할을 하고 있는데, 호네트는 특히 시간이 지나면서 문화산업과 대중매체의 기본 기술과 조직 구조가 변화함에 따라 그것들이 공중의 인식에 기여하는 방식이 어떻게 변해왔는지 조사한다. 민족주의의 경우에서와 마찬가지로, 호네트는 대중매체의 역사에서 그러한 다양한 변화에서 나타나는 애매모호한 것들 — 즉, 희망인 동시에 위험인 것들 — 에 주목한다.

호네트의 역사에 등장하는 넷째 테마는 민주적 입헌 국가의 조직과 구조에서 일어난 중요한 변화를 중심으로 전개된다. 그는 공중의 주권을 강화하는 방향으로 국가의 민주화를 강제하는 데서 사회운동이 수행한 역할을 추적한다. 우선, 그 과정에서 적극적인 정치적 시민권을 가질 수 있는 사람들의 범위가 확대되고, 나아가 시민권이 보장하는 범위도 소극적 자유에서 적극적인 정치적 자유, 그리고 사회적 권리로까지 확장된다. 그는 또한 공무의 전문화, 국가의 사회·복지정책의 확대, 권리의 입헌화, 법치주의, 정부 권력의 분리, 시민들이 입법과 거버넌스에 적극적으로 참여할 수 있는 장의 확대 등 많은 민주적 전제조건과 이상이 점차 발전하고 제도화되는 과정에도 주목한다.

마지막 테마는 민족주의의 문제와 다시 연결되지만, 이제는 글로벌 관계의 관점에서 검토된다. 20세기 전반은 국가 주권이 국제무대에서 처한 위험에 사로잡혀 있었다. 이를테면 국제연맹과 유엔의 창설은 모두 민족주의적 침략에 도덕적 제한을 두려는 시도에서 비롯되었다. 그리고 20세기 후반과 현 세기가 시작되면서 우리는 (적어도 전통적으로 생각되던) 각국 민주 정치의 틀과 국제 정책과 조치의 영향을 받는 초국적 공동체 간에 혼란스러운 규범적 단절이 일어나고 있음을 목격해 왔다. 따라서 현대의 글로벌 문제는 오늘날 민주주의의 핵심 원리 — 즉, 관련자들이 자신들의 공존의 조건에 대해, 그리하여 개인의 사회적 자유의 조건에 대해 발언권을 갖는다는 원리 — 를 실현하는 것이 어떻게 가능할 수 있는지에 대한 질문을 다시 한번 제기한다.

민주적인 사회적 자유의 가치 민주적인 공적 정치영역은 호네트의 사회적 자유 영역 개념을 분명하게 충족시킨다.[9] 우선, 사람들은 자신의 행위의 공적 환경을 틀 짓는 규칙, 정책, 제도를 집합적으로 구성하는 데 참여할 기회를 가질 때만 광범위한 공적인 정치적 맥락에서 개인의 자유를 실현할 수 있다. 더 나아가 정치적 자유는 분명 서로를 자유롭고 평등한 동료 시민으로 상호 인정하는 다른 사람들과 상호보완적인 협력을 하는 것을 통해서만 가능하기 때문에, 진정으로 사회적이며 상호보완적인 형태의 개인적 자유이다. 따라서 민주적 자유는 단연코 개인주의적이라기보다는 사회적이며, 동료 시민과의 상호주관적 참여를 벗어나서는 결코 실현될 수 없다. 이를 위해서는 부분적으로 다른 사람들과 함께 인식 공동체에 참여할 것이 요구된다. 민주적인 공론장은 사회적 사고의 기관이자 사회적 인식을 위한 매개체로 볼 수 있다. 가장 광범하게 선발된 관련자들이 참여하는 토론과 논쟁을 통해서만 공적 지식에 대해 높아진 수준의 합리성을 확보할 수 있다. 그러나 이를 위해서는 똑같이 부분적으로는 다른 사람들과 함께 특정한 상호 인정의 원리를 가진 특정한 도덕 공동체에 참여할 것이 요구된다. "사회의 모든 성인 …… 성원은 이제 국민국가 내에서 서로를 동등한 자격을 가진 시민으로 인정할 수 있는 역량을 지니고 있어야 한다. 왜냐하면 민주적 의지의 형성이 한 시민에게 다른 시민에게 부여된 것과 동일한 중요성을 부여할 것이기 때문이다"(FR: 261).

만약 개인적 관계의 자유가 친구, 연인, 가족 성원의 상호보완적인 역할 속에서 실현되고, 시장 자유가 소비자와 생산자라는 상호보완적인 역할 속에서 실현된다면, 민주적 자유는 숙의적 소통자 — 즉, 자신이 속한 공동체의 적극적인 시민이자 공동 입법자 — 라는 서로 맞물린 역할 속에서 실현된다. 따라서 개인적 관계가 개인에게 자신의 내면의 본성을 실현하는 데 필요한 사회적 조건을 제공하고, 시장 관계가 개인의 욕구를 충족시키는 데 필요한 사회적 조건을 제공한다면, 민주적 관계는 바로 그러한 사회적 조건을 성찰적으로 개선하는 데 필요한 사회적 조건을 제공한다. 민주적 공론장과 민주적 입헌 국가는 (적어도 이론적으로는) 함께 "개인으로 하여금 사회의 다른 모든 성원과 소통하면서 자신의 삶의 조건을 개선할 수 있게 함으로써 사회적 자유의 한 형태를 구성한다"(FR: 274). 요컨대 민주주의는 자유롭고 풍부한 소통과 집합적 의사결정을 하는 하나의 삶으로, 우리는 그곳에서 공동체의 완성을 위해 협력적이고 실험적인 방식으로 함께 일한다. 민주주의의 영역은 그러한 방식으로 다양한 일단의 가치 — 각자의 최대한의 사회적 자유, 각자의 평등한 시민권, 충분한 정보 조건하에서의 성찰적이고 합리적인 집합적 인지, 공동체의 자결 등 궁극적으로 민주주의를 근대적 삶의 대체 불가능한 영역으로 정당화하는 가치 — 를 실현한다.

우리는 호네트가 현대 세계에서 건강하고 정당한 민주주의를 위해 확인한 일곱 가지 주요 조건을 지적하는 것으로 민주적인 사회적 자유의 규범성에 대한 이 고찰을 마무리 지을 것이다.[10] 첫째 요건은 정치적 권리로, 정치적 표현과 정치 참여 모두에서 그리고 공론장과 국가의 제도적 기관 모두에서 법적으로 신뢰할 수 있는 헌법적 보장이 모든 관련자에게로 확대되어야 한다는 것이다. 둘째로는 정치적인 공적 영역 — 그간 역사적으로 일부 계급과 집단을 배제해 온 — 이 계급 및 집단 간 균열을 메우고 초월해야 한다는 것이다. 현대 세계에서 이 둘째 조건은 다양한 집합적 결정과 정책에 의해 영향을 받는 일단의 사람들을 묘사하는 데 국경이 점점 더 적실성을 지니지 못하기 때문에 정당한 공론장은 국경 너머로까지 확대되어야 한다는 것을 함의한다. 셋째로는 건강한 민주주의를 위해서는 공적 문제와 사회문제에 대한 유용한 정보를 제공할 수 있는 책임 있는 대중매체가 요구된다는 것이다. (호네트는 현재의 대중매체가 이 기준을 충족하지 못하고 반저널리즘적인 상업화된 엔터테인먼트에 더 가까워 보인다고 생각하지만, 새로운 인터넷과 온라인 도구를 활용하면 대중매체가 생산적인 역할을 되찾을 수도 있을 것이라고 믿는다.) 넷째 조건은 대면 숙의와 적극적인 시민사회 단체를 실질적으로 지지하고자 하는 시민의 의지이다. 여론조사에서 드러난 '여론'을 참고하는 것만으로는 충분하지 않다. 시민들은 "실제 행사를 물리적으로 준비하고 실행하는 데 필요한 업무를 자발적으로 분담함으로써 공론장의 해체에 기꺼이 저항"해야 한다(FR: 292). 왜냐하면 (입법도, 참정권도, 국가 거버넌스의 공식 도구도 아닌) 일상적인 도덕적 행동과 사회적 관행이 결국에는 실제 민주주의의 규범적인 핵심을 이루는 광범위한 공론장에 활력을 불어넣는 요소라는 점에서 그러한 행동과 관행이 민주적 자유를 실현하는 진정한 동력이자 매개체를 이루기 때문이다. 그다음으로 다섯째로, 그러한 에너지는 이질적인 다른 사람들과 폭넓게 연대하려는 성향을 뒷받침하고 심히 의견을 달리하는 사람들에게도 시민 참여를 강력하게 유도하는 정치 문화에서 비롯된다. 하지만 안타깝게도 그러한 정치 문화를 구축하고자 하는 많은 실제 시도가 배타적이기만 한 것이 아니라 자주 위험할 정도로 배타적이었다. 19세기 초의 남성 중심의 부르주아 공중 문화나 19세기 말부터 20세기 중반까지 국가를 사로잡았던 민족주의적 열정이 이를 입증한다.

이들 다섯 가지 조건 모두는 호네트가 건강한 민주주의의 엔진으로 간주한 것 — 즉, 민주적 공론장 — 에서 핵심적인 위치를 차지한다. 그러나 물론 호네트는 여섯째 조건도, 즉 기능적이고 반응적이며 효과적인 민주적 입헌 국가가 사회적 공존의 조건을 수정함으로써 공론장에서 이루어진 집합적 결정을 작동하게 할 수 있다는 것도 인식하고 있다. "자신들의 의견을 소통적으로 교환함으로써 서로를 보완하는 사회 성원들은 자신들이 형성한 의견의 결과가 사회현실에서 충분히 실행될 수 있을 만큼 효과적이라고 느낄 것이 틀림없다. …… 그들의 확신이 유효한 효과를 거둘 것임을 보장하는 책임을 지는 사회적 기관이 바로 민주적 입헌 국가이다"(FR: 304).

마지막으로, 나는 우리가 '민주적인 윤리적 삶'이 민주주의의 일곱째 조건이라고 말하더라도 틀리지 않을 것이라고 생각한다. 호네트가 민주적인 윤리적 삶이라는 구절을 통해 뜻하고자 하는 것은 사회적 자유의 주요 영역들 — 서로 다른 형태의 개인적 관계, 소비와 노동이라는 시장 영역, 공론장과 국가라는 민주적 영역 — 이 서로 맞물려 서로를 지지하는 전반적인 삶의 형태이다. 왜냐하면 호네트는 (자기 자신에게 고유한 자유를 뒷받침하는 기능을 수행할 뿐만 아니라 동시에 적극적인 민주적 시민권에 요구되는 핵심 덕목과 특성을 키우고 증진시키기도 하는) 상호보완적인 영역 없이는 공중의 민주적 자치가 불가능하다고 확신하기 때문이다.

> 민주적 의지 형성의 영역으로서의 정치적 영역이 모든 참여자가 자유롭게 참여한다는 자신의 규범적 주장을 정당화할 수 있는 경우는, 모든 참여자가 다른 행위 영역에서 제도화된 자유의 요구를 실현하기 위해 전개되는 사회적 투쟁이 자기 자신의 자유의 조건을 요구하는 것이기 때문에 지지할 가치가 있다는 것을 알고 있을 때뿐이다. 따라서 민주적인 윤리적 삶의 사회체계란 그러한 복잡한 상호의 존망을 말한다.(FR: 330)

요컨대 민주적인 윤리적 삶은 세 영역 — 개인적 관계의 영역, 시장 영역, 민주적 영역 — 모두에서 사회적 자유를 요구하며, 이 세 영역은 서로 결합하여 서로의 관계를 서로 강화한다. "우리 사회에 제도화되어 있는 이상에 부응하는 자유 시장 참여자, 자의식을 지닌 민주 시민, 해방된 가족 성원은 모두 서로에게 상호 영향을 미친다. 왜냐하면 하나의 속성은 다른 두 속성 없이 실현될 수 없기 때문이다"(FR: 330~331).

따라서 급진적 숙의민주주의는 활력 있는 민주적 공론장이 이끄는 잘 기능하는 국가에서 정의가 실현되게 할 뿐만 아니라 공정한 협력적 경제와 공정한 형태의 개인적 관계와 가족 관계를 수반하기도 한다. 결국 『자유의 권리』에서 호네트가 제시한 웅대한 헤겔적인 비전은, 우리는 세 영역에서 사회적 자유의 관행과 제도를 규범적으로 재구성함으로써 세 영역 모두가 민주적 형태의 윤리적 삶에서 함께 작동하게 하는 것이 사회철학자와 정치철학자들이 추구하는 실제적이고 정당한 정의 개념임을 알 수 있게 된다는 것이다. 왜냐하면 서로 다른 사회적 자유의 영역이 서로 복잡하게 연결되어 배합되어 있는 민주적인 윤리적 삶만이 서로 각축을 벌이는 모든 형태의 현대 이론을 이끌고 있는 추상적인 정의의 기준을 충족시키기 때문이다. "'공정하다'는 것은 사회의 모든 성원의 자율성을 보호하고 육성하고 실현한다는 것이다"(FR: 18).

현대 민주주의에 대한 진단 분명 민주적인 윤리적 삶에 대한 이 웅대한 비전 — 활력 있고 다양하며 광범위한 공론장의 하나의 기관으로 기능적으로 작동하는 국가에 대해 보다 협소하지만 여전히 너무 많은 것을 요구하는 비전은 말할 필요도 없고 — 은 현재의 현실을 정확하게 묘사하는 것이 아니라 하나의 이상화이다. 호네트는 과거와 현대의 사회현실을 재구성함으로써 그러한 이상화를 시도하지만, 현실은 그러한 이상에 훨씬 미치지 못한다는 것을 잘 알고 있다. 오늘날의 민주주의 — 특히 오늘날 유럽 핵심 국가들의 민주주의 — 의 상태에 대한 그의 진단은 사실 다소 비관적이며, 민주주의에 내재한 여러 가지 중요한 결함, 도전, 위험을 강조한다. 가장 중요한 민주적 공론장과 관련하여, 나는 상업화, 선정주의, 반저널리즘 성향의 증가로 인한 위험과 상품화되지 않고 매개되지 않은 수평적 소통에 대해 온라인 커뮤니티가 갖는 잠재적 가능성 모두를 포함하여 대중매체와 새로운 커뮤니케이션 기술이 갖는 애매모호한 경향에 대해 호네트가 표명한 우려를 이미 지적해 왔다.

또한 거기에는 민족주의가 그간 수행해 온 시민 에너지 활성화와 연대 촉진 기능을 대체할 동기를 찾아야 하는 과제도 존재한다. 호네트가 강조하듯이, 민주주의는 시민이 서로를 신뢰하고 연대할 가치가 있는 존재로 여겨야 하고 영향을 받는 모든 사람의 이익에 관심을 가져야 한다는 등 너무 많은 것을 요구하고 실제로 그러한 헌신을 할 것을 요구한다. 그러한 동기가 이전에는 민족주의에 의해 제공되었지만, 국가 주권의 상실과 다문화적 이질성으로 인해 전통적인 형태의 유럽 민족주의는 쇠퇴하거나 위험할 정도로 반동적이 되고 있다. 시민의 무관심, 정치에 대한 환멸, 개인주의적 탈정치화가 호네트의 급진적 숙의민주주의 이론에서 중심에 자리하는 민주주의의 엔진, 즉 공적인 정치적 영역을 위협하고 있다. 호네트는 기껏 서로 다른 영역들 내에서 과거에 존재했던 자유를 위한 투쟁을 중심축으로 하여 형성된 유럽의 집합적 정체성 — 이를테면 프랑스 혁명, 입헌 투쟁, 끔찍한 노동 조건에 맞서 싸운 운동, 억압적인 여성 역할 의무에 대항한 페미니스트의 투쟁 등에 대한 기억을 중심으로 하여 형성된 정체성 — 에 얼마간의 희망을 드러내 보인다. 그러한 기억에 대한 집합적 동일시가 어쩌면 현대의 범유럽 활동가들에게 동기를 부여하고 다른 사람들과 연대하는 기반이 될 수도 있을 것이라는 것이다.[11]

호네트는 입헌 국가 영역에서의 민주주의에 대한 위험으로 눈을 돌려, 특히 지배 구조의 잘못된 발전으로서의 자유주의적 조합주의에 대해 우려한다. 조합주의하에서 실제적인 협상과 최종 결정은 공론장의 시야 밖에서, 즉 공적 입법 활동 밖의 일종의 비헌법적 공간에서 주요 경제 플레이어와 정치인들에 의해 이루어진다. "정치적 결정은 점점 더 의회로부터 떠나거나 외견상 단지 대의원들에게 맡겨지는 반면, 대규모 경제 집단과의 비밀 거래가 정부와 가까이에서 그러나 민주적으로 감시할 수 없는 공간에서 이루어진다"(FR: 325). 호네트는 또한 유럽 정치가 점점 더 로비활동, 지대추구, 후원을 중심으로 하는 미국 체계와 유사해짐에 따라 국가에서 발생하는 관련된 잘못된 발전에 대해서도 진단한다.

호네트의 진단은 일반적으로 다소 어둡다. 한편에서는 민주적인 사회적 자유는 그 자체로 취약하기 때문에 시민들로부터 많은 친사회적·친정치적 에너지를 요구하고, 집합행위에 의해 영향을 받는 모든 사람 — 그들이 이질적인 동포이든 전 세계에 분산되어 멀리 떨어져 있는 사람이든 간에 — 의 곤경에 민감한 초국적 정치 문화를 요구한다. 반면 다른 한편에서는 공식적인 정치적 의사결정 과정이 점점 더 선별적이며 분파적인 것처럼 보임에 따라, 즉 부유하고 힘이 있는 (조직화되어 있지만 불투명한) 세력의 이익에 편향되어 있는 것처럼 보임에 따라 정치에 대한 환멸과 엘리트에 대한 의심은 날이 갈수록 커지고 있다. 이 모든 것이 초국적 및 글로벌 세력과 행위자들에 직면하여 각국 정부가 약화되면서 더욱 심해지고 있으며, 그 결과 시장 과정이 사회적 자유의 규범적 제약으로부터 분리됨에 따라 재차 심화되고 있다. 이를테면 호네트에 따르면, 민주주의에 대한 최고의 초국적 희망 — 즉, 유럽연합 — 은 사실 소극적 재산권 모델에 근거하여 이해되는 시장 자유를 통해서만 점점 더 통합되고 있다. 호네트가 드러내는 희망 — 정책적 처방이나 미래에 대한 예측이라기보다 권고에 가까운 — 은 전통적인 국경과 분열을 넘어 시민들을 정치적으로 통합할 수 있는 공통의 민주적인 문화를 발전시키는 것, 그리하여 시장 메커니즘을 규범적으로 재구축하고 급진적인 초국적 숙의민주주의를 활성화하라는 거대한 사회적 압력을 뒷받침할 수 있는 공통의 문화를 발전시키는 것이다.

방법론적 혁신과 그에 대한 비판적 관점들

『자유의 권리』는 의심할 바 없이 호네트의 비판사회이론을 발전시키는 데서 새로운 차원의 거대 이론화를 제시한다. 우리가 살펴본 바와 같이, 『자유의 권리』는 인정과 (근대성의 상위의 가치인) 자유 간의 내적 연관성을 보여줌으로써 인정에 대한 그의 초기의 관심사를 심화시키고 풍부하게 한다. 그리고 『자유의 권리』는 사회적 자유에 대한 내적으로 분화된 이론 — 사회적 자유의 가치에 대한 많은 다양한 개념과 열망을 포괄하는 하나의 개념 — 을 발전시킴으로써 자유의 복잡성을 보여준다. 더 나아가 『자유의 권리』는 진보의 서사와 거대 사회정치이론에 대한 현대의 회의론에 직면해서조차 헤겔의 사회철학 전통을 다시 실현하고자 하는 정교화된 방법론적 시도이기도 하다. 호네트는 그러한 장애에도 불구하고 사회조직과 사회제도에 대한 포괄적이고 체계적이지만 비(非)형이상학적인 이론 — 사회통합과 재생산 메커니즘에 대한 서로 경쟁하는 설명에 맞서 자신의 주장을 펼칠 수 있는 이론 — 을 제시한다. 마지막으로, 이 모든 것은 비판사회이론의 기본 이상, 즉 해방적 의도를 지닌 학제적 사회이론을 실현하기 위한 것이다. 호네트의 사례에서 이러한 해방이론은 근대성의 실제 성과, 우려되는 잘못된 발전, 파괴적인 병리 현상에 대한 통찰력 있고 비판적이며 유토피아적인 진단을 목표로 하는 현재의 역사를 통해 실현된다. 이 결론에 해당하는 절에서 나는 종합적인 평가를 대신하여 『자유의 권리』가 거둔 방법론적 혁신을 먼저 요약하고, 그 프로젝트의 규범적 요소와 사회이론적 요소가 봉착하는 몇 가지 중요한 문제를 고찰한다.

방법론적 혁신

호네트의 사회이론의 중심에는 사회질서와 사회제도가 가치를 통해 통합되고 재생산**되어야 한다**는 주장이 자리하고 있다. 왜냐하면 사회질서와 사회제도의 지속적인 존속은 참여자들이 그 질서와 제도가 정당하다고 인식하는 것에 달려 있기 때문이다. 특정 사회가 공유하는 사회적 관행과 제도가 지속되기 위해서는 궁극적으로 그 성원들 사이에 일반적인 수준에서 그리고 매우 추상적인 가치에 대해서만이라도 일정한 형태의 근본적인 규범적 합의가 존재해야 한다.[12] 따라서 호네트는 헤겔의 선례를 따라 그러한 규범적 합의의 성격 — 그리고 정당화 — 을 분석해야 한다고 주장한다. 왜냐하면 그러한 합의가 다양한 사회적 행위자, 운동, 투쟁, 인정 레짐을 통해 역사 속에서 발전하고 변화해 왔기 때문이다. 특히 호네트의 사회이론은 독특하게 사회의 서로 다른 영역 — 개인적 영역, 경제적 영역, 민주적 영역 — 을 각 영역이 특징적으로 실현하는 사회적 자유의 구체적인 가치와 형태에 따라 역사적으로 재구성할 것을 제안한다. 마지막으로, 이 역사적 그림은 각 영역 속에서 일어난 변화를 일종의 문제 해결 논리에 의해 추동되는 것으로 간주함으로써 발전론적 방향에서 독해되는데, 거기서 진보는 새로운 관행과 제도가 이전 형태에 내재된 문제를 어느 정도 해결하는지에 따라 측정된다. 우리가 살펴보아 온 바와 같이, 호네트에서 진보는 부분적으로는 담론적 합리성의 증가라는 인식의 측면에서 측정되지만, 또한 보다 근본적으로는 포함과 개인화의 증가라는 규범적 측면에서도 측정된다.

따라서 이러한 구체적인 사회사는 규범 이론의 중심에 자리하는 도덕적 이상을 분석하고 정당화하는 데 필수적이다. 거기서도 다시 호네트의 심원한 헤겔주의는 추상적인 철학적 고찰에서 출발하여 이상적인 원리를 결코 이상적이지 않은 현실에 적용하고자 하는 도덕철학이나 정치철학의 경쟁하는 개념들과 대비된다. 호네트의 정의 이론은 그러한 이상을 사회사에서 내재적으로 발생하는 것으로, 특히 주요 사회운동과 투쟁에 동기를 부여하는 것으로 바라본다. 그리고 호네트의 정의 이론은 정의가 법과 국가에만 제한되지 않고 사회현실의 전 범위와 관련된 것으로 간주한다. 하지만 규범적 이상을 내재적으로 식별하고 정당화하는 이러한 전략이 현재에 대한 강력한 비판 가능성을 미리 배제하는 것은 아니다. 왜냐하면 철학적 비판은 일상에서 사회적·정치적 변화를 요구하는 것과 동일한 방식으로 진행되기 때문이다. 이론가와 활동가는 모두 현재의 제도와 관행에 내재된 바로 그 이상을 불러내고, 그러한 제도와 관행이 어째서 현재처럼 자신들의 규범적 약속을 이행하지 않거나 이행할 수 없는지를 지적한다. 이는 사회현실에 내재한 '잉여 규범'을 이용하여 그러한 현실을 비판하는 과정이다. 마지막으로, 앞 절의 첫째 항 '법적 영역'에서 살펴본 바와 같이, 이 복잡한 규범 이론 겸 사회이론은 서로 다른 유형의 문제에 대응하여 서로 다른 여러 가지 형태로 현재를 비판한다. 부정의를 비판하는 것은 자유에 대한 기회가 평등하지 못한 것에 대응하고, 한계를 확인하고 병리를 진단하는 것은 우리가 개인의 법적·도덕적 자유가 사회적 자유의 수용 형태에 의존하는 방식을 이해하지 못하는 상황에 대응하며, 잘못된 발전을 규명하는 것은 사회 영역이 자신에 내재하는 규범적 약속을 완전히 실현하지 못하는 것에 대응한다.

규범적 문제들

오직 자유? 이러한 성과에도 불구하고, 호네트의 새로운 방향은 잠재적으로 문제에 봉착할 가능성이 있으며, 그가 그 문제를 어떻게 해결할 수 있을지를 검토해 보는 것은 가치가 있다. 우리는 이미 (앞서 이 장의 제2절 제1항 '자유에 초점 맞추기'에서) 호네트가 『자유의 권리』의 서두에서 제시한 매우 강력한 주장 — 즉, 자유가 근대 사회적 삶의 하나의 단일한 상위의 가치라는 주장 — 이 근대성이 서로 다르고 잠재적으로 양립할 수 없는 복수의 가치를 포함한다고 주장하는 사람들[이를테면 이사야 벌린(Isaiah Berlin)]은 물론 자유에 대해 단일성과 우위성을 부여하는 주장을 거부하는 사람들로부터도 정면으로 반박을 받고 있음을 살펴보았다. 그렇다면 이를테면 평등, 인간의 복리와 번영, 인간의 완전성, 공정성, 정당성, 비지배, 집단적 자치 등의 경우는 어떠한가? 어쩌면 (다원주의와 같은 식으로) 우선순위를 정할 수 없는 서로 경쟁하는 그리고 양립할 수 없는 여러 가지의 가치가 존재할 수도 있고, 또는 어쩌면 (서로 경쟁하는 도덕철학이나 정치철학과 같은 식으로) 그러한 다른 근대적 가치 중 어떤 하나 또는 그러한 가치들의 조합이 자유보다 우선시되어야 할 수도 있다.

한편에서 호네트는 때때로 이들 상이한 모든 가치가 자유 자체에 포함될 수 있다고 생각하고, 이를테면 그러한 가치들을 단지 자유의 정교화 내지 장식물로 간주하기도 한다. "마치 마법에 걸린 듯이, 근대의 모든 윤리적 이상은 자유의 주문 아래 놓여 있어왔다. 그리고 그러한 이상들은, 때때로 자유의 관념에 깊이를 더 부여하거나 새로운 강조점을 더하지만, 독자적인 독립적 대안을 제시하지는 못한다"(FR: 15). 그리고 호네트는 보다 최근에는 다음과 같이 언급한다. "근대사회에서 자유의 관념은, 그것이 우리의 모든 규범적 의무의 배경이 되는 경우에, 사회질서를 정당화하는 아르키메데스의 점(Archimedean point)[고대 그리스 철학자 아르키메데스가 고정된 어떤 점이 주어지면 그 점을 받침점으로 삼아 지렛대로 이용하면 지구도 들어 올릴 수 있다고 한 데서 나온 말로, 불가능한 것을 가능하게 하는 상황을 가리키는 은유적 표현으로 사용된다_옮긴이]이 되었다"(Honneth, 2013b: 39). 이 논증 전략이 갖는 문제는, 자유의 관념을 그 관념이 하나의 가치로서 갖는 독특성을 모두 잃을 정도로 확장하여 기껏해야 근대세계에서 긍정적 유인가(positive valence)를 가진 모든 이상에 부여된 일종의 잘못 정의된 경칭(敬稱)이 될 수도 있다는 것이다. (헤겔의 용어로 표현하면, 이 전략은 '자유'를 "모든 소가 검게 보이는 밤" 속으로 끌어들인다.)

반면에 나는 호네트의 주장, 즉 서구사회에 대한 자신의 실제 재구성은 자유가 실제로 상위의 가치라는 것을 보여준다는 주장은 그 책 전체에서 암시적으로 개진된 것일 수도 있다고 지적했다. 그렇다면 훨씬 더 야심 찬 이 주장의 성공 여부는 관련된 모든 증거 ― 호네트의 역사적 재구성에 의해 제시된 증거와 근대 서구사회의 다른 대안적 가치를 재구성하는 데 유리하게 작용할 수 있는 증거 모두 ― 에 비추어서만 평가될 수 있다.

역사적 진보? 다른 우려는 근대 서구사회가 갖는 기본적으로 **진보적인** 성격에 대한 호네트의 평가적 주장과 관련되어 있다. 물론 최근 역사에 대한 그의 규범적 재구성이 결코 승리주의적인 것은 아니다. 일례로 경제 영역과 민주적 영역에서 현대의 잘못된 발전을 극복할 가능성에 대한 그의 다소 비관적인 평가를 생각해 보라. 하지만 그가 '지나치게 낙천적이고(Pollyannaish)' '민권주의적인(Whiggish)' 역사를 조장한다는 비난을 받을 수 있다는 점에서 합리적인 우려가 제기될 수 있다.[13)]

지나치게 낙천적이라는 비난은 19세기, 그리고 특히 20세기에 있었던 많은 잔인하고 파괴적이며 끔찍했던 사건들을 고려할 경우 호네트의 도덕적 진보에 대한 전반적인 이야기가 지나치게 낙관적이라는 것이다. (우리는 제2장 제6절 제1항 '인간학적 낙관주의'에서 호네트의 철학적 인간학이 지나치게 낙관적이지 않은지를 물으면서 이 비난과 유사한 사례를 살펴본 바 있다.) 이 비난은 하나의 반론으로 쉽게 정식화되지 않는데, 그 이유는 호네트의 이론이 서양 근대사를 전반적으로 평가하고자 하는 야심을 가지고 있지 않기 때문이다. 오히려 그 프로젝트는 방대한 역사적 데이터 영역으로부터 사회적 자유의 영역을 성장시키고 그 영역의 발전을 뒷받침해 온 이상, 관행, 제도를 규범적으로 재구성하는 데 도움이 되는 자료만을 추출하고자 한다. 호네트는 이렇게 말한다. "이미 제도화된 인정 영역이 갖는 규범적 함의를 설명할 때, 우리는 이론가로서 도덕적 진보의 측면에서 최고로 가능한 해석을 제공하기 위해 노력해야 한다"(Honneth and Marcelo, 2013: 214). 이를테면 호네트가 홀로코스트의 끔찍함을 설명하지 않았다는 주장은 전혀 다른 지적 프로젝트에 대한 잘못된 비난이다.

그럼에도 불구하고 사람들은 말하자면 진보의 이야기를 재구성하려는 헤겔적 프로젝트가 갖는 '태도'에 대해, 즉 그러한 프로젝트가 현재에 너무 만족하고 아웃사이더, 냉소주의자, 회의론자, 또는 급진주의자의 관점에서 나온 대안적 입장을 충분히 인식하지 못하는 것처럼 보일 수 있다는 것에 대해 우려할 수도 있다. 이를테면 퀴어 이론가는 이성애 일부일처제의 재구성을 통해 도출한 도덕 원칙을 어떻게 생각하고, 사회주의자는 자본주의의 도덕성을 어떻게 이해하고, 무정부주의자는 입헌 민주주의의 원리에 대해 어떻게 생각할까?[14) 『자유의 권리』는 현재의 기본 관행과 제도의 전복을 요구하는 현대에 대한 급진적 비판이 아니라 현재의 기본적인 가치에 대한 보증서로, 우리의 제도와 관행을 그 제도와 관행의 기본적인 이상에 더 잘 부합하도록 바로잡을 것을 요구한다.

또한 사람들은 그러한 민권주의적 역사가 자유의 증진을 향한 필연적인 진보에 대한 명백히 유럽 중심적인 설명에 기반한 것이라고 비난할 수도 있다. 여기서 제기될 수 있는 한 가지 문제가 바로 호네트가 진보를 얼마간 필연적인 것으로 그리고 있다는 것 — 즉, 자유 개념의 내적 내용을 점진적으로 그리고 멈출 수 없이 전개되는 것으로 헤겔식으로 바라본다는 것 — 일 수 있다. 물론 호네트가 그러한 필연성 테제를 옹호하는 것은 전혀 아니다. 『자유의 권리』는 (그 어떤 필연적 진보의 테제에도 반하는) 역사에서 발전의 중지, 불연속성, 유망하지만 가보지 않은 길을 반복해서 강조한다. 또한 현대의 병리 현상, 부정의, 잘못된 발전에 대한 호네트의 실제 진단은 역사를 항상 진보하지 결코 퇴보하지 않는 것으로 그리는 입장에 분명하게 반한다. 그럼에도 불구하고 사람들은 호네트가 역사적 우연성과 변화의 예측 불가능성에 충분한 주의를 기울였는지에 대해 합리적 의문을 가질 수도 있다.

이러한 민권주의적 역사에 대해 제기될 수 있는 또 다른 일반적인 우려는 그러한 역사가 자신의 현재 위치를 역사의 적절한 목표로 우상화하는 경향이 있다는 것이다. 『자유의 권리』가 이른바 "WEIRD" 사회 — 즉, 서구의 교육 수준이 높고 산업화된 부유한 민주주의 사회(western, educated, industrialized, rich democracies) — 의 발전에만 초점을 맞추고 있다는 점에서 사람들은 유럽과 북미의 발전을 정당하고 가치 있는 역사의 단일하고 유일한 텔로스로 상정한다고 우려할 수도 있다. 그리하여 호네트가 적어도 은연중에 비서구 사회에서 발견되는 어떤 대안적인 사회제도나 발전을 폄하한다는 것이다(Allen, 2013). 내가 아는 한, 호네트가 자신의 책에서 서구사회의 문화적 우월성에 대한 주장을 지지하거나 심지어 언급한 적이 전혀 없지만, 그럼에도 불구하고 그러한 우려는 그 안에서 발견되는 사회적 자유의 관행과 제도에 대한 찬사로부터 끌어낼 수 있는 그럴듯한 추론으로 보인다.

하지만 이러한 우려는 단순히 어조나 초점의 문제가 아니다. 왜냐하면 호네트가 방법론적으로 사회적 자유의 역사에 내재한 진보적 유인가와 방향을 내적으로 재구성하는 헤겔의 프로젝트를 되살리는 것을 목표로 하는 한, 역사철학의 관심을 다룰 수밖에 없기 때문이다. 물론 호네트는 이성/절대정신의 자기 전개라는 형이상학에 근거한 헤겔의 설득력 없는 역사적 목적론을 버리고 그것을 사회적 관행과 제도 안에 구축된 학습 메커니즘에 대한 설명으로 대체하고자 한다. 여기서 호네트가 제시하는 진보의 주요 메커니즘이 바로 잉여 규범(사회제도에 내재된 이상과 실제 실현 간의 차이)을 이용하여 변화를 추진하는 사회적 투쟁이라는 것 — 그리고 궁극적으로는 참여자들이 합리적 평가와 성찰적 지지를 통해 그러한 개선 사항들을 공고화해 나가는 것이라는 것 — 을 상기하라.

하지만 호네트가 자신의 목적론적 역사가 민권주의적이고 유럽 중심적이며 잠재적으로 문화제국주의적일 수 있다는 우려에 대해 어떻게 답변할지는 분명하지 않다. 내가 보기에는 적어도 두 가지 선택지가 있는 것으로 보이는데, 둘 다 자체의 약점을 가지고 있다. 첫째, 호네트는 자신이 **우리 자신의** 사회의 진보에 대해서만 내적으로 재구성하고 있을 뿐이고, 그것을 기준으로 개선 또는 악화가 측정될 뿐이며, 그것은 문화 간 비교에는 아무런 함의도 가지지 않는다고 주장할 수 있다. 그는 이런 식으로 여전히 자유가 우리 사회의 중심적이고 가장 가치 있는 가치이며, 우리의 사회생활의 다양한 영역에서 자유의 실현과 관련하여 실제로 진보적 발전이 이루어져왔다고 주장할 수 있었다. 그리하여 그는 문화적 우월성에 대한 그 어떤 추론도 그리고 도덕적 역사의 목표는 오직 하나만 존재한다는 식의 그 어떤 주장 — 즉, 사회적 자유가 **우리의** 역사를 구조화해 왔을 뿐이라는 주장 — 도 철저하게 피할 수 있었다. 이 접근방식 — 이를 '관습주의(conventionalism)'라고 부르자 — 의 한계는, 이 접근방식을 따를 경우 우리가 자유 — 그리고 사회적 자유의 보다 구체적인 형태들 — 가 실제로 우리의 자유라는 것 외에는 더 이상 주장할 것이 없어 보인다는 것이다. 관습주의는 우리 자신의 가치가 단지 우리 역사의 산물이라는 이유에서 우리의 가치를 가치 있는 것으로 근거 없이 지지하는 것처럼 보인다. 만약 그것이 사실이라면, 비판사회이론은 확실히 덜 비판적이 되었을 것이고, 현상(現狀) — 그것이 무엇이든 간에 — 에 대한 무비판적 지지와 결합하여 공허한 쇼비니즘으로 전락했을 수도 있다.

대안적으로 호네트는 보다 '객관주의적'인 맥락에서 다양한 형태의 사회적 자유가 실제로 대안적 가치와 그 가치를 실현하는 서로 다른 제도보다 우월하다고 (그리고 진정한 진보에 대한 주장과 실제 퇴보에 대한 진단을 뒷받침할 수 있는 것도 바로 그러한 우월성뿐이라고) 주장할 수도 있다. 어쩌면 "객관적으로 더 나은" 것에 대한 기준을 설정하는 것은 인간 번영에 대한 하나의 완전주의적인 설명일 수도 있고, 호네트의 경우에는 자기실현에 대한 하나의 구체적인 철학적 인간학이었을 가능성이 더 크다. 어떤 경우이든 이 둘은 전통적인 가치 이론이 의존하는 내재된 인간 본성을 대신한다. 이 경우 역사철학은 인간의 번영을 설명할 때 그 근거를 분명하게 설명해야 할 것이다. 아니면 역사철학은 합리성이라는 보편적 기준에 대한 특정한 형태의 초문화적 주장에 근거할 수도 있는데, 이 경우에 진보는 (진보를 실현하는 사회적 조건을 보편적으로 이용할 수 없을 경우에도) 모든 문화에서 잠재적으로 작동할 수 있는 합리성 규범의 측면에서 측정된다.[15] 하지만 어쨌거나 자유에 관한 이 두 가지 형태의 객관주의는 여전히 인간의 번영 또는 보편적 합리성에 대한 설명을 뒷받침하는 철학적 작업을 수행하는 것 외에 유럽 중심주의나 문화적 제국주의의 함의를 어떻게 피할 수 있는지도 설명해야 할 것이다.[16]

대안적 목적론들? 객관주의는 반근본주의 시대, 사회구성주의 시대, 그리고 일반적으로 회의적인 철학의 시대에 야심 찬 그리고 심지어 힘겨운 작업일 수도 있다. 그러나 나는 왜 호네트가 내가 『자유의 권리』의 실제 진단이 직면하고 있다고 생각하는 매우 심각한 문제 — 우리는 이를 '대안적 목적론들'의 문제라고 칭할 수도 있다 — 와 싸우기 위해 특정 형태의 객관주의를 필요로 하는지를 하나의 사례를 들어 간략하게 진술하고자 한다. 이 문제는 아마도 잘못된 경제발전에 대한 호네트의 진단과 관련하여 가장 쉽게 살펴볼 수 있을 것이지만, 나는 이 문제가 현재의 개인적 관계의 영역과 민주주의의 영역에 대한 그의 진단에서도 구조적으로 제시되어 있다고 생각한다.[17]

그럼 『자유의 권리』에 제시되어 있는 현대 자본주의의 역사와 그 역사에 대한 진단을 살펴보자. 간단하게 말하면, 『자유의 권리』에는 시장 자본주의에 내재하는 도덕적 성격을 주장해 온, 그리고 사회적 자유의 영역으로서의 자신의 텔로스를 실현하도록 제약받지 않는 시장에 그에 필요한 규제와 제약을 가하기 위해 싸워온 굳건한 지적 경향과 사회운동의 역사에 관한 증거가 제시되어 있다. 시장이 사회적 자유의 실제 영역이 되기 위해서는 시장은 개인들이 자신의 역할 책무 — 소비자와 공급자라는, 고용자와 피고용자라는 — 를 기꺼이 떠맡는 관계적 제도가 되어야 할 것이다. 왜냐하면 그러한 역할들이 시장에 도덕적으로 타당하고 설득력 있는 상호 인정 관계를 구조화하고 개인들은 그러한 관계 속에서 다른 사람들과의 협력 속에서 그리고 협력을 통해 자신의 자유를 실현할 수 있기 때문이다. 하지만 지난 20년간 벌어진 시장 분리에 대해 호네트가 내린 진단에 따르면, 오늘날의 실제 시장은 사회적 자유의 실제적 영역이 아니다. 오히려 현재의 신자유주의 체제에서 우리는 호네트가 시장에 내재하는 것으로 주장하는 도덕적 제약으로부터 시장이 체계적으로 분리되는 것을 목격해 왔다. 요컨대 현대 자본주의는 이전의 진보적 추세에서 벗어난 잘못된 발전의 상태에 있다. 왜냐하면 소비와 노동의 영역이 점점 더 규범적 내용과 사회적 약속을 파내버림에 따라 그 영역들이 이제 (다른 사람을 자신의 자유를 공동으로 촉진하는 사람으로 보지 않는) 서로 적대적인 원자론적인 개인들 간의 격렬한 경쟁의 장으로 변했기 때문이다.

따라서 이 이야기에 따르면, 호네트가 두 세기에 걸친 역사를 규범적으로 재구성한 것이 보여주듯이, 좌파-사회민주주의 유형의 도덕적 경제주의가 경제 관계에 내재되어 있지만, 최근에 시장이 도덕으로부터 분리되는 잘못된 발전으로 인해 그것은 현재 파탄 직전에 있다.[18] 하지만 이것이 같은 증거로부터 끌어내어 그럴듯하게 말할 수 있는 유일한 이야기인 것은 아니다. 도덕적 경제주의의 또 다른 버전 — 말하자면 자유지상주의적 버전 — 은 최근 시장이 도덕으로부터 분리된 것에 대해 시장 관계에 내재하는 규범성이 최종 승리를 거둔 것으로, 그러니까 개인이 개인적 자유에 가해지던 모든 제약으로부터 해방되어 마음대로 사고팔 수 있게 되었고 개인이 단지 다른 사람에 비해 자신이 가진 우월한 소득과 부를 통해 존경을 받게 되었다고 지적할 수도 있다. 이 입장에 따르면, 시장은 그간 점점 더 자신의 부도덕한 재분배적, 규제적, 보모 국가적 혼합물을 제거해 왔고, 자유로운 개인적 계약권의 순수한 위험-책임 도덕이 점점 더 시장을 지배하게 되었다. 이처럼 자유지상주의자들의 이야기에서는 시장이 현재 근본적으로 도덕적인 가치를 실현하고 있는 것으로 인식되지만, 그 가치는 사회적 자유의 이야기에서 중심에 자리하는 가치와는 크게 다르다. 특히 자유지상주의는 자유에 대한 사회적 개념을 재구성하기보다는 개인이 마음대로 사고파는 자유를 시장 관계의 규범적 목표로 재구성한다. 그리고 물론 자유지상주의적 재구성이 승리의 이야기라면, 사회적 자유의 이야기는 기껏해야 일시적인 패배 내지 일시적인 잘못된 발전의 이야기이다.

셋째로 가능한 이야기 — 아마도 이 이야기는 신자유주의 경제학자들에 의해 제시될 것이다 — 를 살펴보자. 여기에서는 사회적 자유 모델 및 자유지상주의적 모델과 대조적으로, 시장은 본질적으로 도덕적이거나 비도덕적인 것으로 인식되지 않는다. 오히려 시장은 무도덕적인 것으로 간주된다. 시장은 단지 가격 유인을 통한 기능적 통합에 의거하여 재화의 생산과 유통을 조정하는 매우 효율적인 메커니즘일 뿐이다. 신자유주의적 이야기는 또한 최근의 승리에 관한 이야기, 즉 시장에서 외생적인 도덕적 내용을 제거한 것에 관한 이야기이기도 하다. 최근에 시장이 도덕적 제약으로부터 분리된 것은 기능주의적 전문화의 승리이다. 다시 말해 시장은 사회적 규범과 도덕적 족쇄에 매어 있기보다 자기 자신의 내적 메커니즘과 신호에만 반응할 때 가장 잘 운영된다. 신자유주의적 이야기에 의하면, 자본주의는 경제가 사회통합에서 기능적으로 분화될 때 승리한다.

이 대안적 목적론들 각각이 자신을 그럴듯하게 채색할 수 있는 충분한 역사적 증거를 가지고 있다고 가정할 경우, 어떤 이야기가 옳으며 그 이유는 무엇인가? 호네트 자신도 때때로 이 문제와 유사한 어떤 것을 지적한다. 다시 말해, 그는 자신의 진단이 잘못된 발전으로 제시된 것에 맞서 싸워온 실제 사회운동에 관한 경험적 증거를 결여하고 있을 수도 있다고 지적한다. 이를테면 자신이 퇴행적인 경제적 변화로 간주하는 것에 반대하는 사회적 투쟁을 식별하는 문제와 관련하여, 호네트는 다음과 같이 지적한다. "이러한 잘못된 발전은 …… 우리의 규범적 재구성에 하나의 문제를 제기한다. …… 우리는 [시장에 규범을 재착근시키기 위해 투쟁하는 사람들의] 규범적 반대운동에 더 이상 의존할 수 없는 어려운 상황에 직면해 있다"(FR: 252). 그러나 그는 그러한 경험적 근거가 부족하다는 문제를 전제로 하여 현재의 정치경제를 **하나의 잘못된 발전으로** 바라보는 자신의 규범적 진단이 심각하게 의문을 제기받을 수도 있다는 것에 대해서는 전혀 고려하지 않는다. 호네트가 제기하는 유일한 질문은 이론가들이 현재의 잘못된 발전으로 인해 분명히 거기에 존재할 수밖에 없는 격분의 감정 — 개인에 의해 분명하게 표현되지 않는 — 에 어떻게 접근할 수 있는가 하는 것뿐이다.

호네트는 셀럽 선정주의와 (정치 현실과 부합하지 않는) 가상현실의 재구성을 지향하는 대중매체에서 나타나는 잘못된 발전으로 상정된 것에 대항하는 효과적인 사회적 투쟁을 찾아보기 어렵다는 사실과 관련해서도 유사한 경험적 우려를 제기한다.

> 전통적인 매체의 이러한 가상화 경향은 우리의 규범적 재구성에 상당한 어려움을 야기한다. 민주적 공론장 자체에 내재된 기준에 따르면, 그러한 경향은 더 이상 공중에게 정보를 충분히 제공하지 않고 오히려 현실을 자기참조적으로 생산하기 때문에 잘못된 발전으로 간주되어야 한다. …… 현실과 허구를 분리하고 실제의 사회발전을 냉정하게 바라보기란 매우 어렵다.(FR: 297)

그렇지만 만약 가상성이 공론장의 실제 규범적 텔로스라면, 다시 말해 공론장이 본질적으로 스펙터클과 엔터테인먼트와 관련된 영역이라면 어찌되는가? 우리는 대중매체를 기자들로 규범적으로 재구성하는 것과 연예인들로 규범적으로 재구성하는 것 사이에서 어떻게 결정할 수 있는가? 다시 말하지만, 대안적 목적론들이 갖는 문제는 규범적이다. 만약 동일한 역사적 증거가 서로 경쟁적으로 재구성되고 있다면, 비판이론은 어떤 이야기가 주어진 사회 영역의 내적 원리들을 올바르게 규범적으로 분석하는지를 어떻게 결정하는가?

이 시점에서 나는 호네트가 역사적 진보를 단지 관습주의만 가지고는 제대로 설명할 수 없다고 주장하고 싶다. 어떤 시점에서는 호네트가 그렇게 하라는 유혹을 받는 것처럼 보인다. 이를테면 『자유의 권리』의 방법론을 소개하면서 호네트는 사람들이 실제로 특정한 사회제도를 계속해서 재생산한다는 사실 자체가 그 제도들의 도덕적 수용 가능성 자체, 그러니까 역사적 진보를 보여주는 증거라고 주장한다. 그는 이렇게 말한다. "주체가 자유 제도를 적극적으로 보존하고 재생산한다는 사실은 그 제도가 갖는 역사적 가치를 보여주는 이론적 증거이다"(FR: 59). 다시 말하면, 기존 제도가 다시 그 제도를 받아들이는 개인에 의존한다는 단순한 사실이 그 제도의 도덕적 정당성 주장을 뒷받침하는 것으로 보인다. 비록 그 증거가 다소 모호하기는 하지만, 우리는 호네트가 관습주의를 지지하라는 유혹을 받고 있다는 또 다른 증거를 『자유의 권리』에 대한 비판적 논평에 대한 그의 최근 답변에서 확인할 수 있다.[19]

도덕적 진보에 대한 이러한 관습주의적 설명에는 적어도 세 가지 주요 문제가 있다. 우선, 이 설명은 대안적인 목적론들 사이에서 어느 하나를 분명하게 선택하지 않는다. 우리 사회에서 일어나는 경제 변화의 역사는 아주 모호하다. 그 역사는 세 가지 이야기 — 시장을 사회적 관계에 착근시키려는 투쟁에 관한 이야기, 시장을 자유지상주의적 개인주의에 착근시키려는 투쟁에 관한 이야기, 그리고 경제를 도덕적 개입으로부터 해방시키고자 하는 투쟁에 관한 이야기 — 각각을 분명하게 보여주는 증거를 포함하고 있다. 이것 말고도 "경제에서 일이 발생하는 방식"을 보여주는 증거가 없을 경우, 우리는 무엇을 진보 또는 퇴보를 평가하는 기준으로 사용해야 하는지를 알기 어렵다.

둘째로, 관습주의는 승리(진보)가 아닌 패배(잘못된 발전)의 이야기이기 때문에 사실 사회적 자유의 이야기와 그리 잘 부합하지 않는다. 오히려 지난 30년 동안 발전된 세계에서 규범적 제약으로부터 분리된 자유방임주의적 경제

체제 및 정책 체제가 점점 더 지배적이 된 것은 오히려 신자유주의적 목적론이 진정한 진보라고 말하고 있다. 그리고 자유지상주의적 이야기가, 자유에 대한 모든 개념에서 소비주의적 정의 — 이 경우 자유를 개인이 서로 다른 제품(그 제품이 개인의 자유를 실현하는 소비재이든 아니면 정치적 자유를 실현하는 정치인과 정책이든 간에) 사이에서 구매 선택을 하는 것에 지나지 않는 것으로 간주한다 — 가 점점 더 확산되고 있다는 것에 근거하여, 진보적인 것으로 호의적으로 받아들여지고 있다. 요컨대 신자유주의적 이야기와 자유지상주의적 이야기가 실제로 재생산되고 있는 사회적 관행과 제도에 더 진실인 것처럼 보인다. 관습주의적 접근방식에 의거할 경우, 이는 사람들이 신자유주의나 자유지상주의적 경제주의를 도덕적으로 타당하고 설득력 있는 것으로 여긴다는 것을 보여주는 명백한 증거이다. 이와 대조적으로 사회적 자유에 대한 이야기가 개인과 집단으로부터 지속적으로 받아들여지고 지지받고 있음을 보여주는 증거는 훨씬 더 적을 수도 있다. 만약 평범한 사람들이 정말로 더 이상 사회적 자유가 시장 정당성의 기초라는 데 동의하지 않는다면, 관습주의 이론이 어떻게 사회적 자유로부터 벗어나는 것이 규범적으로 빈약한 잘못된 발전이라고 말할 수 있는가?

셋째로, 비판사회이론이 단지 개인이 현 상태에 광범위하게 순응한다는 단순한 사실로부터 우리가 진보 또는 심지어 사회제도의 도덕적 수용 가능성을 추론할 수 있다고 주장하는 것은 솔직히 충분한 주장이 될 수 없다. 개인들이 특정한 사회제도를 실제로 계속해서 재생산하는 (또는 재생산하지 않는) 이유와 관련해서는 수많은 설명이 있을 수 있다. 사람들이 실현 가능한 대안을 가지고 있지 않을 수도 있고, 대안을 알지 못할 수도 있고, 어쩔 수 없이 순응하고 있을 수도 있고, 물질적 유인에 저항할 수 없을 수도 있고, 합리성을 왜곡하는 이데올로기가 존재할 수도 있고 아니면 커뮤니케이션에 부를 기반으로 한 비대칭성이 존재할 수도 있으며, 기회 구조가 부의 격차 및 계급 지위에 따라 불공정하게 배치되어 있을 수도 있다. 물론 개인들은 자신이 속한 사회에서 특정한 경제제도가 도덕적으로 정당하고 바람직하다고 확신하기에 충분한 이유를 가지고 있을 수도 있다. 하지만 순응만으로는 도덕적 지지에 대한 이 나중의 설명을 뒷받침하는 충분한 증거가 될 수 없다. 요컨대 지속적인 순응에 관한 다양한 설명 — 그러한 설명 중 많은 것이 도덕적으로 평판이 나쁘다 — 을 고려할 때, 순응만으로는 도덕적 수용성에 대한 주장을 보증할 수 없다.[20]

요컨대 나는 관습주의적인 입장에서 역사를 내적으로 재구성하는 것에만 기초해서는 사회적 자유의 목적론 — 오랜 역사적 진보와 최근의 잘못된 발전에 관한 이야기를 포함하는 — 이 실제로 대안적 목적론들보다 더 지지되어야 하는 이유가 무엇인지를 말할 수 있는 방법이 없다고 주장할 것이다. 안타깝게도 호네트가 자유지상주의적 및 신자유주의적인 대안적 재구성들(또는 어떤 다른 대안적 구성물들)을 고려하지 않았기 때문에, 우리는 사회적 자유 이야기를 그러한 대안적 구성물들과 비교할 수 있는 증거조차 가지고 있지 않다. 게다가 우리가 어떤 이야기가 역사적으로 가장 정확한지에 대한 평가를 내릴 수 있다고 하더라도, 사회현실에 대한 사실만으로는 현재의 제도가 이를테면 **도덕적** 진보를 나타내는지, 정체를 나타내는지, 아니면 퇴보를 보여주는지의 문제를 해결할 수 없다. 현재에 대한 호네트의 진단에서 중심에 자리하고 있는 이러한 평가를 위해서는 현재의 특정한 사회적 합의에 관한 사실과 무관하게 정당화될 수 있는 규범적 기준이 필요하다. 요컨대 나는 호네트가 현재에 대한 자신의 규범적 진단과 평가를 뒷받침하기 위해서는 모종의 초맥락적인 보편적 기준 — 즉, 특정한 형태의 도덕적 객관주의 — 이 필요하다고 주장할 것이다. 그것은 어쩌면 인간 번영에 대한 철학적 인간학에 근거해야 할 수도 있고, 어쩌면 보편적 의사소통 합리성에 대한 철학적 이론에 근거해야 할 수도 있고, 또는 어쩌면 다른 어떤 방식에 근거해야 할 수도 있을 것이다. 그러나 어떤 방식으로든 간에 최근의 시장 분리가 잘못된 발전이라고 판단하기 위해서는 역사가 가야 했지만 가지 않은 길에 대한 도덕적 설명이 필요하며, 이 문제는 역사적 사실만으로는 해명될 수 없다.

사회이론에서의 문제들

다원주의, 이질성, 그리고 글로벌리즘 대안적 목적론들의 도전에 관해 생각하는 하나의 방법은 그것을 규범 이론의 문제 — 근대의 이질적인 사회의 명백한 가치다원주의에 비추어 특정한 가치 배열을 어떻게 엄정하게 정당화할 것인가 하는 문제 — 로 바라보는 것이다. 왜냐하면 서로 경쟁하는 목적론은 서로 경쟁하는 선(善) 개념을 반영하기 때문이다. 하지만 목적론을 바라보는 또 다른 방법도 있다. 그것이 바로 그 문제를 사회이론의 문제로 바라보는 것이다. 호네트의 규범적-제도적 재구성 방법론에서 핵심을 이루는 것은 기존의 사회제도와 관행이 지속되기 위해서는 적어도 기본적인 가치에 대한 사회 전반의 근본적인 합의가 존재해**야만** 한다는 주장이다. 일종의 사회이론적인 가치 일원론에 대한 헌신은 단지 암묵적인 것이 아니다. 그것은 정의 이론은 사회이론 속에서 그리고 사회이론을 통해 가장 잘 실현된다는 호네트의 주장에 명시되어 있는 명시적인 전제이다. 호네트는 이렇게 말한다. "**첫째** 전제는 사회적 재생산이 특정한 일단의 공유된 기본적인 이상과 가치에 달려 있다는 것이다. …… 이 사회 모델의 특이성은 …… 모든 사회질서는 예외 없이 분투할 가치가 있는 윤리적 가치와 이상이라는 측면에서 스스로를 정당화해야 한다고 주장한다는 것이다"(FR: 3~4).

하지만 문제는 하나의 근본적인 가치에 대한 합의가 사회제도를 통합한다는 이러한 주장이 솔직히 근대 복잡 사회의 사실과 다른 것처럼 보인다는 것이다. 하나의 동일한 사회도 아주 다른 종류의 상호주관적 관행과 삶의 형태를 가진 매우 다양한 사람들 사이에 (이를테면 그 사회에 그러한 차이를 넘어 소비 시장과 노동시장이라는 경제 제도가 존재하고 존속하는 순간에도) 매우 근본적인 수준에서 매우 많은 견해 차이를 포함하고 있을 수 있다.[21] 호네트가 이 문제를 하나의 중요한 관심사로 고려하지 않는 것으로 보일 때조차, 그 자신도 이 문제를 인정하고 있다.

> 민족적 또는 종교적 다양성을 특징으로 하는 '이질적' 사회가 존재한다는 사실조차도 이러한 '초월적인' 규범적 통합의 필요성에 거의 아무런 영향을 미치지 않는다. 비록 그러한 사회에서는 윤리적 가치를 보다 포괄적이고 일반적인 방식으로 정식화하여 소수 문화들이 가지고 있는 이상들이 자리할 여지를 마련할 필요가 있지만, 물질적 재생산과 문화적 사회화는 일단의 공유된 규범을 따를 수밖에 없다. 모든 사회는 이러한 약한 의미에서 얼마간 객관적인 절대정신을 구현한다. 왜냐하면 그 사회의 제도, 사회적 관행, 일상의 관례들이 협력적 상호작용이라는 목표와 관련하여 공유하고 있는 규범적 신념을 반영하기 때문이다.(FR: 4)

따라서 사회 내에 존재하는 이질성 문제에 대한 호네트의 대답은 추상적인 것으로 보인다. 즉, 그는 구체적인 수준에서는 실제로 다양한 윤리적 의무를 인정하지만, 그럼에도 불구하고 충분히 일반적인 수준에서 보다 추상적이고 형식적인 가치와 이상에 대한 사회적 합의를 발견할 수 있다고 주장한다. 따라서 그러한 추상적이고 형식적인 가치는 사회제도의 통합 — 규범적 재구성을 통해 자신이 해명하고자 하는 — 에 필수적이고 대체할 수 없는 요소이다. 비록 나는 여기서 일관된 평가 없이 이러한 우려를 제기할 뿐이지만, 나는 공유된 가치와 이상을 통합하는 힘을 중심으로 하여 구축된 행위이론적 사회이론을 개발하려는 호네트의 제안에서 다원적 이질성이 실제로 하나의 문제가 된다고 생각한다.

이와 관련된 또 다른 사회이론적 우려는 그러한 사회이론이 초국적이고 글로벌한 체제, 제도, 관행을 분석하는 데 유용할 수 있는가 하는 것이다. 왜냐하면 거기서도 이론가는 서로 다른 국가와 매우 다른 유형의 사회에 걸쳐 있는 사회적 실체들 — 국제 비정부기구, 무역 동맹, 초국적 정치체제, 국제 법률체제, 글로벌 거버넌스 조직 — 의 형태, 구조적 특성, 전형적인 인과적 역학 관계를 설명할 수 있어야 하기 때문이다. 비록 그러한 글로벌 관행과 제도가 실제로 존재하고 존속하기는 하지만, 그러한 사회통합을 근본적인 가치에 대한 공유된 합의에 귀속시키는 것은 솔직히 믿기 어려워 보인다. 다시 말해 글로벌 수준에서 헤겔적 유형의 사회이론은 방법론적으로 부적절할 수 있다. 따라서 다음과 같은 문제가 제기될 수 있다. 우리가 글로벌 사회현상을 이해하기 위해서는 상이한 종류의 사회이론이 필요한가, 아니면 명백히 반대되는 현실에 직면하여 우리는 모든 제도에 대한 합의적인 규범적 통합이 '초월적으로 필요하다'는 주장을 포기해야 하는가?

이상주의, 권력, 구조, 그리고 체계 내가 여기서 마지막으로 제기하고 싶은 우려는 어떤 의미에서는 해결되지 않은 채로 초기부터 호네트의 프로젝트에 그림자를 드리워온 문제, 즉 내가 앞으로 '사회이론적 이상주의(socio-theoretic idealism)'라고 부를 문제이다. 내가 방금 지적한 다원주의, 이질성, 글로벌리즘의 문제에서부터 시작해 보자. 각각의 경우에서 더 심각한 우려는, 사회통합 — 즉, 개인의 행위가 우리가 관행과 제도라고 부르는 대규모의 규칙적 패턴과 서로 맞물려 있다는 사실 — 은 공유된 가치, 이상, 의미를 언급하는 것만으로는 충분히 설명되지 않는다는 것이다. 요컨대 사회통합은 문화 콘텐츠 — 즉, 원칙적으로 합리적인 정밀 조사, 이성적 비판, 성찰적 지지의 대상이 되는 콘텐츠 — 와는 다르게 작동하는 매체들을 통해 이루어질 수 있다. 그러한 서로 다른 통합 매체는 경제력, 국가의 강압, 계급 이데올로기, 보이지 않는 손 형태의 기능적 정명, 무의식적인 규율적 사회화 메커니즘들만큼이나 다양할 수 있다. 하지만 그러한 통합 매체가 무엇이든 간에, 우려되는 것은 그러한 통합 매체는 문화적 가치 및 이상과 다르게 작동하며, 합리적 통찰과 변혁을 통한 변화와 동일한 동학에 지배받지 않는다는 것이다.

우리는 사회이론적 이상주의에 대한 이러한 기본적인 우려를 여러 차례 — 즉, 인정투쟁이 "단지 상징적일 뿐"이며 집단 진정성이라는 전문 용어가 가진 파괴적 힘을 무시한다는 비난 속에서(제3장 제4절 제1항 "'그러나 그것은 그저 상징일 뿐이다'"와 제3장 제4절 제3항 "'당신이 보기에 나는 충분히 흑인인가?'"에서), 억압적인 형태의 긍정적 인정에 기여하는 이데올로기적 인정에 대해 설명하면서(제4장 제2절 제1항 '이데올로기적 인정'에서), 병리 진단의 병인학적 및 치료적 과제를 제한하는 인정이론적 일원론에 대해 우려하면서(제4장 제3절 제1항 '사회진단의 과제와 도구'에서), 그리고 경제를 인정 구조의 측면만으로는 정확하게 분석할 수 없다는 프레이저의 비난을 논의하면서(제5장 제2절 제2항 '부정확한 사회이론'에서) — 살펴보았다. 게다가 호네트의 논의에 만족스러운 권력 이론이 부재한다는 비판은 인정이론에 대한 많은 동조적 비평가들 — 로이스 맥네이(Lois McNay)와 다니엘 페더브리지(Danielle Petherbridge)가 가장 강력하게 대변하는 — 에게서 지속적으로 제기되어 온 테마였다.[22] 이러한 우려는 호네트의 최근 저서에서도 완화되지 않았으며, 오히려 『자유의 권리』에서 행위이론적 사회이론을 명시적으로 지지하는 주장 — 모든 형태의 체계이론(특히 경제와 관련해서만이 아니라)을 논박하기 위해 의도된 주장 — 으로 인해 더욱 악화되었다.

내가 호네트가 그러한 덜 바람직한 형태의 사회통합을 무시한다고 주장하는 것은 아니다. 그의 첫 번째 모노그래프가 "사회 권력이 구성과 유지를 파악할 수 있는 체계적인 관점"(CoP: xi)을 목표로 했다는 점을 상기해 보라. 그러나 나는 호네트가 『자유의 권리』에서 채택한 사회이론적 **방법론**이 적어도 이상주의적 사회통합 메커니즘과 비이상주의적 사회통합 메커니즘의 상호작용을 충분히 강조하지 않는다고 주장하는 중이다. 『자유의 권리』가 사회통합에 "초월적으로 필요하다"고 가정하는 강한 가치 합의를 규범적으로 재구성하는 데 너무나도 집중하기 때문에, 그 책은 사회통합을 인과적으로 설명할 수 있는 다른 요소, 특히 거시적 및 미시적 구조와 권력 체계를 놓치고 있다. 나는 호네트가 분명 그러한 주제에 관심을 가지고 있었음에도 불구하고, 헤겔에서 영감을 받아 사회이론적 이상주의를 지지하는 방법론을 선택했기 때문에, 그가 실제로 결국에는 다양한 지배, 배제, 억압 메커니즘을 통찰력 있게 분석하고자 할 때 비판이론이 조명해야 할 현상을 모호하게 만들고 만 것이 아닌가 하고 의심한다. 이제 이 방법론이 문제가 될 수 있음을 입증하는 세 가지 주요 방식을 간략하게 살펴보자.

첫째 문제는 사회이론적 이상주의가 사회제도와 관행을 재생산하는 메커니즘에 대해 부적절한 설명을 산출할 수 있다는 것이다. 우리는 이미 경제와 관련하여 이 문제를 살펴보았다. 프레이저와 논전을 벌인 이후 정치경제에 대한 호네트의 설명에서 많은 변화가 있었지만, 『자유의 권리』는 여전히 다음과 같은 기본적인 논증 도식을 고수하고 있다. 시장은 개인들이 시장에 동의할 때만 작동할 수 있다. 시장이 존재하기 때문에, 개인이 시장에 동의하고 있음이 틀림없다. 시장에 대한 동의가 존재하기 때문에, 시장은 개인이 시장이 실현하는 가치에 기본적으로 동의한다는 것에 기초하고 있음이 틀림없다. 그리고 그러한 가치는 사회적 자유의 가치로 재구성되어야 하며, 따라서 시장은 다른 일이 생기지 않을 경우 사회적 자유를 가능하게 하는 것으로 도덕적으로 정당화된다. 이 논증 도식에 대해 다음과 같은 수많은 반론이 제기된다. 즉, 개인의 동의는 시장이 실현한다고 가정하는 가치를 진정으로 지지하는 형태가 아니라 오히려 시장이 생산하는 또 다른 인위적인 생산물에 불과할 수 있지 않은가? 적나라한 물질주의적 권력 — 이를테면 시장을 거부하면 굶주리거나 일찍 죽을 수 있다는 위협 — 이 거기서 자유로운 동의에 의한 참여로 오인될 수 있지 않은가? 노동시장과 소비 시장은 참여자들이 서로의 자유를 조건으로 의식적으로 그리고 상호적으로 행동하기 때문에 그 안에서 참여자들이 사회적 자유를 실현하지 못하더라도 계속해서 기능할 수 있지 않은가? 경제체계는 규범적 통제로부터 벗어나 있기 때문에 대부분의 사회 성원이 반대할 때조차 얼마간 자율적으로 운영될 수 있지 않은가? 자본주의 시장은 실제로 사회적 자유라는 근대 개인주의적 가치를 공유하는 사회와 그렇지 않은 사회 모두에서 작동하는 것이 아닌가? 일부 사회는 글로벌 자본주의 무대에서 시장이 외부로부터 하나의 생존 조건으로 얼마간 강압적으로 강요받을 수도 있지 않은가? 만약 이 질문 중 어느 하나에 대해서라도 '그렇다'라고 답할 수 있다면, 적어도 일부 상황에서는 시장 통합이 가치 합의를 통해 일어나지 않고 있다는 것이다. 그러한 경우에 보다 중요한 것은 실제로 그러한 시장 통합의 원인이 되는 다른 메커니즘들에 사회이론적으로 접근할 것이 요구된다는 것이다. 다시 말해 우리에게 경제적 권력과 그 권력의 사회학적 효과에 관한 이론이 요구된다. 개인적 관계와 민주적 정치에 대한 설명들도 유사한 방법론적 문제에 시달린다. 이는 가부장적 권력과 정치권력의 다양한 원천, 동학, 효과에 대해서만 생각해 보더라도 쉽게 알 수 있다.

둘째 문제는 첫째 문제에 뒤따르는 것으로, 사회이론적 이상주의가 역사적 변화의 인과 동학에 대해 부적절한 설명을 산출할 수 있다는 것이다. 이를테면 지난 반세기 동안 우리 사회에서 젠더 위계질서가 놀랄 정도로 엄청나게 진보적으로 변화해 온 동시에 같은 기간 동안 가부장적 관계의 요소들 역시 완고하게 지속되어 왔다는 것을 생각해 보자. 전자의 현상의 경우에는 우리 사회가 평등 기회의 가치와 성차별의 도덕적 용납 불가능성에 대해 더 큰 통찰을 이루어왔다는, 규범에 의해 추동된 변화의 이야기가 적실해 보인다. 하지만 도덕적 깨달음만으로는 여성과 남성 모두로 하여금 자신들의 일상적 관행에서 문제가 되는 젠더 위계질서를 유지하게 하는 남성성과 여성성 규범의 놀라운 지속성을 충분히 설명할 수 없어 보인다. 여기서 우리는 부당한 젠더 관계를 재생산하는 통합적 힘에 대한 일정한 설명이 필요하다. 그러한 설명은 어쩌면 남성과 여성 간의 착취 관계를 강조하는 설명에서처럼 유물론적 노선을 따를 수도 있고, 젠더화된 주체성의 힘을 통해 개인 자신의 억압에 대한 정서적 애착이 재생산되는 것을 강조하는 설명에서처럼 미시정치적 및 정신분석학적 노선을 따를 수도 있다.[23] 그 설명이 어떤 것이든 간에(그리고 거기에는 다른 많은 경쟁자가 존재한다), 적어도 우리는 문화 변화를 통한 역사적 변화에 대한 설명을 권력 동학을 통한 변화에 대한 다른 설명으로 보강할 필요가 있을 것으로 보인다. 다시 말하지만, 이상주의의 근본적인 문제는 이상주의가 항상 틀렸다는 것이 아니다. 분명 사회적 관행과 제도는 때로는 단순히 문화적 관념의 변화를 통해 변화하고 발전할 수 있다.[24] 오히려 문제는 사회변화의 기저에는 다양한 인과적 메커니즘이 존재하며, 호네트의 이론은 방법론적으로 너무나도 일원론적이어서 그러한 다양성을 포착하지 못하는 것으로 보인다는 것이다.

셋째로, 우리가 사회병리를 다룬 제4장에서 살펴본 것처럼, 비판이론이 자신의 진단, 예후, 치료법적 과제를 수행하기 위해서는 사회통합의 다양한 인과적 메커니즘에 대한 보다 포괄적인 설명이 요구된다. 여기서 그 논의를 반복하지는 않겠지만, 서로 다른 형태의 사회적 권력의 구조와 동학에 대한 방법론적 무감각은 비판이론으로 하여금 억압의 가장 중요한 원천 중 일부를 무시하게 할 수 있다는 것을 의미한다는 점을 덧붙이는 것은 중요하다.[25] 왜냐하면 개인의 도덕의식 ― 즉, 사회적 관행과 제도를 구조화하는 가치에 대한 성찰적 이해 ― 이 그 자체로 억압적이고 배제적이고 착취적인 사회적 관계를 지속시키는 데 기여하는 메커니즘에 단단하게 매여 있을 수 있기 때문이다. 노예제도 아래서 성장하여 노예가 된 루소의 노예에서부터 계급 강화 이데올로기에 대한 마르크스의 비판, 제1세대 프랑크푸르트학파 이론가들의 권위주의적인 퍼스낼리티 테제, 여성 스스로가 남성 중심적이고 가부장적인 규범과 관행을 비뚤어지게 내면화한 것을 밝혀낸 제2, 제3의 물결 페미니즘에 이르기까지를 놓고 볼 때, 개인의 도덕의식과 사회적 권력의 거시적 및 미시적 구조 간의 깊은 상호관계에 실제적인 주의를 기울일 필요가 있다는 것은 분명해 보인다. 그러한 것에 주의를 기울이지 않고는 비판이론은 중요한 사회병리의 원인을 정확하게 진단할 수도 없고, 그러한 병리를 극복할 가능성이 있는 설득력 있는 예후를 제시할 수도 없고, 억압에 대항하는 사회적 투쟁을 위한 가장 효과적인 경로로 실천을 유용하게 인도할 수도 없다.

이와 동일한 문제의 또 다른 사례로 현재 민주적 공론장이 직면한 문제에 대해 호네트가 『자유의 권리』에서 내린 진단을 살펴보자. 이 진단은 정치에 대한 광범위한 공중의 환멸감과 일반 시민의 탈정치화의 증대에 기여하는 여러 가지 다양한 인과적 요인 — 즉, 대중 뉴스 매체에서 일고 있는 선정주의와 엔터테인먼트 지향성, 공중을 분열시키는 새로운 커뮤니케이션 및 인터넷 양식, 점점 더 이질화되는 인구, 국가 주권과 국민국가의 권력 약화, 자유주의적 조합주의의 지배력 증대, 민주적 통제와 감독으로부터의 규제 체제의 분리, 도덕으로부터의 시장의 분리 — 에 대한 설득력 있는 분석에서 출발한다. 그러나 호네트는 예후와 치료법으로 나아가면서 유럽에 널리 활성화된 정치 문화와 집단 정체성에 진보에 대한 희망을 거는 것으로 보인다. 내가 생각하기에 거기에는 하나의 실제적인 문제가 있는 것으로 보인다. 내가 생각하는 문제는 다름 아니라 이상주의적 사회이론이 (현대 국민국가와 초국적 체제가 경제적 이익과 집중된 형태의 사회 권력에 의해 장악되게 해온) 구조적·물질적 원인과는 크게 동떨어진 문화주의적 치료법을 제시해 온 것은 아닌가 하는 것이다. 유럽인들이 공유하는 하나의 공통의 초유럽적 정치 문화에 대해 거는 희망은 그러한 대대적인 사회 권력의 변화에 직면한 상황에서 하나의 적절한 치료법인가, 아니면 "제도화된 자유의 원리에 대한 **적절한 이해**와 그로 인한 행동의 변화를 둘러싼 사회적 투쟁이 …… 그러한 원리를 실현하는 역사적 과정의 동력이자 매개체"(FR: 329, 강조 추가)라는 이상주의적인 사회이론적 주장 때문에 권고되는 하나의 치료법인가? 다시 말하지만, 요점은 관념의 변화가 결코 성공적인 해방을 이끌 수 없다는 것이 아니다. 분명히 관념의 변화는 그렇게 할 수 있다. 문제는 그러한 문화적 변화에만 방법론적으로 국한된 이론이 현대의 사회병리 ― 그러한 병리가 단지 이상뿐만 아니라 권력 구조 및 권력 체계 그리고 물질적 이해관계와도 복잡하게 인과적으로 연결되어 있는 ― 를 진단하기 위해 수행해야 하는 여러 과제를 감당할 수 있는가 하는 것이다.

종합해 볼 때, 나는 이들 문제가 호네트의 새로운 포괄적 사회이론이 지닌 극복할 수 없는 구조적 어려움이라기보다 이론적 누락과 간과, 그리고 자주 경쟁하는 접근방식과의 과도한 대비(특히 기능주의와 체계이론 형태에 대한 적대감 속에서)에서 비롯되는 문제라고 생각한다. 사실 나는 『자유의 권리』에서 개진된 접근방식이 다양한 권력 이론 ― 그것이 구조주의적이든, 유물론적이든, 담론적이든, 정신역학적이든, 규율적이든, 심지어 기능주의적이든 간에 ― 과도 잘 양립할 수 있다고 제안하고 싶다. 하지만 현재 상태로는 『자유의 권리』는 다양한 사회통합 메커니즘에 충분히 주의를 기울이지 않아 현대 사회병리의 다양한 원인을 제대로 포착하지 못하고 있다는 온당한 비난에 직면할 수밖에 없다. 따라서 이것은 호네트 이론의 기각을 요구하는 것이 아니라 기본적인 사회이론을 확장하고 다양화하기 위해 추가 작업을 경주할 것을 요구하는 것이다.

제7장

결론적 사색

이 책에서 검토한 호네트 이론의 요소들을 되돌아보면, 우리는 그 요소들이 비판사회이론의 일반적인 형틀 — 프랑크푸르트학파 이론가들뿐만 아니라 페미니즘, 비판적 인종 이론, 비판적 법 연구, 탈식민 이론, 퀴어 이론, 후기구조주의를 포함한 광범위한 비판이론들도 공유하는 형틀 — 에 어떻게 부합하는지를 알 수 있다. 대략적으로 말하면, 비판이론은 인간 해방의 촉진이라는 목표를 방해하는 현대의 사회적·정치적 과정이라면 무엇이든 기술하고 설명하고 비판적으로 평가하는 것을 목표로 한다. 광범위하게 이해되는 이 기본 목표는 마르크스의 표현으로는 진보적 투쟁을 촉진하고 그러한 소망을 현실로 가져오는 방식으로 "시대의 투쟁과 소망"을 사색적으로 이해하는 것이다. 따라서 모든 비판사회이론은 사회과학에서의 연구 성과를 이용하여 현재 상황에 대해 기본적으로 이해하고 그러한 이해를 그 상황을 평가하는 데 이용되는 정당한 평가 기준과 결합함으로써 사회를 변화시키고자 하는 행위 주체들에게 유용한 통찰력을 산출해야 할 것이다. 다시 말해 대부분의 비판사회이론은 심리학, 사회학, 정치학, 경제학, 역사학, 도덕철학과 정치철학의 통찰력을 조합함으로써 구축된다. 따라서 비판사회이론은 "해방적 의도를 지닌 학제적 사회이론"이다.

호네트의 비판사회이론은 상호 인정과 사회적 자유에 자신의 중심적인 관심사를 축으로 하여 독특한 요소들을 결합시킴으로써 구축된다. 따라서 호네트 비판이론의 사회심리학은 개인의 주체성과 정체성 발달에 대한 상호주관적 설명의 측면에서 전개되고, 그의 비판이론의 도덕철학은 상호주관적 인정에 대한 사람들의 정당한 기대라는 측면에서 전개되고, 그의 비판이론의 사회학은 사회적 인정투쟁의 측면과 자유를 가능하게 하는 중심적인 사회제도에 대한 설명이라는 측면에서 전개되고, 그의 비판이론의 정치경제학은 소비 시장과 노동시장의 도덕적 하부구조의 측면에서 전개되고, 그의 비판이론의 역사학은 자유와 인정을 확대하기 위해 벌이는 사회운동을 통한 진보적 발전의 측면에서 전개되고, 그의 비판이론의 정의의 정치철학은 모든 사람의 사회적 자유 확대에 요구되는 광범위한 사회적 조건을 분석하는 것과 관련하여 전개된다. 호네트는 그렇게 하여 비판이론의 일반적인 형틀을 충족시키는 것에 더하여 사회병리에 대한 진단 프로젝트를 수행함으로써 프랑크푸르트학파의 독특한 유산도 이어가고 있다. 우리가 지금까지 살펴본 바와 같이, 호네트의 그러한 프로젝트에는 비판사회이론을 이용하여 현재의 사회질서가 결함을 지니게 되거나 왜곡되는 방식 — 개인이 손상되지 않은 사회성과 좋은 삶을 합리적으로 추구할 수 있는 잠재력을 왜곡하는 방식 — 을 부각시키는 것이 포함된다.

나는 여기서 이 책의 결론으로 앞에서 서술한 내용들을 회고적으로 요약하는 대신에 호네트의 광범위한 연구 패러다임이 계속해서 심화되고 발전하기 위해 나아갈 수 있는 또는 나아가야 하는 잠재적 방향에 대해 일련의 미래지향적인 사색을 하고자 한다. 물론 미래에 대해 추측하는 것은 오류 가능성이 크게 뒤따르는 작업이다. 그러나 그러한 추측들이 단지 예측에 불과한 것은 아니다. 그러한 추측은 윤곽이 거의 드러나지 않은 영역에 대한 보다 심층적인 탐구를 하고자 하는 희망을 표현하는 것이기도 하고, 어떤 중요한 반론에 정면으로 부딪힐 수 있다는 우려를 표명하는 것이기도 하다. 나는 다음과 같은 일곱 가지 테마 영역을 얼마간은 추측으로, 얼마간은 희망으로, 얼마간은 우려로 제시하지만, 어떤 의미에서든 그것들을 곧이곧대로 받아들여서는 안 된다.

내가 추가적인 연구를 예기하는 첫째 영역은 사회비판의 도덕적 근거를 확보하는 작업이다. 특히 나는 호네트가 두 가지 서로 다른 형태의 규범적 정당화 — 헤겔식의 역사주의 대 철학적 인간학 — 사이에서 오랫동안 오락가락하고 있으며 여전히 그것에 대해 결단을 내리지 못하고 있음을 감지한다. 『자유의 권리』는 서구 사회제도의 구체적인 역사적 발전에 내재하는 규범적 원리를 재구성하는 데 초점을 맞추는 헤겔식의 역사주의를 더 향해 있는 경향이 있다. 『인정투쟁』은 모든 인간이 자신의 정체성을 개발하고 유지하는 데서 상호주관적 인정에 의존한다는 보편적인 초문화적 주장에 중점을 두는 철학적 인간학을 더 향해 있는 경향이 있다. 호네트는 2011년의 한 인터뷰에서 이렇게 말했다. "기본적으로 나의 초기 작업을 이끌었던 인간학적 충동은 헤겔이 전하고자 했던 근대 인정 질서에 보다 내재하는 '그래머톨로지(grammatology)'에 의해 뒷전으로 물러나왔다"(Honneth and Willig, 2012: 148). 우리는 이 책 도처(특히 제3장 제3절 '역사적 진보'와 제4절 '비판적 관점들', 제4장 제3절 제2항 "'특정 현상을 병리적인 것으로 판단하는 기준은 무엇인가?'", 제5장 제2절 제4항 '분파적인 목적론적 기준', 그리고 제6장 제4절 제2항 '규범적 문제들')에서 호네트가 이 두 가지 전략에서 감지한 약속과 위험을 반복적으로 살펴보았다. 호네트는 자신이 역사주의의 극으로 더 나아간 것으로 이해하지만, 그가 여전히 인류에 대한 보편적인 주장에 전적으로 전념하고 있다는 것은 분명하다. 이를테면 2010년의 한 인터뷰에서 오늘날 『인정투쟁』을 어떻게 고치거나 수정할 수 있을지를 묻는 질문에 대해 그가 한 답변을 검토해 보자.

> 나는 [『인정투쟁』]의 정신을 지키고자 노력할 것이다. 이는 내가 일종의 사회이론을 발전시키기 위해 초기 헤겔에서 영감을 얻었다는 것을 의미한다. …… 그러나 인간학적 오해를 피하려고도 노력할 것이다. 『인정투쟁』에서 나는 보편적인 세 가지 안정적인 형태의 인정이 있다고 말하는 경향이 얼마간 있다. 그 책은 이에 대해 일정한 양면성을 드러낸다. 나는 이제 훨씬 더 분명하게 인정 영역이 역사적으로 발전된다고 말할 수 있다. 내가 생각하기에, 이는 주요한 수정 사항일 수 있다. 간단히 말하면, 나는 인정의 형태와 영역을 역사화하려고 노력할 것이다. …… 나는 하나의 특정한 인간학적 관념, 그러니까 인정에 관한 구성적인 형식적 개념, 즉 인간은 정체성을 발전시키고 일정한 형태의 자기 관계를 형성하고 인식하기 위해 사회적 인정 형태에 의존한다는 관념을 유지하고자 한다. 나는 그러한 관념을 견지할 것이다. 우리는 인간이 어떤 형태의 인정에도 의존하지 않는다고 생각할 수 없다. …… 이것은 인간학적 직관이다. 나는 또한 그러한 인정이 역사 속에서 훨씬 더 다양한 형태로 이루어질 수 있다고, 즉 인정이 서로 다른 관계 형태 속에서 서로 다르게 예시될 수 있다고 생각한다.(Honneth and Marcelo, 2013: 210)

여기에서조차 우리는 호네트가 역사와 인간학이라는 두 가지 상충하는 충동 사이에서 동요하고 있음을 볼 수 있다. 호네트의 아주 최근의 한 논문에서 이 두 서로 경합하는 충동이 각각 헤겔과 칸트에게로 거슬러 올라간다는 사실을 발견하는 것은 놀라운 일이 아니며, 호네트 자신은 여전히 그 둘 사이에 불안하게 서서 인간학의 공허한 형이상학적 추상에 대한 우려를 피하면서 역사주의에 대한 관습주의의 비난을 극복하고자 한다(Honneth, 2013a).[1)]

내가 앞으로 발전하기를 바라는 둘째 영역은 사회이론, 특히 사회과정과 사회변화에 대한 보다 포괄적이고 차별화된 **설명력 있는** 이론이다. 내가 제4장 제3절 제1항 '사회진단의 과제와 도구', 제5장 제2절 제2항 '부정확한 사회이론'과 제3항 '실천적이지 않은 비판이론', 그리고 제6장 제4절 제3항 '사회이론에서의 문제들'에서 주장했듯이, 문화적 내용 — 신념, 규범, 이상 등 — 에 거의 전적으로 의존하는 사회이론적 설명에는 한계가 있다. 특히 사회의 정치경제에서 일어나는 변화를 기술하는 경우에 더욱 그렇다. 호네트가 한편에서 어떠한 형태의 체계이론이나 기능주의 이론을 이용하는 것도 단호하게 거부하기 때문에 하버마스의 사회학적 기능주의와 해석학의 결합과 프레이저의 부정의에 대한 이중 인과적 설명과 같은 전략도 거부한다는 것은 분명하다. 다른 한편에서는 호네트는 또한 문화적 요인만으로는 모든 경제 동학을 설명할 수 없다는 점을 반복해서 인정한다. 그러나 그는 무엇이 그러한 설명을 제공하는지에 대해서는 구체적으로 언급하지 않는다. 호네트는 『자유의 권리』에서는 더 나아가서 문화뿐만 아니라 관행과 제도에 대해서도 언급하지만, 주요 사회과정과 사회변화에 대한 어떠한 구조적 또는 기능적 설명도 시도하지 않는다. 이에 관한 연구를 좀 더 진척시키는 것도 좋을 것이다.

셋째, 나는 호네트가 권력 이론 — 즉, 그가 이미 발전시킨 규범적으로 통합된 사회적 영역에 대한 설명과 결합될 수 있는 이론(제6장 제4절 제3항 '사회이론에서의 문제들'을 보라) — 을 체계적으로 발전시킬 것을 촉구하고 싶다. 나는 사람들이 『권력 비판』에서 끌어낼 수 있는 구체적인 호네트적 권력 이론이 무엇이든 간에 그 오래된 이론은 헤겔에서 파생된 그의 보다 최근의 사회이론과 양립할 수 없을 것이라고 추측한다. 게다가 호네트의 초기 저서는 대체로 비판적이었다. 호르크하이머와 아도르노, 푸코, 그리고 하버마스 모두는 그들이 이를테면 경제와 국가 행정 등 권력으로 포화된 사회 복합체를 순전히 기술적(技術的)이고 규범으로부터 자유로운 전략적 행동의 영역으로 이해하려고 시도했던 바로 그 지점에서 실패했다.[2] 그러나 이 관념을 거부하는 것 자체가 규범적으로 통합된 사회적 영역 내에서 작동하는 권력을 설명하는 방법을 우리에게 말해주지는 않는다. 아마도 여기서는 후기구조주의적 사회이론과 타협하려는 또 다른 시도 — 특히 푸코의 중기 연구와 주디스 버틀러의 예속화 이론 — 가 상당히 가치 있는 것으로 판명될 수 있을 것이다(Sinnerbrink, 2011). 나는 적절한 권력 이론에 대한 이러한 희망은 단지 정확한 사회이론에 대한 하나의 추상적인 이론적 요구가 아니라, 진정한 비판사회이론이 필요하다는 데서 비롯된다고 덧붙이고 싶다. 일례로 권력관계 — 이를테면 노동자와 고용주, 남편과 아내, 흑인과 백인, 시민과 무국적자, 하인과 주인 등의 관계 — 가 어떻게 상호주관적 인정을 그러한 관계의 중심에 구조화하는지, 그리고 인정 관계 자체가 어떻게 사람들 사이에 차별적이고 불평등한 권력을 재생산하는 역할을 하는지를 생각해 보라(Allen, 2010; McNay, 2008). 요컨대 비판사회이론에는 억압, 지배, 착취, 배제의 원천과 그 원천의 인과적 동학에 대한 정확하고 명쾌한 설명이 요구된다.

권력 문제는 호네트에 대한 다양한 비판가 사이에서 지속적으로 제기되어 온 또 다른 테마와도 관련되어 있다. 직설적으로 말하면, 호네트의 저작은 사회적 인정과 자유를 지나치게 낙관적으로 다루고 있다고 인식되어 왔다(제2장 제6절 제1항 '인간학적 낙관주의', 제3장 제4절 제1항 '"그러나 그것은 그저 상징일 뿐이다"', 제5장 제2절 제3항 '실천적이지 않은 비판이론', 제6장 제4절 제2항 '규범적 문제들'을 보라). 따라서 나의 넷째 바람은 인정 및 자유와 관련된 부정적이거나 파괴적인 현상에 대해 더 많은 주의를 기울였으면 하는 것이다. 우선, 상호주관적 인정이 그 자체로 억압에 기여할 수 있는 방식을 생각해 보자(Markell, 2003; McNay, 2008). 남성 중심적 존경과 여성의 예속화 간에는, 이를테면 여성을 좋은 주부라고 인정하는 것처럼, 분명한 연관성이 있다. 또는 신자유주의적 존중과 복지국가의 해체 — 자수성가한 사람에 대한 찬가 — 간의 관계에는 국가의 책임의 개인화 및 서비스의 민영화 증가와 선택적 친화성이 있다. 물론 호네트가 그러한 우려를 다루려고 시도해 왔지만(Honneth, 2012j), 나는 그가 그러한 문제에 대해 좀 더 심도 있고 확장된 고찰을 해주었으면 한다. 더 나아가 상호주관적 사회화를 통한 개인 발달의 어둡거나 부정적인 측면도 고려할 필요가 있다(Butler, 1997, 2008; Lear, 2008). 사회화의 강력한 결과 중 하나는 사회화를 통해 특정한 형태의 주체성과 깊은 정서적 유대가 발달할 수 있다는 것이다. 주체성이 그 자체로 해롭거나 파괴적일 때, 또는 그로부터 결과하는 정서가 그 스펙트럼상에서 사회성 측면보다는 공격적 측면을 지닐 때, 상호주관적 사회화와 관련하여 지나치게 낙관적인 그림을 그리는 것에 대해 우리는 실제로 우려를 표할 수밖에 없다. 마지막으로, 우리는 현대의 갈등, 이의, 분열 현상에 더 많은 주의를 기울임으로써 더 많은 통찰력을 얻을 수도 있을 것이다. 호네트가 유럽 내에서 최근 일고 있는 계급 갈등의 일부 형태를 다루어오기는 했지만(Honneth, 2012a), 나는 점령운동, 아랍의 봄, 생태저항, 동물권 저항, 원주민 권리 운동, 종교적-세속주의적 갈등, 호전적이고 신파시즘적인 운동 등과 같은 현대 갈등에 추가적인 관심을 기울였으면 한다. 호네트의 이론은 이러한 다양한 갈등을 어떻게 조명할 수 있을까?

내가 계속해서 진전되기를 진정으로 기대하는 다섯째 영역은 사회병리 및 잘못된 사회발전의 진단과 관련한 연구이다. 호네트가 사회연구소에서 이끌고 있는 인상적인 실증적 연구와 진단적 사회철학으로서의 비판이론에 대한 그의 개념을 고려할 때, 나는 이 영역에서 훨씬 더 흥미로운 연구가 이루어질 것으로 확신한다. 추측건대 우리는 특정한 사회 현상들 — 이를테면 경제적 불평등과 빈곤의 증가, 정신병리 및 그것에 대한 진단의 증가와 그것이 성격 변화, 사회적 갈등의 화해할 수 없는 파벌로의 경직화, 고용, 의료와 사회보장, 가족생활, 기본재 공급에서의 불안정성 증가, 사회적 원자화, 개인의 고립화, 아노미로 인한 소리 없는 고통의 증가 등 — 이 사회병리 또는 잘못된 발전으로 구체적으로 어떻게 이해되어야 하는지 보여줄 수 있는 분석을 기대해 볼 수도 있을 것이다.

여섯째로, 나는 영미 철학에서 '응용 윤리'라고 부르는 것에 비유하여 우리가 '응용' 인정이론이라고 부를 수 있는 것에 대한 추가적인 연구가 이루어지기를 바랄 수도 있다. 여기서 내가 생각하는 것은 그의 중심적인 이론이 제공하는 규범적·개념적 도구(이 경우에는 호네트의 인정이론과 사회적 자유 이론)를 취하고 그 도구를 이용하여 현대 사회문제 — 그 문제에 대한 잠재적 치료법의 평가를 포함하여 — 를 분석하고 도덕적으로 평가하는 것이다. 여기서 다룰 수 있는 주제는 매우 다양하다. 인정이론에 근거하는 최근의 에세이들을 모은 책(O'Neill and Smith, 2012)에서 다룬 일련의 이슈만 살펴보더라도, 이민(Cox, 2012), 국민국가 간의 관계(Heins, 2012), 인종적 민족주의 갈등(O'Neill, 2012), 다국적 시민권과 투표권(Owen, 2012), 종교적 표현에 관한 법(Seglow, 2012), 분업과 근대 노동(Smith, 2012), 범죄의 법적 범주화(Yar, 2012), 현대 결혼과 혼인법(Zurn, 2012) 등을 들 수 있다. 우리는 현대 사회문제에 대한 경험적 분석과 이론적 분석을 결합한 응용 사회연구의 많은 프로젝트가 사회적 자유 제도에 관한 호네트의 가장 최근 이론으로부터 시작될 수 있다는 것을 쉽게 상상할 수 있다.

마지막 영역으로, 나는 현재의 범주적 경계를 뛰어넘는 비판사회이론을 기대하고 싶다. 여기서 내가 말하고자 하는 것은 현재 구조화된 방식의 호네트의 비판사회이론은 여러 가지 면에서 한계가 있다는 것이다. 다시 말해 호네트의 이론은 긴급한 많은 생태 문제 및 글로벌 이슈를 분석하는 것을 방해한다. 아마도 가장 분명한 것은 인간 간 관계와 제도를 중심으로 구조화된 범주 내에서는 생태 환경, 기후 변화, 인간과 다른 형태의 생명체 간의 관계와 같은 쟁점이 포함될 여지가 거의 없다는 것이다. 하나의 예를 들어보면, 다양한 형태의 상호주관적 인정과 서로 다른 사회적 자유의 원리가 매우 시급한 여러 문제 — 이를테면 파국적인 환경 피해를 피하기 위해 우리 사회를 어떻게 재구조화할 것인지, 그러한 환경파괴의 영향을 받는 인구 집단 사이에 그러한 완화 비용을 어떻게 공평하게 배분할 것인지, 환경 관리 측면에서 우리가 미래 세대에게 빚진 것은 무엇인지, 또는 우리가 다른 종(種)이나 무생물과 어떻게 관계를 맺어야 하는지 등 — 와 어떻게 직접적으로 연관되는지가 전혀 명확하지 않다. 물론 사회적 자유의 틀에는 개인이 누리는 자유의 기회를 부여하거나 제약하는 조건을 고려할 수 있는 가설적 여지(hypothetical room)가 존재하며, 우리는 그러한 표제하에서 환경 조건을 고려할 수도 있다. 그러나 그 이론 속에 그러한 문제들을 다룰 수 있는 여지를 이처럼 가까스로 설정하는 것은 그 이론이 우리 사회의 산업적 및 자본주의적 발전으로 인해 야기된 우리 시대의 핵심 문제를 직접적으로 고려하는 것과는 거리가 멀다.

자연히 환경 문제는 현재 호네트의 이론이 제대로 다루지 못하는 또 다른 일단의 문제인 다음과 같은 글로벌 정의(正義)의 문제들로까지 번진다.[3] 부유한 발전된 국민국가의 성원들은 가난한 나라의 시민에게 무엇을 빚지고 있는가? 국경, 이주, 이민, 시민권 정책에서 정의를 구성하는 것은 무엇이고, 누가 어떤 지역의 어떤 문제에 대해 발언권을 가져야 하며, 우리는 어떻게 하면 국제 안보 기구를 가장 잘 구성할 수 있는가? 급격한 글로벌 자본 흐름의 악영향을 합법적으로 제한할 수 있는 방법은 없는가? 글로벌 자본주의를 사회민주주의의 이상과 부합하게 만들 수 있는 가망성은 있는가? 인권은 국민국가 또는 국제기구를 통해 가장 잘 보장될 수 있는가? 민주적 공론장과 민주적 헌법 체제가 국민국가 이상의 수준이나 이하의 수준에서도 실행 가능하고 바람직한가? 이제 막 시작된 반글로벌화 저항은 이들 질문 모두와 얼마나 부합하는가? 나는 이러한 질문들 및 이와 연관된 많은 질문이 호네트의 이론에서 체계적으로 다루어지지 않아 왔으며, 그것은 이론 내적인 이유들 때문이라고 생각한다.

우선, 비록 호네트가 국민국가 간의 국제 관계(Honneth, 2012k)와 유럽연합 내 초국적 문화 통합 문제(FR: 332~335)에 대해 약간의 글을 썼지만, 그의 인정이론과 사회적 자유 이론의 전반적인 구조는 얼마간 국가적 또는 문화적 경계를 가지고 있다. 호네트는 사회통합이 일부 추상적인 규범과 이상에 대한 일반적인 배후 합의를 통해 이루어진다는 것을 자신의 분석의 중심에 가정하고 있다는 점을 상기하라. 이 견해가 갖는 함의는, 비록 그 자체로 명시적으로 테마화되지는 않았지만, 어떤 특정 사회의 경계는 그러한 합의를 중심으로 하여 그려지며 근본적으로 서로 다른 규범과 가치를 가진 사람들의 집단이 서로 다른 별개의 사회를 구성한다는 것이다. 호네트의 사회이론은 '우리' 사회의 내부 구조와 동학에 주로 초점을 맞추는 반면, 사회 간의 관계를 이해하는 데는 거의 주의를 기울이지 않는다. 호네트의 사회이론에서는 다음과 같은 중요한 경험적 질문들이 다루어지지 않고 있다. 사회통합이 주로 공유된 배후 합의를 통해 이루어진다고 가정할 때, 우리는 초국적으로 목격되는 명백한 사회통합 — 이를테면 유엔이나 글로벌 자본 시장에서 이루어지는 — 을 정확히 어떻게 이해해야 하는가? 다음과 같은 규범적 질문들 역시 호네트의 사회이론이 쉽게 감당할 수 없는 문제들이다. 이를테면 글로벌 갈등과 관련된 규범 — 우리가 공유된 관행과 제도로부터 내부적으로 재구성할 수 없는 규범 — 의 내용과 정당성을 우리는 정확히 어떻게 이해해야 하는가?

한 명의 이론가가 모든 긴급한 주제를 다 다룰 수는 없다. 그러나 호네트의 독특한 비판사회이론에 이 같은 문제에 대한 전망이 부재한다는 것은 어떤 의미에서는 이 분야가 주로 이상주의적인 응용 정치철학의 형틀 안에서 연구하는 사람들에 의해 장악되어 있다는 것을 의미한다. 이는 우리의 글로벌 정의 이론이 일상적인 사회적 관행, 태도, 제도를 무시한 채 형식적인 법체계와 각국 국가 장치에만 초점을 맞추는 등 그에 수반되는 한계에 갇혀 있다는 것을 의미한다. 호네트에 따르면, 자유를 실현하는 데서는 사회적인 것이 법과 국가의 영역보다 더 중요함에도 불구하고, 우리는 글로벌 차원에서 사회적인 것의 영역을 무시하고 있다. 호네트는 자신이 수행한 국가 차원의 분석에서 이 후자가 갖는 의미를 다음과 같이 지적한다.

> 제도화된 자유의 원리를 실현하는 역사적 과정의 동력이자 매개체는 (적어도 처음에는) 법이 아니라 그러한 원리에 대한 적절한 이해와 그로 인한 행동의 변화를 둘러싸고 벌어지는 사회적 투쟁이다. 따라서 현대의 정의 이론이 거의 전적으로 법적 패러다임에 의해 인도된다는 사실은 이론적으로 어리석은 일이다. 그 대신 우리는 사회학과 역사기록학을 고려에 넣어야 한다. 왜냐하면 이 두 학문이 본질적으로 일상적인 도덕적 행동의 변화에 더 민감하기 때문이다.(FR: 329)

하지만 "우리 시대의 투쟁과 소망"은 **글로벌**하고 **환경적인** 투쟁과 소망이다. 나는 이러한 투쟁과 소망을 사색적으로 포착하고자 한다면, 특히 해방적 의도를 가진 학제적 사회이론 속에서 포착하고자 한다면, 새로운 위험과 약속에 적합한 새로운 범주와 분석 양식을 통해 호네트의 비판사회이론을 확장할 필요가 있다고 믿는다.

주

제1장 서론

1) 이 전기적 정보의 대부분은 2014년 1월 6일에 접속한 다음의 웹 사이트에서 가져온 것이다. Honneth's page at the Institut für Sozialforschung(the Institute for Social Research, home of the Frankfurt School of critical social theory), http://www.ifs.uni-frankfurt.de/mitarbeiter_in/axel-honneth/; Honneth's faculty page in the Philosophy Department at Goethe University, Frankfurt am Main, http://www2.uni-frankfurt.de/44526981/Honneth_Axel; and Honneth's faculty page in the Philosophy Department at Columbia University, New York, http://philosophy.columbia.edu/directories/faculty/axel-honneth.

2) 이 책은 또한 이미 두 권의 훌륭한 학술 모노그래프가 호네트의 초기 저작 — 특히 철학적 인간학[『사회적 행위와 인간 본성(Social Action and Human Nature)』]과 현대 유럽 사회이론[이를테면 『파편화된 사회적인 것의 세계(The Fragmented World of the Social)』에 수록된 에세이들]을 다룬 연구 — 과 권력 이론[『권력 비판(The Critique of Power)』]에 관한 그의 박사학위 논문 및 박사후 논문에 집중적으로 초점을 맞추고 있다는 사실에 편승한다. 장 필립 데란티(Jean-Philippe Deranty, 2009)는 처음부터 2008년경까지의 호네트의 전체 저작(그리고 그 저작들에 관한 2차 문헌)을 체계적으로 재구성하고 내재적 비판을 시도하는 가치 있는 논문을 썼다. 데란티는 호네트의 인정이론이 비판사회이론의 여러 과제를 체계적으로 수행하는 방법을 보여주는 방식으로 호네트로 하여금 하버마스의 합리적 의사소통 이론에 지나치게 빚진 인정의 이해에서 벗어나 유물론적 현상학에서 영감을 받은 보다 실질적인 상호작용적인 상호주관성 이론으로 나아가게 하고자 한다. 다니엘 페더브리지(Danielle Petherbridge)는 푸코, 하버마스, 헤겔, 마르크스, 미드(Mead), 위니콧(Winnicott)에 대한 호네트의 해석을 재해석하여 호네트 비판사회이론의 '계보학'을 시도하는 중요한 연구를 발표했다. 그녀는 자신이 호네트가 철학적 인간학 및 권력 이론에 대한 초기 연구에서 가지고 있었지만 불행하게도 그의 성숙한 인정이론 및 민주주의 이론에서 우회했다고 믿는 통찰력을 복원하고자 시도한다(Petherbridge, 2013). 데란티는 호네트의 인정이론(내가 평가하기에는 호네트 패러다임의 핵심)을 체계적으로 다루고 있지만, 데란티의 논문과 페더브리지의 책 모두는 최근에 출간된 호네트의 두 번째 대작 『자유의 권리』에서 발전된 사회적 자유 이론을 다루기에는 너무 일찍 쓰였다. 이 책은 호네트의 인정이론과 사회적 자유에 관한 이론에 초점을 맞추고 있다.

3) 나는 종종 '비판사회이론(critical social theory)'이라는 표현을 '비판이론(critical theory)'으로 줄여서 사용할 것이지만, 이를 특히 문학에 초점을 맞춘 미학 이론을 지칭하는 데 사용하는 '비평이론(critical theory)'과 혼동해서는 안 된다. 호네트가 전개하는 이론의 종류는 무엇보다도 하나의 사회이론이며, 이를테면 소설의 형식 이론이나 문학 장르의 정의와는 구조와 내용면에서 아주 다르다.

4) 1985년에 호네트는 비판사회이론을 "철학에 의해 인도된 시대 진단의 의도가 경험에 근거한 사회 분석과 결합된 이론"이라고 정의했다(CoP: 3). 특히 우리가 제4장에서 살펴보듯이, 호네트는 그 후 30년 동안 이 정의에 놀라울 정도로 충실하게 머물러 왔다. 비판사회이론에 대한 호네트의 정의는 **사회진단**이라는 구체적인 작업에 초점을 맞추기 때문에 그저 '해방적 관심'을 갖는다는 나의 규정보다는 덜 일반적이다.

5) Karl Marx, September 1843 letter to Arnold Ruge, https://www.marxists.org/archive/marx/works/1843/letters/43_09-alt.htm에서 번역함. 2014년 1월 8일에 접속했다.

6) 그럼에도 불구하고 여기서 내가 빼놓은 것 중 일부는 호네트에서 매우 중요하다. 20세기 철학적 인간학의 전통[특히 플레스너(Plessner), 게렌(Gehlen), 엘리아스(Elias)], 위대한 사회학 이론가들(특히 뒤르켐, 파슨스, 짐멜, 베버), 미국의 실용주의(특히 미드, 듀이), 현상학[특히 사르트르(Sartre)와 메를로퐁티(Merleau-Ponty), 그러나 하이데거(Heidegger)도], 해석학과 언어철학[특히 가다머(Gadamer)와 비트겐슈타인(Wittgenstein)], 영국 사회인류학과 문화사[특히 E. P. 톰슨(E. P. Thompson)과 배링턴 무어(Barrington Moore)], 페미니즘, 특히 평등과 차이 및 돌봄 윤리를 중심으로 하는 제2의 물결 논쟁 등이 바로 그러한 것들이다.

7) 호네트의 저술에서 칸트에 대한 호네트의 해석은 헤겔에 대한 해석만큼 지속적으로 등장하지 않는다(Honneth, 2007a, 2007d, 2009b). 호네트는 세미나 참가자들을 위해 매년 관례적으로 공원 피크닉과 축구 경기를 주최한다. 축구 선수는 칸트 팀이나 헤겔 팀에 합류할 수 있다. 호네트는 보통 헤겔 팀에 합류한다.

8) 헤겔 자신은 칸트 철학을 보다 상호주관적으로 만든 피히테(Fichte)의 초기 조치에 빚지고 있었다. 호네트는 피히테의 중요성 — 특히 상호주관적 인정 테마에서의 중요성 — 을 인정하지만, 1796년의 『자연권의 토대(Foundations of Natural Right)』를 다룬 에세이(Honneth, 2003)에서 말고는 피히테의 저술을 체계적으로 연구하지 않았다.

9) 폴 리쾨르(Paul Ricoeur)는 "상호 배타적으로 보이는 세 명의 주인, 즉 마르크스, 니체, 프로이트가 의심 학파(school of suspicion)를 지배하고 있다"라는 유명한 주장을 했다(Ricoeur, 1970: 32).

10) 호네트는 두 편의 에세이에서 프로이트를 직접 다루고 있다(Honneth, 2009a, 2012b). 『인정투쟁』은 도널드 위니콧(Donald Winnicott)과 제시카 벤자민(Jessica Benjamin)의 대상관계 이론에 크게 의존하고 있으며, 다양한 학파 및 전통의 심리학 연구와의 대화는 호네트의 작업에 매우 결정적이었다. 그중에서도 특히 『물화』와 Honneth, 1995a, 1999, 2012d, 2012f, 2012l을 보라.

11) 호네트는 아도르노의 저작에 가장 많은 주목을 했지만, 그 관심은 매우 양가적이다. 호네트는 첫 번째 모노그래프의 상당 부분을 아도르노에 할애하지만(CoP: 32~103), 나중에 아도르노에 대한 독해를 상당히 다른 것으로 대체해 왔다(Honneth, 2009c).

12) 연구소의 종합 웹사이트는 매우 유익하다: http://www.ifs.uni-frankfurt.de.

13) 이들 연구 프로그램을 고지하는 두 편의 에세이는 호네트가 어떻게 비판사회이론이 추구하는 현재 진단이라는 경험적 목표를 달성하고자 하는지를 분명하게 보여준다(Hartmann and Honneth, 2012 [2004]; Honneth and Sutterlüty, 2011).

14) 보다 자세한 논의는 제5장 제2절 제5항 '불충분한 좌파 헤겔주의'와 제6장 제4절 '방법론적 혁신과 그에 대한 비판적 관점들'을 보라.

15) 마르크스, 루카치, 그리고 제2차 세계대전 이전의 프랑크푸르트학파 성원들은 내재적으로 초월적인 것을 노동 조건에서 발견했다. 노동 조건은 자본주의 사회의 기본 조직과 그 사회에 수반되는 병리를 이해하는 열쇠이자 그러한 병리를 극복할 수 있는 혁명의 가능성을 품고 있는 열쇠였다. 그 프로젝트는 자본주의가 회복력을 갖추기 시작하고 서구 선진 사회에서 프롤레타리아 혁명에 대한 희망이 상실되면서 좌초되었다. 전쟁 후 아도르노와 호르크하이머(그리고 때로는 마르쿠제)의 비관적인 진단은 내재적으로 초월적인 것을 전적으로 주관적인 진정한 심미적 경험이라는 거의 꺼질 것 같은 불씨로 영락시키는 것처럼 보였다(Horkheimer and Adorno, 2002). 하버마스는 '해방적 관심(emancipatory interest)'이라는 용어를 만들면서 "우리가 그 본성을 알 수 있는 유일한 것, 즉 언어"에 그것을 위치시킨다. "그 구조를 통해 우리에게 자율성과 책임이 주어진다"(Habermas, 1971: 314). 그 후 하버마스는 언어적 상호주관성 및 의사소통행위 이론을 중심으로 하는 체계적이고 포괄적인 비판사회이론을 발전시키는 데로 나아간다(Habermas, 1984, 1987).

16) 나는 하버마스는 언어를 강조하고 호네트는 인정을 강조한 것이 하버마스와 호네트 간 차이의 핵

심이라고 믿지만, 그것 외에 많은 방법론적·실제적 불일치도 존재한다는 점 역시 지적해야 한다. 이를테면 호네트는 하버마스가 이용하는 경제 및 관료제적 권력에 대한 기능주의적 분석을 거부하고, 하버마스가 법과 입헌 국가에 초점을 맞추는 것과 달리 사회통합의 현장으로서의 일상적인 사회적 관행, 관습, 제도에 더 초점을 맞추고 있다.

17) 따라서 호네트의 성숙한 정치철학은 규범적 정치철학과 경험적 사회연구가 체계적으로 상호 연관되어야 한다고 주장하는 영국의 정치이론가 데이비드 밀러(David Miller)의 연구와 놀라울 정도로 유사하다(Honneth, 2012i).

18) 이러한 범위의 차이는, 하버마스와 호네트 모두 규범적 재구성의 방법 — 현대 사회에 내재하는 가치와 규범에서 비롯된 분석 — 을 지지하지만, 하버마스는 입헌 민주주의를 재구성하는 반면 호네트는 사회적 자유의 다양한 영역 모두를 재구성한다는 사실에도 반영되어 있다(FR: 345, n. 1).

제2장 개인의 인정투쟁

1) 호네트가 철학적 인간학의 영향을 받았지만(이에 대해서는 호네트와 요아스가 자신들의 저서 『사회적 행위와 인간 본성』에서 유익하게 개관하고 있는 20세기 독일 전통을 보라), 호네트는 인간 본성의 본질에 대한 포괄적인 이론을 제시하지 않는다. 그는 개별 인간 발달의 모든 측면에 대한 완전한 이론도 제시하지 않는다. 호네트의 목적은 보다 수수하다. 다시 말해 호네트의 목적은 실천적인 자아의식의 발달을 설명하는 것이다.

2) 인정에 관한 피히테의 설명에 대한 통찰력 있는 독해로는 Bernstein, 2010을 보라.

3) 호네트에 대한 가장 예리한 비판적 해설자 중 한 사람인 데란티는 사실 호네트가 이 급진적 상호주관주의에서 물러서서 다양한 전통 — 역사적 유물론(특히 포이어바흐와 초기 마르크스), 미국의 실용주의, 그리고 실존적이고 육체화된 현상학(하이데거와 메를로퐁티) — 에서 나온 주체성과 주관적 경험에 대한 다양한 통찰을 호네트 자신의 이론에 통합할 것을 촉구한다(이들 전통에 대한 요약으로는 Deranty, 2009: 467~479를 보라).

4) 인정에 대한 정신분석학적 접근방식의 중요한 역사와 개념적 분석에 대해서는 Wildt, 2010을 보라.

5) 미한(Meehan, 2011)은 위니캇의 연구보다 더 최근에 이루어진 유아 발달 연구에 의존하여 정체성의 융합은 결코 완전하지 않으며 부모와 아이에게 상당히 다르게 구조화된다고 옳게 훈계한다. 호네트도 이에 동의한다(Honneth, 2011: 393).

6) 후자의 입장을 보여주는 전형적인 사례가 존 롤스의 사회계약론적 정의 이론이다. 롤스의 정의 이론은 그 이론의 기본 가정 중의 하나로 다음과 같이 제시한다. 공정한 사회를 만들기로 함께 계약하는 개인들은

> 합리적이며 상호 무관심하다. 그렇지만 이것이 당사자들이 에고이스트 — 이를테면 부, 위세, 지배 등 특정 종류의 이익에만 관심을 가지는 개인 — 라는 것을 의미하지는 않는다. 그러나 그들은 서로의 이익에는 관심을 가지지 않는 것으로 간주된다. 게다가 합리성 개념은 가능한 한 좁은 의미로, 즉 주어진 목적을 위해 가장 효과적인 수단을 취하는 것으로 해석되어야 한다.(Rawls 1971: 13~14)

7) 윌리엄 블랙스톤(William Blackstone)은 영국 관습법에 대한 자신의 정본으로 인정받은 요약에서 유부녀 신분의 교리를 다음과 같이 설명한다. “결혼에 의해 남편과 아내는 법적으로 한 사람이다. 즉, 여성의 존재 자체 또는 법적 존재는 결혼 기간 동안 정지되거나 적어도 남편의 존재 자체 또는

법적 존재에 통합되거나 합병된다. 남편의 날개, 보호, 덮개 아래에서 그녀는 모든 것을 수행한다. 결혼 기간 동안의 그녀의 상태는 유부녀 신분이라고 불린다"(Blackstone, 1979: 430). 유부녀 신분의 여러 중요한 요소는 20세기 후반까지 관습법 체계에서 지속되었다.

8) 존경 인정의 적절한 대상에 대한 호네트의 설명은 시간이 지남에 따라 다소 바뀌었다. 1990년대 초(이를테면 『인정투쟁』)에는 존경의 대상으로 특성과 능력에 초점을 맞추었다면, 21세기 초(이를테면 『재분배인가 인정인가?』)에는 존경의 주요 대상으로 개인의 업적에 관심을 집중했다. 이러한 변화가 일어난 여러 이유 중 하나는 호네트가 나중에 사회적 존경, 민주적 분업, 공정한 자본주의 경제 간의 관계를 강조(이를테면 『자유의 권리』에서)한 데서 기인한다. 나는 제6장에서 이 테마로 다시 돌아갈 것이다. 나는 지금은 계속해서 특성, 능력, 업적을 존경의 대상으로 삼을 것인데, 그 이유는 특히 더 포괄적인 정의가 전근대 사회와 근대사회를 가로지르며 존경을 분별력 있게 비교할 수 있게 해줄 것 같기 때문이다.

9) 미드의 설명에서 사회의 존경 질서는 주로 분업과 서로 다른 직업에 부여된 위세를 중심으로 구성된다. 이와 대조적으로 헤겔의 존경 질서 개념은 헤겔이 '윤리적 삶'이라고 부르는 것 — 즉, 근대 사회적 상호작용을 축으로 하며 그 상호작용을 뒷받침하는 복잡한 일단의 관념, 관습, 제도 — 에 초점을 맞추고 있다. 이 두 그림 모두가 근대 사회에만 국한되어 있다고 반박하면서 호네트가 제시한 존경 질서 개념은 시간이 지남에 따라 서로 달라진 많은 사회에도 그 개념을 적용하기 위한 것이다.

10) 바르가와 갤러거(Varga and Gallagher, 2011: 252~255)는 심리학의 현재 연구와 호네트의 선행 인정 개념 간에 유용한 연결고리를 제시한다.

11) 이것이 아마도 이 유형의 인정에 대한 호네트의 원래 논의와 나중의 논의 간에 가장 중요한 차이가 나는 영역일 것이다. 호네트는 초기에 '비가시성'에 대해 논의하며 기본적인 몸짓 표현이 실제로 자유롭고 지적인 존재로서 타인이 지닌 본래의 도덕적 가치에 대한 직접적인 인식을 체현한다고까지 제시했다(Honneth, 2001a: 121~126). 하지만 호네트는 이와 대조적으로 『물화』에서는 이 원초적인 형태의 인정이 다른 세 가지 형태의 인정에서 개관된 인정 기대의 더 광범위하고 차별화된 규범적 질서와 본질적으로 연결되어 있지 않다는 점을 강조하기 위해 애쓰고 있다.

12) 이 표는 『인정투쟁』 129쪽에 제시되어 있는 표를 수정하고 업데이트한 것이다. 선행 인정은 규범적 관계가 아니기 때문에, 엄밀하게 말하면 부정적인 형태나 왜곡된 형태를 **무시** — 즉, 타인을 잘못 또는 부당하게 대하는 방식 — 의 형태로 이해하는 것은 이치에 맞지 않는다. 따라서 아래의 요약 도표에서는 물화를 선행 인정과 상응하는 무시 행에 배치했지만, 물화는 인정의 망각, 즉 공감적 교류의 한 병리 현상으로 이해하는 것이 더 낫다.

13) 또한 Owen, 2008; Varga and Gallagher, 2011도 보라.

14) 보다 깊이 파고들지만 더 제한적인 한 반론은 오직 한 가지 형태의 자기 관계에만 초점을 맞추고 그것이 상호주관적인 인정을 요구하지 않는다고 주장하기도 한다. 이를테면 맥브라이드(McBride, 2013: 63~70)는 노예에서 해방되기 이전의 프레더릭 더글러스(Frederick Douglas)의 사례를 이용하여, 호네트가 자신의 자존감이 다른 사람들로부터 존중받는 것에 달려 있다고 말하는 것은 잘못이라고 주장한다. 맥브라이드는 실천적 정체성에 대한 주장이 경험적 심리학을 통해 정당화되어서는 안 된다고 주장한다. 나는 호네트가 이에 동의하지 않을 것이라고 믿는다.

15) 호네트 자신도 인정했듯이, 그는 『인정투쟁』에서 그러한 많은 개념적 문제에 대해 명확히 하지 않았으며, 그러한 명확성을 확보한 것은 오직 공감적인 논평가들과 가진 비평적 교류를 통해서였다(Honneth, 2002a; Ikäheimo, 2002, 2010; Laitinen, 2002). 인정에 대한 현재의 호네트의 분석은 Ikäheimo and Laitinen, 2007에 잘 제시되어 있다.

16) 그렇다면 이것이 인정은 사회적으로 상대적이라는 것을, 즉 모든 형태의 상호주관적 존중은 자신

이 속한 사회의 지배적인 기준에 따라 옳거나 그르고, 좋거나 나쁘고, 적절하거나 부적절하다는 것을 의미하는가? 여기서 호네트는 사회적 상대주의에 대한 우려를 반박하기 위해 사회 진보에 대한 발전론적 설명을 지지한다. 온건한 가치 실재론과 진보 간의 관계에 대해서는 Honneth, 2012j: 79~85도 보라. 나는 이 주제에 대해서는 다음 장에서 자세히 다룬다.

17) 이러한 우려는 2002년 ≪인콰이어리(Inquiry)≫에 실린 논문들(Honneth, 2002a; Ikäheimo, 2002; Kauppinen, 2002; Laitinen, 2002)에서 제기되고 응답되었지만, 특히 강력한 견해는 '목적격 나(me)'와 '주격 나(I)' 간의 관계에 대한 미드의 설명에서 나타나는 유사한 모호성을 고찰하는 방식으로 마켈(Markell, 2007)에 의해 진척되었다. 호네트가 마켈에 대해 제시한 답변은 이 단락에 제시된 입장과 일치한다(Honneth, 2007h: 350~351과 54~56).

제3장 사회적 인정투쟁

1) 홉스는 분명히 오직 일부 사람만이 명예를 얻기 위해 침략할 것이라고 생각한다. 안타깝게도 상호주관적 인정을 위한 종류의 투쟁이 수행하는 역할에 대한 홉스의 통찰은 내가 알기로는 인정 문헌에서 전혀 언급된 바 없다.

2) 선행 자기 확인에 필요한 사회적 조건을 확립하기 위한 투쟁도 있을 수 있지만, 적어도 호네트가 분석한 것처럼 부정적인 형태의 물화는 매우 드물고 사회적으로 병리적이기 때문에 여기서는 분석하지 않는다. 산업화된 대량 살인과 대량 학살이 사회적 물화의 전형적인 사례들 — 거기서는 지속적인 실천이 이데올로기적 도식과 결합되어 참여자는 타인이 인간이라는 자신의 선행 인식을 잊어버린다 — 이라는 점을 상기하라.

3) 나는 미국의 최근 운동으로부터 사례를 끌어오는 경향이 있는데, 이는 단지 개인적인 친숙함 때문이다. 우리는 유사한 사례들을 전 세계 곳곳에서, 그리고 더 큰 시간 범위에서도 찾아볼 수 있다.

4) 부부 강간 예외는 '유부녀 신분'으로 알려진 보다 광범위한 사법적 교의 — 이 교의에 의해 여성은 결혼과 동시에 남편에게 법적 인격을 빼앗겼다 — 의 한 요소일 뿐이었다. 미국에서 부부 강간 예외는 수백 년 전의 먼지 쌓인 유물이 아니다. "1984년이 되어서야 …… 뉴욕 항소 법원이 뉴욕주의 부부 강간 면제를 뒤집었고, 다른 주들도 그 뒤를 따랐다"(Cott, 2000: 211). 1993년경에 50개 주 모두에서 부부 강간을 법적 범죄로 인정했지만, 그중 33개 주에서는 여전히 배우자에 한해서만 과실 책임에 대한 일부 예외를 인정하는데, 이는 일반적으로 자신이 결혼한 어떤 사람에게 강제 성관계가 저질러졌을 경우는 얼마간 덜 심각하거나 덜 잘못이라는 이론에 근거한다(Burgess-Jackson, 1998; Ryan, 1995).

5) "밤을 다시 찾아오자" 행진의 흥미로운 변형 중 하나가 2011년 캐나다 토론토에서 시작되어 다른 곳에서 모방된 '잡년 행동(SlutWalk)' 시위이다. 이 시위는 성범죄자들이 여성의 외모나 옷차림을 어떻게든 면죄부로 삼고자 하는 것을 더 이상 용납하지 않게 만듦으로써 강간범이 변명을 하지 못하게 만들고자 하는 신랄한 시도이다.

6) 고문 및 기타 잔인하고 비인간적이거나 굴욕적인 대우 또는 처벌의 방지에 관한 유엔 협약(The United Nations Convention against Torture and Other Cruel, Inhuman or Degrading Treatment or Punishment). 특히 미국은 1994년에 이 조약을 비준했다. 하지만 테러와 연관된 것으로 추정되는 사람들에 대한 '강화된 심문(enhanced interrogation)'과 '용의자 인도(extraordinary rendition)'라는 21세기 미국의 관행은 명백히 국제 의무를 위반하는 것이었다.

7) 특히 가족 구조, 자녀 양육 관행 그리고 결혼의 법적 관계와 관련하여 보편적 정의(正義) 요구가 성별 관계에 어떻게 적용되는지를 특히 설득력 있게 설명하고 있는 것으로는 Okin, 1989를 보라.

8) 여기서 나는 최근의 자부심 투쟁에 초점을 맞추지만, 그 전망과 문제는 새로운 것이 아니다. 이를

테면 영이 제시한 차이의 정치와 20세기 초에 W. E. B. 두 부아(W. E. B. Du Bois)나 알랭 로크(Alain Locke) 같은 사상가들이 제시한 흑인 문화의 고양 및 차별화 전략 간의 유사성을 생각해 보라. 특히 흥미로운 것은 1916년에 로크가 미국 흑인들에게 코즈모폴리턴적이고 보편주의적인 '1차적 인종 의식(primary race consciousness)' ― 즉, 인류에 속하는 것으로 ― 과 흑인 문화의 구체적인 문화적 성과에 대한 '2차적 인종 의식(secondary race consciousness)'이라는 두 가지 트랙에서 동시에 건강한 실천적 정체성을 발전시킬 것을 촉구한 것이다. 전자가 자존감의 사회적 기반 ― 완전히 평등한 법적 권리 ― 을 목표로 한다면, 로크는 재건 시대 이후 미국의 새로운 형태의 억압 속에서 흑인들이 열의와 자부심을 가질 수 있는 적절한 사회적 기반을 구축하기 위해 정확히 후자를 권고한다(Locke, 1992: 특히 84~104).

9) 호네트는 하버마스의 계급 갈등 이론을 비판한 유명한 1981년 논문(Honneth, 1995g)에서부터, 권력 비판 이론을 다룬 1985년 저서(『권력 비판』), 낸시 프레이저와 벌인 논쟁을 확대하여 2003년에 책으로 펴낸 저작(『재분배인가 인정인가?』), 그리고 사회적 자유를 다룬 2011년의 저서(『자유의 권리』)에 이르기까지 자신의 경력 전반에 걸쳐 이론의 규범적 열망을 실제의 사회과정에 뿌리내리게 하는 것에 대해 이와 동일한 논지를 펼쳐왔다.

10) 이 단서 조항 ― 특정한 포괄적인 교의나 윤리적 삶의 방식이 개인들에게 자신의 개인적 권리나 신체적·감정적 완결성을 포기할 것을 정당하게 요구할 수 없다는 요구조건 ― 에 대한 호네트의 집착은 역사적으로 로크에서 칸트를 거쳐 밀에 이르는 광범위한 자유주의 이론과 궤를 같이하며, 현대 정치철학에서도 두드러지게 나타난다(Habermas, 1994; Kymlicka, 1995: 152~172; Rawls, 1996: 58~66). 이를테면 가부장적인 집단에서 개인의 이탈을 보장하고 법 앞에 평등한 대우를 보장하는 것은 이러한 우선순위 관계를 제도화하는 핵심적인 방법이다(Okin, 1989).

11) 쿡(Cooke, 2009)은 이를테면 모든 사람이 어떻게 먹어야 하는지에 대한 슬로푸드 운동의 주장과 웨일스어 공동체에 대한 보다 제한적인 지원 주장 간의 차이에 대해 흥미로운 고찰을 하고 있다.

12) 맥브라이드(McBride, 2013: 134~163)는 가치 다원주의의 조건에서 어쩔 수 없이 발생하는 규범적 해석을 둘러싼 갈등을 전제로 인정투쟁에 내재하는 불가피한 특성을 강조한다.

13) 나는 '급진적' 페미니즘 이론, '평등주의적' 페미니즘 이론, '차이' 페미니즘 이론 간의 논쟁과 관련하여 비슷한 주장을 한 적이 있다(Zurn, 1997).

14) 호네트는 『인정투쟁』에서 존중의 발달 잠재력은 '일반화'와 '탈형식화'의 차원에 자리하고 있는 반면 존경의 발달 잠재력은 '개인화'와 '평등화'의 차원에 자리하고 있다고 주장했다. 그러나 그는 보다 최근의 저서에서 이러한 구분을 버리고 사랑, 존중, 존경 모두에 개인화와 포함이라는 두 가지 기준을 적용하는 것을 선호하는 것으로 보인다. 따라서 나는 이를테면 호네트가 이전에 『인정투쟁』(SfR: 129)의 도표에서 제시했던 구분을 하지 않을 것이다.

15) 맥브라이드(McBride, 2013)는 부분적으로는 존중과 존경은 돈과 권력 같은 다른 자원으로 전환될 수 있기 때문에 인정을 물질적 자원이라고 주장한다. 따라서 그는 인정을 국가가 분배해야 하는 하나의 재화로 간주한다. 그러나 철저한 조사를 통해 국가가 존경을 분배할 수 있는 정당한 정의의 원리가 존재하지 않는다는 사실이 밝혀진 후, 그는 오직 존중만이 분배될 수 있다고, 즉 모든 사람이 권리를 부여받아야 한다고 결론 내린다. 그리하여 결국 맥브라이드의 인정 정치는 본질적으로 자유주의적인 권리 보편주의로 좁혀진다. 나는 호네트와 영(Young, 1990a)과 마찬가지로 인정을 애초부터 분배 물자로 취급해서는 안 된다고 말할 것이다. 그리고 나는 정의라는 주제가 국가가 정당하게 강제적으로 분배할 수 있는 것을 고려함으로써 철저하게 규명될 수 있다고도 생각하지 않는다.

16) 이는 맥브라이드의 책(McBride, 2013) 제1장에서도 강조되고 있다.

17) 알렉산더와 라라(Alexander and Lara, 1996: 133~136)는 "존경 추구가 수반할 수 있는 더 어두운 가

능성"(134)에 대해 비슷한 지적을 하지만, 그들은 이 문제가 호네트가 공동체 관념과 연대 관념을 충분히 짜임새 있게 분석하지 않는 데서 기인한다고 본다.

제4장 사회병리의 진단

1) 나는 이 분석을 나의 이전의 글(Zurn, 2011)에서 더 길게, 그리고 더 예리한 비판을 위해 진척시켰다. 호네트는 자신의 병리 진단을 체계화하는 유용한 방법의 하나로 이 이차적 장애라는 개념을 지지했다(Honneth, 2011).

2) 호네트는 호르크하이머와 아도르노가 자신들의 후기 저작에서 사회 세계를 묘사하는 데 이용한 과장법, 암시적 은유, 모순어법적 표현을 잠재적으로 유용한 전략적 과장 및 왜곡으로 이해해야 한다고 주장한다(Honneth, 2007g, 2009c). 그는 또한 『자유의 권리』 도처에서 문학과 영화로부터 예를 사용한다.

3) 호네트는 병리학의 은유를 (건강의 기준을 비교적 쉽게 분명하게 제시할 수 있는) 개별 생물학적 유기체에서 사회현상으로 확장하는 데 내재하는 어려움을 자신의 흥미로운 연구(Honneth, 2007f)에서 집중적으로 논의한 바 있다.

4) 그러한 역학을 시도한 초기의 대표적인 사례가 바로 1940년대에 프랑크푸르트학파 성원들이 미국으로 망명해 있는 동안 '권위주의적 퍼스낼리티'와 관련된 현상을 조사하기 위해 수행한 다양한 프로젝트이다(Adorno et al., 1950).

5) 또 다른 보다 일반적인 방법론적 문제가 최근에 명확해졌다. 호네트는 어떤 종류의 인과적 사회이론에 마음이 끌리는지를 묻는 질문에 아도르노에서 영감을 받은 인상학, 거대 통합 사회이론, 또는 특정한 인과적 설명을 하는 좀 더 소규모의 개별 병리학 중에서 세 번째 선택지 — 서로 다른 종류의 사회현상은 그 현상들 각각에 개별적으로 적합한 서로 다른 인과적 설명을 가진다는 입장 — 를 택했다(Honneth, 2011; Zurn, 2011).

6) 반면 도덕적 자유의 병리에 대한 호네트의 설명에서 그가 인용하는 현상(FR: 113~120)이 고립된 개인의 실패로 보이고 그러한 실패가 식별 가능한 사회적 원인을 가지고 있지 않은 것처럼 보이기 때문에 내게는 아직 도덕적 자유의 병리가 **사회적** 병리라는 생각이 들지 않는다.

7) 그런 다음 게스가 그러한 생각을 물화에 관한 구체적인 주장으로 발전시킨다는 점에 주목할 필요가 있다. 즉, 게스는 호네트가 물화 비판이 무도덕적이라고 여기면서도 자신의 비판에 도덕적인 내용을 몰래 들여왔다고 주장한다. 나는 이 구체적인 주장이 선행 인정이 무도덕적 관계라고 오해하는 데서 기인한다고 생각한다(제2장 제5절 '선행 인정'을 보라). 도덕철학에 대해 게스가 가지고 있는 모든 염려는 아마도 사랑, 존중, 존경의 인정에 대한 호네트의 설명에 더 타당할 것이다.

8) 거기에는 인간의 번영이라는 개념 자체를 자기실현이라는 측면에서 구체화하는 것 — 호네트가 그렇게 한다 — 자체가 선에 대한 특정 개념 — 이를테면 자기실현 일반을 인간 삶의 가치 있는 목적의 하나로 보기를 거부하는 개념 — 을 배제하는 것은 아닌가 하는 우려가 여전히 남아 있을 수 있다(Zurn, 2000).

9) 이를테면 낸시 프레이저는 심리학의 경험적 결과에 의존하는 것은 호네트의 이론이 그 영역의 특정 결과에 의해 반증될 수 있기 때문에 호네트의 이론을 위태롭게 할 수 있다고 자주 주장해 왔다(Fraser, 2000).

제5장 인정과 시장

1) 인정이론에 관한 세 권의 훌륭한 책이 프레이저, 호네트, 테일러의 책을 그 이론의 정전(正典)의 중심에 놓고 있기는 하지만, 그 책들은 또한 세일라 벤하비브, 제시카 벤자민, 피에르 부르디외, 주디

스 버틀러, 위르겐 하버마스, 마리아 피아 라라(Maria Pia Lara), 패첸 마켈(Patchen Markell), 제임스 툴리(James Tully), 아이리스 매리언 영(Iris Marion Young), 슬라보예 지젝(Slavoj Žižek) 등 현대 인정 논쟁에 중요한 다른 이론가들도 주목한다(McBride, 2013; McNay, 2008; Thompson, 2006).

2) 인정 정치와 정체성 정치를 동일시하는 이러한 경향은 인정에 관한 프레이저의 초기 논문들(Fraser, 1995, 1997a, 2000, 2001)에서 더욱 두드러지지만, 『재분배인가 인정인가?』에서도 분명하게 나타난다. 다른 곳에서 나는 프레이저가 인정투쟁에 대한 '진정성 모델'을 호네트에 잘못 귀속시켰다고 비판해 왔다. 진정성 모델은 항상 그러한 투쟁을 문화 집단이 자신의 집단 차이를 가치화하기 위한 징고이즘적 요구로 간주한다. 하지만 이것은 호네트의 견해가 아니다(Zurn, 2003b: 529~531). 이러한 귀속이 바로 인정 정치의 집단적 발칸화(group balkanization)와 재분배 정치의 사회적 동질화 간의 불가피한 딜레마에 대한 프레이저의 영향력 있는 — 그러나 지금은 폐기된 — 테제를 구성하는 데서 필수적인 요소였다(Fraser, 1997a; Zurn, 2004).

3) 또한 Honneth, 2007h: 75~77도 보라.

4) 듀이에 관한 호네트의 이 1998년 에세이는 비판이론, 사회 정의, 민주주의에 대한 자신의 인정이론적 설명에 분배 정의 이론을 통합하려는 호네트의 시도에 대해 프레이저가 제기하는 주장 중 일부에 바탕하는 나의 비판에서 주요한 초점의 대상이다(Zurn, 2005). 호네트의 이론에 대한 그러한 비판과 관련한 답변은 Deranty, 2010; Schmidt am Busch, 2010을 보라. 이 장에서 나는 내가 이전의 논문에서 제기한 문제들 대부분을 다루지만, 덜 전문적인 방식으로 다룬다. 이 장은 또한 이전의 듀이에 관한 에세이와는 강조점과 세부 사항에서 약간 차이를 보이는 『재분배인가 인정인가?』에 제시된 호네트의 정치경제학에 초점에 맞춘다.

5) Fraser, 1995, 1997a, 1997b, 1997c, 1998, 2000, 2001을 보라. 나는 인정적 정의와 분배적 정의라는 두 가지 문제 모두를 포괄하는 프레이저의 '양가적' 사회이론 프로그램에 대해 나 나름으로 (그러나 서로 다른 사회이론에 기반하여) 하나의 비판을 발전시켜 왔다(Zurn, 2003a, 2003b, 2004). 프레이저의 이론을 다룬 광범한 논문들을 모아놓은 것으로는 Fraser, 2008을 보라.

6) 그 책의 첫째 장은 1996년에 프레이저가 '인간 가치에 대한 태너 강의'에서 했던 강연을 개정하고 확대한 것이다(Fraser, 1998).

7) 하버마스의 기능주의적 경제이론과 명백히 대조되는 '생활세계적' 정치경제이론에 대해 호네트의 주장이 갖는 중요성을 옳게 강조하고 있는 것으로는 Smith, 2011을 보라.

8) 사회 진보의 두 가지 기준 — 포함과 개인화 — 에 대해서는 제3장 제3절 제1항 '포함과 개인화'를 보라.

9) 인정 정치에 관한 테일러의 영향력 있는 에세이(Taylor, 1994)에는 자원이나 물질적 재화의 분배에 대한 언급이 전혀 없고, 단지 자유주의적 헌법 체제에서 개인의 권리가 어떻게 '분배'되는지에 대한 논의만 들어 있다. 현대 정치에 대한 테일러의 설명을 검토하고 있는 여섯 명의 저명한 논평가 가운데서 앤서니 아피아(Anthony Appiah)와 위르겐 하버마스만이 계급투쟁을, 그것도 지나가는 길에 언급하고 있다.

10) 사람들은 인정이론이 롤스의 차등 원리와 같은 자원의 공정한 분배를 위한 이상적인 원리를 제시하지 않아 왔기 때문에 경제적 문제를 대체해 왔다고 생각할 수도 있다. 그러나 그 이론이 경제 정의의 문제와 맞서 싸우는 유일한 방법이 아니라는 것은 분명하다. 호네트의 작업은 현존하는 자본주의를 부정의와 사회병리를 야기해 온 역사적으로 독특한 형태의 사회조직으로 고찰하는 것이었다.

11) 이를테면 누군가는 호네트가 자본주의가 자신의 인정 질서 — 즉, 심층적인 이데올로기적 기능을 수행하는 질서 — 를 포함하여 사회의 모든 측면을 근본적으로 구조화하는 정도를 과소평가하고

있다고 주장할 수도 있다(Wild, 2013).

12) 이 인용문과 앞의 인용문은 내가 번역한 것이며, 상응하는 구절은 『재분배인가 인정인가?』의 독일어판(*Umverteilung oder Anerkennung*) 183쪽과 285쪽에서도 찾아볼 수 있다.

13) 비록 호네트가 자신이 지배적 인정 질서로부터 끌어내는 첫째 주장을 실제로는 강하게 해석하지 않는 것처럼 말하지만, 그의 답변을 주의 깊게 읽어보면, 실제로는 인정 질서 주장을 둘째의 규범적 전제조건 주장의 측면에서 재해석하고 있음을 알 수 있다.

> 나의 '인정 질서' 개념은 바로 이 층위 — 사회 정의와 부정의에 대한 시대별 문법 — 를 겨냥한다. 물론 이러한 개념은 현대 자본주의가 발전해 온 과정의 동학을 설명하기에 충분하지 않다. 그러나 이 개념은 그저 그러한 과정에 착근된 규범적 제약을 명확하게 하기 위한 것일 뿐이다. 왜냐하면 주체는 인정에 대한 특정한 기대를 가지고 그러한 제약에 대처하기 때문이다. 나는 경제 영역의 구조적 변화조차도 그 영역으로부터 영향을 받는 사람들의 규범적 기대와 무관한 것이 아니라 적어도 그들의 암묵적 동의에 의존한다고 계속해서 가정한다.(RoR: 250)

14) 같은 맥락에서 프레이저의 이론 또한 경제적 요인이 그 자체로 사회적 부정의를 구조화하는 자율적 힘을 가진다는 자신의 반테제를 뒷받침하는 데 필요할 수 있는, 자본주의 정치경제에 대한 상세한 설명을 적절히 제시하지 않고 있다는 점을 지적해야 한다. 내가 본론에서 지적한 공백을 메우기 위해 호네트가 이용할 수 있는 이단적인 형태의 경제이론을 얼마간 제시하기 시작하는 이차 문헌들이 존재한다(Deranty, 2010). 나는 여기서 호네트와 프레이저 논쟁의 배경이 되는 오랜 방법론적 논쟁(Smith, 2011)에 발목 잡히지 않으려고 노력해 왔다. 이 논쟁은 경제 현상을 구체적으로 어떻게 이해할 것인가에 대한 논쟁 — 이 논쟁은 하버마스의 1970년대와 1980년대의 사회학이론(Habermas, 1984, 1987)에 의해 격화되었다 — 으로, 기능주의적 체계이론 지지자(하버마스와 프레이저 같은)와 행위이론 지지자(호네트 같은) 간의 논쟁이다.

15) 하버마스의 용어로 표현하면, 자본주의적 근대세계는 체계통합 형태와 사회통합 형태가 구조적으로 분리되는 것으로 특징지어진다.

16) 호네트는 그러한 비판 전체에 대해 다음과 같은 방식으로 대응할 수도 있다. 어떤 특정한 개선책을 옹호하거나 정치적 질문에 편을 드는 것은 사회이론의 목적이 아니다. 옹호는 시민의 영역이고, 사회적 설명은 이론가의 영역이다. 따라서 인정이론이 충분한 전략적 지침을 제공하지 못한다고 비판하는 것은 솔직히 잘못이다. 이는 호네트가 최근 지지하는 쪽으로 기울고 있는 이론과 실천 간의 엄격한 분리와 상통한다(Honneth and Marcelo, 2013: 212~214). 그럼에도 불구하고 호네트조차도 다음과 같이 인정한다. "그것은 복잡하다. 내가 비판이론에 적합하다고 생각하는 것과 이론의 너무나도 직접적인 정치적 개입이라고 생각하는 것 간을 나누는 선은 매우 가늘다"(214). 정작 문제는 비판사회이론이 단지 가치자유적인 설명적 사회과학이 아니라 오히려 처음부터 규범적 내용으로 철저하게 물들어 있고 변화의 기본 방향을 도덕적으로 진보적인 사회변화의 관점에서 설정한다는 것이다. 전략적 지침에 관한 문제는 본질적으로 이론과 실천 간의 경계선 양편 모두에 다리를 걸치고 있다.

17) 나는 호네트의 목적론적 접근방식에 대해 프레이저와 유사한 비판을 해오면서(Zurn, 2000), 프레이저의 규범적 전략과 호네트의 규범적 전략에 대해 보다 면밀하고 심층적인 비교 평가를 시도했고(Zurn, 2003b), 프레이저가 선호하는 접근방식에 대해 일련의 비판을 해왔다(Zurn, 2003a). 이 짧은 항에서 우리는 두 사람 간의 더 깊은 철학적 논쟁의 일부만을 맛보고, 단지 호네트에 대한 프레이저의 비판에만 초점을 맞출 것이다. 하지만 호네트는 그러한 비판에 맞서 결정적으로 프레이

저의 참여 평등 이론(theory of participatory parity)에도 심각한 결함이 있다고 지적한다. 나는 프레이저의 규범 이론에 대한 호네트의 의구심을 일부 공유하지만, 여기서는 그것에 대해 다루지 않을 것이다.

18) 좋은 삶의 사회적 조건에 대한 보편적으로 타당하지만 형식적인 개념을 주장하는 호네트의 전략은 보편적으로 타당한 약한 완전주의의 한 형태로 인간 역량 이론을 개발하려는 마사 누스바움(Martha Nussbaum)의 프로젝트와 많은 유사점이 있다는 점을 지적할 필요가 있다.

19) 톰슨(Thompson, 2006: 165~185)은 호네트가 무시당했다는 느낌에 의존하고 있다는 것에 관해 통찰력 있게 논의하면서, 매개되지 않은 내재된 느낌과 이데올로기적으로 또는 트라우마에 의해 왜곡된 감정 경험을 넘어설 필요성 간의 긴장을 쉽게 조정할 수 있는 방법은 없다고 주장한다. 나는 아래에서 그 긴장이 해소될 수 있다고 주장한다.

제6장 사회적 자유와 인정

1) 나는 여기서 헤겔 자신의 사상을 재구성하려고 시도하기는커녕 헤겔에 대한 호네트의 이해를 재구성하려는 시도도 피한다. 하지만 헤겔에 대한 호네트의 일반적인 평가에 시간이 지남에 따라 상당한 변화가 있었다는 점을 지적하는 것은 가치가 있다. 1990년대의 작업 — 특히 『인정투쟁』 — 에서 호네트는 초기 헤겔만을 선호했지만, 지난 15년간의 작업 — 특히 『개인적 자유의 병리』, 『우리 안의 나(The I in the We)』, 『자유의 권리』 — 에서는 헤겔의 성숙한 저작도 유용하게 이용하고 있다. 호네트 자신도 이러한 변화를 다음과 같이 분명하게 설명한다.

> 『인정투쟁』에서 나는 헤겔의 예나 강의만이 인정이론의 일관된 요소를 포함하고 있다고 생각했지만, 그의 성숙한 저작을 더 집중적으로 연구한 후 나는 내가 얼마나 잘못 생각했는지를 깨닫게 되었다. 나는 헤겔이 정신에 대한 독백적 개념을 발전시키는 과정에서 초기의 상호주관주의를 희생했다고 더 이상 생각하지 않으며, 오히려 헤겔은 그의 생애 내내 객관정신 — 즉, 사회적 현실 — 을 일단의 층층의 인정 관계로 해석하려고 했다. 나는 이러한 재평가를 바탕으로 헤겔의 『법철학』이 인정이론의 발전에 유익하게 기여할 수 있게 하려고 노력했다. 우리는 거기서 사회 정의가 상호 인정의 요건이라는 측면에서 정의되어야 한다는, 그리고 역사적으로 발전된 그리고 이미 제도화된 인정 관계에서 우리의 출발점을 취해야 한다는, 헤겔의 초기 저술에서보다 훨씬 더 강력한 획기적인 개념을 발견한다.(*The I in the We*: vii~viii)

2) 이 사례들은 호네트가 제시한 것이 아니며, 그는 이러한 이상형적인 반대사례에 근거하여 소극적 자유에 반대하는 주장을 펴지도 않는다. 그러나 나는 이러한 사례들이 그의 더 확장된 주장의 본질을 간결하고 친숙한 방식으로 포착한다고 생각한다.

3) 호네트는 성찰적 자유에 대한 하버마스와 아펠의 담론 이론이 제거할 수 없는 사회적 요소 — 즉, 규범의 상호주관적 정당화 — 를 포함하고 있으며 따라서 사회적 자유에 매우 가깝다는 점을 인정한다. 그러나 호네트는 담론 이론이 진정한 자유에 필요한 역사적으로 구체적이고 수용 가능한 사회제도를 실제로 요구하지는 않는다고 주장한다(나는 그것이 실수였다고 생각한다)(FR: 42~43).

4) 이 진보 메커니즘은 호네트로 하여금 이성/절대정신이 자기를 실현해 나가는 역사적 목적론에 대한 헤겔의 설득력 없는 형이상학적 근거로부터 벗어날 수 있게 해준다. 하지만 우리가 앞으로 이 장의 제4절 제2항 '규범적 문제들'에서 살펴보듯이, 이는 호네트에게 제도 자체에 대한 규범적 정당화라는 새로운 짐을 지운다.

5) 내가 여기서 주관적 권리를 언급하는 이유는 호네트가 근대 법적 자유가 전혀 다른 두 가지 형태로

우리에게 온다는 것을 인정하기 때문이다. 주관적 권리는 개인으로 하여금 다른 사람들의 간섭 없이 자유롭게 일할 수 있게 해주는 반면, 정치적 권리는 개인으로 하여금 다른 사람들과 함께 집단적 자치에 참여할 수 있게 해준다. 후자는 호네트가 『자유의 권리』의 뒷부분에서 다루는, 그리고 이 책에서는 이 장의 제3절 제5항 '공적인 정치적 영역'에서 다루는 사회적 자유의 실제 영역 — 민주주의 — 을 확립한다.

6) 어떤 구절들에서는 호네트가 그러한 생각으로 다시 돌아가는 것처럼 보인다. 이를테면 그는 "임금 수준은 주어진 노동 사례에 대한 사회적 존경의 척도를 상징적으로 표현한다"라고 말한다(FR: 246). 하지만 나는 이러한 구절들을 도덕적 경제주의를 지지하는 논증을 진척시키려는 부담을 짊어지고자 하는 것이기보다는 단지 노동시장 참여자들이 급여 수준과 자부심 사이에서 종종 느끼는 경험적 관련성을 보고하는 것으로 해석한다.

7) 소비 영역에 초점을 맞춘 것 자체가 호네트가 자신의 초기 연구에서 노동시장과 노동 세계에만 전적으로 초점을 맞추었던 것에서 도덕적 경제주의로 관심을 크게 확대했다는 것을 말해준다. 헤겔의 『법철학』이 미친 영향이 여기서 분명하게 드러난다.

8) 내가 호네트의 이론이 '급진적 민주주의'의 한 버전이라고 주장하는 것은 아니다. 여기서 '급진적 민주주의'라는 라벨은 제거할 수 없는 정치적 갈등을 강조하고 종종 이성에 대한 후기구조주의적 의심에 빚지고 있는 일군의 '호전적인' 정치이론가들 — 이를테면 웬디 브라운(Wendy Brown), 윌리엄 코놀리(William Connolly), 에르네스토 라클라우(Ernesto Laclau), 샹탈 무페(Chantal Mouffe), 안토니오 네그리(Antonio Negri), 셸던 울린(Sheldon Wolin) — 을 지칭한다. 하지만 호네트와 이들 이론가 간에는 특히 민주주의 변화의 진정한 동력으로의 모반적 사회운동에 공히 주목한다는 점에서 유사점이 있다.

9) 나는 이 영역을 개인적 관계의 영역만큼이나 분명히 하나의 사회적 자유의 영역이라고, 그리고 경제적 영역보다도 분명히 더 사회적 자유의 영역이라고 말하고 싶다. 경제적 영역과 달리 개인적 영역과 민주주의 영역 모두에서는 개인 행위의 성공이 분명 상호보완적인 프로젝트에 참여하는 다른 사람들에게 적절하게 받아들여지는 것과 연결되어 있으며, 이 모든 것은 참여자 간의 상호 인정의 맥락에서 이루어진다.

10) 나는 이 목록을 『자유의 권리』 289쪽부터 293쪽까지 요약되어 있는 공론장에서의 사회적 자유에 요구되는 다섯 가지 조건으로부터 도출하고, 거기에 민감한 민주적 입헌 국가에 요구되는 조건 하나를 더했다. 그리고 일곱째 조건은 민주적 윤리적 삶에 대한 논의의 결론부(FR: 329~335)에서 도출했다.

11) 호네트는 하버마스와 다른 사람들이 민족주의의 대체물로 특히 장려했던 '입헌적 애국주의' 문화가 연대와 시민적 헌신을 키우는 데 필요한 실제적 내용과 동기 부여 능력을 가지고 있는지에 대해 의심한다.

12) 호네트는 사회제도는 참여자가 어떤 형태로든 그 제도에 동의할 때만 계속해서 존재할 수 있다고 오랫동안 주장해 왔다. 1985년에 출간된 그의 책을 끝맺는 구절을 살펴보라. 그는 거기서 '사회조직'은 "자신의 존속을 모든 참여자의 도덕적 합의에 의존하는 취약한 구성물"로 이해되어야 한다고 주장한다(CoP: 303). 『자유의 권리』에서 새로운 것은 그 주장이 자유의 다양한 영역이 시간이 지남에 따라 어떻게 분화되고 통합되며 재생산되는지를 설명하는 하나의 복잡한 사회이론으로 정교화된다는 것이다.

13) 사람들은 진보 관념에 대한 가차 없는 비판자인 존 그레이(John Grey)가 여기와 다른 곳에서 수집된 모든 비난을 퍼부었을 것으로 상상할 수도 있다. 그레이의 그러한 비판의 맛을 보고 싶으면, Grey, 2004에 실린 에세이들의 첫 섹션을 살펴보라.

14) 나 자신의 '입장'에서 보면, 내가 가장 걱정스러울 정도로 낙관적이라고 생각하는 부분은 『자유의

권리』의 가족에 관한 섹션, 특히 161~176쪽 부분이다. 내가 느끼기에, 그 섹션은 가족 관계에서 필연적으로 도덕적 진보를 이끌게 되어 있는 따뜻한 빛으로 과도하리만큼 가득 차 있고, 안타깝게도 가족 영역이 남성 중심적 억압의 학교였고(Okin, 1989) 이성애주의, 인종 차별, 외국인 혐오증, 감정 위축, 위험한 상호주관적 관계의 믿을 만한 재생산자였으며 지금도 여전히 그러하다는 것을 외면한다. 브링크(Brink, 2013)는 『자유의 권리』에 대해 제기될 수 있는 이러한 우려를 더 자세히 논의하고 있다. 현대 결혼제도에 대한 나의 우려와 그에 대해 내가 제시한 해결책에 관심이 있다면, Zurn, 2012를 보라.

15) 이것이 바로 기본적으로 하버마스의 비판이론이 취한 전략이다. 하버마스에 따르면, 보편적이고 초문화적인 합리성의 기준은 (다소 진보적인 서구 역사의 과정에서 완전히 실현되지는 못했지만) 언어의 의사소통적 용법 속에 구축된다(Habermas, 1984).

16) 관습주의와 다양한 형태의 객관주의를 둘러싼 이러한 문제는 앞서 이 책에서 논의한 우려들, 이를테면 제3장 제3절 '역사적 진보'와 제4절 '비판적 관점들'에서 "윤리적 삶에 대한 형식적 개념"에 관한 관념에 대해 호네트가 설정한 근거를 논의하면서, 제4장 제3절 제2항 "'특정 현상을 병리적인 것으로 판단하는 기준은 무엇인가?'"에서 사회병리에 대한 주장의 근거와 관련한 문제들을 고찰하면서, 그리고 제5장 제2절 제4항 '분파적인 목적론적 기준'에서 목적론적 도덕 이론에 대한 프레이저의 비판을 본질적으로 분파적이라고 평가하면서 다루었던 우려들과 밀접히 관련되어 있다. 수년 전에 나는 호네트에게는 자신의 규범적 주장의 논거를 세우는 데 기본적으로 이용할 수 있는 세 가지 선택지가 있다고 주장했다. (1) 도덕적 기준의 보편성에 대한 하버마스의 언어에 기반한 주장에 편승하는 것, (2) 문화 전반에 걸쳐 보편적인 것으로 간주되는 사회적 합리성의 특징들을 합리적으로 재구성하는 것, (3) 내재적 인간 본성에 대한 보편주의적 설명에 의존하는 것이 바로 그것이다(Zurn, 2000). 이제 첫째 선택지는 호네트의 관심사가 아니라는 것이 분명하다. 내가 느끼기에 호네트는 아직 둘째와 셋째 선택지 사이에서 확실히 결정하지 못했지만, 여전히 이 문제와 적극적으로 씨름하고 있는 것으로 보인다(Honneth, 2013a).

17) 브링크(Brink, 2013)는 개인적 관계에 대한 대안적 목적론들에 대해 특히 가족에 대한 보수적인 관점에서 몇 가지 유사한 고려를 하고 있다.

18) 대안적 목적론들에 대한 아래의 논의는 클라센(Claassen, 2013)이 제기한 비판에서 크게 영감을 받았다. 클라센이 대안적 목적론들을 (칸트와 롤스 같은) 철학적 구성주의자와 (헤겔과 호네트 같은) 재구성주의자 간의 논쟁에 대한 증거로 취한다면, 나는 호네트가 관습주의적 형태의 재구성주의보다 객관주의적 형태의 재구성주의를 채택해야 한다고 주장하기 위해 대안적 목적론들을 추적한다.

19) 『자유의 권리』에 대한 호네트 자신의 모호한 요약은 그가 대체로 관습주의를 선호한다는 것을 보여준다.

> 어떤 특정한 규범적 재구성 ― 이는 원칙적으로 수정 가능하다 ― 이 타당하기 위해 요구되는 조건 중 하나는 그러한 재구성이 그러한 규범을 이미 제도화된 것으로 따라서 그러한 역사적 맥락 **내에서 보편적으로 권위 있는** 것으로 취급하는 근대사회의 **특정한 해방 약속과 결부되어 있다**는 것을 알아야 한다는 것이다. 그러나 관련 원칙이 **받아들여**지면, 재구성 방법은 그러한 원칙이 실현되는 발전 궤적을 객관적으로 추적할 것을 요구한다.(Honneth, 2013b: 39, 모든 강조 표시는 추가한 것이다)

이 구절과 다른 구절(이를테면 37쪽)의 중심을 이루는 관념은 관습주의적인 것으로 보인다. 즉, 진보의 표지인 도덕적 이상은 특정 사회에 대해서만 내재적으로 정당화된다는 것이다. 거기서 언급된 '객관성'은 재구성에 관한 실제의 역사적 주장에만 적합하다.

20) 이는 규범 이론에서 하나의 문제일 뿐만 아니라 사회이론에서도 하나의 문제이다. 이에 대해서는 아래에 이어지는 이 절 제3항의 둘째 소항목 '이상주의, 권력, 구조, 그리고 체계'를 보라.

21) 얀센(Jansen, 2013)은 범유럽적 이질성과 글로벌화 모두를 검토하고 나서, 호네트가 그의 민주주의 이론에서 가정한 것처럼, 근대 민주주의가 하나의 동질적인 집단 정체성을 요구하는지에 대해 규범적·사회이론적 의문을 제기한다.

22) McNay, 2008; Petherbridge, 2013. 그러나 또한 Brink and Owen, 2007b에 수록된 에세이들(그중에서도 특히 Bader, 2007); Brink and Owen, 2007a; Rössler, 2007; Young, 2007; Allen, 2010; 그리고 Petherbridge, 2011에 수록된 에세이들(특히 Ferrara, 2011); Renault, 2011; Smith, 2011; Zurn, 2011도 보라. 특히 맥네이와 페더브리지의 모노그래프들은 호네트의 이론에 대한 단순한 비판적 분석을 넘어 인정과 사회구조 그리고 권력의 미시 구조 간의 관계에 대해 자신들만의 설명을 발전시키고 있다. 맥네이는 젠더화된 권력을 분석하기 위해 육체화된 아비투스에 대한 부르디외의 설명을 정교화한다. 페더브리지는 푸코에 대한 호네트의 초기 연구에 기대어 권력이 주체 형성과 주체적 행위를 매개하는 방식을 분석한다.

23) 착취를 강조하는 두 가지 서로 다른 통찰력 있는 유물론적 설명으로는 Hartsock, 1983; Pateman, 1988을 보고, 푸코식의 권력과 정신역학 간의 관계를 강조하는 설명으로는 Butler, 1997을 보라.

24) 적어도 아피아(Appiah, 2010)의 설명이 옳다면, 19세기 초에 명예 규범 및 그와 관련된 결투 관행이 다소 빠르게 사라진 것도 같은 맥락에서 이해할 수 있을 것이다.

25) 이러한 우려는 때때로 억압에 **무감각한** 이론은 그로 인해 억압과 **공모한다**는 주장으로 표현되기도 한다. 이 비난은 인정이론 일반에 대해 반복적으로 제기되어 왔다(Markell, 2003; McNay, 2008; Oliver, 2001을 보라). 우리가 제4장 제2절 제1항 '이데올로기적 인정'에서 지적했듯이, 호네트 자신도 이 잠재적인 문제를 잘 알고 있으며, 이 문제에 대처하기 위해 이데올로기적 인정에 관해 자신의 설명을 명시적으로 발전시킨다. 하지만 그러한 비판을 수용하기에 앞서, 거기서 공격받은 일반적인 '인정이론'이 호네트가 발전시킨 이론과 실제로 세부적으로 일치하는지, 그리고 호네트의 이론이 (내가 주장해 온 것처럼) 적절한 인정과 부적절한 인정을 구분할 수 있는 자원을 가지고 있는지를 살펴보는 것이 좋을 것이다. 만약 그러한 자원을 가지고 있다면, 억압에 대한 무감각이 억압의 공모로 자동적으로 전환되지는 않을 것이다.

제7장 결론적 사색

1) 이 강연의 비디오는 http://www.youtube.com/watch?v=UuSSLA8_0cE에서 이용할 수 있다. 2014년 1월 25일에 접속했다.

2) 다니엘 페더브리지는 호네트가 원래 푸코의 권력의 미시물리학에서 중요한 통찰을 얻었지만, 호네트의 최근 연구(적어도 『자유의 권리』 이전에 수행된 연구)는 그러한 통찰의 상당 부분을 포기했다고 주장한다. 그녀 역시 보다 완전히 발전된 권력 이론이 필요하다는 입장을 지지한다 (Petherbridge, 2013).

3) Heins, 2008과 Schweiger, 2012는 좋은 출발점을 제공한다.

참고문헌

이 참고 문헌 목록은 이 책에서 실제로 언급된 저작만 상세하게 열거한 것으로, 모음집에 수록된 모든 에세이는 나열되어 있지 않다. 꺽쇠괄호 안의 숫자는 독일어 원본의 출판연도를 나타낸다.

호네트의 저서

SAaHN (1988), Co-authored with Hans Joas, *Social Action and Human Nature*, trans. Raymond Meyer (Cambridge: Cambridge University Press).

[1980], *Soziales Handeln und menschliche Natur: anthropologische Grundlagen der Sozialwissenschaften*. Frankfurt am Main: Campus Verlag.

CoP (1991), *The Critique of Power: Reflective Stages in a Critical Social Theory*, trans. Kenneth Baynes. Cambridge, MA: The MIT Press.

[1985], *Kritik der Macht: Reflexionsstufen einer kritischen Gesellschaft- stheorie*. Frankfurt am Main: Suhrkamp Verlag.

SfR (1995), *The Struggle for Recognition: The Moral Grammar of Social Conflicts*, trans. Joel Anderson. Cambridge, UK: Polity Press.

[1992], *Kampf um Anerkennung*. Frankfurt am Main: Suhrkamp Verlag.

PoIF (2010), *The Pathologies of Individual Freedom: Hegel's Social Theory*, trans. Ladislaus Löb. Princeton, NJ: Princeton University Press.

[2001], *Leiden an Unbestimmtheit. Eine Reaktualisierung der Hegelschen Rechtsphilosophie*. Stuttgart: Reclam.

RoR (2003), Co-authored with Nancy Fraser, *Redistribution or Recognition? A Political-Philosophical Exchange*. New York: Verso.

[2003], *Umverteilung oder Anerkennung: Eine politisch-philosophische Kontroverse*. Frankfurt am Main: Suhrkamp Verlag.

R (2008), *Reification: A New Look at an Old Idea*, trans. Joseph Ganahal. Oxford: Oxford University Press.

[2005], *Verdinglichung. eine anerkennungstheoretische Studie*. Frankfurt am Main: Suhrkamp Verlag.

FR (2014), *Freedom's Right: The Social Foundations of Democratic Life*, trans. Joseph Ganahal. Cambridge, UK: Polity Press.

[2011], *Das Recht der Freiheit: Grundriß einer demokratischen Sittlichkeit*. Berlin: Suhrkamp

Verlag.

호네트의 에세이 모음집과 그 속에 수록된 글

(1995 [1990]), *The Fragmented World of the Social: Essays in Social and Political Philosophy*, trans. Charles W. Wright. Albany, NY: SUNY Press.
(1995a), "Decentered Autonomy: The Subject after the Fall," 261–71.
(1995b), "Domination and Moral Struggle: The Philosophical Heritage of Marxism Reviewed," 205–19.
(1995c), "Embodied Reason: On the Rediscovery of Merleau-Ponty," 150–7.
(1995d), "The Fragmented World of Symbolic Forms: Reflections on Pierre Bourdieu's Sociology of Culture," 184–201.
(1995e), "Integrity and Disrespect: Principles of a Conception of Morality Based on the Theory of Recognition," 247–60.
(1995f), "The Limits of Liberalism: On the Political-Ethical Discussion Concerning Communitarianism," 231–46.
(1995g), "Moral Consciousness and Class Domination: Some Problems in the Analysis of Hidden Morality," 205–19.
(1995h), "Rescuing the Revolution with an Ontology: On Cornelius Castoriadis' Theory of Society," 168–83.
(1995i), "A Structuralist Rousseau: On the Anthropology of Claude Lévi-Strauss," 135–49.
(1995j), "Work and Instrumental Action: On the Normative Basis of Critical Theory," 15–49.
(2007 [2000]), *Disrespect: The Normative Foundations of Critical Theory*. Cambridge, UK: Polity Press.
(2007a), "Between Aristotle and Kant: Recognition and Moral Obligation," 129–43.
(2007b), "Decentered Autonomy: The Subject after the Fall," 181–93.
(2007c), "Democracy as Reflexive Cooperation: John Dewey and the Theory of Democracy Today," 218–39.
(2007d), "Is Universalism a Moral Trap? The Presuppositions and Limits of a Politics of Human Rights," 197–217.
(2007e), "The Other of Justice: Habermas and the Ethical Challenge of Postmodernism," 99–128.
(2007f), "Pathologies of the Social: The Past and Present of Social Philosophy," 3–48.
(2007g), "The Possibility of a Disclosing Critique of Society: The Dialectic of Enlightenment in Light of Current Debates in Social Criticism," 49–62.
(2007h), "The Social Dynamics of Disrespect: On the Location of Critical Theory Today," 63–79.
(2009 [2007]), *Pathologies of Reason: On the Legacy of Critical Theory*, trans. James Ingram. New York: Columbia University Press.
(2009a), "Appropriating Freedom: Freud's Conception of Individual Self-Relation," 126–45.
(2009b), "The Irreducibility of Progress: Kant's Account of the Relationship Between Morality and History," 1–18.

(2009c), "A Physiognomy of the Capitalist Form of Life: A Sketch of Adorno's Social Theory," 54–70.
(2009d), "A Social Pathology of Reason: On the Intellectual Legacy of Critical Theory," 19–42.
(2012 [2010]), The I in We: Studies in the Theory of Recognition, trans. Joseph Ganahal. Cambridge, UK: Polity Press.
(2012b), "Disempowering Reality: Secular Forms of Consolation," 232–38.
(2012c), "Dissolutions of the Social: The Social Theory of Luc Boltanski and Laurent Thévenot," 98–118.
(2012d), "Facets of the Presocial Self: Rejoinder to Joel Whitebook," 217–31.
(2012e), "From Desire to Recognition: Hegel's Grounding of Self-Consciousness," 3–18.
(2012f), "The I in the We: Recognition as a Driving Force of Group Formation," 201–16.
(2012g), "Labour and Recognition: A Redefinition," 56–74.
(2012h), "Organized Self-Realization: Paradoxes of Individualization," 153–68.
(2012i), "Philosophy as Social Research: David Miller's Theory of Justice," 119–34.
(2012j), "Recognition as Ideology: The Connection betweeen Morality and Power," 75–97.
(2012k), "Recognition between States: On the Moral Substrate of International Relations," 137–52.
(2012l), "The Work of Negativity: A Recognition-Theoretical Revision of Psychoanalysis," 193–200.

호네트의 다른 저술들

(1979), "Communication and Reconciliation: Habermas' Critique of Adorno." *Telos* 39: 45–61.
(1999), "Postmodern Identity and Object-Relations Theory: On the Seeming Obsolescence of Psychoanalysis." *Philosophical Explorations* 2(3): 225–42.
(2001a), "Invisibility: On the Epistemology of 'Recognition.'" *Proceedings of the Aristotelian Society* 75 (supplement): 111–26.
(2001b), "Recognition or Redistribution? Changing Perspectives on the Moral Order of Society." *Theory, Culture & Society* 18(2–3): 43–55.
(2002a), "Grounding Recognition: A Rejoinder to Critical Questions." *Inquiry* 45(4): 499–519.
(ed.), (2002b), *Befreiung aus der Mündigkeit: Paradoxien des gegenwärtigen Kapitalismus*. Frankfurter Beiträge zur Soziologie und Sozialphilosophie, Frankfurt am Main: Campus Verlag.
(2003), "Die transzendentale Notwendigkeit von Intersubjektivität: Zum Zweiten Lehrsatz in Fichtes Naturrechtsabhandlung," *Unsich- tbarkeit: Stationen einer Theorie der Intersubjektivität*. Frankfurt: Suhrkamp Verlag, 28–48.
(2007h), "Rejoinder," in Bert van den Brink and David Owen (eds), *Recognition and Power: Axel Honneth and the Tradition of Critical Social Theory*. New York: Cambridge University Press, 348–70.
(2011), "Rejoinder," in Danielle Petherbridge (ed.), *Axel Honneth: Critical Essays: With a Reply by Axel Honneth*. Leiden: Brill Academic Publishers, 391–421.
(2012a), "Brutalization of the Social Conflict: Struggles for Recognition in the Early 21st

Century." *Distinktion: Scandinavian Journal of Social Theory* 13(1): 5–19.

(2013a), "The Normativity of Ethical Life." *Freedom's Right: A Symposium on Axel Honneth's Political Philosophy*. New York: Stony Brook University. Unpublished lecture. Available at www.youtube.com/watch?v=UuSSLA8_0cE

(2013b), "Replies." *Krisis: Journal for Contemporary Philosophy* 2013(1): 37–47.

Honneth, Axel, and Marcelo, Gonçalo (2013), "Recognition and Critical Theory Today: An Interview with Axel Honneth." *Philosophy & Social Criticism* 39(2): 209–21.

Honneth, Axel, and Sutterlüty, Ferdinand (2011), "Normative Paradoxien der Gegenwart – eine Forschungsperspektive." *WestEnd: Neue Zeitschrift für Sozialforschung* 8(1): 67–85.

Honneth, Axel, and Willig, Rasmus (2012), "Grammatology of Modern Recognition Orders: An Interview with Axel Honneth." *Distinktion: Scandinavian Journal of Social Theory* 13(1): 145–9.

인용된 다른 저술들

Adorno, Theodor W., et al. (1950), *The Authoritarian Personality*. New York: Harper & Brothers.

Alexander, Jeffrey C., and Lara, Maria Pia (1996), "Honneth's New Critical Theory of Recognition." *New Left Review* I(220): 126–36.

Allen, Amy (2010), "Recognizing Domination: Recognition and Power in Honneth's Critical Theory." *Journal of Power* 3(1): 21–32.

Allen, Amy (2013), "The Ineliminability of Progress?" *Freedom's Right: A Symposium on Axel Honneth's Political Philosophy*. New York: Stony Brook University.

Anderson, Joel (2011), "Situating Axel Honneth in the Frankfurt School Tradition," in Danielle Petherbridge (ed.), *Axel Honneth: Critical Essays: With a Reply by Axel Honneth*. Leiden: Brill Academic Publishers, 31–57.

Anderson, Joel, and Honneth, Axel (2005), "Autonomy, Vulnerability, Recognition, and Justice," in Joel Anderson and John Christman (eds), *Autonomy and the Challenges to Liberalism: New Essays*. New York: Cambridge University Press, 127–49.

Appiah, Kwame Anthony (1994), "Identity, Authenticity, Survival: Multicultural Societies and Social Reproduction," in Amy Gutmann (ed.), *Multiculturalism: Examining the Politics of Recognition*. Princeton, NJ: Princeton University Press, 149–63.

Appiah, Kwame Anthony (2010), *The Honor Code: How Moral Revolutions Happen*. New York: W. W. Norton & Company.

Bader, Veit (2007), "Misrecognition, Power, and Democracy," in Bert van den Brink and David Owen (eds), *Recognition and Power: Axel Honneth and the Tradition of Critical Social Theory*. New York: Cambridge University Press, 238–69.

Barry, Brian (2001), *Culture and Equality: An Egalitarian Critique of Multiculturalism*. Cambridge, MA: Harvard University Press.

Benhabib, Seyla (1986), *Critique, Norm, and Utopia: A Study of the Foundations of Critical Theory*. New York: Columbia University Press.

Benhabib, Seyla (2002), *The Claims of Culture: Equality and Diversity in the Global Era*. Princeton, NJ:

Princeton University Press.

Benjamin, Jessica (1988), *The Bonds of Love: Psychoanalysis, Feminism and the Problem of Domination.* New York: Pantheon.

Bernstein, J. M. (2010), "Recognition and Embodiment (Fichte's Materialism)," in Hans-Christoph Schmidt am Busch and Christopher F. Zurn (eds), *The Philosophy of Recognition: Historical and Contemporary Perspectives.* Lanham, MD: Lexington Books, 47–87.

Blackstone, William (1979), *Commentaries on the Laws of England: A Facsimile of the First Edition of 1765–1769*, IV vols (I). Chicago: University of Chicago Press.

Brink, Bert van den (2013), "From Personal Relations to the Rest of Society." *Krisis: Journal for Contemporary Philosophy* 2013(1): 23–7.

Brink, Bert van den, and Owen, David (2007a), "Introduction," in Bert van den Brink and David Owen (eds), *Recognition and Power: Axel Honneth and the Tradition of Critical Social Theory.* New York: Cambridge University Press, 1–30.

Brink, Bert van den, and Owen, David (eds) (2007b), *Recognition and Power: Axel Honneth and the Tradition of Critical Social Theory.* New York: Cambridge University Press.

Burgess-Jackson, Keith (1998), "Wife Rape." *Public Affairs Quarterly* 12(1): 1–22.

Butler, Judith (1997), *The Psychic Life of Power: Theories in Subjection.* Stanford, CA: Stanford University Press.

Butler, Judith (2008), "Taking Another's View: Ambivalent Implications," in Martin Jay (ed.), *Reification: A New Look at an Old Idea.* New York: Oxford University Press, 97–119.

Claassen, Rutger (2013), "Justice: Constructive or Reconstructive?" *Krisis: Journal for Contemporary Philosophy* 2013(1): 28–31.

Connolly, Julie (2010), "Love in the Private: Axel Honneth, Feminism and the Politics of Recognition." *Contemporary Political Theory* 9(4): 414–33.

Cooke, Maeve (2009), "Beyond Dignity and Difference: Revisiting the Politics of Recognition." *European Journal of Political Theory* 8(1): 76–95.

Cott, Nancy F. (2000), *Public Vows: A History of Marriage and the Nation.* Cambridge, MA: Harvard University Press.

Cox, Ruth (2012), "Recognition and Immigration," in Shane O'Neill and Nicholas H. Smith (eds), *Recognition Theory as Social Research: Investigating the Dynamics of Social Conflict.* New York: Palgrave Macmillan, 192–212.

Deranty, Jean-Philippe (2009), *Beyond Communication: A Critical Study of Axel Honneth's Social Philosophy.* London: Brill Academic Publishers.

Deranty, Jean-Philippe (2010), "Critique of Political Economy and Contemporary Critical Theory: A Defense of Honneth's Theory of Recognition," in Hans-Christoph Schmidt am Busch and Christopher F. Zurn (eds), *The Philosophy of Recognition: Historical and Contemporary Perspectives.* Lanham, MD: Lexington Books, 285–317.

Descartes, René (1993), *Meditations on First Philosophy*, trans. Donald A. Cress. Indianapolis, IA: Hackett.

Dewey, John (1984), *The Public and Its Problems*, ed. Jo Ann Boydston (The Later Works of John Dewey, 1925–1953 (2: 1925–1927). Carbon-dale: Southern Illinois University Press.

Dworkin, Ronald (2000), *Sovereign Virtue: The Theory and Practice of Equality.* Cambridge, MA:

Harvard University Press.
Emerson, Ralph Waldo (1979), "Self-Reliance." *The Collected Works of Ralph Waldo Emerson* (II, Essays: First Series). Cambridge, MA: Harvard University Press, 25–51.
Feinberg, Joel (1970), "The Nature and Value of Rights." *The Journal of Value Inquiry* 4: 243–57.
Ferrara, Alessandro (2011), "The Nugget and the Tailings. Reification Reinterpreted in the Light of Recognition," in Danielle Petherbridge (ed.), *Axel Honneth: Critical Essays: With a Reply by Axel Honneth*. Leiden: Brill Academic Publishers, 371–90.
Ferrarese, Estelle (2009), " 'Gabba-Gabba, We Accept You, One of Us': Vulnerability and Power in the Relationship of Recognition." *Constellations* 16(4): 604–14.
France, Anatole (1925 [1894]), *The Red Lily*, tr. Winifred Stephens. New York: Dodd, Mead.
Fraser, Nancy (1995), "Recognition or Redistribution? A Critical Reading of Iris Young's *Justice and the Politics of Difference*." *The Journal of Political Philosophy* 3(2): 166–80.
Fraser, Nancy (1997a), "From Redistribution to Recognition? Dilemmas of Justice in a 'Postsocialist' Age," *Justice Interruptus: Critical Reflections on the "Postsocialist" Condition*. New York: Routledge, 11–40.
Fraser, Nancy (1997b), "Heterosexism, Misrecognition, and Capitalism: A Response to Judith Butler." *Social Text* 15(3 and 4): 140–50.
Fraser, Nancy (1997c), *Justice Interruptus: Critical Reflections on the "Post-socialist" Condition*. New York: Routledge.
Fraser, Nancy (1998), "Social Justice in the Age of Identity Politics: Redistribution, Recognition, and Participation," in Grethe B. Peterson (ed.), *The Tanner Lectures on Human Values* (19). Salt Lake City: University of Utah Press, 1–67.
Fraser, Nancy (2000), "Rethinking Recognition." *New Left Review* 3: 107–20.
Fraser, Nancy (2001), "Recognition without Ethics?" *Theory, Culture & Society* 18 (2–3): 21–42.
Fraser, Nancy (2008), *Adding Insult to Injury: Nancy Fraser Debates her Critics*. New York: Verso.
Freud, Sigmund (1961), *Civilization and Its Discontents*, trans. James Strachey. New York: W. W. Norton & Company.
Geuss, Raymond (2008), "Philosophical Anthropology and Social Criticism," in Martin Jay (ed.), *Reification: A New Look at an Old Idea*. New York: Oxford University Press, 120–30.
Gitlin, Todd (1995), *The Twilight of Common Dreams: Why America is Wracked by Culture Wars*. New York: Metropolitan Books.
Grey, John (2004), *Heresies: Against Progress and Other Illusions*. London: Granta Books.
Habermas, Jürgen (1971), *Knowledge and Human Interests*, trans. Jeremy J. Shapiro. Boston, MA: Beacon Press.
Habermas, Jürgen (1984), *The Theory of Communicative Action. Volume 1: Reason and the Rationalization of Society*, trans. Thomas McCarthy. Boston: Beacon Press.
Habermas, Jürgen (1987), *The Theory of Communicative Action. Volume 2: Lifeworld and System: A Critique of Functionalist Reason*, trans. Thomas McCarthy. Boston: Beacon Press.
Habermas, Jürgen (1992), "Individuation through Socialization: On George Herbert Mead's Theory of Subjectivity." *Postmetaphysical Thinking: Philosophical Essays*. Cambridge, MA: The MIT Press, 149–204.
Habermas, Jürgen (1993), "On the Pragmatic, the Ethical, and the Moral Employments of

Practical Reason." *Justification and Application: Remarks on Discourse Ethics*. Cambridge, MA: The MIT Press, 1–17.

Habermas, Jürgen (1994), "Struggles for Recognition in the Democratic Constitutional State," in Amy Gutmann (ed.), *Multiculturalism* (2nd edn). Princeton: Princeton University Press, 107–48.

Hartmann, Martin, and Honneth, Axel (2012 [2004]), "Paradoxes of Capitalism: A Research Programme." *The I in We: Studies in the Theory of Recognition*. Cambridge, UK: Polity Press, 169–90.

Hartsock, Nancy C. M. (1983), *Money, Sex, and Power: Toward a Feminist Historical Materialsim*. Boston, MA: Northeastern University Press.

Hegel, G. W. F. (1977), *Phenomenology of Spirit*, trans. A. V. Miller. New York: Oxford University Press.

Hegel, G. W. F. (1991), *Elements of the Philosophy of Right*, ed. Allen W. Wood, trans. H. B. Nisbet (Cambridge Texts in the History of Political Thought). New York: Cambridge University Press.

Heins, Volker (2008), "Realizing Honneth: Redistribution, Recognition, and Global Justice." *Journal of Global Ethics* 4(2): 141–53.

Heins, Volker (2009), "The Place of Property in the Politics of Recognition." *Constellations* 14(4): 579–92.

Heins, Volker (2012), "The Global Politics of Recognition," in Shane O'Neill and Nicholas H. Smith (eds), *Recognition Theory as Social Research: Investigating the Dynamics of Social Conflict*. New York: Palgrave Macmillan, 213–30.

Hochschild, Arlie Russell, and Machung, Anne (2003), *The Second Shift* (updated edn). New York: Penguin Books.

Horkheimer, Max (1992), "Traditional and Critical Theory." *Critical Theory: Selected Essays*. New York: Continuum, 188–243.

Horkheimer, Max, and Adorno, Theodor W. (2002), *Dialectic of Enlightenment: Philosophical Fragments*, trans. Edmund Jephcott. Stanford, CA: Stanford University Press.

Ikäheimo, Heikki (2002), "On the Genus and Species of Recognition." *Inquiry* 45(4): 447–62.

Ikäheimo, Heikki (2010), "Making the Best of What We Are: Recognition as an Ontological and Ethical Concept," in Hans-Christoph Schmidt am Busch and Christopher F. Zurn (eds), *The Philosophy of Recognition: Historical and Contemporary Perspectives*. Lanham, MD: Lexington Books, 343–67.

Ikäheimo, Heikki, and Laitinen, Arto (2007), "Analyzing Recognition: Identification, Acknowledgement, and Recognitive Attitudes towards Persons," in Bert van den Brink and David Owen (eds), *Recognition and Power: Axel Honneth and the Tradition of Critical Social Theory*. New York: Cambridge University Press, 33–56.

Jansen, Yolande (2013), "The 'Us' of Democratic Will-Formation and Globalisation." *Krisis: Journal for Contemporary Philosophy* 2013(1): 32–6.

Kauppinen, Antti (2002), "Reason, Recognition, and Internal Critique." *Inquiry* 45(4): 479–98.

Kymlicka, Will (1995), *Multicultural Citizenship: A Liberal Theory of Minority Rights*. New York: Oxford University Press.

Laitinen, Arto (2002), "Interpersonal Recognition: A Response to Value or a Precondition of Personhood?" *Inquiry* 45(4): 463–78.

Laitinen, Arto (2010), "On the Scope of 'Recognition': The Role of Adequate Regard and Mutuality," in Hans-Christoph Schmidt am Busch and Christopher F. Zurn (eds), *The Philosophy of Recognition: Historical and Contemporary Perspectives.* Lanham, MD: Lexington Books, 319–42.

Lear, Jonathan (2008), "The Slippery Middle," in Martin Jay (ed.), *Reification: A New Look at an Old Idea.* New York: Oxford University Press, 131–43.

Locke, Alain LeRoy (1992), *Race Contacts and Interracial Relations: Lectures on the Theory and Practice of Race*, ed. Jeffrey C. Stewart. Washington, DC: Howard University Press.

MacIntyre, Alasdair (1989), *Whose Justice? Which Rationality?* Notre Dame, IN: University of Notre Dame Press.

Markell, Patchen (2003), *Bound by Recognition.* Princeton, NJ: Princeton University Press.

Markell, Patchen (2007), "The Potential and the Actual: Mead, Honneth, and the 'I,'" in Bert van den Brink and David Owen (eds), *Recognition and Power: Axel Honneth and the Tradition of Critical Social Theory.* New York: Cambridge University Press, 100–32.

Marshall, T. H. (1950), *Citizenship and Social Class.* London: Cambridge University Press.

McBride, Cillian (2013), *Recognition.* Cambridge, UK: Polity Press.

McNay, Lois (2008), *Against Recognition.* Cambridge, UK: Polity Press.

Meehan, Johanna (2011), "Recognition and the Dynamics of Intersubjectivity," in Danielle Petherbridge (ed.), *Axel Honneth: Critical Essays: With a Reply by Axel Honneth.* Leiden: Brill Academic Publishers, 89–123.

Mill, John Stuart (1978), *On Liberty*, ed. Elizabeth Rapaport. Indianapolis, IN: Hackett.

Neuhouser, Frederick (2010), *Rousseau's Theodicy of Self-Love: Evil, Rationality, and the Drive for Recognition.* New York: Oxford University Press.

O'Neill, Shane (2012), "The Politics of Ethno-National Conflict Transformation: A Recognition-Theoretical Reading of the Peace Process in Northern Ireland," in Shane O'Neill and Nicholas H. Smith (eds), *Recognition Theory as Social Research: Investigating the Dynamics of Social Conflict.* New York: Palgrave Macmillan, 149–72.

O'Neill, Shane, and Smith, Nicholas H. (eds) (2012), *Recognition Theory as Social Research: Investigating the Dynamics of Social Conflict.* New York: Palgrave Macmillan.

Okin, Susan Moller (1989), *Justice, Gender, and the Family.* New York: Basic Books.

Okin, Susan Moller and respondents (1999), *Is Multiculturalism Bad for Women?*, eds Joshua Cohen, Matthew Howard, and Martha C. Nussbaum. Princeton, NJ: Princeton University Press.

Oliver, Kelly (2001), *Witnessing: Beyond Recognition.* University of Minnesota Press.

Owen, David (2008), "Recognition, Reification and Value." *Constellations* 15(4): 576–86.

Owen, David (2012), "Recognition as Statecraft? Contexts of Recognition and Transformations of State Membership Regimes," in Shane O'Neill and Nicholas H. Smith (eds), *Recognition Theory as Social Research: Investigating the Dynamics of Social Conflict.* New York: Palgrave Macmillan, 173–91.

Pateman, Carole (1988), *The Sexual Contract.* Stanford, CA: Stanford University Press.

Petherbridge, Danielle (ed.) (2011), *Axel Honneth: Critical Essays: With a Reply by Axel Honneth.*

Leiden: Brill Academic Publishers.
Petherbridge, Danielle (2013), *The Critical Theory of Axel Honneth*. Lanham, MD: Lexington Books.
Rawls, John (1971), *A Theory of Justice*. Cambridge, MA: Harvard University Press.
Rawls, John (1996), *Political Liberalism* (paperback edn). New York: Columbia University Press.
Renault, Emmanuel (2011), "The Theory of Recognition and Critique of Institutions," in Danielle Petherbridge (ed.), *Axel Honneth: Critical Essays: With a Reply by Axel Honneth*. Leiden: Brill Academic Publishers, 207–32.
Ricoeur, Paul (1970), *Freud and Philosophy: An Essay on Interpretation*, trans. Denis Savage. New Haven, CT: Yale University Press.
Rössler, Beate (2007), "Work, Recognition, Emancipation," in Bert van den Brink and David Owen (eds), *Recognition and Power: Axel Honneth and the Tradition of Critical Social Theory*. New York: Cambridge University Press, 135–63.
Ryan, Rebecca M. (1995), "The Sex Right: A Legal History of the Marital Rape Exemption." *Law and Social Inquiry* 20(4): 941–1001.
Sandel, Michael J. (1982), *Liberalism and the Limits of Justice*. New York: Cambridge University Press.
Schlesinger Jr, Arthur M. (1992), *The Disuniting of America*. New York: W. W. Norton & Company.
Schmidt am Busch, Hans-Christoph (2010), "Can the Goals of the Frankfurt School be Achieved by a Theory of Recognition?", in Hans-Christoph Schmidt am Busch and Christopher F. Zurn (eds), *The Philosophy of Recognition: Historical and Contemporary Perspectives*. Lanham, MD: Lexington Books, 256–83.
Schweiger, Gottfried (2012), "Globalizing Recognition: Global Justice and the Dialectic of Recognition." *Public Reason* 4(1–2): 78–91.
Seglow, Jonathan (2012), "Recognition and Religious Diversity: The Case of Legal Exemptions," in Shane O'Neill and Nicholas H. Smith (eds), *Recognition Theory as Social Research: Investigating the Dynamics of Social Conflict*. New York: Palgrave Macmillan, 127–46.
Sinnerbrink, Robert (2011), "Power, Recognition, and Care: Honneth's Critique of Poststructuralist Social Philosophy," in Danielle Petherbridge (ed.), *Axel Honneth: Critical Essays: With a Reply by Axel Honneth*. Leiden: Brill Academic Publishers, 177–205.
Smith, Nicholas H. (2009), "Work and the Struggle for Recognition." *European Journal of Political Theory* 8(1): 46–60.
Smith, Nicholas H. (2011), "Recognition, Culture and Economy: Honneth's Debate with Fraser," in Danielle Petherbridge (ed.), *Axel Honneth: Critical Essays: With a Reply by Axel Honneth*. Boston: Brill Academic Publishers, 321–44.
Smith, Nicholas H. (2012), "Work as a Sphere of Norms, Paradoxes, and Ideologies of Recognition," in Shane O'Neill and Nicholas H. Smith (eds), *Recognition Theory as Social Research: Investigating the Dynamics of Social Conflict*. New York: Palgrave Macmillan, 87–108.
Sullivan, Andrew (1996), *Virtually Normal: An Argument about Homosexuality*. New York: Vintage Books.
Taylor, Charles (1989), *Sources of the Self: The Making of the Modern Identity*. Cambridge, MA: Harvard University Press.

Taylor, Charles (1994), *Multiculturalism: Examining the Politics of Recognition*, ed. Amy Gutmann. Princeton, NJ: Princeton University Press.

Thompson, Simon (2005), "Is Redistribution a Form of Recognition? Comments on the Fraser–Honneth Debate," *Critical Review of International Social and Political Philosophy* 8(1): 85–102.

Thompson, Simon (2006), *The Political Theory of Recognition: A Critical Introduction*. Cambridge, UK: Polity Press.

Varga, Somogy, and Gallagher, Shaun (2011), "Critical Social Philosophy, Honneth and the Role of Primary Intersubjectivity." *European Journal of Social Theory* 15(2): 243–60.

Warner, Michael (2000), *The Trouble with Normal: Sex, Politics, and the Ethics of Queer Life*. Cambridge, MA: Harvard University Press.

Whitebook, Joel (2001), "Mutual Recognition and the Work of the Negative," in William Rehg and James Bohman (eds), *Pluralism and the Pragmatic Turn: The Transformation of Critical Theory, Essays in Honor of Thomas McCarthy*. Cambridge, MA: The MIT Press, 257–91.

Wild, David B. (2013), "Recognising Capital and the Politics of Theory." Unpublished dissertation. Macquarie University.

Wildt, Andreas (2010), " 'Recognition' in Psychoanalysis," in Hans-Christoph Schmidt am Busch and Christopher F. Zurn (eds), *The Philosophy of Recognition: Historical and Contemporary Perspectives*. Lanham, MD: Lexington Books, 189–209.

Yar, Majid (2012), "Recognition as the Grounds of a General Theory of Crime as Social Harm?," in Shane O'Neill and Nicholas H. Smith (eds), *Recognition Theory as Social Research: Investigating the Dynamics of Social Conflict*. New York: Palgrave Macmillan, 109–26.

Young, Iris Marion (1990a), "Displacing the Distributive Paradigm." *Justice and the Politics of Difference*. Princeton, NJ: Princeton University Press, 15–38.

Young, Iris Marion (1990b), *Justice and the Politics of Difference*. Princeton, NJ: Princeton University Press.

Young, Iris Marion (2007), "Recognition of Love's Labor: Considering Axel Honneth's Feminism," in Bert van den Brink and David Owen (eds), *Recognition and Power: Axel Honneth and the Tradition of Critical Social Theory*. New York: Cambridge University Press, 189–212.

Zurn, Christopher F. (1997), "The Normative Claims of Three Types of Feminist Struggles for Recognition." *Philosophy Today* 41 (Supplement): 73–8.

Zurn, Christopher F. (2000), "Anthropology and Normativity: A Critique of Axel Honneth's 'Formal Conception of Ethical Life.'" *Philosophy & Social Criticism* 26(1): 115–24.

Zurn, Christopher F. (2003a), "Arguing Over Participatory Parity: On Fraser's Conception of Social Justice." *Philosophy Today* 47 (Supplement): 130–44.

Zurn, Christopher F. (2003b), "Identity or Status? Struggles over 'Recognition' in Fraser, Honneth, and Taylor." *Constellations* 10(4): 519–37.

Zurn, Christopher F. (2004), "Group Balkanization or Societal Homogenization: Is there a Dilemma between Recognition and Distribution Struggles?" *Public Affairs Quarterly* 18(2): 159–86.

Zurn, Christopher F. (2005), "Recognition, Redistribution, and Democracy: Dilemmas of Honneth's Critical Social Theory." *European Journal of Philosophy* 13(1): 89–126.

Zurn, Christopher F. (2011), "Social Pathologies as Second-Order Disorders," in Danielle Petherbridge (ed.), *Axel Honneth: Critical Essays: With a Reply by Axel Honneth*. Leiden: Brill Academic Publishers, 345–70.

Zurn, Christopher F. (2012), "Misrecognition, Marriage and Derecognition," in Shane O'Neill and Nicholas H. Smith (eds), *Recognition Theory as Social Research: Investigating the Dynamics of Social Conflict*. New York: Palgrave Macmillan, 63–86.

찾아보기

주제어

ㄱ

ㄴ

인명

책 제목

책을 옮기고 나서

오늘날 악셀 호네트만큼 철학자이면서도 사회과학자들에 의해 자주 호명되는 학자는 찾아보기 힘들 것이다. 이는 아마도 호네트가 비판사회이론의 계보를 이어가면서도 비판사회이론에 '인정이론'이라는 새로운 패러다임을 제시했기 때문일 것이다. 하지만 호네트가 이렇게 주목받고 논쟁의 대상이 된 것은 오늘의 다원주의 시대에 인정을 축으로 하는 '일원론적' 사회이론을 제시했기 때문이기도 할 것이다. 호네트의 이러한 이론적 궤적은 그가 고전 사회이론가들은 물론 현대의 정치철학 및 사회철학의 주요 경향들 역시 자신의 논거하에 하나로 묶어냈다는 것을 의미하고, 그 과정에서 또 다른 대안적인 이론적 입장을 지닌 여러 학자와 불가피하게 논쟁을 벌였을 것임을 추측하게 한다. 호네트와 낸시 프레이저 간의 논전을 책으로 묶은 『재분배인가 인정인가?』는 이러한 논쟁 중 하나를 보여주는 것에 불과하다.

이는 우리가 단지 호네트의 초기 대표 저작 『인정투쟁』을 꼼꼼하게 독해하는 것만으로 호네트의 사회이론에 대해 알고 있다고 말할 수 없다는 것을 의미한다. 그리고 호네트는 『개인적 자유의 병리』, 『이성의 병리』, 『물화』, 『무시』 등의 후속 저작을 통해 자신의 인정이론 개념을 확대하는 것은 물론 그러한 개념들의 보편적 적용 가능성을 보여주기 위해 노력해 왔다. 그리고 이러한 호네트의 작업이 또 다른 논쟁과 비판을 야기했을 것은 자명하다. 따라서 우리가 호네트의 사회이론 내지 사회철학을 이해하기 위해서는 서구

지성사의 폭넓은 지적 맥락 속에 그의 인정이론을 자리매김할 것이 요구된다. 또한 이러한 작업을 위해서는 이 책의 저자 크리스토퍼 주언의 말대로 우리는 "18세기부터 21세기까지의 위대한 사상가들의 저작을 읽는 엄청난 도전"을 해야 할 수도 있다. 이러한 점들은 우리로 하여금 호네트의 사상을 쉽게 접할 수 있는 좋은 안내서를 기다리게 한다.

이 같은 우리의 바람에 아주 적합한 책이, 비록 가장 최신의 안내서는 아니지만, 바로 크리스토퍼 주언이 쓴 이 책 『악셀 호네트의 인정이론(Axel Honneth: A Critical Theory of the Social)』이다. 다트머스 대학교의 에이미 앨런(Amy Allen)의 논평을 빌리면, 크리스토퍼 주언은 "호네트의 저작을 역사적 자료, 주류 사회·정치이론, 비판이론의 경쟁하는 접근방식과 관련하여 위치 지음으로써" "비판사회이론에 대한 호네트의 독특한 접근방식의 핵심 관념과 주장을 훌륭하고 놀랍도록 명료하게 체계적으로 재구성"하고 있다. 좀 더 구체적으로 말하면, 주언은 이 책에서 먼저 호네트의 저작을 서구 사상사의 지적 맥락에 위치 짓는 하나의 방법으로 그러한 전통 중 가장 두드러진 몇 가지를 길잡이로 제시하고, 그다음으로 호네트의 초기 저작, 즉 『인정투쟁』에서부터 『이성의 병리』, 『물화』, 『무시』, 『재분배인가 인정인가?』를 거쳐 주언이 이 책을 쓰던 당시에는 호네트의 최신 저작이었던 『자유의 권리』까지에서 호네트가 제시한 테제들을 인정이론의 맥락에서 차례로 검토한다.

그러나, 주언의 이 책이 우리에게 호네트의 인정이론의 내용과 맥락을 명확하고 예리하게 포착해 주기는 하지만, 이 책은 일반 독자들이 쉽게 접근할 수 있는 단순 소개서는 아니다. 일반 독자들에게 이 책이 어렵게 느껴진다면, 그 이유 중 하나는 아마도 주언 스스로가 밝히고 있듯이 그가 이 책에서 "서양 철학, 사회학, 정치학, 법학, 문화 이론, 문학, 심리학, 경제학, 역사학 등 호네트 자신이 의존하고 있는 광범위한 영역들에 대해서는 거의 해설하지 않"으면서도, 호네트의 인정이론과 자유이론 — 주언은 호네트의 자유이론 역시 호네트의 이론이 '인정'에서 '자유'라는 키워드로 전환한 것을 상징하는 것이 아니라 인정이론의 연장선상에 있는 것으로 파악한다 — 을 철학 및 사회과학에서의 규범적·이론적·방법론적 논쟁 속에 비판적으로 위치시키고, 그 과정에서 호네트에게 앞으로 나아갈 방향을 지적하는 등 호네트 전문가다운 면모를 여실히 뽐내고 있기 때문일 것이다.

주언이 본문에서 지적하듯이, "결국 호네트의 사상과 그 지적 맥락 간의 연관성을 탐구하는 가장 좋은 방법은 관련 사상가들에 대해 논의한 호네트의 저술을 읽는 것이다. 호네트의 그러한 글들은 그의 선대와 동시대인들에 대한 놀랍도록 예리하고 통찰력 있는 해석일 뿐만 아니라, 현대 철학과 사회이론 속에서 무엇이 살아남아 그것들에 활기를 불어넣어 주고 있는지를 보여주는 데서도 독보적이"기 때문이다.

다행스럽게도 우리 사회에서도 호네트에 대한 관심이 점점 커지면서 그간 국내 학자들에 의해 호네트 소개서 및 연구서가 출간되었고, 그뿐만 아니라 한 출판사는 이미 독일어 원본을 번역하여 호네트 전집의 출간을 시작했다. 옮긴이 또한 호네트를 학습하는 데서 (그리고 옮긴이의 경우에는 번역 과정에서도) 이 전집의 번역본으로부터 많은 도움을 받았고, 독자들 역시 그러할 것이다. 옮긴이는 여기에 호네트 번역자들의 노고에 감사를 표해놓고 싶다. 특히 출간 예정인 『자유의 권리』는 지난 1년 동안 옮긴이가 번역본의 출간을 많이 기다렸던 책이다. 이 책은 옮긴이 후기를 쓰고 있는 현재에도 아직 출간되지 않았고, 옮긴이는 이 책이 작년에 이어 올해에도 또다시 올해의 주목할 책으로 언론에 소개되고 있는 것을 보았다. 이렇게 출간이 늦어지는 것은 아마도 그만큼 번역 작업이 지난하고 어렵다는 것을 반증하는 것일 것이다. 옮긴이가 호네트의 『자유의 권리』 출간을 그토록 기다린 것은 독일어 원전의 우리말 번역을 참고하여 이 책의 번역을 더욱 알차게 하기 위해서만은 아니었다. 그것은 또한 '자유'라는 말이 정확한 의미와 내용도 없이 정치권에서 권력자에 의해 그리고 일부 세력에 의해 하나의 구호처럼 그냥 공허하게 외쳐지고 그저 소비되는 우리 사회에 호네트의 목소리를 통해 진정한 자유란 무엇이고 어디에서 오는지 그리고 국가는 시민의 사회적 자유를 위해 무엇을 해야 하는지가 알려지고 그것이 우리 사회에서 성찰되기를 바라는 마음에서였다.

끝으로, 일반적으로는 원전 번역과 중역(重譯) 사이에서 발생할 수 있는 혼란, 그리고 구체적으로 이 책과 관련해서는 호네트 저작의 독일어 원전을 우리말로 번역한 판본과 호네트에 관한 영어권 2차 문헌을 우리말로 번역한 판본에서의 용어 및 번역상의 차이가 낳을 수 있는 얼마간의 혼란을 여기에 지적해 놓을 필요가 있을 것 같다. 이를테면 그간 독일어 문헌이 직접 우리말로 번역되면서 관례적인 학술적 번역 용어로 정착되다시피 한 번역 용어가 있는가 하면, 다른 한편 독일어 학술 용어가 영어로 번역되는 과정에서 전자와 서로 다르게 번역되어 영어권에서 정착화된 용어도 있다. 따라서 호네트 저작의 독일어 원전을 우리말로 번역한 판본과 이 책처럼 호네트 책의 영어 번역본에 의거하고 있는 2차 문헌을 우리말로 번역한 판본 간에는 번역 용어의 차이가 존재할 수밖에 없게 된다.

특히 이 책에서는 이와 관련된 대표적인 용어가 호네트에서 인정 개념의 바탕을 이루는 헤겔의 'Sittlichkeit'라는 개념이다. 이 용어는 독일어를 우리말로 직접 번역하는 경우에 철학계에서 '인륜성'으로 번역된다. 반면 영어권에서 Sittlichkeit는 'ethical life'로 번역되고, 이 책에서도 영어로 ethical life로 번역한 용례를 따르고 있다. 그리고 이 책에서 주언이 인용하고 있는 호네트의 텍스트는 주언이 독일어본에서 직접 번역한 극히 일부를 제외하고는 영문 번역본을 그 대상으로 하고 있다. 또한 옮긴이가 호네트의 독일어 원저작을 우리말로 옮긴 번역본과 호네트 책의 영문 번역본을 대조해 본 결과, 두 책 간에는 표현에서뿐만 아니라 내용에서도 일부 차이를 보이는 경우가 왕왕 있었다. 하지만 이 번역본은 주언이 쓴 영어본을 판본으로 하고 있기 때문에, 옮긴이는 어쩔 수 없이 영어판의 용례 및 텍스트를 따라 이 책을 우리말로 옮길 수밖에 없었다. 독자들이 불가피하게 겪을 수 있는 혼란에 대해 미리 양해를 구한다.

이제 책을 출간하려 하니, 시리즈물이라는 이유로 한울 편집부의 신순남 팀장에게 딱딱하고 지루한 이론 소개서를 한꺼번에 세 권씩 — 이 책과 함께 『어빙 고프먼의 사회이론』과 『조지 허버트 미드의 사회이론』 — 이나 교정을 맡기고 그 고통을 감내하게 한 것이 못내 미안하기만 하다. 그럼에도 불구하고 이 세 권의 책을 멋지게 마무리해 준 신순남 팀장에게 감사를 표하지 않을 수 없다. 아무쪼록 그녀의 노력과 고통이 독자들에게는 하나의 지적 즐거움으로 다가오기를 바라본다.

2024년

겨울비 오는 날에

박형신

지은이 크리스토퍼 주언(Christopher Zurn)
메사추세츠 대학교의 철학과 교수이다. 이전에는 캔터키 대학교, 오하이오 대학교, 노스웨스턴 대학교의 교수를 지냈다. 민주주의, 법, 인정, 분배, 비판이론에 관한 많은 논문을 발표해 왔으며, 이 책 외에도 저서로 *Deliberative Democracy and the Institution of Judicial Review*와 *Splitsville USA: A Democratic Argument for Breaking Up the United States*가 있고, *The Philosophy of Recognition: Historical and Contemporary Perspectives*와 *New Waves in Political Philosophy*를 공동으로 편집했다.

옮긴이 박형신
고려대학교 대학원에서 사회학 석사 및 박사학위를 취득했다. 그간 고려대학교에서 초빙교수, 연세대학교에서 연구교수로 일했다. 지금은 고려대학교에서 강의하고 있다. 사회이론, 감정사회학, 음식과 먹기의 사회학에 관심을 가지고 연구를 진행하고 있다. 지은 책으로는 『정치위기의 사회학』, 『감정은 사회를 어떻게 움직이는가』(공저), 『에바 일루즈』, 『탈사회의 사회학』(공저) 등이 있고, 옮긴 책으로는 『고전사회학의 이해』, 『은유로 사회 읽기』, 『사회이론의 역사』(공역), 『현대 사회이론의 흐름』(공역) 등이 있다.

한울사회이론 003
악셀 호네트의 인정이론

지은이 **크리스토퍼 주언** | 옮긴이 **박형신**
펴낸이 **김종수** | 펴낸곳 **한울엠플러스(주)** | 편집 **신순남**

초판 1쇄 인쇄 **2024년 2월 1일** | 초판 1쇄 발행 **2024년 2월 28일**

주소 **10881 경기도 파주시 광인사길 153 한울시소빌딩 3층** | 전화 **031-955-0655** | 팩스 **031-955-0656**
홈페이지 **www.hanulmplus.kr** | 등록번호 **제406-2015-000143호**

Printed in Korea.
ISBN 978-89-460-8296-0 93300
※ 이 번역 연구는 2019년 대한민국 교육부와 한국연구재단의 지원을 받아 수행되었습니다(NRF-2019S1A5A2A03046218).
※ 책값은 겉표지에 표시되어 있습니다.